皇帝与皇权

（第三版）

周良霄 ◆ 著

上海古籍出版社

图书在版编目（CIP）数据

皇帝与皇权／周良霄著.—3版.—上海：上海
古籍出版社，2014.12（2016.10重印）
ISBN 978-7-5325-7472-8

Ⅰ.①皇… Ⅱ.①周… Ⅲ.①政治制度—研究—中国
—古代 Ⅳ.①D691.2

中国版本图书馆 CIP 数据核字 (2014) 第 260656 号

皇帝与皇权（第三版）

周良霄 著

上海世纪出版股份有限公司
出版
上 海 古 籍 出 版 社

（上海瑞金二路272号 邮政编码200020）

（1）网址:www.guji.com.cn

（2）E-mail:guji1@guji.com.cn

（3）易文网网址:www.ewen.co

上海世纪出版股份有限公司发行中心发行经销

常熟人民印刷有限公司印刷

开本 850×1168 1/32 印张13 插页5 字数314,000

2014年12月第1版 2016年10月第2次印刷

印数:2,101—3,200

ISBN 978-7-5325-7472-8

K·1959 定价:48.00元

如有质量问题,请与承印公司联系

目　　录

下编·皇权

前　　言

　　中国以历史悠久著称于世。早在约公元前21世纪的时候,居住在今河南西部和山西南部的夏族部落就建立了夏王朝。从这以后,商、西周、东周(春秋、战国)、秦、西汉、东汉、三国(魏、蜀、吴)、西晋、南北朝(南方有东晋、宋、齐、梁、陈;北方有汉、前赵、后赵、前凉、前燕、前秦、后燕、西燕、南燕、北燕、后秦、夏、西秦、后凉、北凉、西凉及北魏、东魏、西魏、北齐、北周)、隋、唐、五代十国(五代为梁、唐、晋、汉、周;十国为前蜀、吴、南唐、南汉、闽、后蜀、吴越、北汉、楚、荆南)、辽、宋(北宋、南宋)、金、夏、元、明、清,累代相沿。此外,与之并立的还有一些少数民族建立的地方王朝,如吐蕃、南诏、匈奴、突厥、回纥、西辽、渤海等等。这些王朝或争雄角立,或兴灭相寻,构成中国古代历史的长幅画卷。直到1911年孙中山领导的辛亥革命,推翻清王朝,建立了中华民国,封建王朝和专制皇帝这一制度才算结束。几千年古代中国的历史,形象地说,就是一部王朝兴衰嬗替、皇帝专制自为的历史。从这些王朝的政治体制来分析,前后大体上可分为两个时期:秦以前,是世官世禄的封建贵族政治体制;秦以后,则是专制主义皇权下的官僚政治体制。清代著名的史学家赵翼在《廿二史札记》一书中说:"秦汉间为天地一大变局。"(卷二《汉初布衣将相之局》)说的就是这个历史性的大转折。

从公元前221年秦始皇统一六国，自称皇帝开始，到1911年清宣统皇帝逊位的2132年间，也就是我们上面所说的后一个专制主义皇权下的官僚政治体制时期里，国家的最高首脑就是皇帝。皇帝真是中国历史上一个特殊而又特殊、奇怪而又奇怪的东西。在身份上，据说他是至高无上的神——天帝的儿子，是上天所命、秉承神意来统治天下的。他是神，至少是神种。他是国家的主宰，一切权力的最高主人。他的意志便是国家的法律，人民是他的臣仆，必须对他保持绝对的服从，所有生杀予夺、荣赏黜陟都由他任意支配。对于国土和所有资源，他拥有最高的所有权，所谓"普天之下，莫非王土"。除去这一系列据说是天命的特权之外，他个人在禀赋上也具有奇征异貌，天纵圣明，被奉为精神的教主，道德的典范。而且，这又为一层温情脉脉的家长制轻纱所遮饰：皇帝被认为是万民的父母，百姓则是赖皇恩覆育滋润才得以生存的子民。因此，人民对于皇帝必须像事天一样虔敬，事父母一样恭顺，事主人一样忠驯。不管所受到的压迫是多么沉重，所遭遇的冤苦是多么深沉，人民永远只能作驯服的牛羊，任其宰割。甚至到临死前还有人喊出："臣罪当诛兮，天王圣明。"（韩愈《拘幽操》）不驯就是罪不容诛的大恶；怨望，甚至腹诽，也是大逆不道的罪行。子民对他必须百分之百地忠顺，而且据说这就是天帝所规定的本分，任何越分的行为也就是对天帝的大不恭。再从社会的作用来看，皇帝既是当时的神经中枢，又是社会毒瘤的原灶。皇帝个人就是国家兴衰治乱、社会进步倒退的象征和极具影响的作用力。社会少不了他，少了他不仅人们会惶惶如也，天下还会因此大乱。所谓"天育蒸民，无主则乱"。（《周礼正义·序》）但也不能多，有了两个就会争战不休，非有个你死我活不可；越多也便越乱，老百姓便再没有办法过安静的日子。总之，皇帝这玩意确是十分特殊而又奇怪的东西，并且称得上是中国真正的国粹。不懂得他就不懂得中国的历史和国情。他不仅支配中国的历史达二千多年之久，倒台以后也仍然阴魂未散，屡屡借尸还魂，作祟于中国近现代历史的政治。甚至，作为一种传统，在国民思想、国民性上成为一种惰性，难于肃清。

中国历史上称皇称帝的人究竟有多少？这是一个很难确切回答的问题。根据荣孟源编的《中国历史纪年》所列，曾称帝建元的人达647人。可以肯定，《纪年》遗漏乃至史书失载的一定还多得很。贵为天子，富有四海，这特权、这好处真是太大太多了，而皇帝实际上又是自封的，因此，有一定条件的人都想挤死来争一争，独吞这块肥鹿肉。你说自己是真命天子，人家却指你为僭伪偏闰。真是真假难分。还有一些人，并不具备称帝的条件，甚至在完全绝望的情况下，死到临头，也要过一过做皇帝的瘾。隋末的宇文化及，在炀帝被弑江都（今扬州）后，率众北返，受到李密瓦岗军的阻截，败走魏县，众叛亲离。在绝望之余，"化及自知必败，叹曰：人生固当死，岂不一日为帝乎？于是鸩杀秦王浩，即皇帝位于魏县，国号许，改元天寿，署置百官"（《资治通鉴》卷一八六）。十六国时期，泰山的王始聚众数万，自称太平皇帝，署置公卿，但很快遭到南燕慕容镇的镇压。王始被俘，"临刑，或问其父及兄弟安在？始曰：'太上皇蒙尘于外，征东、征西为乱兵所害。'其妻怒之曰：'君正坐此口，奈何尚尔！'始曰：'皇后不知，自古岂有不亡之国？朕则崩矣，终不改号。'"（《资治通鉴》卷一一三）用句流行的话说，这就是过把瘾便死，值！类似这样的皇帝历史上还多得很，可见皇帝也确有假冒伪劣者。不过这真假的界线又是十分难分清楚的。只是从作用上看，有的根本不值得我们重视，聊供谈助而已。

近来，史学学术著作已几乎绝迹于书肆，而皇帝的传记文学著作却是大行其道；介绍帝王功业、逸趣的册子也称得上琳琅满目。但把皇帝和皇权作为一种制度来研究，在国内却还是很少见。我的朋友白钢先生写过一本题为《皇帝》的专著,算是首创。拙著是他抛玉引砖的一个响应。由于这一制度本身极其复杂,时间跨度太长,史料多,又分散,很难全面收集来进行科学的分析处理;再加上从来宫闱严密,很多东西当时人也难得其详。特别是作为一种具有中国特色的皇权制度,从理论上来分析批判,学术界还很少凭借。因此,全面、深刻地论述这一问题确非易事。不学如我,要负担这个任务是难以胜任的。我是抱着一个学习、尝试的态度来从事这一课题的,成败原非所计。只要它能引起大家的注意和兴趣,推动清理中国封建专制主义思想,批判传统流毒,使我们的民族在现代化的伟业中能够清除积垢,轻装前进,在民主、进步的坦途上迈进,我的愿望也就可以充分满足了。

附带要申明一个问题:关于"封建社会"一词究竟应如何理解(顺便指出:西欧的封建社会,是蛮族入侵这一偶然的政治因素所形成的。因此不能视为古代生产方式发展的必然结果,也就根本不可能归之于人类社会发展的必然规律)。1911年以前的中国,究竟怎么叫更科学、更贴切?这些问题要有专门的著作来详加讨论,我在这本小册子里无论如何是难以负担的。我是为方便起见,继承中国的传统,用周行"封建"的本始意义来使用这个词(在本书的第十二章里,我做了较详细的论述);也沿用流行的说法,用"封建"一词来泛指资本主义以前的社会属性(等级、特权等)。至于更深一步的探讨,只能待之于异日。

本书初版于1999年4月。2006年重版作了较多增订。此次为第三版,又有增补。

上　编

皇　帝

第一章　即位称尊——关于皇帝的种种

（一）关于皇帝的称呼

皇帝这个称呼，在中国，无疑是妇孺皆知的。不过，它的含义是什么？它的里面还有哪些花样？却并不完全为一般人所通晓。

据司马迁《史记·秦始皇本纪》的记载：公元前221年，秦王嬴政统一了六国（齐、楚、燕、韩、赵、魏），自以为功业千古无匹，天下也从此大定。面对如此重大的胜利，认为"今名号不更，无以称成功，传后世"，于是他命令群臣商议给自己加一个尊号。习惯于谄媚奉承的臣僚们都说："昔者五帝地方千里，其外侯服夷服，诸侯或朝或否，天子不能制。今陛下兴义兵，诛残贼，平定天下，海内为郡县，法令由一统，自上古以来未尝有，五帝所不及。臣等谨与博士议曰：古有天皇、有地皇、有泰皇，泰皇最贵。臣等昧死上尊号，王为泰皇。命为制，令为诏，天子自称曰朕。"王曰："去泰，著皇，采上古帝位号，号曰皇帝。他如议。"从此，中国历史上便开始有了皇帝这一尊称。

由此可见，"皇帝"一词，原是合三皇与五帝的尊称而成的。三皇、五帝是传说中中国远古时代的明君，据说都是圣哲而大有功德于人的。但他们到底是谁？说法就很不一样了。上文《史记》列天皇、地皇、泰皇。《索引》谓泰皇当即人皇。孔安国以伏羲、神农、黄帝为三皇，少昊、颛顼、高辛、唐尧、虞舜为五帝。又有说伏羲、神农、燧人为三皇，黄帝、颛顼、帝喾、唐尧、虞舜为五帝。还有以伏羲、女娲、神农为三皇，而五帝却是黄帝、金天氏、高阳氏、高辛氏、陶唐氏、有虞氏六人，原因是"德合五帝坐星者称帝"，"实六人而称五者，以其俱合五帝坐星也"（陆陇其《读礼志疑》卷四）。不同的说法还有好些。① 赵翼在《陔余丛考》里曾广为考证，结论是"去古愈远，载籍无稽，传闻异词，迄无定论"（卷十六《三皇五帝》）。其实，正因为他们都是理想的人物，所以能任凭人们臆造。但有一点是共同的：他们都是极为神圣的王者，是后世人君功业道德的典范与楷模。从皇帝这一尊称的字义上看，蔡邕《独断》说："皇帝，至尊之称。皇者煌也，盛德煌煌，无所不照。帝者谛也，能行天道，事天审谛，故称皇帝。""皇"，《说文解字》说是大之意。《白虎通》说："亦号也。皇，君也，美也，大也。"帝，《说文解字》说："谛也，王天下之号也。"郑玄注《周礼·月令·大雩帝》说："帝，上帝也，乃天之别号。"《白虎通》说："德象天地称帝。"《史记·五帝本纪》正义引郑玄注《中候敕省图》说："德合五帝坐星者称帝。"又《坤灵图》说："德配天地，在正不在私，曰帝。"胡三省注《资治通鉴》说："帝者，天之一名，所以名帝。帝者，谛也，言天荡然无心，忘于物我，公平通远，举事审谛，故谓之帝也。"（卷七）其实，帝原是殷人所崇拜的最高神祇。据郭沫若考证："卜辞中称至上神为帝，为上帝。"而殷人也同时把祖神或氏族神称为帝；死去的先王也称帝，与上帝相对而称为下帝。"因为上下本是相对的文字，有上帝，理所当然的也可以有下帝。"（《青铜时代·先秦天道观之发展》）宋赵彦卫《云麓漫钞》引苏辙《古史》说："《商纪》有曰：'自夏、殷以来，天子杂称帝。至夏，去帝号称王，与殷、周为三

王.'按《礼记》:'措之庙,立之主,曰帝.'则自商以前,生曰王,立之主曰帝,非是生称帝也."(卷二)可知帝原只限于祖神。这种习惯,至少到战国时已发生变化。公元前 228 年,已日渐强大的秦昭襄王野心勃勃,自称西帝,遣使立齐王为东帝,欲约与共同伐赵。齐湣王接受苏代的意见,在称帝二日后又自行取消。秦王感到孤立,也只好取消帝号,复称王。这时的帝,已明显地不限于祖神。所以蔡邕说:"上古天子称皇,其次称帝,其次称王。秦承三王之末,为汉驱除,自以德兼三皇、五帝,故并以为号。"从此,"皇帝"就成了中国封建最高统治者独有的尊号。

在习惯上,皇帝又称天子,即天帝之子。这不单表明了其政权是神授的,同时又表明了他是神种,原是不同于凡民的。周人已把王称为天子。《尚书·洪范》:"天子作民父母,以为天下王。"《礼记·曲礼》:"居天下曰天子。"这一称呼一直为后世所承用,但解释却又有所不同。高承《事物纪原》卷一释"天子"一词说:"《说文》曰:'古之神圣,母感天而生子,故曰天子。'《春秋元命包》曰:'安登生子,人面龙颜,始为天子。'《帝王世纪》曰:'神农氏之母有蟜氏,名安登。则帝王之称天子,自炎帝始也。'"这是从感生说的角度来进行解释的,大概多盛行于民间的传说。另一种就是汉儒的天命有德说。董仲舒《春秋繁露·三代改制质文》认为:"德侔天地者称皇帝,天祐而子之之号称天子。"皇帝执行天之所命,以至德而君天下,故天祐而子之。这里强调了皇帝的德行和职责。《吕氏春秋·本生》说得更明显:"始生之者,天也。养成之者,人也。能养天之所生而勿撄之,谓之天子。天子之动也,以全天为故者也。"鲍宣说:皇帝"上为皇天子,下为黎庶父母,为天牧养元元"(《汉书》卷七二)。王莽也说过:"王者父事天,故爵称天子。"这种解释自然留下来一个大漏洞,因为多数、甚至绝大多数皇帝并无德行和功业可言。所以《白虎通》就干脆武断地声言:"天子者,爵称也。爵所以称天子何？王者父天母地，为天之子也。故《援神契》曰：'天覆地载，谓之天子，上法斗极。'《钩命诀》曰：'天子，爵称也。'帝王之德有优劣，所以俱称天子者何？以其俱命于天，而王治五千里内也。"（卷一）一句话，只要是作了皇帝，就不管他是多大的一个混蛋、白痴、匪徒、无赖，他便都是受命于天来统治人民的，人民对他便只有俯首服从，至诚叩拜的权利，否则就是违犯天意。获罪于天，无可祷也，谁还敢有半点不恭呢？

　　如上所述，皇帝是盛德的美称，天子是对皇帝其人的神化。所以习惯上也把"圣人"作为皇帝的尊称。他的命令称圣旨，他的指示称圣谕、圣训。其他如圣衷、圣虑、圣德、圣恩、圣览等，表明他的一切思想、行动，无不是神明至圣的。尽管尊贵到了极点，但他并不满足，还要给自己加上许多荣誉词藻堆砌起来的所谓尊号。"人主尊号，自汉哀帝用士之说始有之。"（《建炎以来朝野杂记》卷三·甲集《尊号》）唐朝、宋朝的皇帝每逢庆典大礼时，在有意无意的导演下，群臣都争先恐后地请给皇帝上尊号，或称徽号。唐高宗称天皇。武则天称帝，上尊号为"圣母神圣皇帝"，以后又陆续加"金轮圣神皇帝"、"慈氏越古金轮圣神皇帝"、"天册金轮圣神皇帝"。唐玄宗演的这种闹剧就越加无聊。他所受的尊号之一是"开元天地大宝圣文神武证道孝德皇帝"，多达十六个字。宋太祖的尊号之一："应天广运一统太平圣文神武明道至德仁孝皇帝"，多达二十个字。宋高宗更多达二十四个字。这完全是虚伪的自我吹嘘，也是无聊的自我安慰。宋神宗在这个问题上就表现得比较清醒。他曾下诏："朕惟皇以道，帝以德，王以业，因时制名，用配其实，何必加崇以自饰哉！秦汉以来，尊天子曰皇帝，其亦至矣！"他指出，上尊号这类作法，都是虚文烦礼，并宜罢去，"自是终身不受尊号"（《挥麈录》卷一）。这样的例子是很少见的。

　　尊号之外，每一个皇帝又有各自的谥号、庙号和年号。

　　谥号是老皇帝死后,继位者赠送给他的称号。《白虎通》说:"谥者,何也? 谥之为言引也,引列行之迹也。所以进劝成德,使上务节也。"《通典》引《五经通义》说:"谥者,死后之称,累生时之行而谥之。善行有善谥,恶行有恶谥,所以为劝善戒恶也。谥之言列,陈列其行,身虽死,名常存也。"所以,《乐记》说:"闻其谥,知其人。"可见其意原是根据死者生前的行谊,作出一个高度概括和简练的盖棺论定,以彰有德而劝善,贬失道而戒恶。老皇帝死了,除了营丧葬之外,加谥就是一桩大事情。先由"大臣吉服之南郊告天,还,素服称天命以谥之"。之所以特别去南郊,因为那里是皇帝祭天的地方。群臣给死去的皇帝上谥号,从人臣之义来说,无疑应该尽可能地掩恶扬善,以褒美死者。但是,据说谥法又是关乎礼制的大法:大行受大名,小行受小名,必须谨守客观公正的原则。到祭天必去的南郊,就是要特别表明谥号的公正性,"明不得欺天也"。这样作的潜台词就是说,南郊告天的谥号是无可怀疑名副其实,可以质证于天的。谥,始于周代,相传是周公的定制。《史记·周本纪》:"西伯崩,谥为文王。"秦始皇即位,发布制书说:"朕闻太古有号毋谥,中古有号,死而以行为谥。如此,则子议父,臣议君也,甚无谓,朕弗取焉。自今以来,除谥法。朕为始皇帝,后世以数计,二世三世至于万世,传之无穷。"省得后人对自己说三道四,这种作法很合乎秦始皇的性格。汉代又恢复了这一制度,以后一直为历代所沿用。在正常的皇位继承情况下,嗣皇帝对死去的父兄奉谥,肯定是溢美的颂词,所谓的公正,明是骗人的。如果是亡国之君,或者继位的人原是政敌,必得恶谥,这也便是情理中的事了。皇帝的谥号一般是一个字,也有两个字的。据《谥法解》:"经纬天地、道德博闻、学勤好问、慈惠爱民、愍民惠礼、赐民爵位"者皆曰"文",如汉文帝、唐文宗者是。"刚强直理、威强敌德、克定祸乱、刑民克服、夸志多穷"者皆曰"武",如汉武帝、唐武宗者是。

"在国遭忧、在国逢囏、祸乱方作、使民悲伤"者皆曰"愍",如晋愍帝者是。"好内远礼、去礼远众"者皆曰"炀",隋炀帝、金炀王者是。这里面确实微含褒贬。得到一个恶谥在历史上便留下千古臭名,在某种程度上,不能不说对皇帝也有警戒的意思。

和谥号相近的还有一个庙号,即皇帝祖庙——太庙里的灵牌号。《事物纪原》谓"盖其事原于虞舜,而备于商人"。"汉世因之,西京有太宗、世宗;东京有显宗、肃宗"(卷二)。古者称祖有功而宗有德。《史记·孝文本纪》集解引应劭曰:"始取天下者为祖,高帝称高祖是也。始治天下者为宗,文帝称太宗是也。"颜师古则指应说为非是,而认为祖,始也,始受命也;宗,尊也,有德可尊。唐高祖的庙号是"高祖神尧大圣大光孝帝"。唐太宗的庙号是"太宗文武大圣大广孝帝"。宋神宗的庙号多达二十个字。习惯上,人们仅取前二字,称高祖、太宗。明朝人于慎行说:"本朝庙号多至十六字,比之唐、宋,尤为过溢。惟年号不更;及主上临御,不上尊号。此唐、宋所不及也。"(《谷山笔麈》卷二)

年号则是皇帝在位的纪年号。这是汉武帝时候创行的。不过具体是什么时候开始,却存在疑问。《资治通鉴》称在公元前140年始系"建元元年"。胡三省注引贡父曰:"自元鼎以前之年,皆有司所追命。其实年号之起在元鼎(前116),故元封改元则始有诏书也。"(卷十七)赵翼则认为"帝至元狩(前122)始建年号,从前之建元、元光等号,乃元狩后重制嘉号,追记其岁月也"(《廿二史札记》卷二)。汉武帝以后,皇帝皆有各自的年号。年号通常为两个字,如"贞观"、"洪武"、"康熙"。也有三个字的,如王莽的"始建国",梁武帝的"中大同"。还有四个字的,如武则天的"万岁通天"、宋太宗的"太平兴国"。古人言数不说"一",把"一"说成"元"。所以建年号称建元,改年号称改元。按古礼,"君薨,世子即位,既逾年而后称元年"(《资治通鉴》卷一百胡注)。《白虎通》

的解释是:"缘终始之义,一年不可有二君。"(卷一《爵》)当年改元就带有对其前任皇帝的否定之意,所以是非礼的。一个皇帝可以有好多个年号,随他的心意,一改再改三改。武则天就是玩弄改元游戏的惯手,有一年内三次改元的。年号所取,或来自儒经、佛典,或出于迷信、祥瑞和喜庆;也有的具有鲜明的政治含义。"贞观"、"至元",都是出典有据。"汉武得鼎,以名其年",就是"元鼎"改元所自。老耄的武则天,齿落更生,于是改"天授"为"长寿"。宋高宗建元"建炎",是因为相信火德中微,他希望余烬重燃。宋哲宗改元"绍圣","圣"指的是神宗,"绍圣"就是表明自己亲政后要绍奉神宗的变法路线。徽宗即位之初,图调和党争,以求得政局的稳定,故建元为"建中靖国"。第二年,蔡京用事,政局又发生变化,改元"崇宁","宁"者,神宗的年号"熙宁"也,等于公开宣布再要按变法的路线办事,大兴党狱。宋孝宗受禅,建元"隆兴",其意为"务隆绍兴","绍兴"即高宗的年号,以此来表示他对高宗的孝敬与感激。侯外庐在《中国思想通史》中说:"建元年号是统治阶级的支配思想的集中表现。"(第二册,第47页)总体讲,这是不错的。

此外,每个皇帝的陵墓也各有其称号,如汉高祖刘邦的长陵,汉文帝的霸陵,汉景帝的阳陵,汉武帝的茂陵。也有两个字命名的,如晋武帝的峻阳陵,晋惠帝的太阳陵。

这样,每一个皇帝既有生时的尊号,又有各自的年号,死后还有谥号、庙号、陵号,称呼相当复杂。习惯上,在唐以前,我们对他们都以谥号相称,如汉武帝、隋文帝。唐、宋、元、明时期,通以庙号相称,如唐太宗、宋太祖、明成祖。到了清朝,又以其年号相称,如康熙、乾隆。约定俗成,已没一定的标准可循了。

有的皇帝在百无聊赖之中,还喜欢玩点别号、雅号之类。汉灵帝喜欢擐甲驰马,行阵三匝,自称为"无上将军"。刘宋后废帝喜欢微行,自号"李将军"。陈后主自称"无愁天子"。唐玄宗号"三郎"。宋徽宗迷信道教,自称"教主道君皇帝"、"玉晨明皇大道君"、"都天教主"。宋高宗署其室曰"损斋"。明武宗自号"总督军务威武大将军"、"总兵官"、"后军都督府太师镇国公朱寿",别号"锦堂老人"。他还取个回回名字叫"沙吉敖烂",藏名"领占班丹",蒙古名"忽必烈"。明世宗自号"天地钓叟",又号"尧斋",穆宗号"舜斋",神宗号"禹斋"。清康熙帝号"体元主人",乾隆帝号"十全老人"、"信天主人"、"古稀天子"等。这也算是趣闻,可供谈助。

皇帝的自称也有专用的词。《礼·曲礼下》皇帝自称:"君天下,曰天子;朝诸侯分职授政任功,曰予一人;践祚、临祭祀,内事曰孝王某;外事曰嗣王某。"后世通常自称叫"朕"。"朕",原来的意思就是"我"。屈原《离骚》开篇就说:"帝高阳之苗裔兮,朕皇考曰伯庸。"秦始皇始规定"天子自称曰朕"。这个字开始成了皇帝的禁脔。

臣民对皇帝有很多称法,曰陛下、曰万岁、曰乘舆、曰上、曰至尊等等。蔡邕《独断》说:"陛下者,陛阶也,所由升堂也。天子必有近臣执兵陈于陛侧,以戒不虞。谓之陛下者,群臣与天子言,不敢指斥天子,故呼在陛下者而告之,因卑达尊之意也。上书亦如之。及群臣士庶相与言殿下、阁下、执事之属,皆此类也。"(卷上)《事物纪原》谓此自秦始,"《史记》秦李斯议事始呼之耳"。(卷一)"上",蔡邕说:"上者,尊位所在也。太史令司马迁记事,当言帝,则依违但言上,不敢渫渎言尊号,尊王之义也。"(《独断》卷上)"乘舆",蔡邕说:"乘舆出于《律》。《律》曰:敢盗乘舆服御物,谓天子所服食者也。天子至尊,不敢渫渎言之,故托之于乘舆。乘,犹载也;舆,犹车也。天子以天下为家,不以京师宫室为常处,则当乘车舆以行天下,故群臣托乘舆以言之。或谓之车驾。"(《独断》

卷上)"万岁"则原是一种庆贺时的欢呼。春秋时,有一位宋康王,自以为武功可称霸主,每天"为长夜之饮于室中,室中人呼万岁,则堂上之人应之,堂下之人又应之,门外之人又应之,以至于国中,无敢不呼万岁者。天下之人谓之桀宋"(《资治通鉴》卷四),卒至于国破身亡。这个宋王可算得上爱听臣民万岁不离口的昏君。据赵翼考证,这个词,"其始上下通用为庆贺之词,犹俗所云万福、万幸之类耳!因殿陛之间用之,后乃遂为至尊之专称。而民间口语相沿未改,故唐末犹有以为庆贺者。久之遂莫敢用也"(《陔余丛考》卷二一)。冯驩为孟尝君收债于薛,矫命以债赐诸民,因烧其券,"民称万岁"(《战国策·齐策》)。隋朝的一个将军就名史万岁,都是证明。以上称呼多用于书面或比较正式的场合。至于百姓口语之间,西汉人称皇帝为"县家"、"大家"、"天家",东汉人称"国家",魏晋间称"官"、"官家";皇帝也往往以之自称。晋人又称之为"天";北朝称"家家"。唐时称"圣人"、"大家"、"天家"、"宅家"、"官"。宋人称"官家"、"官里"、"大家"。辽、金称"郎主"。元人称"皇上"、"上位"。《水浒传》里直呼"皇帝老倌",明时径称"老头",则已带有一点愤懑不平之气,看来恐涉不恭了。

皇帝既享有至高无尚的尊贵,他的名字也便是同样尊贵的。大概从东周时代开始,社会上开始有了避讳的礼俗。《礼·曲礼》:"入门而问讳。"《疏》:"讳,主人祖先君名。"(卷三)所谓生曰名,死曰讳。尊卑有序,以讳为首,因此受到特别的重视。最初避讳原本只限于死去的祖先名讳,而且,嫌名不讳,二名不偏讳,逮事父母则讳王父母,不逮事父母则不讳王父母,君所无私讳,临文不讳,庙中不讳,讲究原是有限度的(《陔余丛考》卷三一《避讳》)。后来却益形泛滥。不单生人之名称讳,甚至同音也讳,偏旁也讳,形近也讳。南朝时的士人特别讲究这一套。如果有人在言谈中触及他祖先的名字,他便要像挖了他祖坟一样,痛哭流涕而起。"凡避讳者,皆须得其同训以代换之"。逐至同于"戏笑"(《颜氏家训》卷六)。晋、六朝,以至唐、宋,无不以避讳著为律文。《唐律》规定:"诸上书若奏事,误犯宗庙讳者,杖八十。口误及余文书误犯者笞五十。即为名字,触犯者徒三年。"(卷十)官僚的名字如果与官称相犯,政府还可以特为他改任别职。官场如此,私家亦然。李贺名晋肃,致人们认为他不应该应进士考试,因为"晋"与"进"同音。在所有文书之中,皇帝的名讳都用改字来避免。汉高祖名邦,旧史中凡邦字都以国字来替换。汉文帝名恒,于是恒山被改名曰常山。汉宣帝名询,因此,战国时的大思想家荀卿也大触霉头,被改作孙卿。汉光武名秀,秀才便改称为茂才。晋愍帝名业,建业(今南京)从此改称为建康。隋文帝的父亲名忠,朝中的一大批官名也因此改订:郎中去中字,但作郎;侍中改侍内;中书改内史;殿中御史改殿内御史;御史中丞也被撤消。唐太宗名世民,故凡言"世"皆改"代","民"改"人",民部改称为吏部。老百姓的名字如果有犯御讳的都必须更改,甚至姓也得改。石晋的高祖名敬瑭,于是令将姓敬的都改为姓苟或是姓文。宋高宗名构,于是连姓勾的人,或仍其字而更其音,或增加金旁作钩,或增加丝旁作约,或加草头作苟,甚至改作近形的句字,还有便是在勾后加一个字,改作复姓勾龙,也有干脆把勾龙的勾去掉,成了单姓龙;更有改龙为矦,弄得面目全非。宋钦宗名桓,与"丸"音近,举子应考作诗,韵脚用了丸字的,都遭到黜落。唐人修史,对前代人名有同御讳的,便不书其名而改书其字;或者便径将所犯的字删除,成了单名;或者以文义来改用另一个字。元、明以后,其禁稍宽,讳字往往以缺笔划来表示。在那个时候,要记住并注意这一大批讳字确是不容易。一些常用的字,这也讳,那也讳,文字上会产生很多麻烦。皇帝们也不能不考虑这一点,所以皇子取名时多用生僻的难字。汉宣帝原名病已,他发布诏书改名,说:"闻古天子之名,虽难知易讳也。其更讳询。"试看康熙的一大群儿子:胤禔、胤礽、胤祉、胤禛,等等,都是难认少用的僻字。民间文书行用,省去了许多避讳的麻烦,这样命名,也算是皇家的功德。

　　名讳之外,拥有无上权威的皇帝,往往出于个人的、难于索解的癖性与迷信,又任意规定出一些可笑而且荒唐的禁忌。前秦的越厉王苻生,长相颇滑稽,一只眼睛大,一只眼睛小。他对这个生理缺憾怀着阿Q式的敏感,在言谈文书里,"残"也讳,"缺"也讳,"偏"、"只"、"少"、"无"、"不具"等都成了大讳,误犯而致死的人不可胜数。北周宣帝宇文赟让儿子作皇帝,自己称天元皇帝,所居称天台,不许臣民有天、高、上、大之称。官名涉及这些字眼的都改掉,姓高的人改姓姜,高祖父改称长祖父。南朝的宋明帝刘彧,晚年更加猜忌残虐,好鬼神,多忌讳,"言语、文书有祸败、凶丧及疑似之言应回避者数百千品,有犯必加罪戮。改'骁'字为'駀',以其似祸字故也"(《资治通鉴》卷一三三)。宋徽宗迷信道教,明令禁止天下百姓以君、玉、圣天、上、龙、皇等字命名,凡有的或删或改。臣僚的表章中,对危、乱、倾、覆等类字眼也必须回避。"大哉尧之为君"、"君哉舜也"句,本是语出儒典,但是因为"哉"与"灾"同音,所以也不准引用。他曾御笔亲诏:"太上混元上德皇帝,名耳,并字伯阳,及谥聃。见今士庶多以此为名字,甚为渎侮,自今并为禁止。"(《能改斋漫录》卷十三)元朝政府明令在奏章中有一百七十多个字必须回避,其中除病、苦、凶、祸、灾、危、乱等不吉祥的字眼外,亡、妄、望、忘、司、四、死、斯,誓与逝,都因同音关系在回避之例。元仁宗延祐元年始规定"除全用御名、庙讳不考(?)外,显然凶恶字样,理宜回避。至于休、祥、极、化等字,不须回避"(《元典章·礼部·礼制一·进表》)。明太祖在字音、字义上胡牵乱扯,大兴文字狱,是大家所常道的。名儒徐一夔进贺表,有"光天之下,天生圣人","为世作则"等句,他看了勃然大怒,说:"生者,僧也,以我尝为僧也。光则雉发也。则字,音近贼也。"(《廿二史札记》卷三二)一位姓张的学正上表,中有"天下有道,万寿无疆"句,他也大怒,说"此老还谤我,以'疆道'(与强盗音近)二字拟之。"立即派人把他抓来。张从容申辩说:"臣有一言,说毕就死。陛下有旨,表文不许杜撰,务出经典。臣谓'天下有道',乃先圣孔子之格言;臣谓'万寿无疆',乃《诗经》臣子祝君之至情。今谓臣诽谤,不过如此。"太祖听了无言以对,良久,曰:"此老还嘴强。"竟令去,不问。左右相谓曰:"数年以来,才见容此一人而已。"(《立斋闲录》卷一)清朝的文字狱则多带一些民族仇视的成分,其手法之极尽牵强附会,任意罗织,上纲上线,则是与明太祖没有二致的。

历史上的皇帝还有一些更荒诞莫名的禁忌。唐朝皇帝姓李,所以,连鲤鱼也禁止捕食。宋徽宗时,谏官赵致虚上书说:皇上的生辰为壬戌。戌属狗,所以不应该杀狗。徽宗立即准允,公告全国,屠狗者有厉禁。明武宗生肖属猪,又朱、猪音同。正德十四年,正式下诏:"照得养豕宰猪,固寻常通事。但当爵本命,又姓字异音同。况食之随生疮疾,深为未便。为此省谕地方,除牛羊等不禁外,即将豕牲不许喂养及易卖宰杀。如若故违,本犯并当房家小,发极边永远充军。"(《野获编》卷一;《癸巳类稿》卷八)此诏一出,城乡民众赶紧将所养的猪贱价出卖,成为千古一大奇闻。明世宗忌讳也很多。当时北方鞑靼为患,他每写"夷狄"两字必极小;会试卷中见到有"夷"字就大为震怒,欲置重典。还有,北齐文宣帝禁取虾蟹蚬蛤之类,唯许私家捕鱼。这只能认为是一种怪癖,无法令人索解。人各有喜好与恶忌,甚至是某种迷信与怪癖,这也是常有的事情。这些发生在普通人身上,顶多只是一个笑话,而一旦发生在皇帝身上,就可能成为殃及万民的政治问题。这也是中国皇权政治下的一种特有灾祸。

（二）怎样才能当上皇帝

上面,我们谈过了皇帝这一称号及有关的种种,接下来再看一看怎么样才能当上皇帝。

这个问题说起来很简单,穿上皇帝的冠服,召开一个大会,自己南向高坐,甘心捧场的人称臣叩拜,然后通报四方,好赖就可以算皇帝了。元末陈友谅带兵进攻朱元璋,在军前杀害了徐寿辉,匆匆忙忙即皇帝位。以采石五通庙为行宫,群臣立江岸草草行礼。正碰上大雨,"殊无仪节",潦草竣事。管他三七二十一,只要宣布作了皇帝也便成了皇帝,因为从来皇帝初起时,都是自封的。

话虽如此,要作皇帝,也远不是一件简单的事。古来得天下最轻易的莫过宋太祖赵匡胤。陈桥兵变,仿佛是一觉醒来,就被人黄袍加身,作了皇帝。实际这是骗局。五代时,篡乱相仍,成为风气。这时的后周,主少国疑。960 年正月初二,七岁的小皇帝令军权在握的殿前都点检赵匡胤率兵御北汉。先行的部队离开京城汴梁时便扬言将以出兵之日立点检为天子,以故京城士民恐怖,争为逃匿之计,惟内廷宴然不知(《太平治迹统类》卷一)。可见篡位的阴谋早在进行,陈桥兵变也决非偶然的行动。通常想作皇帝有两个必不可少的条件:一是有足够的武力作后盾。不过单有武力也不成,第二还必须有相应的政治声望,用当时人的话是得人心,所谓得人心者得天下。不过,归根结底,实力才是基础,没有实力作基础,谈何广结人心? 历史上取得帝位的途径有两种,即武力争夺与和平禅位。前者是常规,后者是变态。皇位是凭借武力真刀真枪争抢过来的。《吕氏春秋·孟秋纪·荡兵》说:"胜者为长,长则犹不足治之,故立君;君又不足以治之,故立天子。天子之立也,出于君;君之立也,出于长;长之立也,出于争。"争就要靠武力。苏秦始将连横说秦惠王,他历举史事,说:"昔者神农伐补遂,黄帝伐涿鹿而禽蚩尤,尧伐骦兜,舜伐三苗,禹伐共工,汤伐有夏,文王伐崇,武王伐纣,齐桓任战而伯天下。由此观之,恶有不战者乎? 古者使车毂击驰,言语相结,天下为一;约从连横,兵革不藏;文士并饬,诸侯乱惑;万端俱起,不可胜理;科条既备,民多伪态;书策稠浊,百姓不足;上下相愁,民无所聊;明言章理,兵甲愈起;辩言伟服,战攻不息;繁称文词,天下不治;舌弊耳聋,不见成功;行义约信,天下不亲。于是乃废文任武,厚养死士,缀甲厉兵,效胜于战场。夫徒处而致利,安坐而广地,虽古五帝、三王、五伯,明主贤君,常欲坐而致之,其势不能,故以战续之。宽则两军相攻,迫则杖戟相橦,然后可建大功。是故兵胜于外,义强于内;威立于上,民服于下。今欲并天下,凌万乘,诎敌国,制海内,子元元,臣诸侯,非兵不可。"(《战国策·秦策》)这里说的都是任何一个统治者所公认而又切身的通识。刘邦这个无赖出身的汉朝开国皇帝很懂得这个道理,他得意地宣称,"乃公马上得天下"。曹操为一世枭雄,在他的一封自叙性的令文里,也明白指明,兵权是一切的根本,"欲孤便尔委捐所典兵众以还执事,归就武平侯国,实不可也。何者? 诚恐已离兵为人所祸也"(《三国志·魏武纪》裴注引《魏武故事》)。丢了兵权连命都保不了,何谈儿子来代汉作皇帝? 当然,有了足够的实力,也还需要战略、策略的正确运用。比如,选择什么时候称帝最为有利,就是大有学问的策略问题,过早过晚都不会有好结果。曹操把孙权的劝进表说成是这小子想要把我送到炉子上去烤。这是他清醒地估计到时机并不成熟。朱元璋崛起金陵,就是得益于谋士朱升"高筑墙、广积粮、缓称王"的战略决策。过晚也不利,因为那样不利于造成声势,有害于激励部众,招服群雄,甚至会被人抢先而使自己陷入被动的险境。即所谓的无以收拾人心,号召忠义。不过,在称帝这个问题上因迟疑而失机的例子很少能找到。熊掌难熟,能清醒等待时机的人是很少有的。

禅代,或者说禅让,相传始于尧舜,是原始社会的事,其实际情况已邈乎不可寻,传说而已。从王莽开始,这套把戏又成了窃取皇位的一种惯用手法。这都是发生在臣强主弱、主少国疑的时候。在已经尽揽实权且再无对手的情况下,权臣从傀儡皇帝手里,稍加压力,便顺顺当当地把皇帝的位子夺了过来,较少流血事件的发生,于是美其名叫禅代。经过魏、晋,这个办法也便逐渐定型为一套程序,即“先封大国,加九锡、殊礼,然后受禅”。曹丕玩的就是这一套,所谓“讳其名而受其实”。曹丕曾若有所感,得意洋洋地说:“舜、禹之事,吾知之矣!”(《资治通鉴》卷二六五胡注)“自此例一开,而晋、宋、齐、梁、北齐、后周以及陈、隋皆效之。此外尚有司马伦、桓元之徒,亦援以为例。甚至唐高祖本以征诛起而亦假代王之禅。朱温更以盗贼起而亦假哀帝之禅。自曹魏创此一局而奉为成式者且十数代,历七、八百年。”(《廿二史札记》卷七)

由此可见,中国历史上的皇帝登上最高统治宝座,实际上无一例外都是以实力为后盾,抢夺过来的。所谓禅代,比较起来,血腥味少一些,但虚伪性和欺骗性也就更浓。这里,我们所说的只限于开国的皇帝。即使在一个王朝里,老皇帝归天,新皇帝登位,也很多是在刀光剑影、腥风血雨里进行的。李世民就是通过玄武门之变,杀掉了两个兄弟而得位的。朱棣也是通过靖难之变,大砍大杀而从亲侄儿那里夺得帝位的。宋太祖临死时,烛影斧声,成为千古疑案。雍正帝夺嫡,兄弟们自残。类似的例子举不胜举。因此,说皇帝是踏着竞争者的尸骨爬上宝座的,一点也不过分。

皇帝即位也称登极、登基,或称为践阼。《礼·曲礼》:“践阼临祭祀。”《疏》曰:“践,履也。阼,主人阶也。天子祭祀升阼阶”,“履主阶行事,故云践阼也。”古时候,殿前两阶无中间道,以阼阶为天子位,故新君嗣位曰践阼。开国皇帝的即位仪式多因其时,或军情旁午,或政局初安,顾不得有太多的讲究,其内容主要包括两项。一是行君臣跪拜之礼,以确定君臣之大分,并达成君臣间的某种契约,如封赐、任命。二是告天,称之为"告类",意即以事类昭告于天。如后汉建武元年,光武帝即位,"为坛营于鄗之阳,祭告于天,采用元始中郊祭故事,六宗、群神皆从。未以祖配,天地共犊,余牲尚约"(《后汉书·祭祀》)。如果是太子嗣位,则是在老皇帝大敛之后,太子便立即在枢前即位。汉代的仪式是先由三公上奏,要求根据《尚书·顾命》的古典,请太子即日即天子位于枢前。于是"群臣皆出,吉服入会,如仪。太尉升自阼阶,当枢御坐,北面稽首。读策毕,以传国玉玺绶东面跪授皇太子,即皇帝位。……告令群臣,群臣皆伏称万岁。或大赦天下。……群臣百僚罢,入成丧服,如礼"(《续汉书·礼仪志下》)。嗣位为帝原是吉庆的盛典,为什么匆匆忙忙换去丧服,在老皇帝的枢前举行呢?《白虎通》的解释是:"王者既殡而即继体之位何?缘民臣之心,不可一日无君也。故先君不可得见,则后君继体矣。"(卷一)孔夫子三日无君,则惶惶如也。于是有人便讥讽他天生一副奴才相,没有主子就活不了。其实,皇位不定,野心家、觊觎者便有机可乘,就产生政局不稳的因素,这种危险在大多数情况下是确实存在的。枢前即位正是从杜侥幸、定人心的政治大局出发的。

《世说新语·言语第二》记载一个故事:"晋武帝始登阼,探策得'一'。王者世数,系此多少。帝既不说,群臣失色,莫能有言者。侍中裴楷进曰:'臣闻天得一以清,地得一以宁,侯王得一以为天下贞。'帝说。群臣叹服。"这种在即位初进行占卜的习惯,很可能不是从司马氏开始的,不过相关的记载却无迹可寻。但在少数民族中却流传性质相类的仪式。《周书·突厥传》载:"其主初立,近侍重臣等舆之以毡,随日转九回,每一回臣下皆拜。拜讫,乃扶令乘马,以帛绞其颈,使才不至绝,然后释而急问之曰:'你能作几年可汗?'其主既神情瞀乱,不能详定多少,臣下等随其所言,以验修短之数。"这同晋代的探策作用是一样的。突厥的这种风俗,在唐代宫中仍有流传。唐太宗的太子承乾在宫中"身作可汗死,使众号哭剺面,奔马环临之。忽复起曰:'使我有天下,将数万骑到金城,然后解发,委身思摩,当一设(突厥官名),顾不快邪!'"很明显,承乾所表演的正是突厥新汗即位的仪式,引起唐太宗十分的厌恶,终于把他废黜。

和传统的汉人王朝相比,少数民族王朝的建国称帝,在仪式上具有更多的民族色彩。他们的皇帝即位仪式一般是既有他们固有的民族风俗,同时又采行汉人王朝传统的礼仪。523年,高欢立平阳王元修为天子。于是假废帝安定王"作诏策而禅位焉。戊子,孝武帝即位于东郭之外,用代都旧制,以黑毡蒙七人,欢居其一,帝于毡上西向拜天毕,入御太极殿,群臣朝贺,升阊阖门大赦,改元太昌"。(《资治通鉴》卷一五五)这里说的所谓"代都旧制",就是鲜卑的仪俗。黑毡蒙七人,便是鲜卑七个分部的代表。据《魏书·官氏志》:"初,安帝统国,诸部有九十九姓。至献帝时,七分国人,使诸兄弟各统摄之,乃分其氏。"七部,就是纥骨氏、普氏、拓跋氏、达奚氏、伊娄氏、丘敦氏、侯氏。合献帝一枝共为八部。八部鲜卑便是意味全体鲜卑人众。这一仪俗是由古代鲜卑部落联盟酋长由八部鲜卑共同选举的制度遗传演变而来的。

辽朝的皇帝即位仪式名之曰柴册仪。"择吉日前期置柴册殿及坛,坛之制,厚积薪,以木为三级,坛置其上。席百尺毡,龙文方茵。又置再生母后搜索之室。皇帝入再生室,行再生仪。毕,八部之叟前导后扈,左右扶翼皇帝册殿之东北隅拜日。毕,乘马,选外戚之老者御。皇帝疾驰,仆。御者、从者以毡覆之。皇帝诣高阜地,大臣、诸部帅列仪仗遥望以拜。皇帝遣使敕曰:先帝升遐,有伯叔父兄在,当选贤者,冲人不德,何以为谋。群臣对曰:臣等以先帝

厚恩,陛下明德,咸愿尽心,敢有他图? 皇帝令曰:必从汝等所愿,
我将信明赏罚。尔有功,陟而任之;尔有罪,黜而弃之。若听朕命,
则当谟之。金曰:唯帝命是从。皇帝于所识之地封土石以志之。
遂行,拜先帝御容,宴飨群臣。翼日,皇帝出册殿,护卫太保扶翼升
坛,奉七庙神主,置龙文方茵。南府宰相率群臣圜立,各举毡边。
赞祝讫,枢密使奉玉宝、玉册入。有司读册讫,枢密使称尊号以进。
群臣三称万岁,皆拜。宰相,北、南院大王,诸部帅进赭白羊各一
群。皇帝更衣,拜诸帝御容。遂宴群臣,赐赉各有差。"(《辽史·
礼一·吉仪》)根据宋朝使者的报导:辽道宗清宁四年(1058 年)
十月,辽主举行柴册礼于八方陂,"于十月一日先到小禁围内宿
泊。二日,先于契丹官内拣选九人与戎主身材一般大小者,各赐戎
主所著衣服一套,令结束九人,假作戎主,不许别人知觉。于当夜
子时,与戎主共十人相离去小禁围,入大禁围内,分头各入一帐。
每帐内只有蟏烛一条,椅子一支,并无一人。三日辰时,每帐前有
契丹大人一员,各自入帐列何骨膔(汉语捉认天子也)。若捉认得
戎主者,宣赐牛羊驼马各一千。当时宋国大王(戎主亲第)于第八
帐内捉认得戎主,番仪须得言道:我不是的皇帝。其宋国大王却言
道:你的是皇帝。如此往来番语凡三遍,戎主方始言道:是便是。
出帐来著箱内番仪衣服毕,次第行礼。先望日四拜,次拜七祖殿,
次拜木叶山神,次拜金龙,次拜太后,次拜赤孃子,次拜七祖眷属。
次上柴笼受册,次如黑龙殿受贺"(《燕北录》)。从这套仪制里,我
们还约略地看到古昔鲜卑、突厥大汗即位仪式的遗留。

元朝皇帝的即位仪式,除了繁缛的传统汉制外,也仍然保留某
些蒙古的旧俗。《元史·礼乐一·皇帝即位受朝仪》记载:在皇帝
即位的当天,首先是按蒙古旧俗,举行即位典礼。"俟诸王以国礼
扶皇帝登宝位毕",再继续按汉仪演礼。当时的所谓"国礼"如何?
汉文资料中已找不到具体的记载,我们可知的是前四汗时期(即

忽必烈建立元朝以前)蒙古选汗的情况。1228年,蒙古诸王,大臣聚会在怯绿连河(克鲁伦河),选举窝阔台即蒙古大汗位。在宴乐三天三夜之后,他们集会宣布了成吉思汗留下的立第三子窝阔台为大汗的遗嘱,窝阔台则极力推辞。"一连四十天,他们每天都换上不同颜色的新装(即所谓只孙服。只孙,蒙古语意为一色),边痛饮,边商讨国事。而每一天,窝阔台都用不同的方法,以既巧妙又得当的话,表达同样的心情。四十天过去……最后,经过他们这方面的再三敦促、窝阔台那方面的再三拒绝,他终于服从其父的遗旨,采纳众弟兄及叔伯的劝告。按蒙古旧俗,他们脱掉帽子,把皮带扔向肩后,就在1228年,察哈台(其二兄)引着他的右手,斡赤斤(其叔)引着他的左手,把他拥上宝座……兀鲁黑那颜举杯,宫廷内外的人都三次跪拜,发出祈祷,说:'愿他的登基使国家繁荣昌盛。'……按照往习,所有王公,对合罕(意即大汗)表示忠忱,在斡尔朵(意为宫帐)外三次向太阳叩拜。然后,他们再入内,举行欢乐的盛会。"(《世界征服者史》上册,第216—218页)这里,察哈台所代表的是右手诸王,即成吉思汗的诸子;斡赤斤所代表的是左手诸王,即成吉思汗的兄弟。这就意味着大蒙古国全体一致对新选大汗的推戴和支持。这些材料,一般较少引人注意,因此我们作为趣闻介绍给大家。

第二章　神道设教——他是天帝的元子

（一）奇征异表与谶纬

凭借强力争夺到了皇位的暴发者们,虽然作了兆民之上的最高统治者,但是他们毕竟心虚。为了粉饰自己,胁服人民,他们便只有借助于神力的迷信。

《易经·观卦》说:"观天之神道,而四时不忒,圣人以神道设教,而天下服矣!"《疏》:"神道者,微妙无方,理不可知,目不可见,不知所以然而然,谓之神道。"神道就是这样一个莫名其妙、而且是有意让人莫名其妙的东西。不过,拆穿来看,这里面也没有什么神秘。"一切宗教不过是支配着人们日常生活的外部力量在人们头脑中的幻想的反映。在这个反映中,人间的力量采取了超人间的力量的形式。在历史的初期,首先是自然力量获得了这样的反映,而在进一步的发展中,在不同的民族那里又经历了极不同的极为复杂的人格化……但是除自然力量外,不久社会力量也起了作用,这种力量和自然力量本身一样,对人来说是异己的,最初也是不能理解的,它以同样的表面上的自然必然性支配着人。最初仅仅反映自然界的神秘力量的幻象,现在又获得了社会的属性,成为历史力量的代表者。在更进一步的发展阶段上,许多神的全部自然属性和社会属性都转移到一个万能的神身上,而这个神本身又只是抽象的人的反映。"(《马克思恩格斯选集》第三卷,第 354—355 页)商人的帝,周人的天,都是殷王、周王经过神化后曲折而抽象的折光。古人创造了这样一个"颠倒了的世界",便就是我们上面所说的神道。他们对它的实质自然不可能理解,因而是不知其所以然、莫名其妙的。但这种莫名其妙的东西所具有的特殊的政治与社会职能,即其在补充与强化统治者权力方面的实际作用,却又是显而易见的。所以古人很早就说过:"圣人以神道设教,而天下服。"(《周易正义》卷三)

围绕对天的崇拜,周人在感生说、天命论、以祖宗配天祭享等方面,都作出了重要的创造,给后来的封建王朝以深远的凭借和影响。

《史记·周本纪》载周人的祖先"后稷,名弃,其母有邰氏女,曰姜原。姜原为帝喾元妃,姜原出野,见巨人迹,心忻然说,欲践之。践之而身动如孕者。居期而生子,以为不祥,弃之隘巷,马牛过者皆辟不践。徙置之林中,适会山林多人,迁之,而弃渠中冰上。飞鸟以其翼覆荐之。姜原以为神,遂收养长之。"这个巨人无疑就是天帝。"皇天上帝,改厥元子"。"有王虽小,元子哉!"(《尚书·召诰》)周王就是天帝的长子,所以就称周天子。这比起殷人把始祖所自,说成是吞食了玄鸟卵而生的原始图腾崇拜来说,周人的天,已是至高无上的尊神。这确是大有了进步。但是,随着春秋、战国时期的分裂,天子式微,天国同样在发生分裂。天帝有五个:东方苍帝灵威仰,南方赤帝赤熛怒,中央黄帝含枢纽,西方白帝白招拒,北方黑帝叶光纪。此外又有一个昊天上帝,地位最尊。这正是五霸、七雄在天国里的反映。

刘邦这个身份卑微的小小亭长,一朝成了皇帝,在当时世卿世禄、社会等级森严的思想影响仍十分严重的社会里,不啻是石破天惊的大事。为了掩饰自己的形象,他假冒姓氏,说刘姓为陶唐之后,表明他原是贵族身份。这还不够,又借助于神道,利用感生说来大作文章。《史记·高祖本纪》:刘邦的母亲刘媪,"尝息大泽之陂,梦与神遇。是时雷电晦冥,太公(刘邦父)往视之,则见蛟龙于其上。已而有身,遂产高祖"。可见刘邦这个人,生来就是神种;因为是神种,形象也自与凡人不同。《史记》说:"高祖为人,隆准而龙颜,美须髯,左股有七十二黑子。"每醉卧,人"见其上常有龙";所居之处,其中辄有云气覆护。他的得天下决不是偶然的,远在他微贱时,早就有过预示性的奇兆。他曾带领十余人行泽中,"令一人行前。行前者还报曰:'前有大蛇当径,愿还。'高祖醉,曰:'壮士行,何畏!'乃前,拔剑击斩蛇。蛇遂分为两,径开。行数里,醉,因卧。后人来至蛇所,有一老妪夜哭。人问何哭?妪曰:'人杀吾子,故哭之。'人曰:'妪子何为见杀?'妪曰:'吾子,白帝子也。化为蛇,当道。今为赤帝子斩之,故哭。'人乃以妪为不诚,欲告之,妪因忽不见。"班彪专门写过一篇《王命论》,所谓"王命",帝王受命也,就是专门宣扬刘邦是天命所归的真天子。他说:"世俗见高祖兴于布衣,不达其故,以为适遭暴乱,得奋其剑。游说之士,至比天下于逐鹿,幸捷而得之。"他驳斥说,这种看法既暗于天道,又不明于人事,是完全错误的。他举出刘邦之兴,其因有五:一曰帝尧之苗裔;二曰体貌多奇异;三曰神武有征应;四曰宽明而仁恕;五曰知人善任使。后两条虽说是人事,但这种超人的品质也得自天成,决非凡俗之可及。这就让人毫不怀疑,刘邦之得天下,冥冥之中,老天早有命定;而且灵瑞符应,也早已昭示于人。人们对于他,当然只有甘心降服。总之,"帝王之祚,必有明圣显懿之德,丰功厚利积累之业,然后精诚通于神明,流泽加于生民。故能为鬼神所福飨,天下所归往。未见运世无本,功德不纪,而得倔起在此位者也"。不信天命,"不知神器有命,不可以智力求","此世之所以多乱臣贼子者也"。然而,乱臣贼子们"苟昧权利,越次妄据,外不量力,内不知命,则必丧保家之主,失天年之寿,遇折足之凶,伏斧钺之诛"。只有敬信天命,"距逐鹿之謷说,审神器之有授,贪不可冀","则福祚流于子孙,天禄其永终矣"(《文选》卷五二《论二·王命论》)。由此可见,天命论的编造,完全是从强化其统治、防范所谓乱臣贼子的觊觎出发的。

刘邦之后,历代的那些开国君主,包括割据一方的统治者,莫不编造奇征异貌的古怪神话,来张扬自己据说是来自上天的威力。

东汉的光武帝生来"大口、隆准、日角"。早在西汉将亡时,就有刘秀为天子、刘氏复起,李氏为辅的谶语。

晋宣帝(司马懿)有狼顾之相。魏武帝欲验之,乃召使前行,令反颈,面正向后,而身不动。

晋元帝白毫生于日角之左,隆准龙颜,目有精曜,顾昐炜如也。

隋文帝"为人龙颜,额上有五柱入顶,目光外射,有文在手曰王"。始生之夜,紫气充廷,他母亲抱着他,忽见头上角起,遍体生鳞。

唐太宗生日,"时有二龙戏于馆门之外,三日而去"。

宋太祖降生在洛阳夹马营,"赤光绕室,异香经宿不散。体有金色,三日不变"。他未发达时,到开封府高辛庙求卦,卜自己的前程。"俗以一俯一仰为圣筊。自小校而上自节度使,一一掷之,皆不应。忽曰:'过是则为天子乎?'一掷而得圣筊"(《石林燕语》卷一)。

成吉思汗出自感神光所生的尼伦部,出生时"手握凝血如赤石"。

明太祖的母亲方娠,梦神授药丸一,置掌中有光。吞之,寤,口有余香。及产,红光满室。自是,夜数有光起,邻里望见,惊以为火,辄奔救,至则无有。

爱新觉罗氏的远祖母佛库伦,相传感朱果而孕。顺治皇帝的母亲"方娠,红光绕身,盘旋如龙形。诞之前夕,梦神人抱子纳后怀曰:此统一天下之主也"。生日,"红光烛宫中,香气经日不散。上生有异禀,顶发耸起,龙章凤姿,神智天授"(《清史稿·世祖本纪一》)。

　　类似的材料还可以举出一大堆,无非就是生而灵异,证明他不同凡俗,是天命早已有归的皇帝。阴阳家的创始者邹衍就说过:"凡帝王之将兴也,天必见祥乎下民。"《册府元龟·闰位部·诞生》的序文大加发挥,说:"夫天命所祐,运历攸归,有开必先,休应斯见。故其先也,必有冥符之应、神灵之纪,以启其祚焉。非独秉五胜而起,继三微而王者有是征也。至于居余分之次,擅一方之地者,亦复嘉祥贵象,兆于厥初。斯盖上稽灵心,虽殊于天序;下观人事,亦异于常民。"你看,北齐的高欢,他的家"数有赤光紫气之异"。他长得"目有精光,长头高权,齿白如玉,少有人杰表"。北周的宇文泰,其母"初孕五月,夜梦抱子升天,才不至而止"。"帝生而有黑气如盖,下覆其身"。"背有黑子,宛转若龙盘之形,面色紫光,人望而敬畏之"。土匪出身的后唐朱温,诞生之夜,"所居庐舍之上有赤气上腾",邻人曾"见其熟寐之次,化为一赤蛇"。这就是说,不单是正统的皇朝,就是偏闰的军阀,只要是称王称帝的,都是生而灵异。总之,皇帝都是天生的,灵异便是天生的证据。这种鬼怪的故事,实在只能算是最拙劣的编造,让人见了觉得荒诞可笑。但是,要知道,在古代,人民愚昧,迷信流行,它所产生的迷惑力、欺骗力、镇胁力和凝聚力,对于野心家们攫取皇位、巩固统治的作用是难于估量的。

　　《史记》说刘邦隆准龙颜。隆准是高鼻子,好理解。龙颜的颜,《集解》作额颡也。《尔雅》谓:"颜,额也。"问题是龙额到底又是什么模样?《索隐》引文颖曰:"高祖感龙而生,故而颜貌似龙,长颈而高鼻。"龙到底又是个啥样子? 谁也没有见过,谁也不知道它是个什么东西。它究竟是附会什么东西而产生的,现在还难于说清楚。《易经》说:"龙者,变化之物。"又说:"龙则阳气也。"阳者至刚。然韩非《说难》篇载:"夫龙之为虫也柔,可狎而骑也。然其喉下有逆鳞径尺,若人有婴之者,则必杀人。"仿佛又是阴柔之物。这是不是就是它善于变化,使人莫可测知的表现? 总之,龙的原形是什么,目前还没有公认的结论,有待于考古学家、民俗学家们继续努力。不过,有一点似乎可以肯定,正因为它善变化,所以在不同的地方、不同的时代,人们可以赋予它不同的性格与外形,而成为四不像那样的凑合。把龙和皇帝联系起来,大概是从刘邦开始的。从此,皇帝又成了龙的化身。他的身体称龙体,心称龙心,面孔称龙颜,皇位称龙位,朝廷称龙廷,皇帝的器用也冠以龙称,如龙袍、龙靴、龙车、龙旗。龙成了标志皇帝庄严神圣的通俗象征。

　　和奇征异表这种预兆相类似的还有谶纬。《四库提要·易纬》说:"案儒者多称谶纬,其实谶自谶,纬自纬,非一类也。谶者,诡为隐语,预决吉凶。《史记·秦本纪》称卢生奏录图书之语,是其始也。纬者,经之支流,衍及旁义。《史记·自序》引《易》'失之毫厘,差以千里';《汉书·盖宽饶传》引《易》'五帝官天下,三王家天下',注者均以为《易纬》之文是也。盖秦汉以来,去圣日远,儒者推阐论说,各自成书,与经原不相比附。如伏生《尚书大传》,董仲舒《春秋阴阳》,核其文体,即是纬书。特以显有主名,故不能托诸孔子。其他私相撰述,渐杂以术数之言,既不知作者为谁,因附会以神其说。迨弥传弥失,又益以妖妄之词,遂与谶合而为一。"皮锡瑞《经学历史》也说:"纬与谶有别。""图谶本方士之书,与经义不相涉。汉儒增益秘纬,乃以谶文牵合经义。其合于经义者近纯,其涉于谶文者多驳。故纬,纯驳互见,未可一概诋之。"谶则纯系一种迷信。谶,验也。《说文》徐锴注:"凡谶纬皆言将来之验也。"胡寅说：谶书原于《易》之推往而知来，诡为隐语，预决吉凶。作为一种迷信，《四库提要》说它始自秦卢生之奏录图书，恐怕是不确切的。张衡说：图谶之学的盛行，"成于（西汉）哀、平之际"，"中兴之后，儒者争学《图纬》"。"光武尤独信其术，甚至用人行政，亦以谶书从事"。其深信谶书，"几等于圣经贤传，不敢有一字致疑"。《廿二史札记》卷四《光武信谶书》）"及显宗、肃宗，因祖述焉。自中兴之后，儒者争学图谶，兼复附以妖言。"（《后汉书·张衡传》）成为东汉一代的风气。黄巾大起义就是利用"苍天已死，黄天当立。岁在甲子，天下大吉"的谶语，发动群众进行的。南齐的萧道成是一个制造图谶的惯手，所造带谶书性质的刻石、民歌、梦异等不可胜计，皆以隐约的言词，证明他必将代刘宋而取得帝位。有趣的是，这时的图谶，又把不语力、神、怪、乱的孔子，拉了出来，充作预言的权威。顾炎武说，自汉以后，凡世人所传帝王易姓受命之说，一切附之孔子。如沙丘之亡，卯金之兴，皆谓夫子前知而预为之谶，其书盖不一矣。魏高祖太和九年，诏自今图谶秘纬及名为《孔子闭房记》者，一皆焚之，留者以大辟论。《旧唐书·王世充传》："世充将谋篡位，有道士桓法嗣者，自言解图谶，乃上《孔子闭房记》，画作丈夫，持一竿以驱羊。释云：'隋，杨姓也。干一者，王也。王居羊后，明相国代隋为帝也。'世充大悦。"（《日知录》卷三十《孔子闭房记》）谶纬这类东西，本由人造，开国的君主们，自然支持和鼓励，甚至本人直接参与它的炮制，以借助迷信的支持。但反抗者和觊觎者、野心家也同样希图进行利用，因此，它又使统治者头痛而下令禁止。谶纬图书，经隋炀帝严令取缔以后，世不复传。"稍可见者，唯类书一二援引及诸家书目具名而已。"（胡应麟《四部正讹》）但从这以后，利用谶语参与政争和组织反抗的事，仍不绝于史。如隋末方士安伽陁预言"李氏当为天子"，曾力劝炀帝尽诛海内凡姓李者。又唐太宗末年，民间有《秘记》流传，说"唐三世之后,女主武王代有天下"。元末的红巾军起义,则以"石人一只眼,挑动黄河天下反"的谶语为发动。民间流行的李淳风《推背图》、刘基(伯温)《烧饼歌》,都是这一类东西。

（二）　五行德运与天人感应

早在战国时期,齐鲁地区就出现了以邹衍为代表的阴阳家学派。它是吸收和综合了远古流传的阴阳变化和五行运转这两支不同系统的地区文化而发展起来的。五行学说认为构成宇宙万物的是金、木、水、火、土五大元素,称为五行。它们之间,"终始五德,从所不胜":土德后,"木德继之,金德次之,火德次之,水德次之"(《昭明文选》卷六《魏都赋》注引《七略》)。"五德转移,治各有宜,而符应若兹。"(《史记》卷七四《孟子荀卿列传》)《吕氏春秋》在阐述上古历史发展的进程时,就是这样描述的:

> 凡帝王者之将兴也,天必先见祥乎下民。黄帝之时,天先见大螾(即蚯蚓)大蝼(大蝼蛄)。黄帝曰:"土气胜。"土气胜,故其色尚黄,其事则土。及禹之时,天先见草木秋冬不杀。禹曰:"木气胜。"木气胜,故其色尚青,其事则木。及汤之时,天先见金刃生于水。汤曰:"金气胜。"金气胜,故其色尚白,其事则金。及文王之时,天先见火,赤乌衔丹书集于周社。文王曰:"火气胜。"火气胜,故其色尚赤,其事则火。代火者必将水,天且先见水气胜。水气胜,故其色尚黑,其事则水。(《应同》)

这个五德:土、木、金、火、水相克代的序列无疑便就是沿用邹衍五德终始的理论。秦始皇代周,周得火德。按照从所不胜的原则,秦自然便得水德。根据这种德运推移理论,于是秦采行了一系列重

大的法治设施。夏以建寅之月（十三月）为岁首，殷以建丑之月
（十二月）为岁首，周以建子之月（十一月）为岁首，秦改年始，朝贺
皆自十月朔。水德尚黑，故秦的衣服、旄旌、节旗皆用黑色。黑终
数六，故以六为纪，符、法冠皆六寸，舆六尺，六尺为步，乘六马。更
河名曰德水，以为水德之始。又水主阴，阴主刑杀，故尚刑法，认为
"刚毅戾深，事皆决于法，刻削毋仁恩和义，然后合五德之数。于
是急法，久者不赦"。

汉兴，刘邦曾向人询问秦时祠何帝？回答是白、青、黄、赤四
帝。刘邦说，我听说天有五帝，何以为四？谁也无法回答。刘邦若
有所悟说：我知之矣！这是待我而具五数也。于是立黑帝祠，命名
北畤。刘邦把北畤待我而起，自以为获水德之瑞，故袭用秦的正朔
服色。孝文帝时，鲁人公孙臣以终始五德上书，谓汉得土德，宜更
元，改正朔，易服色；并且预言将有黄龙见的瑞应。丞相张苍反对。
时河决酸枣，东溃金堤。张苍主张以河决金堤为符，证明汉乃水德
之时。讨论没有结果，这个问题一直没有结论。

汉武帝太初元年夏（前104），落下闳创新历，"然后日辰之度
与夏正同"。武帝乃改元"太初"，恢复夏历的以正月为岁首。色
尚黄，官更印章以五字，如丞相的印章则称"丞相之印章"五字，正
式承认汉据土德。西汉末，刘向、刘歆父子"以为帝出于震，故包
羲氏始受木德，其后以母传子，终而复始，自神农、黄帝下历唐虞三
代，而汉得火焉。故高祖始起，神母夜号，著赤帝之符，旗章遂赤，
自得天统矣。"（《汉书》卷二五下《郊祀志》）所谓"以母传子"，就
是反邹衍的"从所不胜"，取五行相生之意。即水生木、木生火、火
生土、土生金、金生水，往复循环。按照这种理论，伏羲以木德王，
木生火，故神农以火德王；火生土，故黄帝以土德王；土生金，故少
昊以金德王；金生水，故颛顼以水德王；水生木，故帝喾以木德王；
木又生火，故帝尧以火德王；火又生土，故帝舜以土德王；土又生

金,故夏以金德王;金又生水,故商以水德王;水又生木,故周以木德王。东汉光武帝建武二年,正式采纳了刘向的意见,以为汉得火德,色上赤。周得木德,以汉直接承周而得火德。然而中间还隔着一个秦,又如何进行解释呢?刘向于是编造出正闰的理论:以为"昔共工氏以水德,间于木、火,与秦同运,非其次序,故皆不永"。就是说,伏羲以木德王,继之者为共工氏,"虽有水德,在木、火之间,非其次序,故霸而不王"。只有神农以火德王,才是五德运行的正当次序。准此,秦的地位正如共工。周得木德,秦代周,以水德,也不是五德相生的正当运行,所以说也只是闰位(《资治通鉴》卷六九,胡注引孟康曰)。闰者,偏也,不正也。从此以后,五德相生,往复运行和偏闰的说法,长期为后来的王朝所承用。魏受汉禅,推五德之运,以土继火。土色黄,故纪元曰黄初。北周宇文觉代西魏,即天王位,"以木德承魏水,行夏之时;服色尚黑,随水行也"。隋文帝推运得火德,故色上赤。唐高祖认为得土德,色上黄。德运的迷信如此深入人心,故久病不愈的唐武宗李瀍,终于自认为在"王气胜君名"这条戒律里找到了原因。当年汉光武把洛水的"洛"字改写成了"雒","洛"从水,而东汉以火德王。水火不相容,所以必须改去水旁,使免相胜之厄。唐德土,而武宗名瀍,"瀍"亦水旁。土胜水,正犯了"王气胜君名"的大忌讳,他相信这就是久病难愈的真正原因。于是他便改名为"炎",炎从火,火生土,这就可以变成以君名生王气,病也就可不治而愈了。这当然只是迷信,决无益于病体。会昌六年三月,下诏改名后没有几天武宗也就一命呜呼了。金朝曾为本朝是金德还是土德争得十分热闹,结果认为得运为土,堂而皇之地撰成了《大金德运图说》一书。《四库提要》的作者驳斥它说:"五德之运,不见《六经》,惟《家语》始有之,而其书出于王肃伪撰,不可据为典要。后代泥于其说,多侈陈五行传序之由,而牵合迁就,附合支离,亦终无一当。仰蒙我皇上折衷垂训,斥妄祛疑,本宅中图大之隆规,破谶纬休祥之谬说,阐发明切,立千古不易之定论。"(《史部·政书类》二)乾隆的这一见解的确是远超过了他的同侪们。

神道设教的核心便是天命论。无论是感生说、五运终始等,都是要证明皇帝的地位是授受于天,常人是不应该非分觊觎,也是不可能僭分夺取的。感生说无法验之于常识,五运始终也涉于幽玄。汉武帝时,大儒董仲舒确立了天人感应学说,用现实生活中大家都可以感受到的天时、地理、与物种的灾祸变异来进行附会,其欺骗性就大得多了。

孔子和孟子,都很少谈到天。孔子不语神怪。他说:"天何言哉!四时行焉,万物生焉,天何言哉!"他心目中的天,似乎只是自然运行的载体。季路问事鬼神,子曰:"未能事人,焉能事鬼?"问死,曰:"未知生,焉知死。"他对鬼神基本上是恃否定态度的。孟子则说:"尽其心者,知其性也。知其性,则知天矣!存其心,养其性,所以事天也。"他认为人心即天理,又以"人归"来验证舜之得天下为"天与"。并且说:"天视自我民视,天听自我民听。"从民心上来体认天,这正是孟子思想的进步与可贵的地方。汉儒在这方面已与孔子、孟子有了很大的不同。董仲舒就是在儒的基础上,吸收了邹衍的符应说及其他学说,发展成著名的天人合一、天人感应学说的代表人物。他的特点就是把儒学神学化。

在上汉武帝的《天人三策》里,董仲舒除了提出改正朔、易服色、制礼乐、更化、崇儒,并以儒道来推行教化等一系列政治措施外,还全面地阐发了天与人之间的感应关系。他引《春秋》为证,说:"臣谨按,《春秋》之中,视前世已行之事,以观天人相与之际,甚可畏也。国家将有失道之败,而天乃先出灾害以谴告之;不知自省,又出怪异以警惧之;尚不知变,而伤败乃至。以此见天心之仁爱人君而欲止其乱也。"人之生理、气质、情性,都是化天之理数而成,与天道是相对应的。"为生不能为人,为人者天也。人之人本于天,天亦人之曾祖父也,此人之所以乃上类天也。人之形体,化天数而成。人之血气,化天志而仁。人之德行,化天理而义。人之好恶,化天之暖清。人之喜怒,化天之寒暑。人之受命,化天之四时。人生有喜怒哀乐之答,春秋冬夏之类也。喜,春之答也;怒,秋之答也;乐,夏之答也;哀,冬之答也。天之副在乎人,人之情性有由天者矣。"(《春秋繁露·为人者天》)不过,能够同天直接联系的人只能是皇帝一个人,因为只有他才是受天之命来代天执行覆养万民的。所以说天人感应的"人","实质所指即是统治世间的天子"(《中国思想通史》第二册,第 108 页)。"灾者,天之谴也;异者,天之威也。"(《春秋繁露·必仁且知》)所谓国家将兴,必有祯祥;国家将灭,必有灾异。这种祯祥灾异,就是天人之间感应的具体显现。董仲舒提出受天明命的君王必须勉强行道,道,也就是天道,即"所由适于治之路",仁义礼乐皆其工具。皇天不言,以文象设教。人主有道,天瑞应诚而至;人主失德,则"邪气积于下,怨恶蓄于上。上下不和,则阴阳缪盭(古戾字)而妖孽生",此灾异所缘而起者。它们皆是"阴阳之精,其本在地而上发于天者也。政失于此,则变见于彼,犹景之象形,乡之应声。"(《汉书·天文志》)所以,"天子为善一日,天立应以善,为恶一日,立应以恶"(《资治通鉴》卷五二胡注引《易纬稽览图·中孚传》郑玄注)。"善不妄来,灾不空发。王者心有所想,虽未形颜色,而五星以之推移,阴阳为其变度。"(《资治通鉴》卷五六)天人感应说把所有天灾、星变、物种变易都准确地与人事对应起来。

日蚀和星变是皇天对人君严重的警告。古人认为:"凡天文在图籍昭昭可知者,经星常宿中外官凡百一十八名,积数七百八十三星,皆有州国官宫物类之象。其伏见早晚邪正存亡虚实阔陿,及五星所行合散犯守陵历斗食,彗孛飞流、日月薄食,晕适背穴抱珥蚩蜺,迅雷风袄、怪云变气,此皆阴阳之精,其本在地,而上发于天者也。政失于此,则变见于彼。犹景之象形,乡之应声。是以明君睹之而寤,饬身正事,思其咎,谢则祸除而福至,自然之符也。"(《汉书》卷二六《天文志》)太阳是众阳之宗,人君之表,至尊之象,如果君德衰微,阴道强盛,侵蔽阳明,则应为日蚀。(《汉书·孔光传》)如果妇顺不修,阴事不得,皇后有失德之举,则会发生月蚀。又"君不修道,则日失其度,晻昧亡光,各有云为:其于东方作日初出时,阴云邪气起者,法为牵于女谒,有所畏难。日出后为近臣乱政,日中为大臣欺诬,日且入为妻妾役使所营。"(《汉书·李寻传》)汉时的皇帝,遇到发生日蚀,都要战战兢兢,发布诏书,引咎自责,并采取一些轻徭薄赋等惠民的措施。汉文帝即位的第二年,日蚀,他亲布诏书,曰:

> 朕闻之,天生民,为之置君以养治之。人主不德,布政不均,则天示之灾,以戒不治。乃十一月晦,日有食之,适见于天,灾孰大焉。朕获保宗庙,以微眇之身,托于士民君王之上。天下治乱,在予一人。唯二三执政,犹吾股肱也。朕下不能治育群生,上以累三光之明,其不德大矣!令至,其悉思朕之过失,及知见之所不及,匄以启告朕。及举贤良方正、能直言极谏者,以匡朕之不逮。因各敕以职任,务省徭费以便民。朕既不能远德,故憪然念外人之有非,是以设备未息。今纵不能罢边屯戍,又饬兵厚卫,其罢卫将军军。太仆见马遗财足,余皆以给传置(《汉书·文帝纪》)。

从这封诏书里,可以窥见当时对这种天人感应说迷信的虔诚,也可以了解到这一学说对皇帝本人,确实存在某种震慑的作用。

星宿,特别是五星在运行中所发生的所谓"星变",是当时人十分重视的天象。所谓五星,即东方岁星,南方荧惑,西方太白,北方辰星,中央镇星。它们的各自运行与相互关系便构成直接与人世间各种重大动乱、灾祸相对应的占兆。譬如说:"太白经天,天下革,民更王。"(《汉书·天文志》)所谓"经天","谓出东入西,出西入东也。太白阴星,出东当伏东,出西当伏西。过午为经天"。"荧惑为乱,为成(贼)、为疫、为丧、为饥、为兵。"(同上)由于彗星稀见,所以它的出现更引来极大的恐慌。古人把彗星分为孛、彗、长三类。孛星光芒短,其光四出;彗星则光芒参参如扫帚;长星的尾巴很长,三丈二丈无常。其实都是彗星离日远近不同时的形态。"大法:孛、彗星多为除旧布新,长星多为兵革事。"(《资治通鉴》卷十四胡注引文颖曰)《孝经内记》云:"彗出北斗,兵大起;彗在三台,臣害君;彗在太微,君害臣;彗在天狱,诸侯作乱。所指,其处大恶。彗在日旁,子欲杀父。"(《史记·秦始皇本纪》正义引)孛为恶气所生,灾又更甚于彗。他们认为,彗是五星之精为妖:岁星流为苍彗、荧惑,填星散为赤彗、黄彗,太白,辰星变为白彗、黑彗。(《资治通鉴》卷三胡注)他们也认为五行的失次与阴阳的失调都是灾异发生的原因,而它们实际的根源则是人事的乖错。如果君主田猎不宿、饮食不享、出入不节、夺民农时及有奸谋,则木不曲直;弃法律、逐功臣、杀太子、以妾为妻,则火不炎上;治宫室、饰台榭,内淫乱、犯亲戚、侮父兄,则稼穑不成;好攻战、轻百姓、饰城廓、侵边境,则金不从革;简宗庙、不祷祠、废祭祀、逆天时,则水不润下(《汉书·五行志上》)。于是形成火灾、水灾、凶歉、虫旱等灾异。地震则是由于阳伏而不能出、阴迫而不能升所产生。雨雪的变化也是阴阳不调所致。"阳之专气为霰,阴之专气为雹。盛阳之气在雨水,则温暖而为雨,阴气薄而胁之不相入,则搏而为雹也。盛阴之气在雨水,则凝滞而为雪,阳气薄而胁之相入,则消散而下,因水而为霰"(《资治通鉴》卷十五胡注引《大戴礼》引孔会子云)。所有阴阳不调,都和人君的行事相对应。据翼奉的说法,这种天人间的感应,其验效甚至如人之病生于内脏,而病象则显于外表、行动之中一样,迅速准确。灾异就是天对人君的警告。"天所以有灾变何?所以谴告人君,觉悟其行,欲令悔过修德,深思虑也。《援神契》曰:行有点缺,气逆干天,情感变出,以戒人也"(《白虎通》卷六《灾变》)。谷永形容皇天降灾异以谴告人君过失,"犹严父之明诫,畏惧敬改,则祸销福降;忽然简易,则咎罚不除"(《汉书·谷永传》)。

对于皇天示警的灾异,皇帝通常采取下诏罪己,号召官员直言过失,停止某些烦民劳费的项目或设施,颁行某些宽恤的政策,决狱虑囚,素服、避正殿,减常膳,撤乐,进行祈祷等方式,以为应答。应该承认,这种灾谴理论尽管纯出于迷信附会,但在实际政治生活中,它的确是有很大影响的。唐太宗就曾对侍臣们说过:"人言天子至尊,无所畏惮。朕则不然,上畏皇天之鉴临,兢兢业业,犹恐不合天意。"一般的君主,都因迷信的支配,在所谓天谴面前,无论是"应之以实",采行某些宽省民困的措施,或者是"侧身修德",克制一下生活的淫奢,都应该说是一件好事。畏天修德是人君的必有品德。富弼称"人君若不畏天,何事不可为者,去乱亡无几矣";所谓"畏天者昌,习天者亡"(李觏《天谕》)。"习",就是习以为常而不思儆戒的意思。

历史上皇帝对于天谴的儆示还有一种很妙的应付办法。这种办法既不是应之以实;也不是应之以"文"——即多少表示引咎自责,而是移祸于人以资搪塞。秦朝廷祝官中有秘祝一职,"即有灾祥,辄移过于下"。应劭曰:"秘祝之官,移过于下,国家讳之,故曰秘也。"(《资治通鉴》卷十五胡注)汉文帝究竟不失为一个开明的皇帝,他下诏说:"盖闻天道,祸自怨起而福由德兴。百官之非,宜由朕躬。今秘祝之官移过于下,以彰吾之不德,朕甚弗取。其除之。"秘祝移灾的把戏,古已有之。楚昭王、宋景公都不忍移灾于卿佐,说:"移腹心之疾,置于股肱,何益也。"(《资治通鉴》卷三三臣光曰)对于天谴,可以诿过于臣下,且正式定为制度,真是"吾谁欺,欺天乎?"(《论语·子罕》)文帝以后,这一作法实际上仍然沿行。汉宣帝五凤四年,日蚀,驸马狠佐(官名)上书,导致日蚀的是杨恽骄奢,不思悔过。恽被腰斩以应谴。哀帝建平二年,宫廷中有大声如钟鸣,扬雄、李寻皆认为是鼓妖作祟,宜退御史、丞相以应天变。明帝永明十三年,日蚀,三公皆免冠自劾。安帝永初元年,太尉徐防以灾异寇贼策免,司空尹勤以水雨漂流策免,从此开以灾异策免三公之例。直到魏文帝曹丕时,始有诏:"灾异之作,以谴元首,而归过于股肱,岂禹、汤罪己之义乎? 其令百官各虔厥职,后有天地之眚,勿复劾三公。"当时的灾异,实际上已成朝臣打击政治对手,争夺宰相大权的手段。这种现象一直不绝于后世。前秦的越厉王苻生,杀皇后梁氏、太傅毛贵、车骑将军梁楞、仆射梁安、司空王堕以应天象。北齐世祖高湛因彗星见,乃避位传太子,自号太上皇帝。隋、唐以后,这类的事才比较少见。

　　和灾谴相对的便是祥瑞。祥,福也;瑞,符信也。《白虎通》说:"天下太平,符瑞所以来至者,以为皇者承天统理,调和阴阳,阴阳和,万物序,休气充塞,故符瑞并臻,皆应德而至。德至天,则斗极明,日月光,甘露降。德至地,则嘉禾生,蓂荚起,秬鬯出,太平感。德至文表,则景星见,五纬顺轨。德至草木,则朱草生,木连理。德至鸟兽,则凤凰翔,鸾鸟舞,麒麟臻,白虎到,狐九尾,白雉降,白鹿见,白乌下。德至山陵,则景云出,芝实茂,陵出黑丹,阜出蓂莆,山出器车,泽出神鼎。德至渊泉,则黄龙见,醴泉涌,河出龙图,洛出龟书,江出大贝,海出明珠。德至八方,则祥风至,佳气时喜,钟律调,音度施,四夷化,越裳贡。"唐时,祥瑞的种类列在礼官者,据《仪制令》:大瑞计六十四种,如景星、庆云之类。上瑞三十八种,如白猿、赤兔之类。中瑞三十二种,如苍乌、朱雁之类。下瑞十四种,如嘉禾、芝草、连理木之类(《资治通鉴》卷一九三胡注引)。隋文帝既迷信图书谶纬,又好机祥小数。"初,帝受周禅,恐民心未服,故多称符瑞以耀之,其伪造而献者,不可胜计。"(《资治通鉴》卷一七九)皇帝喜好它,因为它可以增加政治资本,满足虚荣心理。上之所好,下必有甚焉者。官僚们自然竞相投其所好,以图讨好幸进。因此,献祥瑞是希图幸进的官僚们上下争先的谄媚手段,而正派人是不屑为的。孔安国说得好:"草木之秀异,禽兽之珍奇,云物之变动,无时无之。系时好与不好耳!以为祥瑞,注意多有,虽元狩之麟,神爵之凤,尚可力致,况其他乎?惟上之人泊然无欲于此;苟欲之,则四面而至矣!"(张翰《松窗梦语》卷五引)历史上也有一些有见识的君主,对此有比较清醒的认识。唐太宗就曾指出:"朕每见诸方表奏符瑞,惭惧增深。且安危在于人事,吉凶系于政术。若时主肆虐,嘉贶未能成其美;如治道休明,庶征不能致其恶。以此言之,未为可恃。"又说:"夫家给人足而无瑞,不害为尧舜;百姓愁怨而多瑞,不害为桀纣。"(《唐会要》卷二八《祥瑞上》)他把百姓家给人足为祥,得贤修治为瑞,不为虚荣所逐,确是很难得的。

　　董仲舒的天人合一、天人感应学说建筑在简单比类与附会上,实流于巫术。但它却长期流传在中国政治和思想史领域,即使到了封建社会的后期,大思想家如顾炎武,仍相信人事足以感天,并且把这种感应与孟子的"气壹则动志"联系起来。(《日知录》卷三十《人事感天》)"素不言祥瑞"的清雍正帝,却又相信"天人感应,捷如影响"。它在中国古代历史上所产生的实际作用,是不可低估的。对灾异发生的种种牵强的类比和解释,无疑是一种迷信,但它一方面往往成为朝廷政争的借口;另一方面也构成神力的制约。在某种情况下,对当时的政治是产生相当影响的。

第三章 道与术——皇帝的道德标准与治术运用

在古代中国,政治从属于伦理,皇帝政治表现的好坏被认为是取决于其本人道德的优劣。那么,这种道德包括的内容是什么?而在实际的政治运作中,他的治术又是什么呢?

（一）帝　　道

《史记·殷本纪》载商汤聘伊尹,"五反然后肯往从汤,言素王及九主之事"。《索隐》:"素王者,太素上皇,其道质素,故称素王。""九主",据刘向《别录》,为法君、专君、授君、劳君、等君、寄君、破君、国(固)君、三岁社君九品。这大概是对君主最早的、综合性的分类。它看不出来有一个明确的原则,当然是不科学的。人们通常把君主分为两大类,即有道明君和无道昏君。其基本的标准就是"道",确切地讲,就是"帝道"。司马光《资治通鉴》在叙及齐湣王、宋康王事迹时,引荀子的议论说:"国者,天下之利势也。得道以持之,则大安也,大荣也,积美之源也;不得道以持之,则大危也,大累也。有之不如无之。及其綦(齐人谓极为綦)也,索为匹夫,不可得也。"(卷四)得道可以兴邦,失道则致亡国。所以皇帝必须行道,即实行帝王的道德。

　　道是理的同义词。朱熹注《中庸》,说:"道者,日用事物当行之理也。"这个理又是依什么确定的呢? 根据儒家的说法,理,也就是天理,它是天本身的具性。从天人合一的观点看,天体的运行和人类社会,乃至形体、气性都是相副、相应的。所谓"天,人,一也"。天地之气,合而为一,分为阴阳,判为四时,列为五行。这些性质在人间世的社会组织、政治制度乃至人体构造、性情感觉等等方面,都是像几何公式一样,相互对应的。仁是上帝最高的圣德,它以遍覆包涵而无所殊的至仁之性,滋育万物。"建日月风雨以和之,经阴阳寒暑以成之"。它是至善至美的,同时也是亘古不变的。三皇五帝、文武周公这些古之圣哲明王,体天之仁,法天立道,来治理国家,"布德施仁以厚之,设谊立教以导之"。所有仁义制度之数,尽取之天;王道之三纲(君为臣纲、父为子纲、夫为妻纲)也是求之天而来的。因此,儒家的道、理,实际上也便是天道、天理。故朱熹谓"天理只是仁义礼智的总名,仁义礼智便是天理的件数"(《答何叔京书》)。"天云道,地云理,人云纪,互辞也。"(《礼·月令》)皇帝既是天帝所命来存育下民的,他也必然便是替天行道的仁君,也是道德至仁的典范。儒家理想中的圣王,其"动静周迁,奉天承亲,临朝享臣,物有节文,以章人伦。盖钦翼祇栗,事天之容也;温恭敬逊,承亲之礼也;正躬严恪,临众之仪也;嘉惠和说,飨下之颜也。举错动作,物遵其仪,故形为仁义,动为法则。"(《资治通鉴》卷二九,匡衡疏)总之,一个天命的皇帝,必须是动静合理,能为万民当作典范的人。

　　唐太宗写过一部题为《帝范》的书,阐述帝王应有的道德品质和治术,是为教育太子而作的。内容包括君体、建亲、求贤、审官、纳谏、去谗、戒盈、崇俭、赏罚、务农、阅武、崇文共十二篇。唐玄宗亦辑有《开元训戒》十四篇。类似的著作还有宋王钦若所撰的《帝王龟鉴》,亦即《册府元龟·帝王部》的总类部分,范祖禹撰有《帝学》一书,明张居正和吕调阳撰有《帝鉴图说》。明宣宗也写过一部《帝训》,内容有君德、奉天、法祖、正家、睦亲、仁民、经国、勤政、恭俭、儆戒、用贤、知人、去疾、防微、求言、祭祀、重农、兴学、赏罚、黜陟、恤刑、文治、武备、驭夷、药饵共二十五篇(《典故纪闻》卷九)。可见帝道所包括的方面是十分复杂的。尽管如此,其最基本的准则不外乎是"敬天法祖、勤政爱民"八个字。朱元璋归纳圣贤立教,内容总括为三:敬天、孝亲、忠君。并令吴沉辑三事为《精诚录》一书(《明史》卷一三七《吴沉传》)。忠君自是就臣子而言;敬天、孝亲则同样是帝王必须遵守的规范,而勤政爱民则是这一道德规范必然导致的逻辑行为。

　　敬天,不单是虔诚的祭祀,更重要的是顺天、体天、法天,也就是说,人主必须顺天运、据天道来立政建制,以存养并化育万民。根据汉儒的意见,每一个新受命的皇帝即位,其立政建制,莫先于改正朔、易服色;莫重于制礼乐、兴教化。

　　为什么把改制看成是新王的先务呢? 董仲舒的解释是:"今所谓新王必改制者,非改其道,非变其理。受命于天,易姓更王,非继前王而王也。若一因前制,修故业,而无有所改,是与继前王而王者无以别。受命之君,天之所大显也。事父者承意,事君者仪志;事天亦然。今天大显已,物袭所代而率与同,则不显不明,非天志。故必徙居处,更称号,改正朔,易服色者,无他焉,不敢不顺天志而明自显也。"(《春秋繁露·楚庄王第一》)改制还有它的更实际的作用,即"明受之于天,不受之于人,所以变易人心,革其耳目,以助化也"(《白虎通》卷八《三正》)。因此,新王改制是"推本天元、顺承厥意"(《史记》卷二六《历书》)的大事,顺天即所以敬天。

　　儒家把制礼乐以化民当成王者最基本、最神圣的任务。《汉书·礼乐志·序》说:"《六经》之道同归,而礼乐之用为急。治身者斯须忘礼,则暴嫚入之矣!为国者一朝失礼,则荒乱及之矣!人函天地阴阳之气,有喜怒哀乐之情,天禀其性,而不能节也;圣人能为之节而不能绝也,故象天地而制礼乐,所以通神明、立人伦、正情性、节万事者也。"礼是什么? 儒家的礼,据刘师培所说:凡当时列国君大夫所以事上、使下、赋税、军旅、朝觐、聘享、盟会、丧祭、田狩、出征,一切以为政事、制度、仪文、法式者莫非礼(《典礼为一切政治学术之总称考》)。钱穆也说:"礼者,要言之,则当时贵族阶级一切生活之方式也。故治国以礼。"(《国学概论》)《史记·礼书·正义》对礼的界定更清楚,它说:"天地位,日月明,四时序,阴阳和,风雨节,群品滋茂,万物宰制,君臣朝廷尊卑贵贱有序,咸谓之礼。"故礼,"必本于天"。"礼也者,理也","理之不可易者也"。"凡礼之大体,体天地,法四时,则阴阳,顺人情,故谓之礼。"(《礼·丧服四时》)董仲舒也说:"礼者,继天地、体阴阳、而慎至容;序尊卑贵贱大小之位,而差外内远近新旧之级者也。"(《春秋繁露·奏本》)儒家把礼说成本乎天理天命。圣王最重要的任务就是法天而制礼,并严格用礼来化育万民。礼的作用是"所以定亲疏、决嫌疑、别同异、明是非"(《礼·曲礼上》)。它是构筑全体封建制度的基本物件。"道德仁义,非礼不成;教训正俗,非礼不备;分争辩讼,非礼不决;君臣上下,父子兄弟,非礼不定;宦学事师,非礼不亲;班朝治军,莅官行法,非礼威严不行;祷祠祭祀,供给鬼神,非礼不诚不庄。"(同上)有了这一套礼制,"天地以合,日月以明,四时以序,星辰以行,江河以流,万物以昌,好恶以节,喜怒以当,以为下则顺,以为上则明"(《史记·礼书》)。"非礼无以节事天地之神也,非礼无以辨君臣、上下、长幼之位也,非礼无以别男女、父子、兄弟之亲,昏姻、疏数之交也。"(《礼·哀公问》)是故"为政先礼,礼其政之本欤"!(同上)"礼之于正国也,犹衡之于轻重也,绳墨之于曲直也,规矩之于方圆也。"(《礼·经解》)"是故礼者,君之大柄也。所以别嫌明微、傧鬼神、考制度、别仁义,所以治政安君也。"(《礼·礼运》)孔子曰:"安上治民,莫善于礼。"(《礼·经解》)。从政治和社会学的角度来看,所谓礼,便是纲纪。朱元璋就指出:"礼者,国之纲纪。礼法立,人志定,上下安。"(《洪武圣政记》)故曰:"礼之大,莫于分。"礼是由一整套繁缛的仪制来实现的。社会上各阶层的等级由礼作出严格的规定与区分来确定。所有的人都必须恪守,不能逾制,所谓非礼勿视,非礼勿听,非礼勿言。否则在皇帝就是失道,在臣民就是僭越犯分。因此,礼的实际内容就是一个"序",就是明确社会的等级划分,即父子有亲,君臣有义,男女有别。礼的实际作用则在一个"防"。所以说:"夫礼,禁乱之所由生,犹坊止水之所自来也。故以旧坊为无所用而坏之者,必有水败;以旧礼为无所用而去之者,必有乱患。"(《礼·经解》)"夫礼,坊民所淫,章民之别,使民无嫌,以为民纪者也。"(《礼·坊记》)"夫礼,所以章疑别微,以为民坊者也。故贵贱有等,衣服有别,朝适有位,则民有所让。"(同上)"礼者,因人之情而为之节文,以为民坊者也。"(同上)"子言之:君子之道,辟则坊与!坊民之所不足者也。大为之坊,民犹踰之。故君子礼以坊德,刑以坊淫,命以坊欲。"(同上)上引的"坊",义即为防,意思是"坊民之失,譬如水之有坊,所以止水之放泆也。"(同上郑氏注)礼是儒家学说的核心。最早的儒士就以擅长于礼而名家。儒学的经典十三经中,专门讲礼的就有《礼记》、《仪礼》、《周礼》三种。礼分别为吉、凶、军、嘉、宾五大类(古有冠礼,共六类)。吉礼指皇帝对天地神祇和宗庙的祭享,凶礼指丧葬的仪式,军礼包括有关军事的庆典,嘉礼指婚嫁、服式,宾礼指朝贺及宾客迎送。秦统一六国,"收其仪礼,归之咸阳,但取其尊君抑臣,以为时用"(《通典·礼·沿革》)。刘邦代秦,用叔孙通制礼,成《汉仪》十二篇。它是杂采秦礼而成,"往往犹祖其尊君卑臣之陋习"(《东汉会要》卷三)。历代的统治者都十分重视礼书的编修。唐玄宗时成《大唐开元礼》,宋徽宗时成《政和五礼新仪》,明太祖时成《明集礼》,清乾隆时成《钦定大清正礼》。可见他们始终是把礼作为统治的基本工具的。

和礼并提的乐,据说是"圣人之所以感天地、通神明、安万民、成性类者也"(《汉书·礼乐志》)。"施之于邦国,则朝廷序;施之于天下,则神祇格;施之于宾客,则君臣和;施之于战阵,则士民勇"(《旧唐书·音乐志》)。真像一付治国安邦的灵丹妙药。把音乐吹到这么高的程度似乎难于理解。其实,道理也很简单,因为当时的乐,主要是在各种礼仪上的演奏与伴唱,所以礼与乐密不可分,乐也随着礼而神圣化、神秘化。唐太宗便对此作过怀疑和反驳。他提出:古者圣人沿情以作乐,然国之盛衰,则未必由音乐来决定。御史大夫杜淹则援引古论,说:陈之将亡,出现了《玉树后庭花》曲;齐之将亡,出现了《伴侣曲》。听到这些后,人们都心感悲戚。这正证明了古之所谓"亡国之音哀以思"。杜淹坚持:由此观之,败亡正是由乐所引起的。太宗则正确地指出:人对音乐的感受,皆各因其个人的哀乐。将亡之国,民多疾苦,所以听了感到悲戚。他说,现在《玉树》、《伴侣》二曲俱在,如果今天拿来为诸公演奏,我认为你们必不会生悲(《新唐书·礼乐十一》)。乐曲的情调,或轻快欢乐,或激越昂扬,或清新流畅,或凄惋深沉,这是事实,不可能否认。但所谓亡国之音哀以思,只能是因亡国的事实而使人产生哀曲,绝不能反过来因哀曲而兆至国亡。这实际上只是谶纬一样的迷信,根本不值得讨论。然而,任何乐曲本身,总是在追求和表达一定的精神境界。《史记·乐书》:"乐者,天地之和也,礼者,天地之序也。和,故百物皆化;序,故群物皆别。乐由天作,礼以地制,过制则乱,过作则暴。明于天地,然后能兴礼乐也。"儒者对于乐所要求的最高精神境界就是和,即和谐、和平、和睦。和就是不争。有序而不争,这正是礼治所要求的统治秩序的安定的保证。所以程颐说:"礼只是一个序,乐只是一个和。只此两字,含蓄多少义理。天下无一物无礼乐。且如置此两椅,一不正,便是无序。无序便乖,乖便不和。又如盗贼至为不道,然亦有礼乐。盖必有总属,必相听顺,乃能为盗。不然,则叛乱无统,不能一日相聚而为盗也。礼乐无处无之,学者须要识得。"(《四书章句集注·论语·阳货》)通过和来实现政治的稳定,这就是统治者重视乐的基本原因。

　　董仲舒的天人三策中,是把制礼乐与兴教化并提的。教之为言,"效也。上为之,下效之"(《白虎通·三教》)。化,义为教行。人生而有欲,"万民之从利也,如水之走下,不以教化堤防之,不能止也。是故教化立而奸邪者皆止者,其堤防完也。教化废而奸邪并出,刑罚不能胜者,其堤防坏也。古之王者明于此,是故南面而治天下,莫不以教化为大务"(《汉书·董仲舒传》)。兴教化包括一系列的决策与措施。如汉武帝的罢黜百家、独尊儒术、表彰五经、置五经博士、举贤良、立学校等等。但其中有更重要的一条,就是帝王本身的儒道修养和道德风范。皇帝个人的修养是关系天下修治的基本因素。人君之心正,就可以正朝廷;正朝廷,就可以正百官;正百官,就可以正万民;正万民,就可以正四方。四方正,"远近莫敢不壹于正而亡有邪气奸其间者,是以阴阳调而风雨时,群生和而万民殖,五谷熟而草木茂,天地之间被润泽而大丰美,四海之内闻盛德而皆徕臣,诸福之物,可致之祥,莫不毕至,而王道终矣"(《汉书·董仲舒传》)。这里突出地表现了在古代中国,政治始终是道德的附庸。帝王不单是政治家,而且首先必须是道德的模范和导师,政治就是道德教化的实行。当然,古人在这方面不是看不到其间的矛盾,于是他们就编造出一个理想的三代至治:"由三代而上,治出于一,而礼乐达于天下;由三代而下,治出于二,而礼乐为虚名。"所谓二,就是在礼乐之外,而又有簿书、狱讼、兵食等实际的政治运作。于是形成两套手段。"其朝夕从事,则以簿书、狱讼、兵食为急,曰:此为政也,所以治民。至于三代礼乐,具其名物而藏于有司,时出而用之郊庙、朝廷,曰:此为礼也,所以教民。此所谓治出于二,而礼乐为虚名"(《新唐书·礼乐志序》)。礼乐在安定与文饰封建统治上自有其不可或缺的作用,但它本质上是理想的产物,在实际政治运作中是行不通的。治出于二,正是政治摆脱道德的羁绊,独立发挥其职能的必然趋势,也是把政治从天道复归于人道的合理发展。

法祖是孝道的集中表现,儒家把孝道放在非常突出的地位来宣扬。《孝经》说:"夫孝,天之经也,地之义也,民之行也。天地之经,而民是则之。则天之明,因地之利,以顺天下,是以其教不肃而成,其政不严而治。""人之行,莫大于孝。""夫孝,德之本也,教之所由生也。""罪莫大于不孝。"所以说,孝为百善之首,圣人之德,无以加于孝。孝之义,为"善事父母者"也。生则善养,死则继志,祭则持敬。根据社会各阶层人们的身份不同,对孝的要求与作用也各不一样。据《孝经》的说法,天子之孝是:"爱亲者不敢恶于人,敬亲者不敢慢于人。爱敬尽于事亲,而德教加于百姓,刑于四海,盖天子之孝也。"天子是父天母地,因此,他的孝道应当是以博爱广敬,仁民爱物,体天之道,以化育百姓。这个问题,我们在下文还要谈及,这里仅就遵祖训、守祖制来稍加说明。

《论语·学而》载:"子曰,父在,观其志;父没,观其行,三年无改于父之道,可谓孝矣!"在人伦之三纲中,父为子纲。"父者,矩也,以法度教子也。子者,孳也,孳孳无已也"(《白虎通·六纪》)。在儒学中,子遵父道是天经地义的大道理。因此,凡是父亲的教训,都必须恪遵惟谨;凡是父祖所订的制度,也必须世代遵行,不容破坏与改易。而对于皇帝来说,遵行祖制、祖训更有它特殊的意义。祖和宗，原是祭祀的名称，所谓祖有功而宗有德。郑玄说：有虞氏以上尚德，禘郊祖宗，配用有德者而已。自夏已下，稍用其姓氏之先后次第。到了夏代，开始了"郊鲧而宗禹"。周人则祖文王而宗武王。这样，祖、宗已变成为血统的祭祀。从这以后，祖宗便成了先人的通称。据应劭的解释："始取天下者曰祖，高帝称高祖是也；始治天下者曰宗，文帝称太宗是也。"于是祖有功、宗有德便成了皇帝的先祖受到奉祀，配天同享的根据，因为他们原是受天命而临宇的。他们的定制，他们的训示，自然也是体天法道的典谟，从而也是神圣不可改变和违背的。遵祖制也便是遵天道，违背它既是孝道所不容，也是天道所不容的。司马光为宋神宗讲萧规曹随的典故。帝曰："汉常守萧何之法，不变可乎？"司马光对曰："宁独汉也，使三代之君，守禹、汤、文、武之法，虽至今存可也。汉武取高帝约束纷更之，盗贼半天下。元帝改孝宣之政，汉业遂衰。由此言之，祖宗之法，不可变。"吕惠卿反驳说："先王之法，有一年一变者，正月始和，布法象魏是也；有五年一变者，巡守、考制度是也；有三十年一变者，刑罚世轻世重是也。"他揭露司马光的话是在讽刺变法。司马光则认为："布法象魏，布旧法也。诸侯变礼易乐者，王巡狩则诛之，不自变也。刑新国用轻典，乱国用重典，是为世轻世重也，非变也。"他断言："治天下譬如居室，敝则修之，非大坏不更造也。"（《宋史纪事本末》卷三七《王安石变法》）总而言之，修修补补还可以，改更祖制是万万不行的。汉霍光废昌邑王，其罪名就是："今陛下嗣孝昭皇帝后，行淫辟不轨。《诗》云：籍曰未知，亦既抱子。五辟之属，莫大不孝。周襄王不能事母，《春秋》曰：天王出居于郑。由不孝出之，绝之于天下也。宗庙重于君。陛下未见命高庙，不可以承天序，奉祖宗庙，子百姓。当废。"（《汉书·霍光传》）昌邑王的罪名归结就是有违祖制，有亏孝道，这就足够构成被废黜的堂皇理由。当然，最根本的还在于昌邑王本是一个由霍光一手所立的傀儡。他自己完全没有权。明洪武廿八年,朱元璋颁行《皇明祖训条章》,其中便有"后世有言更祖制者,以奸臣论"的规定。

　　孝,原是一个纯粹的伦理道德概念。子之于父母,"生,事之以礼;死,葬之以礼,祭之以礼"。不但能养,而且当敬。敬,正是人孝道之所以区别于牛马的地方(《论语·为政》)。《孝经》则开始把孝和忠直接联系了起来。它说:"夫孝,始于事亲,中于事君,终于立身。""君子之事亲孝,故忠可移于君。""君子之事亲能孝者,故资孝为忠,可移孝行以事君也。"儒家认为,忠、孝,在本质上是相通的。"父子之道,天性也,君臣之义也。""父子思亲之情,是天生自然之乐。父以尊严临子,子以亲爱事父,尊卑既陈,贵贱斯位,则子之事父,如臣之事君。"父子关系包括有君臣关系;君臣关系则奠基于父子关系。所以说:"以孝事君则忠。"忠是孝在政治领域的推演。这样,孝也便同时具有政治上的价值。两汉的统治者对孝特别尊崇。每个皇帝的谥号前都冠以"孝"字,如孝惠、孝文、孝武之类。颜师古注:"孝以善述父之志,故汉家之谥,自惠帝以下皆称孝。"两汉政府大力以孝弟力田为旌奖,选举人才。《资治通鉴》胡注:"善事父母为孝,善事兄长为弟;力田者,取其竭力服勤于田事。孝弟,人之大伦;力田,人生之本,故令郡国举之,复其身,以风厉天下也。"(卷十二)文帝十二年诏:"孝悌,天下之顺也;力田,为生之本也;三老,众民之师也;廉吏,民之表也。""其遣谒者劳赐三老孝者帛人五匹;悌者、力田二匹;廉吏二百石以上率百石者三匹。""以户口率,置三老、孝悌、力田常员。"武帝元光元年,初令郡国举孝廉各一人,以孝行为名,进行奖励,并作为察举人才的标准。提倡孝悌是两汉始终奉行的根本国策,统治者们希图以此教化人民、扶世导俗,以期达到厚人伦而端王政的目的。把孝提高到一项国策的程度,无疑是和家长式的专制主义制度相适应的。这种提倡对东汉时代门阀的形成有着巨大的影响。

　　勤政是帝王的一种美德。《册府元龟·帝王部·勤政》序言：
"《易》曰：'天行健，君子以自强不息。'《传》曰：'人道敏政。'况乎
宇宙之大，民物之众，内抚诸夏，外安百蛮。体元以立制，建侯以共
治，礼乐征伐于是乎在。三皇以前，风俗简朴，虽曰无为，无不为
也。五帝神圣，其臣莫能及，故自亲事。处乎法宫之中，明堂之上，
朝以听政，昼以访问，暮以修令。故《虞书》曰：'无怠无荒，四夷来
王。'夏禹则曰：'予思日孜孜。'《商书》则曰：'先王昧旦丕显，坐
以待旦。'《周书·梓材》曰：'既勤朴斲，惟其涂丹雘。'《无逸》曰：
'文王自朝至于日中昃，不遑暇食，用咸和万民。'乃至未明求衣，
斋居决事，亲临庶狱，延见大臣，议论讲贯，或至夜分。斯则圣人之
用心也。始乎劳，终乎逸。若云行雨施，春生秋敛，而岁功成矣！"
理想化的先王在勤政方面的这些表现就是后来君主们所提倡的榜
样。要想作一个像样点的皇帝，日理万机，的确也是相当辛劳的。
《国朝纪事》记宋真宗在位，"每旦御前殿，中书、枢密、三司、开封
府、审刑院及请对官以次奏事。辰后入宫，上食。少时，出坐后殿，
阅武事，至日中罢。夜则召侍读、侍讲学士询问政事，或至夜分还
宫。其后率以为常"。宋真宗可算得中上之主，在位期间国家变
故尚不算多，能每天这样劳作，非勤是难以坚持的。赵翼记乾隆
"每晨起必以卯刻，长夏时天已向明，至冬月才五更尽也"。早餐
后，乾隆在"阅部院所奏事及各督抚摺子毕，以次召见诸大臣，或
一人独见，或数人同见，日必四、五起。最后见军机大臣，指示机务
讫，有铨选之文武官，则吏、兵二部各以其员引见。见毕，日加巳，
皆燕闲时矣"！当西北用兵时，有军报至，虽夜半亦必亲览，趣召
军机大臣指示机宜，动千百言（《簷曝杂记》卷一）。暇时则以诗为
娱，其作品之多，甚至连诗人也很少能与之匹敌。大抵历史上有所
作为的君主，无不是在勤政方面作得比较好的。

　　在提倡勤政的同时，又标榜所谓"无为而治"、"垂拱而治"，这似乎是一个很矛盾的现象。"无为"这一概念，最早是老子提出来的，后来的道家、杂家、法家、儒家，都使用这个概念，但理解和内容则各不相同。老、庄的无为是纯任天道的自然变化。有为就是在有知、有欲、有争的驱动下实现的，因此，它是祸乱的根源。人君必须"去甚、去奢、去泰"，清净自正。"圣人之治，虚其心，实其腹，弱其志，强其骨。常使民无知无欲。使夫智者不敢为也。为无为，则无不治。"故曰："无为而无不为。"法家的无为主要是一种驭臣之术（刘泽华著《中国传统政治思想反思》，第143页—148页）。《吕氏春秋》的无为婉转地反映了吕不韦本人的政治要求，它"采用自然主义者的无知无为论，却仍回到一种虚君的丞相制"。"不躬亲政事，故不会作错事。政事的责任全在丞相身上。"（胡适《中国中古思想史长编》，第57页）陆贾论无为为正己，就是以谨敬之行，化民以德。（《新书》）孔子也说过："无为而治者，其舜也欤？夫何为哉，恭己正南面而已矣。"（《论语·卫灵公》）这是称赞舜能够化治于无形之中。朱注："无为而治者，圣人德盛而化民，不待其有所作为也。独称舜者，绍尧之后，而又得人以任众职，故尤不见其有为之迹也。"然则儒者之无为，主要是形容德化，但在先秦儒家政治理论中仍不占重要地位。汉初尚黄老，把无为之治推为国策，其要在清静无为、不扰民，与民休息，收到了显著的效果。从此，无为之治也为汉儒所吸取，成为儒术中的一个重要课题。它的内容包括提倡德化、清心节欲、选任贤能及与民休息等。帝王的勤政，应当表现在决策与任贤上面，躬亲簿书，即使勤苦如秦始皇、隋文帝，都是不及无为而治的理想境界的。因此，无为与勤政也是并不矛盾的。

　　爱民，也就是要施行仁政。仁是天地之至德，也是孔子学说的核心，天理的根本。仁字从人、从二会意，是人与人间道德的总称，所以说："仁者,人也。"仁者爱人,发之于父母则为孝,兄弟则为悌,夫妇有义,朋友有信;推而广之,则亲亲而仁民,仁民而爱物。仁民爱物也就是儒家所标榜的帝王道德的极致。

孟子提倡仁政,认为行仁政"必自经界始",即行井田以养民,同时又兴庠序以教民。孟子设计:"五亩之宅,树之以桑,五十者可以衣帛矣。鸡豚狗彘之畜,无失其时,七十者可以食肉矣。百亩之田,勿夺其时,数口之家可以无饥矣。谨庠序之教,申之以孝悌之义,颁白者不负戴于道路矣。七十者衣帛食肉,黎民不饥不寒,然而不王者,未之有也。"(《孟子·梁惠王》)可知仁政的要旨,其第一义就在于保养民人,即保障其乐岁终身饱,凶年得免于死亡的生存条件,犹之乎我们今天讲的生存权。这也就是天覆地载的天道之仁。所以,养民是人君的最大责任。在《尚书》中,殷、周的统治者都反复强调"养民"、"畜民"。《左传》文公十三年载:"天生民而树之君,以利之也。"利,就是利其生。《吕氏春秋·孟春纪》也说:"始生之者,天也;养成之者,人也。能养天之所生而勿撄之,谓之天子。天子之动也,以全天为故者也。此官之所自立也。立官者,以全生也。"这个看法,一直为后来的封建统治者所沿奉。西汉末鲍宣上皇帝疏,明确地指出:"陛下上为皇天子,下为黎民父母,为天牧养元元。"(《资治通鉴》卷三四)唐太宗也说得很清楚:"朕为天子,所以养百姓也。""朕与卿辈日所衣食,皆取诸民者也。故设官分职,以为民也。"(《资治通鉴》卷一九二)

上面,我们列叙了皇帝在敬天、法祖、勤政、爱民等四个方面的职责与道德要求。如果进一步进行概括,所谓帝德,可以归纳为"体天法道"四个字,或者干脆集中为"道"一个字。有道的便是圣君、贤君、仁君、明君;无道的便是暴君、昏君、乱君、暗君。所谓"道",我们在上文已经指出,本质上是天道,是亘古不变的当然之理。所谓"天不变,道亦不变"。在漫长的封建社会里,王朝按照五行德运的循环方式在反复更嬗,而道德却是永恒的。天膺有德,故有德者得天下。这当然是骗人的鬼话,实际上却是有天下者便是有"德"。强权强奸道德的事,历史上是无处不在的。

上述分析表明,中国的帝王之道,完全是缘饰儒家学说与信条而成的肥皂泡。在这里,政治是道德伦理的附庸。德化是政治的极致,而一个至治局面的出现则是通过某一圣明的君主个人的道德感化所造成的。政治与道德的取值与标准原是各不相同,在存在特权的社会里,两者之间甚至是互相排斥的。为私利而争夺权力的政治无任何道德可言。当楚汉相争,在荥阳刘邦与项羽僵持的时候,项羽掳获了刘邦的父亲,临阵时乃"为高俎,置太公(刘邦父)其上,告汉王曰:'今不急下,吾烹太公。'汉王曰:'吾与项羽俱北面受命怀王,曰'约为兄弟'。吾翁即若翁,必欲烹而翁,则幸分我一杯羹。'"(《史记·项羽本纪》)两汉最重孝道。而刘邦为了争夺天下,是可以出卖父亲的。玄武门之变,李世民杀掉了兄弟建成、元吉,夺得继承皇位的权利,他当然有亏人伦之悌道;不过,话又说回来,他不如此,就是等于甘取灭亡。武则天亲手掐死褓褓中的女儿,这种罕见的残忍对慈道是非人性的亵渎,但毕竟成功地铺就了她爬上女皇帝的一步重要阶梯。曹操著名的人生哲学是"宁我负人,毋人负我"。这同朋友之义是直接违背的,但这也就是他能在群雄中脱颖而出得称孤道寡的原因。事实正是讲政治就必须抛去一切仁义道德。然而在政治尚未脱离道德的情况下,甚至极度的政治肮脏也被加上了堂皇的道德修饰。刘邦的"吾翁即若翁",打的就是道德牌。长孙无忌劝李世民发动政变,诛建成、元吉,理由是如不除太子之党,"乃实社稷之忧"。因此,发动政变不过是效法周公,行诛管、蔡之事,是完全符合道德的。兵家的要义第一便是诈,他们公开承认兵不厌诈。战争是流血的政治,政治是不流血的战争。但中国封建的政治家却竭力用道德来掩饰这个诈,充分显示其欺骗性与虚伪性。试看那些长期以英明睿哲而被奉为仁君圣主的人们,他们在抢夺政权时是如何地卑陋与伪诈。曹魏代刘汉、司马氏代曹,乃至隋文帝代北周、唐高祖代隋、宋太祖代后周,是公开的篡夺。唐太宗的玄武门之变、宋太宗的烛影斧声、明成祖的靖难之变,以及雍正的夺嫡等等,又何尝不是公开的篡夺呢?然而史书上记载的却是"革命",是"禅代",是"天命有道",是"人心所向",是"天与人归"。欺骗性与虚伪性的特别严重是中国古来传统政治的一大特色。在欧洲,政治伦理化的倾向,从苏格拉底、柏拉图、亚里士多德,一直到阿奎那,也有过相当的发展。不过,与中国不同,在欧洲,政治领袖与精神领袖,即国王与教皇是分立甚至是对立的,不存在绝对的权威。其次,从马基雅维里(1469—1527)开始,政治伦理化的理论受到了摧毁性的打击。正像马克思所说的:"从近代马基雅维里……以及近代的其他许多思想家谈起,权力都是作为法的基础的。由此,政治的理论观念摆脱了道德,所剩下的是独立地研究政治的主张,其他没有别的了。"(《马克思恩格斯全集》第三卷,第368页)马基雅维利明白宣布:"一位英明的统治者绝不能够、也不应当遵守信义。"(《君主论》第84页)"一位君主,尤其是一位新的君主,不能够实践那些被认为是好人应作的所有事情。因为他要保持国家,常常不得不背信弃义,不讲仁慈,悖乎人情,违反神道。因此,一位君主必须有一种精神准备,随时顺应命运的风向和事物的变幻情况而转变。……如果必须的话,他就要懂得怎样走上为非作恶之途。"(第85页)中国的儒家不厌其烦地宣传仁政是王道之始,仁者无敌于天下。天下惟有德者居之。人如果能怀仁义以相接,"然而不王者,未之有也"(《孟子·告子》)。其实,孟子对于空讲仁义就可以得天下的说教,自己也是怀疑的。所以说:"尽信书,则不如无书。吾于《武成》,取二三策而已矣!仁者无敌于天下。以至仁伐至不仁,而何其血之流杵也。"(《孟子·尽心下》)马基雅维利不无调侃地说:"任何人都认为,君主守信,立身行事,不使用诡计,而是一本正直,这是多么值得赞美呵!然而我们这个时代的经验表明:那些曾经建立丰功伟绩的君主们却不重视守信,而是懂得怎样运用诡计,使人们晕头转向,并且终于把那一些一本信义的人们征服了。"(《君主论》,第83页)政治无道德,至少在存有特权政治的社会里,这是无可否认的真理。作为特权政治家的中国皇帝,却要大谈帝德,把自己装扮成道德的典范,这不过是滑稽的骗局。在政治学领域里,看来中国还需要近代的启蒙运动。否则,我们对历史人物的评价总是在双重标准里徬徨游移。

(二) 治　　术

上面,我们分析了中国皇帝所标榜的道德标准,指明了它彻底的虚伪性与欺骗性。这种虚伪性和欺骗性是由皇权政治的实际需要,以及汉儒的天道、天命学说设置的双重骗局所构成的。如果我们上文所讲的帝道是原则的话,这里所说的治术就是手段。一个在原则上是虚伪的人,必然也就是不择手段的。马基雅维里指出:"世界上有两种斗争方法:一种方法是运用法律,另一种方法是运用武力。第一种方法是属于人类特有的,而第二种方法则是属于野兽的。但是因为前者常常有所不足,所以必须诉诸后者。因此,君主必须懂得怎样善于使用野兽和人类所特有的斗争方法。""君主既然必须懂得善于运用野兽的方法,他就应当同时效法狐狸与狮子。由于狮子不能够防止自己落入陷阱,而狐狸则不能够抵御豺狼,因此,君主必须是一头狐狸以便认识陷阱,同时又必须是一头狮子,以便使豺狼惊骇。""但是君主必须深知怎样掩饰这种兽性,并且必须做一个伟大的伪装者和假好人。"(《君主论》,第

83—84 页）"一位君主应当十分注意，千万不要从自己的口中溜出一言半语不是洋溢着上述五种美德的说话，并且注意使那些看见君主和听到君主谈话的人都觉得君主是位非常慈悲为怀、笃守信义、讲究人道、虔敬信神的人。"（第85页）中国的皇帝就是集道德虚伪与政治手段卑陋于一身的典型。这一点，从他们的统治实际上便是儒法并采、王霸杂用；儒其表而法其里，王其名而霸其实的实用主义路线中得到充分证明。

这里，我们顺便还要就中国政治伦理化的问题补充说几句话。其实，远在马基雅维里以前的一千四五百年前，中国的法家学派就指出，政治是必须摈弃仁义的。韩非就明确指出：

> 世主美仁义之名，而不察其实，是以大者国亡身死，小者地削主卑。何以明之？夫施与贫困者，此世之所谓仁义；哀怜百姓，不忍诛罚者，此世之所谓惠爱也。夫有施与贫困，则无功者得赏；不忍诛罚，则暴乱者不止。国有无功得赏者，则民不外务当敌斩首，内不急力田疾作，皆欲行货财，事富贵，为私善，立名誉，以取尊官厚俸。故奸私之臣愈众，而暴乱之徒愈胜。不亡何待？夫严刑者，民之所畏也。重罚者，民之所恶也。故圣人陈其畏，以禁其邪；设其所恶，以防其奸。是以国安而暴乱不起，吾以是明仁义惠爱之不足用，而严刑重罚之可以治国也（《奸劫弑臣》）。
>
> 仁义辩智，非所以持国也（《五蠹》）。
>
> 今学者之说人主也，不乘必胜之势，而务行仁义则可以王，是求人主之必及仲尼，而以世之凡民皆如列徒，此必不得之数也（同上）。
>
> 言先王之仁义，无益于治（《显学》）。

可知法家根本不相信仁义道德在实际政治中的作用。它所坚持的法治与儒家所倡的德化是根本对立的。

我们对秦的研究，应该承认，还是很不够的，但它是依据法家思想而确立起来的政权组织这一点，是任何人不会怀疑的。汉承秦制，这也是史学界长久以来的定论。从总体上讲，秦汉的制度，譬如说：尊君抑臣、君主专制、中央集权、文化专制、经济垄断、什伍连坐等等，也就是二千年来中国封建社会政治制度的原始的与基本的构图。顾炎武所说的"汉兴以来，承用秦法以至今日者多矣"，(《日知录》卷十三《秦纪会稽山刻石》)谭嗣同说的"两千年之政，皆秦政也"，完全是事实，决不是虚诞偏执之评论。

我们试就汉承秦制这一确论进一步分析。《汉书·百官公卿表》：秦"立百官之职，汉因循而不革"。说明整个官僚体制，从中央丞相体制到地方的什伍连保制度，包括军功、力田爵人制度等汉都是一缘秦旧的。《资治通鉴》记叔孙通制礼："初，秦有天下，悉内六国礼仪，采择其尊君抑臣者存之。及通制礼，颇有所增损，大抵皆袭秦故，自天子称号下至佐僚及宫室、官名，少所改变。"(卷十一)"高祖之时，叔孙通采秦仪以制朝廷之礼，因秦乐人以作宗庙之乐。"(同上卷十三胡注)可见其仪文制度，亦皆缘秦旧。在刑法制度上，刘邦以"三章之法不足以御奸，遂令萧何攈摭秦法，取其宜于时者作律九章。"(《文献通考》卷一六三《刑考二·刑制》)则汉之刑法本沿于秦。唯分封问题上，汉初有所倒退，但经过景帝、武帝的努力，统一的中央集权体制已大体上恢复到秦制之旧。所不同的，也许就是文化政策上。秦是焚书坑儒，以吏为师；而汉武帝则罢黜百家，独尊儒术。不过，封建统治者所选定的统治思想虽然不同，然汉武文化专制的实质则仍是沿袭秦制而来的。他最终选择了儒家，定为国是，原因正是因为儒家学说具有理想主义的成份，可以作为欺骗的工具。而这一点，恰恰是法家所缺乏的。在选定儒家学说的同时，汉武帝除了掇取汉儒的天命论、天人合一说等有利于加强专制主义皇权的成份外,对于传统的、以法家学说为指导而构筑的封建政权组织和制度,则没有作任何的改变。这就形成了一个儒表法里、儒法并用的特殊政权形式。当时儒家理想中的帝国蓝图是文帝时博士诸生所草拟的《王制》一书,它可能便是《周礼》的雏形。它根本没有实行过,这是大家都清楚的。汉元帝为太子时,曾谏宣帝"持刑太深,宜用儒生。宣帝作色曰:'汉家自有制度,本以霸王道杂之。奈何纯任德教,用周政乎? 且俗儒不达时宜,好是古非今,使人眩于名实,不知所守,何足委任!'乃叹曰:'乱我家者,太子也。'"(《汉书·元帝纪》)王、霸,就是儒、法的别称。中国二千多年的封建帝王,大体上就是王、霸并用,也就是儒法并用的。在两者之间,玩弄得各得其宜者往往在政治上取得良好的效果。凡是偏溺的人,淫于儒者则尚空名而流于懦弱,浸于法者则急近利而刻薄少恩。这类的例子在每一个朝代中都可以遇到。

作为一种学说本身,应该承认,在汉代,法家学说是有过某种带根本性质的改变的。其表现之一,许多法家同时便是儒者,甚至是著名的大儒。最早就有叔孙通"益律(萧何九篇)所不及,傍章十八篇"(《晋书·刑法志》)。董仲舒表《春秋》之义,稽合于律,作《春秋治狱》十六篇二百三十二事。贾谊于文帝时,"诸法令所更定,其说皆谊发之"。公孙弘"习文法吏事,缘饰以儒术"。郑昌、郑弘兄弟,"皆明经通法律政事"。梁松"博通经书,明习故事"。郭僖"少明习家业(法学世家),兼好儒学"。陈球"少涉儒学,善律令"。钟皓"博学诗律"。据《晋书·刑法志》记载:当时许多名家,纷纷对律文进行章句整理。"叔孙宣、郭令卿、马融、郑玄诸儒章句十有余家,家数十万言"。可见诸儒从事法学蔚成风气。《汉书·艺文志》论法家"盖出于理官,信赏必罚,以辅礼制"。法家学派在这里简直成了实现儒家礼治的辅助工具。表现之二是汉代的法家,主要从事律条的编辑与整理,法家作为一种学说,学理上的发展已趋停顿,并从此再没有了新的发展。更多一部分人则以奉法循理著称于时,为牧一方,成为所谓"循吏",这些循吏大多是儒徒出身的。

在法家的鼻祖中,慎到言势,申不害言术。韩非言法,实则并重势、术,而集法家之大成。"势"就是权位,有权才有一切。"术",据韩非的解释:"术者,藏之于胸中,以偶众端,而潜御群臣者也。"(《韩非子·难三》)又说:"今申不害言术,而公孙鞅为法术者,因任而授官,循名而责实,操生杀之柄,课群臣之能者也。此人主之所执也。"(《定法》)术不同于法。"法者,编著之图籍,设之于官府,而布之于百姓者也"。"法者,宪令著于官府,刑罚必于民心,赏存乎慎法,而罚加乎奸令者也。此人臣之所师也"。可知法是公开的明文规定,主要对付老百姓;术则是阴藏于主者之心中,是驭使群臣、操纵官僚机器的工具。法与术是皇帝实现统治的两种重要手段。故曰:"君无术则弊于上,臣无法则乱于下。此不可一无,皆帝王之具也。"(《定法》)"人主之大物,非法则术也。"(《难三》)国无法则不足以安百姓;君无术则无以驭群臣。术,或曰权术,也就是我们通常所说的帝王南面之术。

在西周封建制度下,王与诸侯的关系是依靠宗法亲亲和封建等级来维持的。春秋战国以来,封建制度破坏,诸侯的势力膨胀,王权失控,遂至灭国亡邦。正如韩非所指出的,"昔者纣之亡,周之卑,皆从诸侯之博大也。晋之分也,齐之夺也,皆以群臣之太富也。夫燕宋之所以弑其君者,皆以类也。"(《爱臣》)这就迫使战国的统治者们在政治制度、政权组织方面进行改革,以防止篡乱的发生。张孟谈说赵襄子的一段话中,引"前国地君之御有之"(金正炜注:此盖孟谈称述简子之言,以告襄子)曰:"五伯(伯,霸也)之所以致天下者约,两(令)主势能制臣,无令臣能制主。故贵为列侯者,不令在相位;自将军以上,不为近大夫。"他要求襄子"前事之不忘,后事之师"。(《战国策·赵策》)这正是在新的政治制度下,对君臣关系的新认识。顺应这一现实政治需要而出现的法家学说,除提倡耕战,以富国强兵,实现全国统一这一国策之外,主要就是研究关于中央集权的专制王权的确立问题。在这样一种新的政治体制下,君主应当用什么样的原则来保证政治运作? 如何控御臣僚? 如何防止君权的旁落? 如何避免主弱臣强,而重蹈历史上王位被篡窃而亡国杀身的惨祸? 这就是韩非所提出的"术"的全部内容。

让我们具体来剖析一下,韩非的"术"包括了些什么。

首先它强调任法而不是任人。"国无常强,无常弱。奉法者强则国强,奉法者弱则国弱"(《韩非子·有度》)。"人主之患,在于信人。信人则制于人。人臣之于其君,非有骨肉之亲也,缚于势而不得不事也。故为人臣者,窥觇其君心也,无须臾之休;而人主怠傲处其上,此世所以有劫君弑主也"(《备内》)。是故"爱臣太亲,必危其身;人臣太贵,必易主位"(《爱臣》)。韩非甚至从根本上否定所谓"贤人政治"。他说:"人主有二患:任贤,则臣将乘于贤以劫其君;妄举,则事沮不胜。"(《二柄》)人主好贤的结果,只能造成人臣伪饰以要君欺蔽的效果。"故当今之时,能去私曲,就公法者,民安而国治;能去私行,行公法者,则兵强而敌弱。故审得失有法度之制者,加以群臣之上,则主不可欺以诈伪;审得失有权衡之称者,以听远事,则主不可欺以天下之轻重。今若以誉进能,则臣离上而下比周。若以党举官,则民务交而不求用于法。故官之失能者其国乱。以誉为赏,以毁为罚也,则好赏恶罚之人,释公行,行私术,比周以相为也。忘主外交,以进其与,则其下所以为上者薄矣。交众与多,外内朋党,虽有大过,其蔽多矣"(《有度》)。"故曰:巧匠目意中绳,然必先以规矩为度。上智捷举中事,必以先王之法为比。故绳直而枉木斫,准夷而高科削,权衡县而重益轻,斗石设而多益少。故以法治国,举措而已矣!法不阿贵,绳不挠曲。法之所加,智者弗能辞,勇者弗敢争。刑过不避大臣,赏善不遗匹夫。故矫上之失,诘下之邪,治乱决缪,绌羡齐非,一民之轨,莫如法;属官威民,退淫殆,止诈伪,莫如刑。刑重则不敢以贵易贱;法审则上尊而不侵。上尊而不侵,则主强而守要,故先王贵之而传之。人主释法用私,则上下不别矣!”“法不信,则君行危矣。”(《有度》)

其二,坚持并贯彻主强臣弱、主尊臣卑的原则。韩非强调:“诸侯之博大,天子之害也;群臣之太富,君主之败也;将相之管主而隆国家,此君人者所外也。万物莫如身之至贵也,位之至尊也,主威之重,主势之隆也。此四美者,不求诸外,不请于人,议之而得之矣。故曰:人主不能用其富,则终于外也。此君人者之所识也。”(《爱臣》)人主有五壅:“臣闭其主曰壅,臣制财利曰壅,臣擅行令曰壅,臣得行义曰壅,臣得树人曰壅。臣闭其主则主失位,臣制财利则主失德,臣擅行令则主失制,臣得行义则主失名,臣得树人则主失党。”(《主道》)“明主之所导制其臣者,二柄而已矣。二柄者,刑德也。何谓刑德?曰:杀戮之谓刑,庆赏之谓德。为人臣者,畏诛罚而利庆赏,故人主自用其刑德,则群臣畏其威而归其利矣”。“人主者,以刑德制臣者也”(《二柄》)。君主之御臣下,“君以其言授之事,专以其事责其功。功当其事,事当其言,则赏;功不当其事,事不当其言,则罚”(同上)。“凡人臣之所道成奸者,有八术:一曰在同床,二曰在旁,三曰父兄,四曰养殃,五曰民萌,六曰流行,七曰威强,八曰四方”。“凡此八者,人臣之所以道成奸,世主所以壅劫,失其所有也,不可不察焉”(《八奸》)。君之所以治臣者有三:“一,势不足以化,则除之”;二,独断;“三,术之不行有故,不杀其狗则酒酸”,故在必要时当忍痛诛除,如吴起之出爱妻,文公之斩颠颉(《外储说右上》)。

除了上述的两条根本原则和内容之外,韩非的术也包括许多具体的内容与要求。比如,深藏固闭,使臣下无所测度,"不谨其闭,不固其门,虎乃将存。不慎其事,不掩其情,贼乃将生。"(《主道》)"君无见其所欲,君见其所欲,臣自将雕琢。君无见其意,君见其意,臣将自表异。"(同上)"今人主不掩其情,不匿其端,而使人臣有缘以侵其主,则群臣为子之田常不难矣。故曰:去好去恶,群臣见素。群臣见素,则大君不蔽矣。"(《二柄》)"凡听之道,以其所出,反以为之入,故审名以定位,明分以辩类。听言之道,溶若甚醉。""喜之则多事,恶之则生怨。故去喜去恶,虚心以为道舍。"(《扬权》)在这个意义上,韩非也多次袭用了"无为"这一概念,认为一个以法术度数治国的君主,就可以作到"明君无为于上,群臣竦惧乎下。明君之道使智者尽其虑,而君因以断事,故君不穷于智;贤者敕其材,君因而任之,故君不穷其能。有功则君有其贤,有过则臣任其罪,故君不穷于名。是故不贤而为贤者师,不智而为智者正,臣有其劳,君有其成功。"(《主道》)

他列述了主君必须谨防的十过:"一曰行小忠,则大忠之贼也。二曰顾小利,则大利之残也。三曰行辟自用,无礼诸侯,则亡身之至也。四曰不务听治,而好五音,则穷身之事也。五曰贪愎喜利,则灭国杀身之本也。六曰耽于女乐,不顾国政,则亡国之祸也。七曰离内远游,而忽于谏士,则危身之道也。八曰过而不听于忠臣,而独行其意,则灭高名为人笑之始也。九曰内不量力,外恃诸侯,则削国之患也。十曰国小无礼,不用谏臣,则绝世之势也。"(《十过》)他详尽地举出四十七种亡征。"亡征者,非曰必亡,言其可亡也"。以此作为人君的鉴戒(《亡征》)。此外,又有所谓"三守"、"三劫"(《三守》)、"七术"、"六微"(《内储说上七术》)、"八经"(《八经》)等,都是人君南面之术的详细探讨。

　　术这一概念也为汉儒所继承。晁错上书说:"人主所以尊显功名,扬名万世之后者,以知术数也。"所谓术数,即"刑名之书"(张晏语),"法制治国之术"(臣瓒语),公孙弘亦谓:"擅生杀之利,通壅塞之途,权轻重之数,论得失之道,使远近情伪,必见于上,谓之术。"历来的统治者,对于这一点也是心照不宣,奉行惟谨的。

　　由此可见,在二千多年中国封建皇权统治时代里,以法家思想为指导的政治蓝图始终没有基本的改变;以法家学说为依据,用法、术来实现统治的手段始终被奉行。这样,我们就可以看到,在古代中国的皇权政治下,他们在道德上打的是儒家的旗子,而统治术方面,则主要袭用法家的遗产,形成实际上的儒表法里、儒法并用。儒家的帝道本质上是空想的,因而也是虚伪的、欺骗性的;法家的治术本质上则是实用主义的,因而也是唯利是视,无所不为的。欺诈与镇压两手的巧妙与成功的结合,也许应该算是中国封建政治的一个有特色的成就。

第四章 都城与宫殿

（一）都　城

各朝皇帝在建国之后,第一件实务就是要择地建都。

都城,一国之首邑也。《释名·释州国》:"国城曰都,都者国君所居。"又称京师。《公羊传》:"京师者,天子之居也。京者何?大也。师者何?众也。天子之居,必以众大之辞言也。"据顾炎武所考:"《诗》毛氏传:下邑曰都,后人以为人君所居,非也。""三代以上,若汤居亳,太王居邠,并言居不言都。至秦始皇始言:吾闻周文王都丰,武王都镐,丰、镐之间,帝王之都也。而项羽分立诸侯王,遂各以其所居之地为都。王莽下书,言:周有东都、西都之居,而以洛阳为新室东都,常安为新室西都。后世因之,遂以古者下邑之名为今代京师之号,盖习而不察矣!"(《日知录》卷二二《名义·都》)

京都是号令全国的政治中枢,因此,其地点的选择是关系存亡的重大政治决策。《白虎通》说:"王者京师必择土中何?所以均教道,平往来,使善易以闻,为恶易以闻,明当惧慎,损于善恶。"《太平御览》引《要义》亦云:"王者受命创始,建国立都,必居中土。所以总天地之和,据阴阳之正,均统四方,以制万国也。"简括说来,京都的选择总是以有利于"均教道、平往来",最终达到"稳固皇基、宰执天下"的政治目的为标准的。累代皇朝京都的选择,具体地说，多是从以下三个方面着眼的。

第一，沿用或取近于其原有根据地；在并无根据地的情况下，则选择自己控制最牢固的地区，以利于新建王朝的安全与稳定。秦都咸阳，因为这里原来就是它的根本。刘邦取得天下，他的部属都是山东之人，他们都希望把都城选择在洛阳。娄敬则说刘邦：“陛下起丰沛，仅率三千人，以之径往而卷蜀汉，定三秦，与项羽战荥阳，争成皋之口。大战七十，小战四十，使天下之民肝脑涂地，父子暴骨中野，不可胜数。哭泣之声未绝，伤夷者未起。”可知当时山东破坏严重，而人民对刘邦并不存好感。相形之下，关中素称天府土膏，经过萧何的经营，比较牢固，进可以攻，退可以守。所以最后在张良的附议下，刘邦毅然决策，即日车驾入关，西都长安。刘秀定天下，当时的长安已彻底残破，而他的部属又都是南阳一带的人，因此他选择洛阳为都也是安定新朝的上策。这样的例子在历史上很常见，无烦枚举。

与此相近的例子，还可以举出金、元、清三个少数民族建立的王朝。它们的始兴地，金、清是在白山黑水之间；蒙古则是在蒙古草原的三河流域。他们入主中原以后，政治重心已经南移，把都城继续放在其本土，显然难以达到有效控制中原的统治需要。因此，选择在东北、蒙古与华北接合部位相近的燕京作为兼控南北的首都，就是十分必要的了。

第二，必须考虑地理与社会经济的形势与需要。张良在为刘邦比较洛阳与长安两地建都的优劣时说：洛阳虽“东有成皋，西有殽渑，倍河，向伊、洛，其固亦足恃”，然其腹地小，不过数百里，田地薄，四面受敌，非用武之国也。“关中左殽函，右陇蜀，沃野千里，南有巴蜀之饶，北有胡苑之利。阻三面而守，独以一面东制诸侯。诸侯安定，河、渭漕挽天下，西给京师；诸侯有变，顺流而下，足以委输。此所谓金城千里、天府之国也。”（《史记·留侯列传》）这里,张良提出了政治、军事和经济三方面的条件。如果在政治上缺乏那种高屋建瓴的地理优势,在军事上为四战之地,无险可守,当然是不可取的。但是,更根本的必须有足以维持一个庞大官僚集团与戍军队伍的经济承受力,否则,它也不够首选的条件。长安拥有百二秦关之险,在隋唐以前,无论是西汉和一些割据政权,所拥有的官吏、军队数字还是比较小的,以关中沃野所产,更益以有限的转输,朝廷的国用就足以维持。

然自隋唐以降,每当关中地区农业歉收时,就无法满足长安帝皇宫卫与百官俸食的需要,皇帝便被迫东幸洛阳,等到丰收后,再回到长安。如隋文帝开皇十四年(594)八月,"关中大旱,人饥,上率户口就食于洛阳"。翌年三月才回来。唐中宗景龙三年(709),"关中饥,米斗百钱,运山东、江淮谷输京师,牛死什八九。群臣多请车驾复幸东都。韦后家本杜陵,不乐东迁,乃使巫觋彭君卿等说上云:'今岁不利东行。'后复有言者,上怒曰:'岂有逐粮天子耶!'乃止"(《资治通鉴》卷二〇九)。玄宗开元廿一年(733)"秋霖雨害稼,京城谷贵,上将幸东都"。当时任京兆尹的裴耀卿上言:"臣以国家帝业,本在京师,万国朝宗,百代不易之所,但为秦中地狭,收粟不多,傥遇水旱,便即匮乏。往者贞观、永徽之际,禄廪数少,每年转运不过一二十万石,所用便足,以此车驾久得安居。今国用渐广,漕运数倍于前,支犹不给。陛下数幸东都,以就贮积,为国家大计,不惮劬劳。"(《旧唐书》卷九八本传)经过裴耀卿的规划,改良运输方法,增加运输数量,创行和籴,才比较有效地解决了京城粮食不足的大问题。

北宋的首都选择在汴梁(今开封),称东京。这一方面是沿朱梁之旧;另一方面就是取其便利于东南财赋的转输。依靠运河、汴水,"岁漕江淮湖浙米数百万,及至东南之产,百物众宝,不可胜计"。东京所养"甲兵数十万,居人百万家,天下转漕仰给,在此一渠"(《宋史·河渠志·汴河上》)。但是汴梁在地形上除北依黄河之外,无险可守。据说宋太祖曾有意西迁洛阳,但晋王(即后来的太宗)认为不便。太祖云:"朕将西迁者,欲据山河之固,而去冗兵。"晋王则认为"在德不在险"。太祖无可奈何说:"不出百年,天下民力殚矣。"(《历代宅京记》卷二引王应麟《地理通释》)在燕京已陷于辽,宋人单靠燕南的塘泊以阻胡马之驱驰,而争胜于华北大平原的情况下,不能不大肆扩军,在大平原上扼守,终于造成冗兵的沉重负担。可见把都城定在汴梁,无险可恃,实在是自己招致被动的一大原因。因此,国都的确定,是不能不考虑政治、军事和经济诸方面的综合条件的。

第三,都城的选择也往往与当时的某种基本国策相联系。北魏孝文帝把都城从平城迁到洛阳,就是他决心采行汉化,改变鲜卑旧俗的政治路线的决定步骤。他深切地认识到:"国家兴自北土,徙居平城,虽富有四海,文轨未一。此间用武之地,非可文治,移风易俗,信为甚难。"因此,决意南迁洛阳。这正是他刻意追求汉化路线的一个部分。南宋的高宗仓皇只身南逃,把杭州改称临安,作为都城,原其义是暂取安身,示不忘恢复中原之决心。但是,事实上他却被吓破了胆,根本没有了恢复旧疆的打算。当时很多忠义有识之士都纷纷指出:钱塘乃繁华纨丽之区,民风柔弱,"不足以张形势而事恢复"(《宋史·陈亮传》)。绍兴七年,张浚总兵伐刘豫,高宗亦移跸建康,并在这里兴建太庙,而以临安府太庙为圣祖庙,摆出一个移都建康,决心恢复中原的态势。但是,不到一年,张浚受挫去职,高宗又退还临安。在停跸建康期间,张浚曾告谏高宗:"天下之事不倡则不起。三岁之间,陛下一再临江,士气百倍。今六飞一还,人心解体。"(《宋史·张浚传》)当时,如果高宗决心图恢复,则只有建都建康,才足以适应形势,激励人心。这是很明显的道理,也是当时人的共识。因此,舍建康而退避临安,正就是高宗一贯执行的逃跑主义的一种表现。所谓临安,不过是苟且偷安的一个饰辞罢了。

首都之外,很多朝代又往往增设陪都,有时多达四五个。它们都是根据政治、军事等方面的需要而配置的。譬如:唐以洛阳为东都,与长安相呼应。武则天以并州为其故里,升之为北都。玄宗又欲以蒲州为中都。韩覃上疏极谏,以为这样作,"务在国都之多,不恤危亡之变;悦在游幸之丽,不顾兆庶之困,非所以深根固蒂不拔之长策"。玄宗为之停建。安史之乱时,肃宗以蜀郡为南京,凤翔为西京,西京为中京,荆州为南都,这都是临时性的应变措施。乱平后即罢去,复以京兆为上都,河南为东都,凤翔为西都,江陵为南都,太原为北都,以备有急时行幸。辽分建五京,以分镇燕云地区的汉人、辽东之渤海人、辽西之奚人等。金亦有上京、中都、西京、南京等的设置。元、明、清时期,也均有两京之制。这种作法都是和当时的政治需要相适应的。

这些古都中,被后人批评选建失算,同时其影响迄今仍十分重大的,莫过于明朝的定都北京。燕国以后,唐朝以前,幽州一直只是统一帝国东北的军事重镇。安史之乱时,一度为叛军定为都城,始有燕京之称。五代时,石敬瑭以燕云十六州之地献给契丹皇帝。契丹以幽州为南京,作为管理幽燕地区的政治中心和南向侵宋的军事跳板。金始定为首都,称中都;元则称大都。如前所述,这些少数民族统治者选定这里作为兼控南北而又接近于他们基地的政治中心,无疑是十分适合,而且是理所必然的。但从中原的汉人王朝来看,当时这个地方则并不具备建都的条件和需要。从地理的角度来看,燕京处在华北大平原的北顶部位,北依军都山,西面襟带太行,总控榆关、古北口、居庸关、飞狐口等南北要冲。它是内地通向东北和蒙古草原的前沿,也是华北平原的首要屏蔽。胡骑南牧,如果突入燕京,则南面平衍广袤的华北平原就尽暴露在敌人的铁骑之下。主要以步卒为用的中原王朝显然是难以同以骑兵为主的北方少数民族入侵者相抗衡的。然而,燕京在地形上,又是一个对北面的入侵者不利于防守的军事要塞。清代大思想家龚自珍游居庸关,登北口,望京师如在井底,因发出居庸疑若可守之问。居高临下,则攻者易攻,守者难守,是兵家自然之理。故固居庸必固山后之宣府。然同样的道理,固宣府必固口外之张北。由蒙古草原因高临下,跨过野狐口与居庸关两道阶梯,直扑燕京,是古来胡马南牧,威胁华北大平原的最捷近路径。再从经济条件看,燕京位在北偏,在古代交通条件下,食粮、财货的转输必靠运河与海运,花费是极为巨大的。因此,这里除正适合金、元、清等少数民族王朝的需要,建为都城,有利于兼制长城内外,得高屋建瓴之势,控御中原外,中原的汉人王朝,是不宜将其都城摆在给养困难而又易攻难守的边防第一线的。

朱元璋建明朝,定都南京,元大都被废弃,这是形势之必然。接着,就是靖难之变,朱棣以燕王而篡入大统。由于燕京是他的龙兴基地,所以又把都城移到这里来,称为北京;南京虽然保留,实仅名义而已。

黄宗羲《明夷待访录·建都》一节里,有如下一段议论,猛烈地抨击了建都北京之失:

> 或问:"北都之亡忽焉,其故何也?"曰:"亡之道不一,而建都失算,所以不可救也。夫国祚中危,何代无之。安禄山之祸,玄宗幸蜀。吐蕃之难,代宗幸陕。朱泚之乱,德宗幸奉天。以汴京中原四达,就使有急而行,势无所阻当。李贼之围京城也,毅宗亦欲南下,而孤悬绝北,音尘不贯,一时既不能出;出亦不能必达,故不得已而身殉社稷。向非都燕,何遽不及三宗之事乎!"或曰:"自永乐都燕,历十有四代,岂可以一代之失,

遂议始谋之不善乎?"曰:"昔人之治天下也,以治天下为事,不以失天下为事者也。有明都燕,不过二百年,而英宗狩于土木,武宗困于阳和。景泰初,京城受围;嘉靖二十八年受围;四十三年边人阑入。崇祯间,京城岁岁戒严,上下精神,毙于寇至,日以失天下为事,而礼乐政教,犹足观乎? 江南之民命,竭于输挽;大府之金钱,糜于河道,皆都燕之为害也。"或曰:"有王者起,将复何都?"曰:"金陵。"或曰:"古之言形胜者,以关中为上,金陵不与焉,何也?"曰:"时不同也。秦汉之时,关中风气会聚,田野开辟,人物殷盛。吴楚方脱蛮夷之号,风气朴略。故金陵不能与之争胜。今关中人物,不及吴会久矣。又经流寇之乱,烟火聚落,十无二三。生聚教训,故非一日之所能移也。而东南粟帛灌输天下。天下之有吴会,犹富室之有仓库匮箧也。今夫千金之子,其仓库匮箧必身亲守之;而门庭则以委之仆妾。舍金陵而勿都,是委仆妾以仓库匮箧。昔日之都燕,则身守夫门庭矣! 曾谓治天下而智不千金之子若与?"

从总体上讲,黄宗羲的意见是非常正确的。

都城是由皇宫、坛庙、苑囿、陵寝(也有陵寝远在京城之外的)、官衙、军卫、仓库,以及达官贵人的宅院、平民的坊市、商贾的邸舍等组成,分别为王城与城市两大部分,成为全国最大的政治、军事、经济和文化的中心。班固《西都赋》描写长安城的盛况:"及至大汉受命而都之也,仰悟东井之精,俯协《河图》之灵,奉春(娄敬,封奉春君)建策,留侯演成。天人合应,以发皇明。乃眷西顾,实惟作京。于是睎秦岭,峨北阜,挟沣灞,据龙首,图皇基于亿载,度宏规而大起。肇自高而终平,世增饰以崇丽,历十二之延祚,故穷泰而极侈。建金城而万雉,呀周池而成渊。披三条之广路,立十二之通门。内则街衢洞达,闾阎且千;九市开场,货别隧分。人不得顾,车不得旋。阗城溢郭,旁流百廛。红尘四合,烟云相连。于是既庶且富,娱乐无疆。都人士女,殊异乎五方。游士拟于公侯,列肆侈于姬姜。乡曲豪举,游侠之雄。节慕原、尝,名亚春陵。连交合众,骋骛乎其中。若乃观其四郊,浮游近县,则南望杜、霸,北眺五陵。名都对郭,邑居相承。英俊之域,绂冕所兴。冠盖如云,七相五公。与乎州郡之豪杰,五都之货殖,三选七迁,充奉陵邑。盖以强干弱枝,隆上都而观万国也。”(《文选》卷一)从这种铺陈式的描绘中,我们还可以清楚地窥见当年长安的豪富景象。西汉政府一直采取移天下豪富以实京师的政策。“汉高帝都长安,徙诸齐田、楚屈、昭、景,及诸功臣于长陵。后世世徙吏二千石高资富人及豪杰兼并之家于诸陵,强本弱末,以制天下”(《三辅黄图》卷一)。早期的封建王朝的国都,主要是政治、军事和文化的中心。后期则同时又是全国最重要的商业城市。北宋的汴京,“举目则青楼画阁,绣户珠帘。雕车竞驻于天街,宝马争驰于御路。金翠耀目,罗绮飘香。新声巧笑于柳陌花衢,按管调弦于茶坊酒肆。八荒争凑,万国咸通。集四海之珍奇,皆归市易;会寰区之异味,悉在庖厨。花光满路,何限春游;箫鼓喧空,几家夜宴。伎巧则惊人耳目,侈奢则长人精神。”(《东京梦华录·序》)元朝的大都城同时是当时世界最大的都会。据欧洲旅行家马可·波罗记载:“应知汗八里城内外人户繁多,有若干城门即有若干附郭。此十二大郭之中,人户较之城内更众。郭中所居者,有各地来往之外国人,或来入贡方物,或来售货宫中。所以城内外皆有华屋巨室,而数众之显贵邸舍,尚未计焉。”“外国巨价异物及百物之输入此城者,世界诸城无能与比。盖各人自各地携物而至,或以献君主,或以献宫廷,或以供此广大之城市,或以献众多之男爵骑尉,或以供屯驻附近之大军。百物输入之众,有如川流之不息。仅丝一项,每日入城者计有

千车。"(《马可·波罗行纪》中册,第 379 页)

据杨宽先生的研究,中国上古都城的格局,西周到西汉,都是以西城为王城,而附有东廓,坐西而朝东。从东汉到唐,则变成为东、西、南三面廓区环抱中央北部的王城,坐北朝南。从魏晋南北朝到隋唐,进化为东西对称、南北向的中轴线布局。"西汉以前都城布局坐西朝东,是继承过去维护宗法制度的礼制,以东向为尊。东汉以后都城布局改为坐北朝南,是推行推崇皇权的礼制,以南向为尊。当时在中央集权的政治体制下,为了推崇皇权的需要,把皇帝祭天之礼作为每年举行的重大典礼,规定在国都南郊举行,这是使都城布局坐北朝南的一个原因"(《中国古代都城制度研究》,第195 页)。隋都长安是在汉长安故城东南二十里建成。唐因之。隋唐首都之大兴长安城,其宫位于首都之北部,市则位于南部,与西汉首都之面朝背市适为相反。陈寅恪认为,这一变化,是由于受北魏孝文帝营建之洛阳都城及东魏、北齐之邺都南城之影响而来(《隋唐制度渊源略论稿》,第 62—63 页)。

唐宋以前的都城,就其总体布局而言,都有一个继承与沿用前代旧址与逐渐兴建而成的过程,因而在规划整齐、结构严谨上比起元大都来都远为逊色。元大都是在金中都旧城的东北以琼华岛离宫为中心的旷野上,经过刘秉忠等的周密设计,严格按照《周礼·冬官》的制度:"方九里,旁三门。国中九经九纬,经涂九轨。左祖右社,面朝后市"这一儒家古老的原则兴建起来的。这样,王宫又被择定在都城南面的中央,为我们今天的北京城与故宫奠定了规模。

（二）宫　殿

皇宫是由以正衙为主体、包括皇帝生活的许多宫殿、苑囿所组成的建筑群落。传说中的天门为九重,故皇宫亦仿建九门。所以"九重"也成为皇宫的代名词,所谓"禁卫九重"、"虎豹九关",指的都是皇宫。宫,《事物纪原》引《苏氏演义》云:"中也。言处都邑之中也。"又云:"宫,方也。为宫必以雉堞方正也。"《管子》载黄帝作合宫。殿,《苏氏演义》云:"共也,取众屋拥从,如军之殿。""《商君书》有言天子之殿,则是秦自孝公而来,已云然矣。盖秦始曰殿也。汉因之。"(卷八)民间俗称皇宫为金銮殿。金銮之名,原是长安龙首山的一处小山坡,唐时候在山坡上筑成一殿,因以为名,后来就演化成为皇宫的通称。

史载秦始皇平六国,"每破诸侯,写放其宫室,作之咸阳北阪上,南临渭,自雍门以东至泾、渭,殿屋复道周阁相属。所得诸侯美人钟鼓,以充入之"(《史记·秦始皇本纪》)。其后续作极庙、甘泉前殿、咸阳宫等。据《三辅黄图》所记:"始皇穷极奢侈,筑咸阳宫,因北陵营殿,端门四达,以则紫宫,象帝居。引渭水贯都,以象天汉。横桥南渡,以法牵牛。桥广六丈,南北二百八十步,六十八间、八百五十柱、二百一十二梁。桥之南北堤,缴立石柱。咸阳北至九嵕、甘泉,南至鄠杜,东至河,西至汧、渭之交,东西八百里,南北四百里,离宫别馆,相望联属。木衣绨绣,土被朱紫,宫人不移,乐不改悬,穷年忘归,犹不能遍。"(卷一)又"营朝宫于渭南上林苑,庭中可受十万人。车行酒,骑行炙,千人唱,万人和。收天下兵,聚之咸阳,销以为钟鐻,高三丈;钟小者皆千石也。销锋镝以为金人十二,以弱天下之人。立于宫门,坐高三丈"。复广阿房宫,"规恢三百余里,离宫别馆,弥山跨谷。辇道相属,阁道通骊山八十余里。表南山之巅以为阙,络樊川以为池。作阿房前殿,东西五十步,南北五十丈,上可坐万人,下建五丈旗,以木兰为梁,以磁石为门。周驰为复道,度渭属之咸阳,以象太极阁道,(绝汉)抵营室也"(同上)。阿房北阙以磁石为门,"令四夷朝者,有隐甲怀刃,入门而胁止,以示神。亦曰却胡门"。这是把磁石用于军事防御的最早记载。由于相信微行可恶鬼辟而真人至,所居之宫不令人知,而后不死之药可得,"乃令咸阳之旁二百里内宫观二百七十,复道、甬道相连,帷帐、钟鼓、美人充之,各案署不移徙"(《资治通鉴》卷七)。当时,关中计宫三百,关外四百余。

项羽一把火尽毁秦宫的豪华。兵火之余,天下疮夷满目,而汉高祖八年,萧何大发民役,营作未央宫、立东阙、北阙,前殿、武库、太仓,"壮丽甚"。高祖以为过度,怒责萧何。萧何回答说:"天下方未定,故可因以遂就宫室。且夫天子以四海为家,非令壮丽无以重威,且无令后世有以加也。"(《史记·高祖本纪》)刘邦听了大悦。无独有偶,隋文帝令杨素监营仁寿宫。"素遂夷山堙谷,督役严急,作者多死,宫侧时闻鬼哭之声。及宫成,上令高颎前视,奏称颇伤绮丽,大损人丁,高祖不悦。素忧惧,计无所出,即于北门启独孤皇后曰:'帝王法有离宫别馆,今天下太平,造此一宫,何足损费。'后以此理谕上,上意乃解"(《隋书·杨素传》)。皇宫的刻意追求豪华壮丽,一是出于"重威一民"的政治需要,通过宫殿的建筑来张扬皇帝的无上威严。唐朝的诗人骆宾王有诗说:"不睹皇居壮,安知天子尊。"这种感觉,我们今天每一个游览故宫的人,都很自然产生共鸣。其二,华丽的宫殿也是满足这些中国最有权势的独裁者生活以及虚荣心理之所必须。因此,即使像刘邦、杨坚这一类的英主,也都心安理得地接受豪华享受的现实。

在张衡的《西京赋》里,对几经扩建的汉都长安后宫昭阳、飞翔、增成、合欢、兰林、披香、凤皇、鸳鸯诸殿着意描写说:"群窈窕之华丽,嗟内顾之所观。故其馆室次舍,采饰纤缛。裹以藻绣,文以朱绿。翡翠火齐,络以美玉。流悬黎之夜光,缀随珠以为烛。金釭(音士,持枢也)玉阶,彤庭辉辉。珊瑚琳碧,瑶珉璘彬。珍物罗生,焕若昆仑。虽厥裁之不广,侈靡逾乎至尊。于是钩陈之外,阁道穹隆。属长乐与明光,径北通乎桂宫。命般、尔(鲁般、王尔,皆古之巧匠)之巧匠,尽变态乎其中。后宫不移,乐不徙悬。门卫供帐,官以物辨。恣意所幸,下辇成燕。穷年忘归,犹弗能遍。瑰异日新,殚所未见。"(《文选》卷二)未央宫"以木兰为棼橑,文杏为梁柱。金铺玉户,华榱璧珰,雕楹玉碣,重轩镂槛。青琐丹墀,左城右平,黄金为壁带,间以和氏珍玉"(《三辅黄图》卷二)。殷纣王作酒池肉林,史书上极斥其荒暴。然而至少在秦汉之时,宫庭中仍有这一套设置。据记载:"秦酒池,在长安故城中,《庙记》曰:长乐宫中有鱼池、酒池。池上有肉炙树,秦始皇造。汉武行舟于池中,酒池北起台,天子于上观牛饮者三千人。又曰:武帝作,以夸羌胡。饮以铁杯,重不能举,皆抵牛饮。《西征赋》云:酒池监于商辛,追覆车而不悟。"(《三辅黄图》卷四)《汉书·西域传赞》亦谓汉武"设酒池肉林,以飨四夷之客"。不应该忘记,这种奢华侈丽都是由千千万万个百姓,在苛急的工役征迫下,用血汗所涂绘成的。西汉初年,疮痍满目。萧何便大起宫殿。接着,惠帝元年春,城长安。三年春,发长安六百里内男女十四万六千城长安,三十日罢。六月,发诸侯王列侯徒隶二万人城长安。五年春,复发长安六百里内男女十八万五千人城长安,三十日罢。汉武一朝,大修宫苑,征发的人力更不可胜计。元朝的忽必烈兴建大都城,为了达到"大业甫定,国势方张,宫室城邑,非巨丽宏深,无以雄视八表"的政治效果,前后花了二十年(1267—1287),始完成全部工程。在工程最紧张的至元八、九年间,每年征用的人夫不下一百五六十万,因之而死伤者无法数计。王恽写过《录役者语》七绝十一首,叙述的就是那些从河南征发来从事建筑的役夫。"十人供役二三回,困似车轮半道摧。眼底出留生死隔,争如先作陌头灰。"(其一)"一夫诅祭九魂知,护我南行尔亦归。惆怅桑乾河畔月,至今寒影惨无辉。"(其三)注云:"或云河南役夫既罢归,九者皆殁,其一负众骨而西渡泸沟,因祭而祝曰:'今汝等俱殁,我独幸全,抱汝骨以归。汝等有灵当祐我,使与汝父母妻子行相见也。'其人前次范阳,亦病死。"(《秋涧先生大全文集》卷二四)皇宫的基础,原来就是无数役夫们的白骨所垒成。

皇宫的建筑,坐北朝南。每朝会,皇帝"左右玉几而南面以听"(《文选》卷三张衡《东京赋》)。《周易》谓:《离》者,明也,南方之卦也。圣人南面听天下,向明而治,盖取于此(李善注)。然西汉时期,未央宫虽南向,但到未央宫参加朝会要从东阙进入,上书或要求谒见则必诣北阙。这种措置给人的感觉是零乱。东汉洛阳的宫城已以南面的平城门为主要城门,参加朝会与上书、求谒的官员及四方贡献皆诣南阙。而且,为适应扩大了的朝会的需要,宫城的整体布局,也演变成坐北朝南的统一设计(参看杨宽《中国古代都城制度史研究》第137页,第199页)。这种设计思想进一步发展,到了元代的大都则益臻乎整齐、完善,最充分地达到了渲染和张大专制主义皇权的政治效果。

按照儒家的规制,天子有四朝。一曰外朝,在皋门内,是决罪听讼之所。皋门之内为库门,库门之内为雉门。雉门外就是询事之朝,国有大事,则集群臣于此。雉门之内为应门,应门之内为路门。路门外就是中朝,为日视政事之所。路门之内为路寝,或作路寝之朝,即内朝,是皇帝休寝的地方。所以"恒言三朝者,以询事之朝非常朝,故不言之。"(《通典》卷七五《礼·沿革·宾礼·天子朝位》)汉之朝会,王南向上坐,三公及州长北面,群臣西面,群吏南面。后代基本上都遵从这种制度而名称则各有不同。清初学者刘廷献引王鏊的说法:"周之时有三朝,库门之外为外朝,询大事在焉。路门之外为治朝,日视朝在焉。路门之内曰内朝,亦曰燕朝。《玉藻》曰:'君日出而视朝,退适路寝听政。'盖视朝而见群臣,所以正上下之分。听政适路寝,所以通远迩之情。唐皇城之北南三门曰承天,其北曰太极殿,又北曰两仪殿,古之外朝、正朝、内朝也。宋时,常朝则文德殿,五日一起居则垂拱殿,大朝贺则大庆殿。侍从以下,五日一人上殿,谓之轮对,必述时政利害。内殿引见,亦或赐坐。盖三朝之遗意焉。国朝(明)大朝会则奉天殿,即古之正朝也。常朝则奉天门,即古之外朝。而内朝独缺。然华盖、谨身、武英等殿,犹内朝之遗制也。"(《广阳杂记》卷一)明皇宫之外朝与内廷的划分是把乾清门为界,以奉天殿为外朝,各种典礼都在这里举行。其两侧之文华殿、武英殿则归为内朝,御门听政则在奉天门。清则将乾清门之三大殿(太和、中和、保和)并文华、武英诸殿阁均称外朝。乾清门之内为内廷,大体上是皇帝和后妃们起居之所。皇帝御门听政则在乾清门举行。

第五章　临 朝 亲 政

作为拥有东方的一个庞大帝国的绝对权力,且又专制自为的中国皇帝,操纵着由中央到地方的严密官僚组织,进行有效的统治。但是,皇帝本人又是如何来掌握这个组织、如何来推动这个组织运转的呢?或者说,皇帝个人必须履行些什么政务活动,通过什么样的活动形式来把持帝国的历史舵轮呢?

（一）皇 帝 的 运 作

大体说来,中国皇帝的政务活动,有大朝会、常朝、诏旨发布、表章批答、集议、延见策问、亲庶狱、殿试、巡狩私访、御驾亲征和祭祀、颁历等等,其中有的是经常的、固定的;有的则是因特殊情况而采取的。对各种活动履行的情况,也因时代的不同,实际需要不一样,乃至皇帝个人素质的差异而各不同。下面,我们依次来对这些活动作一些简单的介绍。

1）大 朝 会

大朝会分好几种,基本上是一种政治性的礼仪活动。如每年元旦、冬至的庆贺,皇帝生辰的庆典,诸侯或蕃使的入觐等。它们的仪制各有不同,但都有十分严格和繁缛的规定。刘邦做了皇帝,令叔孙通制朝仪。七年十月正旦（西汉初以十月朔为岁首）长乐宫建成，叔孙通演礼也已完竣，于是始行正旦朝贺。"先平明，谒者治礼引以次入殿门。廷中陈车骑、戍卒、卫官，设兵，张旗帜。传曰：'趋！'殿下郎中侠（古同挟）陛，陛数百人，功臣、列侯、诸将军、军吏以次陈西方，东乡（向）；文官丞相以下陈东方，西乡。大行设九宾胪句传（上传告下为胪，下告上为句）。于是皇帝辇出房，百官执戟传警，引诸侯王以下至吏六百石以次奉贺。自诸侯王以下，莫不震恐肃敬。至礼毕，尽伏。置法酒，诸侍坐殿上皆伏抑首，以尊卑次起上寿，觞九行。谒者言罢酒。御史执法举不如仪者辄引去。竟朝置酒，无敢讙哗失礼者。"（《汉书·叔孙通传》）东汉的元会仪更为隆重，人数包括诸王、百官、蕃使、郡国的上计吏，以及宗室达万人以上。蔡质《汉仪》载：岁首大朝之日，天子幸德阳殿，临轩。夜漏未尽七刻，钟鸣，受贺及贽。公卿、将、大夫、百官各陪朝贺。首先是三公奉璧上，太常赞曰："皇帝为三公兴。"三公伏，皇帝坐，乃进璧。接着群臣以次进奉璧、羔、雁、雉以为贺。二千石以上上殿称万岁。然后是接受诸蕃使、首领的朝贺。最后是郡国的上计吏也进行陛觐。于是太官赐群臣酒食。贡事御史四人在殿下执法监督。虎贲、羽林全副武装，弧弓撮矢，陛戟左右，戎头逼胫，启前向后。左右中郎将住东西，羽林、虎贲将住东北，五官将住中央，悉坐就赐。同时开始陈设杂戏。"作九宾，撤乐。舍利从西方来，戏于廷极，乃毕入殿前，激水化为比目鱼，跳跃嗽水，作雾障日。毕，化成黄龙，长八丈，出水游戏于廷，炫耀日光。以两大丝绳系两柱中头间，相去数丈。两倡女对舞行于绳上，对面道逢，切肩不倾。又蹋局出身，藏形于斗中，钟磬并作。乐毕，作鱼龙曼延。小黄门吹三通，谒者引公卿群臣以次拜。微行出罢，卑官在前，尊官在后。"（参见《后汉书·礼仪志中第五》；蔡邕《独断》）。班固在《东都赋》中，也绘声绘影地描写说："是日也，天子受四海之图籍，膺万国之贡珍,内抚诸夏,外绥百蛮。尔乃盛礼兴乐,供帐置乎云龙之庭。陈百僚而赞群后,究皇仪而展帝容。于是庭实千品,旨酒万钟。列金罍,班玉觞,嘉珍御,大牢飨。尔乃食举《雍》彻,太师奏乐,陈金石,布丝竹,钟鼓铿鍧,管弦烨煜。抗五声,极六律,歌九功,舞八佾。《韶》、《武》备,泰古毕,四夷间奏,德广所及。《僸》、《佅》、《兜离》,罔不具集。万乐备,百礼暨。皇欢浃,群臣醉。降烟煴,调元气。然后撞钟告罢,百僚遂退。"(《文选》卷一)唐太宗李世民写过一首《正日临朝》诗:"条风开献节,灰律动初阳。百蛮奉遐赆,万国朝未央。虽无舜禹迹,幸欣天地康。车轨同八表,书文混四方。赫奕俨冠盖,纷纶盛服章。羽旄飞驰道,钟鼓震岩廊。组练辉霞色,霜戟耀朝光。晨宵怀至理,终愧抚遐荒。"(《全唐诗》卷一)它们所描写的都是元会仪上的盛况。皇帝的生辰叫千秋节,大举祝贺是从唐玄宗李隆基开始的。《事物纪源·圣节》引《明皇杂录》:"唐玄宗八月五日降诞。是日,宴宰相于花萼楼,源乾曜请以是日为千秋节;群臣献万岁寿酒。其后天子诞日节号自兹始也。"又《唐会要·节日》:"开元十七年八月五日,左丞相源乾曜、右丞相张说等上表请以是日为千秋节,著之甲令,布于天下,咸令休假。""长庆七年十月十日穆宗诞日,令天下州县置宴。文宗开成二年诞日,始禁屠宰。此圣节禁屠置宴之始也。宋朝俱循用之。"大朝会的作用主要是明天子之威,受属国之贡,一般并不涉及具体政务。然在礼制上,它是十分重要的主体构成。

叔孙通制朝仪后,高后二年,又令评定列侯功次,以定朝位,藏于高庙,世世勿绝。兹将《西汉会要》所列班序,抄录如次,以供参考。

诸侯王	相国	太师
太傅	太保	丞相
大司马	御史大夫	大将军

列将军兼官	特进	列将军
列侯奉朝请	太常	光禄勋
卫尉	太仆	廷尉
宗正	大司农	大鸿胪
少府	长信少府	中少府
执金吾	太子太傅	水衡都尉
京兆尹	左冯翊	右扶风
典属国	将作少府	就国侯
颍川三河太守	齐楚等相	东海等太守
高密等侯	太子少傅	太子詹事
关内侯	丞相司直①	司隶校尉②
城门校尉	八校尉	骏粟都尉
光禄大夫③	御史中丞④	丞相长史
三辅都尉	五官左右中郎将	羽林中郎将
护军都尉	奉车都尉⑤	驸马都尉
骑都尉	尚书令	西域都护
太中大夫	尚书仆射	尚书
诸侯太傅	十三州刺史⑥	朔方刺史
郡都尉	关都尉	农都尉
属国都尉	西域副校尉	郎中车将
郎中户将	郎中骑将	诸侯中尉
诸侯内史	谏大夫	太子家令

①② 与州郡叙,则居刺史守相上。
③ 非中二千石者,叙在三辅都尉下。
④ 与刺史守相叙,则居其上。
⑤ 秩光禄大夫者,在关内侯下。
⑥ 与守相叙,则居其上。

博士	九卿列卿丞	谒者仆射
公车司马令	将军长史	廷尉正监
长安令	千石令	黄门侍郎
尚书丞郎	议郎	五官左右中郎
从事中郎	太史令	廷尉平
三辅丞	六百石令	五百石长
郡司马长史	五官左右侍郎	太守丞
都尉丞	三百石长	侍御史
太子门大夫	五官左右郎中	太子庶子
中庶子	太子舍人	太子洗马
羽林郎		

2）常　　朝

常朝是皇帝政务活动的主要形式。它也就是《周礼》的中朝。

唐朝以前的常朝情况，史阙有间，我们无法详细了解。史言汉宣帝在霍光死后始亲政事，令群臣奏封事，俾知下情，"五日一听事"。唐人谓："汉宣帝中兴，五日一听朝，历代通规，宜为常式。"（《唐会要》卷二四《朔望朝参》天祐二年十二月敕）仿佛古来常朝是五日一次举行。然光武帝则"每旦视朝，日侧乃罢"。可知勤惰也是因人、因时而有异。唐太宗贞观初看来也是每日临朝。十三年，房玄龄奏：天下太平，万几事简，请三日一临朝。诏许之。高宗即位，自以"幼登大位，日夕孜孜，犹恐拥滞众务。自今以后，每日常坐"。显庆二年又改为隔日视事。其间又增置了朔望朝、五日朝等不同仪制。根据《仪制令》：唐时在京官员依其品级与职事的不同，其朝参制度也各不一样。诸在京文武官，职事九品以上，朔望日朝。其文官五品以上，及监察御史、员外郎、太常博士并包括两省供奉官每日常参。所谓常参官,即常朝日常赴朝参者也。武官五品以上仍每月五日、十一日、二十一日、二十五日参。三品以上直诸司及长上者,各准职事参。其弘文馆、崇文馆及国子监学生每季参。(《文献通考》卷一百七《王礼二》)不与者叫未常参官,武官三品以上三日一朝的叫九参官,五品以上五日一朝的叫六参官。外任官员的辞谢随常朝进行。唐长安大明宫以含元殿为外殿正衙,元日朝贺,皇帝受册等大礼都在这里举行。故曰:"含元殿含元,非正至大朝会不御。"(《宋史·礼志·宾礼一》)含元殿后即宣政殿,常朝就在这里举行。禁城中每日未明前十刻更终,谓之待旦,朝臣们都已纷集在待漏院等候。皇帝也已漱洗完毕,俟明御朝。凡朝会,文官列班于东侧,故称东班;武官在西侧,故称西班。在百官前横列的是供奉班,又称蛾眉班。中书、门下、枢密的官员,以及翰林学士等供职内廷的都属于供奉官。宦官则谓之内供奉。因为他们的队伍在御前横列,所以又称为横班。据《新唐书》所载:朝日,御史大夫领属官至殿西庑,从官朱衣传呼,促百官就班,文武列于两观。监察御史二人立于东西朝堂砖道以莅之。平明,传点毕,内门开。监察御史领百官入,监门校尉二人按门籍检查,至通乾、观象门南序班。武班在文班之后。入宣政门,文班自东门入,武班自西门入。宰相、两省官对班于香案前,百官班于殿廷左右。巡使二人分莅于钟鼓楼下,先一品班,次二品班,次三品班,次四品班,次五品班。每班尚书省官为首。侍中奏:"外办。"皇帝步出西序门,索扇,扇合。皇帝升御坐,扇开,左右留扇各三。左右金吾将军一人奏:"左右厢内外平安。"通事舍人赞宰相、两省官再拜,升殿。内谒者承旨唤仗,左右羽林将军勘以木契,自东西阁而入。朝罢,皇帝步入东序门,然后放仗。内外仗队,七刻乃下。罢朝之后有廊餐之赐。(《新唐书》卷二十三上《仪卫志上》)应当指出:欧史的这段记载,有关"唤仗"一段,是含混不清的。入阁是唐中叶以后所实行的另一种常参形式。司马光《涑水记闻》引宋庠所考："唐有大内,有大明宫。大内谓之西内,大明宫谓之东内。高宗以后,多居东内。其正南门曰丹凤,丹凤之内曰含光(元)殿,每至大朝会则御之。次曰宣政殿,谓之正衙,朔望大册拜则御之。次曰紫宸殿,谓之上阁,亦曰内衙,奇日视朝则御之。唐制:天子日视朝则必立仗于正衙。或乘舆止于紫宸殿,则呼正衙仗自宣政殿东西阁门入,故唐世谓奇日视朝为入阁。"(卷八)入阁相当于古之所谓内朝或燕朝。"方其盛时,宣政盖常朝,日见群臣。遇朔望陵寝荐食,然后御紫宸,旋传宣唤仗入阁,宰相押之,由阁门进,百官

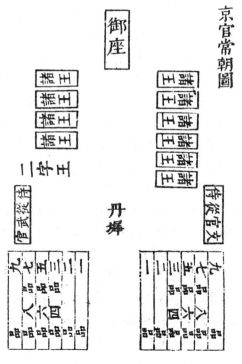

(明王圻《三才图会·仪制》)

随之入,谓之'唤仗入阁'。紫宸殿言阁,犹古之言寝。"(《石林燕语》卷二)则入阁之起,是缘天子朔望荐食诸陵寝,"有思慕之心,不能临前殿,则御便殿见群臣"。之所以言入阁者,是因为宣政殿之左有东上阁门,右有西上阁门。入阁,即由此而进。(《资治通鉴》卷二四一胡注)阁,庞元英谓"盖自晋太极殿有东、西阁,天子坐以听政,阁之名起于此"(《文昌杂录》卷六)。张洎亦谓:"东晋太极殿有东、西阁,唐置紫宸上阁法,此制也。"(《山堂考索》卷二四《礼门·朝仪类·入阁》)《云麓漫钞》引《通典》记隋文帝欲斩大理吏来旷,少卿赵绰固争,帝乃拂衣入阁。绰矫言欲呈他事,帝乃令引之入阁,绰复因之固请。这个故事证明隋时已有入阁之语。唐太宗贞观元年,制:自今中书、门下及三品以上入阁议事,皆命谏官随之,有失辄谏。"则贞观又有入阁之语矣,不待开元朔望改御紫宸云入阁也。玄宗优人服绯,求赐鱼。玄宗曰:鱼袋者,五品以上入阁则合符,汝则不可。参诸众说,则阁者,殿后之便室无疑。"(卷三)宣政系前殿,谓之衙,衙有仗,衙是朝见,其礼尊。紫宸乃便殿,谓之阁,阁是宴见,其礼杀。只是在皇帝不御宣政而改御紫宸时,才将在正衙排列的仪仗传唤自阁门而入;百官之俟朝于衙者,因随之而入,故谓之"入阁"。中唐以后,离乱相寻,旧制毁坏。"宣政不复御正衙,立仗之礼遂废,惟以只日常朝,御紫宸而不设仗。敬宗始复修之,因以朔望陈仗紫宸,以为盛礼,亦谓之入阁。"(《石林燕语》卷二)到了五代时候,"群臣五日一入见中兴殿,便殿也,此入阁之遗制,而谓之起居。朔望一出御文明殿,前殿也,反谓之入阁"(《资治通鉴》卷二八六,胡注引欧阳修语)。事实正完全颠倒了过来,连后来的欧阳修也闹不清这变化的原委。①宋承旧制,皇帝日御垂拱殿,文武官日赴文德殿正衙日常参,宰相一人押

---

① 见《欧阳修全集·居士外集》卷十九《问刘原父侍读入阁仪帖》。

班,其朝朔望亦于此殿。五日起居行于崇德殿或长春殿,中书门下为班首,长春即垂拱也。(《宋史·礼志·宾礼·常朝》)宋神宗熙宁三年五月,以"今阁门所载入阁仪者,止是唐常朝之仪,非为盛礼,不可遵行,故罢。"(《续资治通鉴长编》卷二一一)。

　　唐初常朝,宰相当香案前奏事,一些重要的奏章也在御前当廷跪读。高宗始定隔日视朝,其视朝以单日,双日则为间日。据叶梦得的记载:"自高宗后,前殿不奏事。"又说:"唐制:宰相对正衙,皆立而不奏事。"(《石林燕语》卷二、卷三)则正衙常参,远从高宗中已开始流为形式。德宗贞元十八年,"秋,七月,辛未,嘉王府谘议高弘本正牙奏事,自理逋债。乙亥,诏公卿庶僚自今勿令正牙奏事;如有陈奏,宜延英门请对。议者以为:'正牙奏事,自武德以来未之或改,所以达群情,讲政事。弘本无知,黜之可也,不当因人而废事。'"(《资治通鉴》卷二三六)从这以后,禁正牙奏事,更令有明文。大抵安史之乱后,常朝制度已形破坏。肃宗乾元三年四月,"敕员外郎五品以上常参官,自今以后,非朔望日,许不入;贼平之日,依旧常参"(《唐会要》卷二四《朔望朝参》)。其后,这一制度日益零落,敬宗视朝,月不再三,大臣罕得晋见。(《资治通鉴》卷二四三)后唐明宗始诏群臣每五日一随宰相入见,谓之起居。(《宋史》卷六九《礼十九·常朝仪》)可见常朝已完全流为仪式,唐中后期的政务功能已完全由延英殿请对所代替。

　　《事物纪原》引《唐书·韩皋传》说:"延英之置,肃宗以苗晋卿年老难步,故设之耳。后代因以为故事。《宋朝会要》曰:'康定二年八月,宋庠奏,唐自中叶以还,双日及非时大臣奏事,别开延英赐对。'"(卷一)新、旧唐书《韩皋传》都没有这一记载。《新唐书·苗晋卿传》则说:代宗立,时晋卿"年老蹇甚,乞间日入政事堂,帝优之,听入阁不趋,为御小延英召对。宰相对小延英,自晋卿始"(卷一四〇)。之后,延英召对,逐步成为皇帝政务活动的主要形式。"内中有公事商量即降宣头,付阁门开延英。阁门翻宣申中书,并榜正衙门。如中书有公事敷奏,即宰臣入榜子奏请开延英,只是宰臣赴对。"(参见《资治通鉴》卷二三六德宗贞元三年胡注引宋白语;《文献通考》卷一〇七《王礼二·开延英仪》)可知它是在双日不临朝,或在必要情况下,由皇帝临时召宰臣,或由宰臣呈请约见时举行的。德宗贞元七年,复诏每御延英时,令诸司长官二人奏本司事;其后复令常参官必日引见二人,访以政事,谓之巡对。前者称待制,后者称次对官。"盖正谓待制者,诸司长官也。名为巡对者,未为长官而在常参之数,亦得更迭引对者也。其曰次对官者,即巡对官,许亚次待制而俟对者也。"另一说则认为:"唐中世以后,宰相对延英,既退,则待制官、巡对官皆得引对,总可谓之次对官。所谓次对官者,谓次宰相之后而得对也,非次待制官而入对也。"(《资治通鉴》卷二四三胡注引程大昌说)顺宗永贞中,用御史李鄘奏,庶官罢巡对。(同上卷二三七胡注引宋白语)尔后,这一制度旋行旋罢,终至于罢废不行。这一制度省去了许多虚仪缛礼,宰臣得从容坐论,往往数移晷刻,"止论政事大体,其进拟差除,但入熟状画可"(《春明退朝录》下)。这就使宰臣们对重大政务有充足的时间和从容的条件进行周到慎密的考虑,比起在早朝中要立决于侍立逡巡之顷,自然是要合理得多。巡对的实行,也有利于皇帝更广泛的了解情况。所以朱熹对开延英这一制度十分推崇。①

据《谷山笔麈》卷十三:"宫人参随视朝起于晋代,六朝相因,至唐不改。"《通鉴》胡注引《唐六典》曰:"宫嫔司赞掌朝会赞相之事,凡朝,引客立于殿廷。"至昭宣帝天祐三年,诏曰:"宫嫔女职,本备内任。今后遇延英坐日,只令小黄门祗候引从,宫人不得出内。"从此以后,再没有御朝对百官以宫女侍从的事。

---

① 朱熹在为他父亲朱松所撰行状中,特别提到朱松对延英坐论之制的推崇。

宋承五代大乱之余，朝仪已尽失唐制。"每朔望起居及常朝并无仗卫，或数年始一立冬正仗，当世人士或不识，朝廷容卫，迄至缺然。"(《挥麈后录》卷二引《儒林公议》)唐把自宰辅以下，包括常参官、未常参官合称为京官。而宋朝把常参官称为升朝官，把未常参官则称为京官。以"文德殿曰外殿，凡不厘务朝臣日赴，是谓'常朝'。垂拱殿曰内殿，宰臣、枢密使以下要近职事者并武班日赴，是谓'常起居'。每五日，文武朝臣厘务、令厘务并赴内朝，谓之'百官大起居'。是则奉朝之制自为三等，盖天子坐朝，莫先于正衙殿。於礼，群臣无一日不朝者，故正衙虽不坐，常参官犹立班，俟放朝乃退。(原注：唐有职事者，谓之常参；今隶外朝不厘务者，谓之常参。)"(《春明退朝录》中)"然在京厘务之官，例以别敕免参；宰臣押班，近年已罢。而武班诸卫，本朝又不常置。故今之赴常朝者，独御史台官与蕃官、待次阶官而已。"(《文昌杂录》卷三)故所谓的正衙常参，当时已实同虚设，神宗元丰四年正式取消。明年，改行官制，规定"门下省起居郎以上、中书省起居舍人以上、尚书省侍郎以上、御史中丞以上为日参官。其知枢密院以上，自如旧仪。以三省及御史台官、寺监长贰以上为六参，寺监丞、大理评事以上为两参官。寄禄官通直郎以上为月参官。又今后除朔望参外，每月定以五日、二十日、二十一日、二十五日为参日，遇假即罢。"(参见《文昌杂录》卷三；《宋史》卷六九《常朝》)据《石林燕语》记载："紫宸，垂拱常朝，从官于第一重隔门下马，宰相即于第二重隔门下马，自主廊步入殿门，人从皆不许随，虽宰相亦自抱笏而入。幕次列于外殿门内两庑，惟中丞以交椅子一只坐于殿门后，稍西北向，盖独坐之意。驾坐，阁门吏自下，以次于幕次帘前报班到；二史舍人而上，相继进，东西分立于内殿门之外，南向阁门内。诸司起居毕，阁门吏复从上。自尚书侍郎以次揖入，东西相向，对立于殿庭之下，然后宰执自幕次径入就位，立定，阁门吏复引而北向。起居毕，宰执升殿，尚书以次各随其班,次第相踵,从上卷转而出,谓之卷班。遇雨,则旋传旨拜于殿门下,谓之笼门。崇政殿则拜于东廊下。"宋时规定:"凡早朝,宰相、枢密、宣徽使起居毕,同升殿问圣体。宰相奏事,枢密,宣徽使退,候宰相对毕,枢密使复入奏事。次三司、开封府、审刑院及群臣以次升殿。"(《文献通考》卷一百七《王礼二·朝仪》)这与唐初朝臣当廷奏事完全不同,政务的公开与透明程度大大地受到限制。此其一。其二,群臣见皇帝面奏的规定更趋完善,有轮对,即文武升朝官俟次每五日轮流入对;请对、召对、和留身,即朝后请求单独留下来等。皇帝可以更广泛地与群臣接触,了解情况。因此皇帝往往前殿听政,迄午方休,接着又是后殿再坐。第三,宋朝初建时,范质、王溥、魏仁浦为丞相。他们都是前朝的旧臣,赵匡胤的侪辈。为了避免新皇帝的疑忌,他们请求在朝参时,"具札子面取进止。朝退,各疏某事所得圣旨,臣等同署字而志之。如此则尽禀承之方,免妄误之失。帝从之"。这就形成一切须事先请示,一切按最高指示办理。"自是奏御寝多,或至旰昃。"(《宋朝事实类苑》卷二七《宰相上殿命坐赐茶》)这种情况必不可免地会流于匆匆忙忙走过场。朱熹就指出:"古者三公坐而论道,方可仔细说得。如今莫说教宰执坐,然奏对之时,顷刻即退。所有文字,怀于袖间,只说得几句,便将文字对上宣读过,那得仔细指点。且说无坐位,也须有个案子,合开展在上,指书利害;上亦知得仔细看。如今顷刻便退,君臣如何得同心理会事?"(《山堂考索别集》卷十八《人臣门·宰相》)上述这些,都是皇权膨胀的表现。这个问题,我们在下篇《皇权》里,还要全面进行讨论。

元"肇兴朔漠,朝会燕享之礼,多从本俗"(《元史》卷一八《礼乐一》)。世祖忽必烈至元七年,初起朝仪。十一年大都宫阙告成,世祖始御正殿(大明殿),受朝贺。然常朝则始终未讲。故成宗即位时,杨桓上时务二十一事,其四就是请"朝见群臣,访问时政得失"(《元史》卷一六四)。仁宗延祐三年,马祖常上疏《建白一十五事》中也说:"百官朝见奏事,古有朝仪。今国家有天下百年,典章文物,悉宜粲然光于前代。况钦遇圣上文明之主,如科举取士、吏员降等之类,屡复古制,惟朝仪之典不讲而行,使后世无所鉴观,则于国家太平礼乐之盛,实为阙遗。且夫群臣奏对之际,御史执简,史官执笔,缙绅珮玉,俨然左右,则虽有怀奸利、乞官赏者,亦不敢公出诸口。如蒙闻奏,命中书省会集文翰衙门官员究讲,参酌古今之宜,或三日、二日一常朝,则治道昭明、生民之福也。"(《马石田先生文集》卷七)终元一代,这个制度始终未及讲行。

明制,朔望御奉天殿,接受常朝官的朝贺。于慎行谓:"本朝朔望御正殿,百官公服朝参,而不引见奏事;每日御门(即奉天门)视事,百官常服朝参,诸司奏事。盖以朔望御殿,备朝贺之礼;而以日朝御门,为奏对之便,较之唐制善矣!"(《谷山笔麈》卷一《制典上》)早朝之外,永乐时又行午朝,盖以"早朝四方奏事多,君臣之间,不得尽所言。午后事简,卿等有所欲言,可从容陈论,毋以将晡朕倦于听纳。朕有所欲言者,亦欲及此时与卿等商榷也"(《明会要》卷十二《礼七·朝仪》)。明初诸帝,勤于政事,丘濬称:"我祖宗以勤为治,无日不朝,而每日之间有早、午、晚三朝或再朝焉。"(《续文献通考》卷一一九《王礼考·朝仪》)每早朝"大班既退,即于门上说事,轮流向前商榷政务,罄所尽言,人怀畏惮而事机不泄"(《皇明经世文编》卷二五周叙:《复仇疏》)。英宗幼年即位,三杨(杨士奇、杨荣、杨溥)辅政。太后因担心小皇帝过于劳累,规定每日早朝只许奏事八件,前一日先以副封诣阁下,预以各事处分陈上,以后就成了定规。(《玉堂丛语》卷六;《寓圃杂记》卷一《早朝奏事》)常朝诸司奏事御前,事当准行者,上以是字答之。中后期以后,皇帝怠于政事,武宗"月不数朝,朝或入晏"。神宗万历中,甚至连元日的大朝会也不再举行。常朝的废弛,从来就是与政治的衰败相表里的。

清之常朝有逢五视朝与御门听政两种形式。每月初五、十五、廿五日在太和殿举行的朝参礼基本上是一种礼仪性的百官集会，辞朝、谢恩及外藩来朝者和贡使亦在常朝日行礼。御门听政，清初定制，"每日听政，必御正门"。康熙以后，改在乾清门。《养吉斋丛录》引《居易录》谓："御门听政，冬、春辰初三刻；夏、秋辰正三刻，内阁部院官率以昧爽齐集午门，次至中左门稍憩，乃入候于乾清门外。驾出升御座，六部、都察院等衙门以次奏事。如初一日首吏部，则初二日首户部，周而复始。若宗人府奏事，则恒居部院之首。三法司例居第三。部院奏事毕，然后台省官奏事。既毕，然后内阁大学士、学士。至御前承旨，翰、詹、起居注官满汉各一员，轮直立西楹下。"（卷五）其后则"六部以次进本，户、礼、兵、工轮流居首，刑部第三，吏部第六，则以为常。盖吏部进本毕，即带领引见也。故俗有刑三吏六之说。旧时惟刑部本三件，他部皆一件。嘉庆六年，仁宗恐有延阁，命无拘件数。或虑本匣太厚，不便捧持，则每部不必过十件。近闻所进不过二三件耳。"（同前）内阁学士奏折本，皆系背诵。每奏一本毕，皇帝降旨皆用满语。（《国朝宫史续编》卷三十一）金安清《水窗春呓》卷下载："本朝勤政为三代以来所未有，每日召见军机大臣无论矣，即各旗各部大小九卿，皆有值日奏事。其间尚书侍郎六人，不知何人命对，故所奏之事先一日皆具折底，由笔帖式分送六堂，必详询底里，烂熟于胸。设次日能入见，即须一一回奏，不敢以久不进对而忽略于一日也。"（《奏对不可含糊》）

朝会中，群臣的班次、奏事的先后、行止举措都有严格而繁复的规定。以宋朝为例，当时"庭下皆著石位，日日（？）引班，则各有行缀，首尾而趋就石位。既谒罢，必直身立，俟本班之班首先行，因以次迤逦而去，谓之卷班"（《铁围山丛谈》卷二）。宋朝规定：常参文武官,或有朝堂行私礼跪拜、待漏行立失序、谈笑喧哗、入正衙门执笏不端、行立迟缓、至班列行立不正、趋拜失仪、言语微喧、穿班仗、出阁门不即就班、无故离位、廊下食行坐失仪、入朝及退朝不从正衙门出入、入公事、入书等十五款,"犯者夺俸一月。有司振举拒不伏者,录奏贬降"(《宋史》卷一一六《礼十九·常朝之仪》)。朱元璋洪武二十年,定朝参礼八条:

一、朝班序立,公侯居文武之首班,次驸马,次伯。自一品以下,各照品级为班,文东武西。风宪纠仪官立于前,北向。记事官居文武第一班之后,稍稍近上,以便观听,不许搀越。如奏事,则从班末行至御前跪奏,不得于班内穿过。

二、凡文武百官,于御前侍坐,遇有奏事官,必须起立;候奏事毕,复坐。毋踞坐。如特赐则坐。

三、凡文武百官出入朝门,如一品官遇公侯驸马,皆旁立;行则随之。三品、四品遇一品官,旁立;行则后。从三品、四品官遇一品官,加逊礼,行立俱后。从五品以下官仿此,俱不许搀越失仪。如有宣召,不在此限。

四、凡百官朝参,奉圣谕教诫,拱听分明,即便省身克己,毋放肆驰驱。

五、凡百官自入午门内,不许咳唾。如朝参近侍御前,有患痰者,即许退班。

六、凡百官御前奏对从实,知则为知,不许妄对。

七、凡大小官员,如随驾行丹墀,身常向北。或左或右环转随侍,不许背之。如上位升奉天门及丹陛,其随从官员,不得径行中道及御道,如有昔方,于侧边行。

八、凡百官入朝门,须拱手端行,威仪整肃,毋行私揖礼。(王圻《续文献通考》卷一一九《王礼考·朝仪一》)

朱元璋曾就常朝班次及奏事等仪礼训示群臣,说:"朝廷之礼,所以辨上下,正名分。百官有列,班序有伦,非惟尊体统,抑亦四方瞻仰所在也。今文武百官朝参奏事,有未娴礼仪者,是礼法不严于殿陛,何以训天下。"(《明会要》卷十二《礼七·朝仪》)可见封建皇帝对它是何等重视。

在朝参时,以仪法纠百官之失的,宋以前为殿中侍御史(明以后为监察御史)。宋朝规定:"百官起居,文班失仪,右巡使弹奏;武班失仪,左巡使弹奏。左、右巡使失仪,即互相弹奏。如两不弹,则阁门使弹奏。阁门使不弹奏,则宣徽使弹奏。见辞谢及通事舍人、祗应失仪,并阁门使弹奏。阁门使不弹奏及自失仪,则宣徽使弹奏。长春殿起居如有坠笏失仪者,除军校不问,余并赞拜内侍报阁门,依例施行。若群官交杂品位、不依秩序、回班将出,却顾轩墀、执笏不端、接武纷乱者,并左右巡使弹奏。出入便门语笑,及不端笏,并阁门、宣徽使以次弹奏。"(《宋会要》第四九册《仪制八·弹劾》)尽管仪制隆重,纠劾森严,但是朝班不整,体统全无的情况也是常常发生的。唐中宗时,侍御史崔莅就上疏说:"臣窃见在朝百僚,多不整肃。公门之内,讵合论私;班列之中,尤须致敬。或纵观敕旨,或旁阅制词,或交首乱言,或远班问事,或私申庆吊,或公诵诗篇,或笑语喧哗,或行立怠情。承宽既久,积习如常。"(《全唐文》卷二七八《弹百僚班秩不肃奏》)于慎行记明世宗自嘉靖十三年后,"凡三十余年不视常朝,即岁时肄礼,惟讲会同之仪,而日朝之典,遂至无一人记忆"。穆宗即位,始复常朝。群臣班次,左班御史、五部之后,"品级官制,紊不可纪"。右班七十二卫指挥等官,"不惟班次不可知,即冠服蓝缕,往往在是"(《谷山笔麈》卷一《制典上》)。清末的低级官僚,因俸给无法维持生活,甚至有将朝服典当。每当朝会,只好用彩纸糊制。一旦遇雨,则纸破成缕,颜色淋漓,大煞风景,连起码的体面也不能维持。

百官朝参时执笏。笏是用作"书思对命"的,"意所思念,将以告君者也。对，所以对君也。命，所受命也。书之于笏，为失忘也"。《事物纪原》谓："礼受命于君前以笏，三代之制也。古者贵贱通用，书君上政令。后代惟八座尚书执之，其余公卿执手板。主敬示非记事官。至后周武帝保定四年，始令百官执笏。"（卷一）唐高祖武德初，"因隋旧制，五品以上执象笏，三品以下前挫后直，五品以上后屈。自时厥后，一例上圆下方，曾不分别。"（《资治通鉴》卷二二八胡注）《史记》记荆轲刺秦始皇，当时秦始皇本人佩剑，而"群臣侍殿上者不得持尺寸之兵"。这以后，规定"谒者持匕首以备不虞"。从此侍官皆执刀剑。（《资治通鉴》卷一六九胡注引应劭曰）汉自天子至于百官，无不佩刀。"旧仪：三公领兵，朝见，令虎贲执刃挟之。"（同上卷六七）汉以后，这种佩刀易以木剑，谓之"象剑"。然北周时百官宴会，并带刀升座。隋循之。文帝开皇十二年，始定："凡朝会应登殿坐者，剑履俱脱。其不坐者，敕召奏事及须升殿，亦就席解剑乃登。"仍代以木剑（《隋书》卷一二《礼仪七》）惟纳言、黄门、内史令、侍郎、舍人等侍从官则不脱，其佩剑皆为真刃。有殊勋的权臣，皇帝亦有赐剑履上殿，赞拜不名，入朝不趋者。皮制者为履，所以从军，而军容不入国。故剑履上殿为殊礼，然后之所佩者实亦只为木剑。从魏晋开始，群臣入朝，都要在殿门外接受一名御史的搜身，然后才允许进入，谓之监搜。这种制度在唐代一直实行，直到文宗太和元年，诏令后坐朝，众僚既退，宰相复进奏事，其监搜宜停止。（《石林燕语》卷二《考异》；《文昌杂录》卷一）这一制度大概到宋朝才完全废止。明代与朝参的文武官员都发给牙牌，悬带出入；无牌者依律论罪（《明会要》卷十二《礼七·朝仪》）。

3）集　　议

集议是皇帝就某一重大问题，指定群臣会议，进行讨论，提出解决的初步意见。参加的范围因问题的性质而异,或限五品以上,或广及百官。会议由皇帝亲临或宰相主持,一般则以事之当议者先下诏于都省吏,以告当议之官,悉集都堂,由皇帝派监议御史监议,将不同的意见汇报皇帝,最后由皇帝裁定。汉代集议的范围包括:议立君、议储嗣、议宗庙、议郊祀、议典礼、议封建、议功赏、议民政、议法制、议同姓、议大臣、议边事(《西汉会要》卷四〇、四一)。总之,是所有国之大政,有疑而难决者。《山堂考索》谓:"汉置大夫,专掌议论,苟其事疑似而未决,则合中朝之士杂议之。自两府大臣而下至博士、议郎,皆得以申其己见,而不嫌于卑抗尊也。故罢郡国庙则有议,韦元成赏边功有议,陈王傅入谷免罪有议。萧望之、贾谊为博士,诏令下诸老先生未能言,谊对(代)为之对,未尝以公卿之言而废谊之对也。呼韩邪单于愿保塞,朝臣集议,卒用郎中侯应之策,未尝以将相之言而格应之奏也。《匈奴传》朱博得罪,议其狱者五十八人,而谏议大夫龚胜等敢于异将军、二千石之议也,王嘉得罪,议其狱者六十人,而少府猛等敢于抗骠骑将军、御史之议也。不缄默以因人,不雷同以附势,不合党以济奸,不托公以行私,推尽其己之所欲言,而付之人主之独断,此汉之集议所以有公天下之意。然至于屯田之功既成,有诏诰前言不便者;马邑之举既败,独罪首谋以谢天下,此又足以不谋议之不谨者也。虽然,高帝之十二年立诸侯王则有议,吕后之二年定列侯位次则有议,是时他官犹未预也。文帝至邸,丞相谨与列侯、吏二千石议,是时博士犹未预也。吴公荐贾谊为博士,每诏令议下尽为之对,而后元年之诏曰:‘令吏二千石、博士议。’至是博士始预议也。及武帝时,寻朔方之议,朱买臣以中大夫预挟弓弩之议;吾丘寿王以光禄大夫侍中议。武帝之时,集议虽广,而意则欲以宿卫诎外庭也。"(《后集》卷二二《官门·汉官无文武之分》)有名的石渠阁会议是汉宣帝甘露三年召开的,预会的都是当代宏儒,奉诏讨论五经异同及对经义的解释。白虎观会议则是东汉章帝建初四年奉敕召开的,以讨论经义。皇帝命五官中郎将魏应承制进行问难,侍中淳于恭进奏,而由章帝本人亲称制临决,并命班固汇集讨论结果,编撰成《白虎通义》一书。以《盐铁论》一书而著闻于世的盐铁会议是汉昭帝时举行的一次大规模的政策大辩论会议。始元五年,诏令三辅、太常举贤良各二人,郡国文学高第各一人,共贤良、文学六十余人,于明年二月与丞相田千秋、御史大夫桑弘羊等就当时的盐铁、榷估、均输等政策进行了反复辩难。洪迈说:"两汉之世,事无大小,必谋之于众人。"(《容斋随笔》卷十三《汉世谋于众》)他列举八事,"此八事者,所系利害甚大,一时公卿百官既同定议矣,贾捐之以下八人,皆以郎大夫之微,独陈异说。汉元、成、哀、安、顺、灵皆非明主,悉能违众而听之,大臣无贤愚亦不复执前说,盖犹有公道存焉。每事皆能如是,天下其有不治乎!"(卷二《汉采众议》)能够博访众议,然后择善而从,自然是政之尤善者。不过,专制制度本身就是排斥众议的,不单是最后的决策权始终操于皇帝个人,而且,集议的举行与否,也完全决定于皇帝个人的意愿,所以其运用与效果最终都是视皇帝个人的品质与见识而定。在二千余年的封建专制历史中,尽管集议这一制度始终沿行不废,然而实际的政治效果却又是很有限的。

4) 诏旨的拟发与表章的批答

秦始皇规定:皇帝所发布的命称制,令为诏。汉天子的文书,分为四种:一、策书。策者,简也。起以年月日,称皇帝曰,以命诸侯王、三公。其诸侯王、三公之薨于位者,亦以策书诔谥其行而赐之。三公以罪免,亦赐策。二、制书,帝者制度之命也,其文曰"制诏三公",赦令、赎令之属是也。三、诏书。诏,诰也。有三种。其文曰"告某官如故事",是为诏书。群臣有所请奏,尚书令奏之,下有制曰："天子答之曰可,若下某官云云",亦曰诏书。群臣有所奏请,无尚书令奏制之字,则答曰"已奏,如书本官下所当至",亦曰诏。四、戒书。戒敕刺史、太守及三边管官。被敕文曰:有诏敕某官,是为戒敕也(参见《独断》;《资治通鉴》卷十一胡注引如淳曰)。魏、晋因之,有册书、诏、敕之类,总名曰诏。唐之王言,其制有七。一、册书,立后建嫡、封树藩屏,宠命尊贤,临轩备礼则用之。二、制书,行大赏罚,授大官爵,厘革旧政,赦宥降虑则用之。三、慰劳制书,褒赞贤能、劝勉勤劳则用之。四、发日敕,谓御画发日敕也,增减官员,废置州县,征发兵马,除免官爵,授六品以下官,处流以上罪,用库物五百段,钱二百千,仓粮五百石,奴婢二十人,马五十匹,牛五十头,羊五百口以上则用之。五、敕旨,谓百司承旨而为程式,奏事请施行者。六、论事敕书,慰谕公卿、诫约臣下则用之。七、敕牒,随事承旨,不易旧典则用之。(《唐六典》卷九《中书省》)诏书分别用简、黄麻纸、黄藤纸及绢书写。不过,"敕"在汉以后虽为君上之词,然民间长上之于僚属,尊长之于子弟,亦仍通用。唐初再定制,必经鸾台(门下)、凤阁(中书)始名为敕、其令始严。"旨"字古人亦不专以为君上之称,到宋时始有变化。(《陔余丛考》卷二二《敕》、《旨》)所谓王言,其实当然是臣工代拟。《云麓漫钞》说:代言之职,西汉多命文士视草。东汉则尚书郎主作文书起草。魏晋以来中书监令掌赞诏命,记会时事,典作文书。齐中书舍人专掌诏诰,兼呈奏之事,"自是诏诰之事,舍人专之"(卷五)。唐代三省制确立以后,中书负责拟旨,门下进行审核,然后付尚书省执行。"故事:凡军国大事,则中书舍人各执己见,杂署其名,谓之五花判事。中书侍郎、中书令省审之。给事中、黄门侍郎驳正之。"(《资治通鉴》卷一九三太宗贞观三年)门下省的给事中、黄门侍郎在驳正中对认为有不便者,则"涂窜而奏还,谓之涂归"(同上,卷一九二贞观元年),又谓之"批敕"(同上卷二三七宪宗元和三年）。据朱熹的描述,唐初凡诏旨,"每事先经由中书省,中书做定将上,得旨再下中书,中书付门下。或有未当,则门下缴驳,又上中书。中书又将上,得旨再下中书。中书又下门下。若事可行,门下即下尚书省。尚书省但主书填'奉行'而已。故中书之权独重。本朝亦最重中书,盖以造命可否进退皆由之也。门下虽有缴驳,依旧经由中书,故中书权独重"(《朱子语类》卷一二八《法制》)。这种办法是汉以来沿行的诏敕必由宰相平署的发展。没有中书、门下的签署,在原则上诏敕是没有法律效力的。故唐刘祎之有云:"不经凤阁(中书)、鸾台(门下),何名为敕?"(《唐会要》卷五四《省号上·中书侍郎》)唐太宗贞观初,魏徵为谏议大夫,也参与署敕(《资治通鉴》卷一九二),这可能是太宗的特殊规定。中唐时期,新置的翰林学士也分担了草制的工作,它所掌者皆内廷代言,命辅臣、除节将、恤灾患、讨不庭则用之,书以白麻纸。《资治通鉴》卷二三五胡注引《翰林志》:"凡敕书、德音、立后、建储、行大诛讨、拜免三公宰相、命将日,并使白麻纸,不使印。双日起草,候阁门钥入而后进呈。至只日,百寮并班于宣政殿,枢密使引案,自东上阁门出。若拜免宰相,即便付通事舍人,余付中书、门下,并通事舍人宣示。若机务急速,亦双日。甚速者,虽休假,亦追班宣示。"中书所用则为黄麻。(《资治通鉴》卷二三五胡注引宋白语)皇帝发布旨意曰宣。中书舍人撰写的诏诰皆写四本,一本为底,一本为宣。臣下奉圣旨称奉进止,犹言圣旨使之进则进,使之止则止。唐中叶遂以处分为进止。由于制度渐败,皇帝也屡屡不通过中书、门下,直接向有司发布诏旨施行,谓之斜封墨敕。

宋朝的诏旨分内制与外制两种。制旨之不经外朝者称内制,后妃、亲王、公主、宰相、节度之封拜皆用之,由翰林学士起草。制旨之宣布于外朝者称外制,除拜百官用之,以中书舍人知制诰掌理。它们都是词臣们根据皇帝所亲除,或经过宰臣奏准的指示,加以敷衍，成为四六体的堂皇公文。皇帝所发布的简单指示，称作除目，又称词头。词臣们如果认为事有欠妥，有权封还词头，拒不草制。一般情况下，皇帝也往往尊重他们的意见，收回或改变成命。

元朝废三省制度。它的诏制也分两种，一种是由翰林学士撰就，也有的据蒙古文翻译，文体典雅，多用于封赠、国书等场合。一种则出自宫廷中的怯薛人员必阇赤（蒙古语：书记）之手，然后翻译成生硬通俗的汉语，即所谓的白话圣旨。所以《经世大典·序录》说："国朝以国语训敕者曰圣旨；史臣代言者曰诏书。"

明、清的制诏出自内阁大学士的撰拟。明制："凡上所下，一曰诏，二曰诰，三曰制，四曰敕，五曰册文，六曰谕，七曰书，八曰符，九曰令，十曰檄。"（《今言》卷之四）其初出于翰林学士。永乐初，命内阁学士典机务，诏册、制诰皆属之。其誊副、缮正则由中书舍人办理。从实质上讲，内阁的职任也就是翰林的工作，所以《明史·职官志》说："内阁固翰林职也。"（卷七三《翰林院》）中期以后，"天子与阁臣不常见，有所谕，则命内监先写事目，付阁撰文。于是宫内有所谓秉笔太监者，其权遂在内阁之上，与唐之枢密院无异矣。本朝（清）则宦寺不得与政。世祖章皇帝（雍正）亲政之初，即日至票本房，使大学士在御前票拟。康熙中虽有南书房拟旨之例，而机事仍属内阁。雍正以来，本章归内阁，机务及用兵皆军机大臣承旨"（《簷曝杂记》卷一）。

群臣的奏章，汉代分四种形式。一曰章。"章者，需头，称稽首，上书谢恩陈事，诣阙通者也。"二曰奏。"奏者亦需头，其京师官但言稽首，下言稽首以闻。其中者所请。若罪法劾案，公府送御史台，公卿校尉送谒者台也。"三曰表，"表者不需头，上言臣某言，下言臣某诚惶诚恐，稽首顿首，死罪死罪。左方下附曰：某官臣某甲上。文多用编两行，文少以五行，请尚书通者也。公卿、校尉诸将不言姓；大夫以下有同姓官别者言姓。章口报闻。公卿使谒者、将大夫以下至吏民,尚书左丞奏闻报可,表文报已奏如书。凡章表皆启封;其言密事,得帛囊盛"。四曰驳议。"其有疑事,公卿百官会议,若台阁有所正处,而独执异意者曰驳议。驳议曰:某官某甲议以为如是。下言:臣愚赣议异。其非驳议,不言议异。其合于上意者,文报曰:某官某甲议可。"(《独断》卷上;《文选》卷三七)著名的《史晨祠孔庙碑》,其文前云:"建宁二年三月癸卯朔七日己酉,鲁相臣晨、长史臣谦顿首死罪上尚书,臣晨顿首顿首,死罪死罪。"末云:"臣晨诚惶诚恐,死罪死罪上尚书。"副言太傅、太尉、司徒、司空、大司农府。(参见《容斋随笔·续笔》卷第四《汉代文书式》)汉时臣下的奏章,分缮两本,经尚书审核、筛选后,再呈交皇帝御览。唐制:"凡下之通于上,其制有六。一曰奏抄,谓祭祀、支度国用,授六品以下官、断流以上罪及除、免、官当者,并为奏抄。二曰奏弹,谓御史纠劾百司不法之事。三曰露布,谓诸军破贼,申尚书兵部而闻奏焉。四曰议,谓朝之疑事,下公卿议,理有异同,奏而裁之。五曰表。六曰状。经过门下的审署申覆,覆奏画可讫,留门下省为案,更写一通,侍中注'制可',印缝,署送尚书省施行。"(《唐六典》卷八《门下省》)宋制:在京官员上殿奏对许用札子,称奏札或殿札,一般则用表状,末云:"谨录奏闻。谨状。"在奏札之外,意有未尽,则另以黄纸黏贴于后,谓之"贴黄"[1]。把奏疏称之曰"本",可能是宋以后的事。元代的奏章必由起居注。末年又有"四方献言详定司"之设。明制:"凡奉部文成例而行者谓之题本,有私意启请者曰奏本,体例各有不同。"(《广阳杂记》卷一)朱元璋创设通政使司,"掌受内外章疏敷奏封驳之事。凡四方陈情建言,申诉冤滞,或告不法等事,于底簿内誊写诉告缘由,赍状奏闻。凡天下臣民实封入递,即于公厅启视,简写副本,然后奏闻。即五军、

---

① 贴黄在各代所指不同,参见《日知录》卷十八;《陔余丛考》卷二七。

六部、都察院等衙门,有事关机密重大者,其入奏仍用本司印信"。"凡在外之题本、奏本,在京之奏本,并受之,于早朝汇而进之。有径自封进者则参驳。午朝则引奏臣民之言事者。有机密则不时入奏。"(《明史》卷七三《职官二·通政司》)清"内外言事,有题有奏。例行常事曰题本,露而不封,先交内阁,由内阁拟旨(从前外省奏折皆通过通政使司,谓之"通本",后裁通政使,乃并入内阁)再交奏事处进呈,所谓票签是也。其非例行常事,或条陈时政,或匡谏阙失,或弹劾官员,用白简加小封,盛以黄匣,径交奏事处进呈,曰'封奏'"(《国闻备乘》卷一《改题为奏》)。

　　皇帝收到的大量奏章,除极少数在常朝时当廷处分外,在退朝之后,复召宰臣入内,一同进行处理。以明为例,常朝之后,阁臣复入文华、武英等殿奏对,即古内朝之遗意。司礼监的宦官环跪案旁。皇帝令"看文书",太监们便将来奏折文书伺候,并分置朱笔砚及片纸数幅。然后与阁臣曰:"与先生们计较。"诸阁臣审阅文件毕,拟定批词录上,交皇帝核定。皇帝或改定二、三字,或删增一、二句。小事情不过批"是"一字,有的则批"该衙门知道"。批审完毕后,敕付司礼监官发付有司施行。(《治世余闻》上之卷二;参见《燕对录》)大抵画"诺"(南朝时)、画"闻"(唐时)、画"知道了"、"是"(明、清时)的,意即报可。所请不允,则谓"报闻"(报已览其书,而不从其请)或"留中"。由于皇帝个人勤惰的不同,批阅奏章的态度也大不一样。秦始皇每天"以衡石量书,日夜有呈,不中呈不得休息"。朱元璋政皆独断。据统计,洪武十七年九月十四日到二十一日八天之内,处理的内外奏章多达1660件,共3391事,每天平均200余件,400余事,其勤苦自可想见。而有的皇帝,怠于政事。譬如明朝的宪宗、孝宗、世宗、神宗等,不单常朝久废,而且罕于召对阁臣。从宪宗成化七年到孝宗宏治十年二十五、六年,阁臣才得机会一见皇帝。这以后或有召见,都被视为盛典。所谓圣旨,较早是经由宦官口传给阁臣;其后则由司礼监的秉笔太监票拟,再交付阁臣。这样,朝政完全由宦官把持。

5) 访 舆 情

皇帝生活在深宫之中,长于宫人阉宦之手,与社会是远远隔绝的。协助他处理全国政务、活动在他身旁的宰执大僚,也是寥寥数人。这对于他决政设策都是十分不利的。特别是在上下否隔、内外不通的情况下,就为奸臣、小人提供了营私舞弊的温床,导致太阿倒持,权利被窃,有使自己沦为权臣的傀儡的危险,甚至于因此江山易主。因此,魏徵把能否兼听,以保证下情上达,作为明君与暗君的分界。他说:"君之所以明者,兼听也;其所以暗者,偏信也。《诗》云:'先民有言,询之刍荛。'昔唐、虞之理,辟四门,明四目,达四聪,是以圣无不照。故共、鲧之徒不能塞也。靖言、庸回,不能惑也。秦二世则隐藏其身,捐隔疏贱,而偏信赵高,及天下溃叛,不得闻也。梁武帝偏信朱异,而侯景举兵向阙,竟不得知也。隋炀帝偏信虞世基,而诸贼攻城剽邑,亦不得知也。是故人君兼听纳下,则贵臣不得壅蔽,而下情必得上通也。"(《贞观政要》卷一《君道》)先秦的法家巨子韩非对这个问题分析得更切实而深刻。他指出:拥有无上权势的皇帝,处在群臣的包围之中,"凡奸臣,皆欲顺人主之心,以取信幸之势者也。是以主有所善,臣从而誉之;主有所憎,臣从而毁之"。通过这种投其所好的办法以取得信任,达到行私窃权的目的。因此,作为明主,必须去蔽,要作到"身在深宫之中,明照四海之内",使"天下弗能蔽,弗能欺"(《韩非子集》卷四《奸劫弑臣第十四》)。韩非甚至告诫说:"人主之患,在于信人,信人则制于人。"(同上卷五《备内第十七》)在残忍无情、谲诈纵横的政治权术斗争中,猜疑是必然的产物,而且成为必不可少的防卫武器。因此,历代的皇帝,凡是非庸非惰、不是白痴低能的,总是想突破近臣的包围圈,越过层层封锁的官僚组织,直接了解情况,体察民情、广询舆见,以避免上下壅隔,而导致决策失实;并防止奸臣徇私枉法、权臣专擅妨主现象的发生。这方面的办法大体上有以下几种。

遣使　《汉书·食货志》说:古之王者,"孟春之月,群居者将散。行人振木铎徇于路以采诗,献之大师,比其音律,以闻于天子。故曰:王者不窥牖户而知天下"。历代的皇帝也每每把遣使作为了解全国情况、处理应急措施的通常办法。汉武帝末年,"东方盗贼滋起,大群至数千人,攻城邑,取库兵,释死罪,缚辱郡太守、都尉,杀二千石。小群以百数掠卤乡里者,不可胜数。道路不通。上使御史中丞、丞相长史督之,弗能禁。乃使光禄大夫范昆及故九卿张德等衣绣衣、持节、虎符,发兵以兴击。"隋文帝开皇三年,发使者巡省风俗,以使"不出庭户,坐知万里"。忽必烈"始定海内,欲见万里如在目睫,以决其几",乃派贺胜"乘传将指,遍历吐蕃、云南、广海之地,往返观察,军旅所及,必得其情以归报"(《道园学古录》卷十三贺胜《神道碑》;卷十八《墓志铭》)。有名的郑和下西洋,也就是衔明成祖的特殊使命而远涉重洋的。他如唐太宗遣观风使,清雍正遣观风整俗使、宣谕化导使,都是其类。许多皇帝还喜欢派遣宦官作为使者整顿地方政务、监视军队、督办工程、搜括财货。这种作法在某一程度上为皇帝增添了耳目,了解到实际的情况,有利于按自己的旨意有效地解决某些问题。不过它是临时的、偶发的;而且,这些皇命在身的使臣们,往往是狐假虎威,凌轹地方官,敲榨老百姓,除了增添横暴以外,并不能对当时的政治带来积极效果。元朝末年,政治黑暗,民怨沸腾。元顺帝至正五年,为了收揽人心,派遣官吏分道奉使宣抚,以"询民疾苦,疏涤怨滞,蠲除烦苛,体察官吏贤否,明加黜陟"。唱的固属好听,但作的却完完全全相反。这些受委派的宣抚使官员,本身"类皆脂韦贪浊"，他们来到地方，与地方官勾结，官吏贪污而不问，百姓涂炭亦不闻，自己却大行贪赃纳贿，无恶不为。故当时民谣说："官吏黑漆皮灯笼，奉使来时添一重。"又说："奉使来时惊天动地，奉使去时乌天黑地，官吏都欢天喜地，百姓却啼天哭地。"(《辍耕录》卷十九《阑驾上书》)类似的例子，是数不胜数的。

延访　和对官员的召对不同，延见或延访则带有一定的尊礼性质，多半施之于饱学的宏儒和有名声的耆宿。汉文帝征见贾谊于宣室，倾谈"至夜半，文帝前席"。这次延见是因为文帝在宣室受祭祀用的剩余肉块，而感鬼神之事，便专门请了大学问家贾谊来进行讨论的，所以后人有诗讥讽说："可怜夜半虚前席，不问苍生问鬼神。"汉光武帝征聘他的老朋友严光，三反而后至，"论道旧故，相对累日"。"因共偃卧，光以足加帝腹上。明日，太史奏客星犯御座甚急。帝笑曰：'朕故人严子陵共卧耳。'除为谏议大夫，不屈，乃耕于富春山。"(《后汉书》卷八三《逸民传》)有的皇帝甚至不惜枉驾就尊，以表示特别的诚意和尊礼，如周文王渭水访姜尚，刘备三顾茅庐请诸葛亮。通过延访，求得真正的贤才而任之，或者是取得有卓识的建策而行之；同时也带来了礼贤下士的美名。因此，历史上有所作为的皇帝都用很大的精力投入这一活动，而且多确实收到意想不到的效果。延访的形式也是多种多样的。有的是闻其名而延见，有的则因推介而延见。两汉时期，民皆可以诣阙上书，自陈己见。如果皇帝认为果有可取，即予召见，经过当面谈话，感到满意，便予以官职。如主父偃、严安、徐乐等著名政治活动家都是通过这条道路进入仕途的。北魏孝文帝在延兴二年，"诏州郡县各遣二人，才堪专对者，赴九月讲武，当亲问风俗"(《北史》卷三《魏本纪》)。朱元璋对解粮进京的各地粮长，和已告退返乡的功臣子弟元正来贺的，都亲予接见，加以训示。这类集体的接见，也有利于皇帝扩大接触面，掌握舆情。

诏求言与诏求贤　求言也即是求贤。诏求言、诏求贤实际上便是范围广泛的延访。下诏求言是就某一重大问题,公开向部分官员或全体人民征求书面解答,它创行于汉武帝元光元年的《贤良策》。其文云:

> 朕闻昔在唐虞,画像而民不犯,日月所烛,莫不率俾。周之成康,刑错不用,德及鸟兽,教通四海。海外肃眘,北发渠搜,氐羌俫服。星辰不孛,日月不蚀,山陵不崩,川谷不塞。麟凤在郊薮,河洛出图书。呜呼! 何施而臻此欤? 今朕获奉宗庙,夙兴以求,夜寐以思,若涉渊水,未知所济。猗与伟与,何行而可以章先帝之洪业休德,上参尧舜,下配三王? 朕之不敏,不能远德,此子大夫之所睹闻也。贤良明于古今王事之体,受策察问,咸以书对著之于篇,朕亲览焉。

针对这一设策,贤良们各抒所见。董仲舒著名的天人三策,就是他对这一问题前后三次作出的对策。通过策对,汉武帝找到了调整国策的方向与办法,同时也发现了人才。

在公开下诏求言的同时,汉武帝也下诏求贤。元封五年,诏曰:

> 盖有非常之功,必待非常之人。故马或奔踶而致千里,士或有负俗之累而立功名。夫泛驾之马,跅弛之士,亦在御之而已。其令州郡察吏民有茂才异等可为将相及使绝国者。

这都是皇帝个人,越过例行的官府程序,直接听取臣民的建言与批评,直接发现人才,不次任命官吏。到了唐代,制举制度正式形成。唐朝在正常的科举进士之外,又有制科之设。"天子又自诏四方德行、才能、文学之士,或高蹈幽隐与不能自达者,下至军谋将略,翘关拔山,绝艺奇伎,莫不兼收。其为名目,随其人主临时所欲而列为定科者,如贤良方正,直言极谏,博通坟典达于教化,军谋宏远堪任将率,详明政术可以理人之类,其名最著。而天子巡狩行幸,封禅泰山、梁父,往往会见行在。其所以待之之礼甚优,而宏材伟论、非常之人亦时出于其间,不为无得也。"(《新唐书》卷四四《选举志上》)宋初承周显德之制,分设三科:贤良方正能直言极谏、经学优深可为师法、详明吏理达于教化。一应内外职官,前资现任、黄衣草泽人等,并许诸州及本司解送吏部,由皇帝御试,谓之大科。后续增为六科。神宗以后,累罢累复。制举的特点是"无常科以待天下之才杰",而由天子亲策之,与例行的科举程式是不同的。南宋高宗时曾创行"制科",三岁一试,"与制举无常科者异,然亦必召试定等而后授官,则亦可谓之制科。"(《日知录》卷十六《制科》)清朝初年的博学鸿词科亦即唐之制举。不过这时已把常科的殿试进士亦称为制科。历代的君主们对下诏求言、求贤的办法也间多采行,不过大多是在碰上大灾、危局时,为了收揽人心而玩弄的政治骗局。

登闻鼓　《事物纪原·登闻鼓》说:"昔尧置敢谏之鼓,即其始也。用下达上而施于朝,故曰登闻。""古者,设谏鼓,立谤木,所以通下情。《周礼》:"太仆建路鼓于大寝之门外,以待达穷者"。可知其设置之原意就在保证下情能上达。战国时,秦商鞅变法,对非议者严厉镇压。行之十年,乡邑大治,于是"秦民初言令不便者有来言令便者,卫鞅曰:'此皆乱化之民也。'尽迁之于边城,其后民莫敢议令"。法家主张"法制不议,则民不相私"(《管子·法禁第十四》),老百姓议政是犯罪的。秦始皇立诽谤之法,坑杀了四百六十多名私下议论他的儒生,其意就是尽钳天下人之口。汉在这方面逐步有所放松。吕后当政的元年,除三族罪妖言令。文帝二年,下诏:"古之治天下,朝有进善之旌,诽谤之木,所以通治道而来谏者也。今法有诽谤妖言之罪,是使众臣不敢尽情,而上无由闻过失也,将何以来远方之贤良? 其除之。民或祝诅上以相约而后相谩,吏以为大逆;其有他言,吏又以为诽谤,此细民之愚。无知抵死,朕甚不取。自今以来,有犯此者,勿听治。"(《汉书》卷四《文帝纪》)两汉之世,普通吏民可以直接上书于皇帝,放言政治,往往能够受到重视。晋元帝太兴元年,初置谏鼓谤木。(《晋书》卷六《元帝纪》)《事物纪原》也记:"晋施广盗官幔合弃市,子宗及云挝登闻鼓。"此"登闻鼓"与《晋书》的"谏鼓谤木",应该就是一回事,原是有来谏的用意。南齐萧衍即位,"诏公车府谤木、肺石傍各置一函,若肉食莫言,欲有横议,投谤木函;若以功劳才器、冤沉莫达,投肺石函。"(《资治通鉴》卷一四五)这也有鼓励臣民议政之意。到了北魏时期,在宫阙左悬登闻鼓,民有穷冤则挝鼓以上闻。(《魏书》卷一一一《刑罚志》)从这以后的登闻鼓,大概就成了专为申诉大冤狱的通路。

武则天时期,置四匦,共为一室,列于庙堂。色青者位东方,有能告以养人及勤农之事者投之,名曰延恩匦。色赤者位南方,有能正谏、论时政之得失者投之,名招谏之匦。色白者位西方,有欲自陈屈抑者投之,名曰伸冤匦。色玄者位北方,有能以谋智者投之,名曰通玄匦。任正谏大夫、补阙、拾遗一人充匦使,每日所有投书,至暮并进(《唐会要》卷五五《匦》)。武则天之所以这样作,主要是在奖励告密。宋、明都有登闻院、登闻鼓之设,"非大冤及机密重情不得击,击即引奏"(《明史》卷九四《刑法志》)。清初亦设登闻院,属通政司,主受诉讼事。故当时有御状、鼓状、通状之别。鼓状即登闻院之状,通状即通政司之状。"其后控诉者赴都察院及提督衙门,外藩则赴理藩院,无所谓鼓状、通状矣。"(《养吉斋丛录》卷之二)康熙时期还实行一种密折陈奏的办法。雍正在位,这一制度更加推广。所有这类奏折,不经过通政司转递,雍正在收到后亲笔朱批,阁臣不得与闻。雍正认为,这样作,一是通上下之情,以便施政;二是启示臣工,以利其从政。其实,这种作法的更大作用就是告密,十分有利于皇帝对外臣的控制。

微服私访　微服私访或微服私行也是一些皇帝乐于采用的活动。这也称作微行。《史记》集解引张晏曰:"出入市里,不复警跸,若微贱之所为,故曰微行。"(卷六)西汉的成帝,始为微行。微行的目的则可为两种:一种是过腻了与社会隔绝、单调、毫无生气的内宫生活,而乐于到宫门外走马游玩或射猎娱乐。南朝时候的大军阀侯景,平时喜欢独乘小马,弹射飞鸟。后来篡位作了皇帝,"及居禁中,不得轻出,常郁郁不乐云:吾无事为帝,与受摈不殊"(《资治通鉴》卷一六四)。刘宋的后废帝"好出入,单将左右,或十里、二十里,或入市里,遇谩骂则悦而受之"。后且"无日不出,与左右解僧智、张五儿恒夜出承明门,夕去晨反,晨出暮归。从者并执铤矛,行人男女及犬马牛驴,逢无免者。人间扰惧,昼日不开门,道无行人"(《南史》卷三《宋本纪下》)。隋炀帝大业六年,在长安端门街举行角抵大戏,炀帝曾数度微服往观。这都是想在穷极奢靡的宫内生活之外,寻找新鲜和刺激。也有的皇帝屡行私访,是纯粹出于政治目的。秦始皇曾微行咸阳。朱元璋也累行私访,出入于负廓穷巷之中,对臣下进行秘密察访(《明史》卷一三七《罗复仁传》)。《野纪》载:"高皇微行大中桥傍,闻一人言繁刑者,语近不逊。上怒,遂幸徐武宁第……命左右往召某兵官帅兵三千持兵来……兵至,上令二兵官守大中、淮清二桥,使兵自东而西诛之。当时顿灭数千家。上坐以俟,返命乃兴。"(卷一)其野蛮、残暴,真是令人难以置信。

6)殿 试、视 学

上面我们已经说过,皇帝为了收揽人才,从两汉时代开始,就设制举。但它无定期,没有确定的程式。隋唐始行科举,初由吏部的考功员外郎主持考试。玄宗时,以员外郎望轻,遂移贡举于礼部,以侍郎主之。武则天天授元年,她亲策贡士于洛阳殿,谓之殿试。史言"贡士殿试自此始"。不过,殿试真正作为一种制度确定下来,还是宋代。宋太祖开宝年间,亲御讲武殿,复试进士宋准等,从此,遂成制度。凡考中进士的便誉为天子门生,这批知识分子、准官僚和皇帝之间又增加上门生与座主的师生之谊,更加加深了他们对皇帝矢志不移、感恩图报之心。南宋人刘一清记当时殿试的情况:"廷试之日,士人由和宁门入,徐行,执号,乐卫士收数成行而入。至集英殿门外,中官展视而收之。殿外挂混图于露天,甚高。良久,天大明,了然分明,知位次。士人聚于殿门外,待百官常朝毕,方引士人进拜,列于殿下。宰臣进题,上览焉。天子临轩,天颜可瞻。起居赞曰:省元某人。以下躬身再拜,又躬身而退,各依坐图行列而坐。每位有一牌一枚,长三尺,幂以白纸,已书某人、某乡贯,或东西廊第几人,不得移动及污损。坐定,中官行散御题,士人皆以御题录于卷头草纸上,以黄纱袋子垂系于项上。若有污损,谓之不恭,纳卷所不受。散题后,驾已兴入内进膳,赐食于士子、太学馒头一枚,羊肉泡饭一盏。食毕,不见赐谢恩。或要登东作旋(大小便),则抱牌卷卷子而往,卫士相引而去,亦不甚远。既坐而试,不得与邻坐说话。中官、从官杂处董之,宰执巡行。至申时,天子复临轩。纳卷于殿廷东庑阶下之幕中。一中官监视,收其牌及御题卷子,亦不容人临时于纳处展视。若至昏时,则见有传者云:已不在黄甲矣!士人每出一门,必书姓名于门东。历四门,皆书姓名,押字。出时无号,无人押行,亦不待人齐出。"(《钱唐遗事》卷十《丹墀对策》)可见所谓殿试,由皇帝命题(当然是大臣代命),并亲临监试,仪式是很隆重的。所取的分三甲:一甲状元、榜眼、探花各一名,叫进士及第。二甲进士出身若干人,三甲同进士出身若干人。对及第者的名次,也往往在主考官进呈的秩序上,皇帝根据自己的喜好,另行更改。

有关明朝殿试的全部情况,陆容在《菽园杂记》一书中还有更详尽的记述:"近见洪武四年《御试录》,总提调:中书省官二人。读卷官:祭酒、博士、给事中、修撰各一人。监试官:御史二人,掌卷、受卷、弥封官,各主事一人。对读官:司丞、编修二人。搜检怀挟、监门、巡绰所镇抚各一人。礼部提调官:尚书二人。次御试策题。又次《恩荣次第》云。洪武四年二月十九日廷试。二十日午门外唱名,张挂黄榜,奉天殿钦听宣谕。同日,除授职名,于奉天门谢恩。二十二日赐宴于中书省。二十三日国子学谒先圣,行释菜礼。第一甲三名,赐进士及第,第一名授员外郎,第二名、第三名授主事。第二甲一十七名,赐进士出身,俱授主事。第三甲一百名,赐同进士出身,俱授县丞。姓名下籍状与今式同。国初制度简略如此。今《进士登科录》首录礼部官奏殿试日期、合请读卷及执事官员数、进士出身等第。圣旨俞允,谓之玉音。次录读卷、提调、监试、受卷、弥封、掌卷、巡绰、印卷、供给各官职名。又次录三月一日诸贡士赴内府殿试。上御奉天殿,亲试策问。三日早,文武百官朝服,锦衣卫设卤簿于丹陛丹墀内,上御奉天殿,鸿胪寺官传制唱名,礼部官捧黄榜,鼓乐导出长安左门外张挂毕,顺天府官用伞盖仪从送状元归。第四日赐宴于礼部,宴毕,赴鸿胪寺习仪。五日,赐状元朝服冠带及进士宝钞。六日,状元率诸进士上表谢恩。七日,状元、诸进士诣先师孔子庙,行释菜礼。礼部奏请:命工部于国子监立石题名。朝廷或有事,则殿试移他日,谓之恩荣次第。又次录进士甲第,第一甲三人,赐进士及第。第二甲若干人,赐进士出身。第三甲若干人,赐同进士出身。每人名下各具家状。最后录第一甲三人所对策。其家状式姓名下云:贯某府某州某县某籍某生,治某经,字某,行几,年几岁,某月某日生。曾祖某,祖某,父某,母某氏。祖父母、父母俱存曰重庆，下父母俱存曰具庆，下父存母故曰严侍，下父故母存曰慈侍，下父母俱故曰永感。下兄某、弟某、娶某氏，某处乡试第几名，会赐第几名。"（卷一）中国封建社会中后期的政治人物，几乎全是由此道晋身的。

视学即皇帝对国学亲加试察，祭奠先师孔子；有时并集合生员，由皇帝或鸿儒硕学讲解经传，以示对国学教育的关怀和对先师孔圣的尊敬。然"古者天子之视学，多为养老设也。虽东汉之时犹然。自汉以后，养老之礼浸废，而人主之幸学者，或以讲经，或以释奠，盖自为一事矣。"（《文献通考》卷四五《学校考六》）尊师重道，一直作为一种美德，得到封建统治者的大力提倡。"视学"，也称"幸学"，清朝雍正皇帝为了表示对儒学的尊崇，又改称为"诣学"。

7) 亲　刑　狱

在阶级社会里，法律是统治阶级意志的体现。在中国封建社会里，法律就是作为地主阶级政治代表的专制皇帝个人意志的体现。他口含天宪，也就是最高指示。从秦始皇开始，规定"法出于一"。它的意思既包括以秦的法律来统一原来的六国，即全国地区；也明确规定全国的立法权力操在皇帝一人之手。西汉杜周专伺人主的意旨而治狱，有人批评他，他回答说："三尺安出哉？前主所是著为律，后主所是疏为令。当时为是，何古之法乎！"（《汉书》卷六《杜周传》）古之时以三尺竹简书写法律，"三尺"就是指法。杜周的这段话，深刻地指明了中国历史上法律的本质与其产生的根据。中国古代的法律有律、令等形式。在汉代，令的法律效力高出于律，这是因为当时律仍不完备，因此，社会上发生的大量新问题，新案犯，只能依靠皇帝临时的决断，即所谓令来处理。后来逐渐发展为律、令、格、式一整套完整的法律格局。到了宋代，中国封建社会又进入后半段的转型时代,中央集权与社会经济结构又有了新的发展。皇帝的敕诏又成为最有效的法律形式,用它来随时补充、修改、甚至取代原行的法律。宋神宗明确宣布:"律不足以周事情。凡律所不载者,一断于敕。"并把唐以来的律、令、格、式改为敕、令、格、式,强调敕的地位。朱元璋在修订《明律》之外,又另颁《大诰》,作为律的特别补充。这都清楚地表明:律原来就是皇帝的敕令。前主之令被固定下来成了后主之律,而后主之令也就是将来的律。封建时代的法律就是皇帝根据不断变化的社会形势与需要,以敕、令的形式逐步完备起来的。

诏狱　史言秦始皇"专任刑罚,躬操文墨,昼断狱,夜理书"(《汉书》卷二三《刑法志》)。汉代则只是在发生重大谋反、叛逆案件时,方由皇帝制诏移送中央最高司法机关或包括其他特派官员联合组织的特别法庭进行审处,谓之诏狱。后世沿行不替。唐武则天"置制狱于丽景门内,入是狱者,非死不出。(王)弘义戏呼曰'例竟门'。朝士人人自危,相见莫敢交言,道路以目。或因入朝密遭掩捕,每朝,辄与家人诀曰:'未知复相见否?'"(《资治通鉴》卷二〇四)宋神宗置大理寺狱,"著令专一承受内降朝旨重密公事及推究内外诸司库务侵盗官物;余民事送开封府"(《建炎以来朝野杂记》卷五甲集《大理狱非得旨不许送理官宅》)。并把凌迟作为诏狱的常刑。钱大昕引马端临之考凌迟酷刑,说:"凌迟之法,昭陵(当作永昭,仁宗陵)以前,虽凶强杀人之盗,亦未尝轻用。自诏狱兴,而以口语狂悖者,皆丽此刑矣。诏狱盛于熙丰之间。盖柄国之权臣,藉此以威缙绅,非深竟党与,不能以逞其私憾;非中以危法,不能以深竟党与。此所以滥酷之刑至于轻施也。"(《十驾斋养新录》卷七《凌迟》)凌迟处死,就是先断斫其肢体,次绝其吭,是死罪中的极刑。由此可见诏狱特有的残酷性。

此外,在汉代的刑法中,还有一种"先请"的规定,就是在公侯及其嗣子和官吏三百石以上者犯罪,都得先奏请皇帝裁决,一般都可以得到免刑或减刑的特惠,也可以视为诏狱的延伸。廷杖也是根据皇帝的命令当廷施行的。东汉明帝"常以事怒郎药崧,以杖撞之,崧走入床下。帝怒甚,疾言曰:郎出。崧乃曰:天子穆穆,诸侯皇皇,未闻人君,自起撞郎。"(《资治通鉴》卷四四)这大概就是廷杖所自。北周的宣帝,"恐群臣规谏,不得行己之志,常遣左右密伺察之,动止所为,莫不抄录。小有乖违,辄加其罪。自公卿以下,皆被楚挞,其间诛戮黜免者,不可胜言。每捶人皆以百二十为度,名曰天杖。宫人内职亦如之。后妃嫔御,虽被宠嬖,亦多被杖背"(《北史》卷十《周本纪下》)。隋文帝亦于殿廷置杖,大臣多有犯,往往于殿廷杀之。不过,这都是皇帝个人残威以逞的例子,仍不成一代制度。到了明朝,廷杖就正式成为制度。据《明史·刑法志》:廷杖之刑,始于太祖朱元璋,至英宗正统时,殿陛行杖已习为故事。武宗正德十四年,这个荒唐自纵的皇帝执意南巡,群臣纷纷上书切谏。武宗大怒,廷杖舒芬、黄巩等百四十六人,其中十一人杖死。世宗嘉靖三年,群臣争大礼,廷杖丰熙等百四十三人,死者十六人。廷杖是根据皇帝的命令专施于朝臣的,有的人且朝服受杖。故当时认为"公卿之辱,前此未有"。

卫、厂　它们也是明代所特有,是直接由皇帝掌握的侦缉、刑狱组织。它们完全独立于政府的司法刑狱机构之外,且由宦官管理。卫,即锦衣卫,洪武十五年始建,原系内廷亲军,后发展为皇帝的特务组织。厂,有东厂、西厂、内厂之设。东厂建于明成祖永乐十八年,西厂建于宪宗成化十三年,内厂建于武宗正德初年,都是由宦官司礼监主领的御用特务组织。与锦衣卫不同,它们直属内廷,直接奉皇帝的诏令行事,即使锦衣卫也在它们的侦伺监视之内。厂、卫都可以任意逮捕臣民,滥施刑处,形成一套直属皇帝的独立刑狱系统。它们的爪牙且遍及全国,成为一个严密的特务网,祸国殃民,无恶不作。

亲庶狱　曹魏明帝改平望观为听讼观,"每断大狱,常幸观临听之"(《三国志·魏书·明帝纪》)。南朝宋武帝经常亲决疑狱,录囚徒。北魏孝文帝太和二十年二月、七月,两次听讼、录囚。他的儿子宣武帝延昌元年,以天灾,因立理诉殿、申讼车、亲理冤狱,以禳天谴。北周武帝经常"听讼于正武殿,自旦及夜,继之以烛"。皇帝直接参与和干预政府的司法审判,最早可能是对某些大狱、疑狱的关注,以后遂渐发展成为显示皇帝关心庶民的刑狱,并借以表现宽仁的仪式。唐太宗诏令:"凡有死刑,虽命即决,皆须五复奏。"宋朝"自真宗以来,率以盛暑临轩虑囚。"高宗建炎二年六月,"疏决行在、扬州系囚杂犯,死罪以下减一等,杖以下释之"。绍兴二年六月在临安"临轩疏决御史台、大理寺、临安府三衙诸军系囚,自是遂为故事"(《建炎以来朝野杂记》卷五甲集《临轩疏决》)。明朝成祖永乐时期命皇太子录囚,贳杂犯死罪以下。宣宗宣德元年,录囚,宥免三千余人;且有一年而再录囚的记载。中期以后,这种制度已呈停废,不再施行。

普赦　普行赦免是皇帝表示宽仁之德,加惠于民的特权。这种情况多是发生大灾、大庆的时刻,或借以报天禳灾,或示民普天欢庆。皇帝颁赦被视为盛典。《尔雅翼》引《海中星占》说:"天鸡声动为有赦。"故后魏、北齐赦日,皆设金鸡揭于竿。《资治通鉴》卷一六九胡注引《五代志》:"后齐赦日,武库令设金鸡及鼓于阙门外之右,集囚于阙前,挝鼓千声,释焉。"唐制:"凡国有赦宥,刑部先集囚徒于阙下,卫尉建金鸡,置鼓宫城之右,囚徒至则击之。宣制讫乃释其囚。"(《资治通鉴》卷二四三胡注)唐初天子居西内,肆赦率御承天门楼。自高宗以后居东内,则御丹凤门楼。凡御楼肆赦,六军十二卫皆有恩赏。(同上卷二四九胡注)这种制度,历代沿行。清之赦典有恩赦、恩旨之别。"历朝登极、升袝、册立皇后、皇上五旬以上万寿、皇太后六旬以上万寿及武功克捷之类例有恩赦。其诏书内开：一、官吏军民人等有犯，除谋反、大逆、子孙谋杀祖父母父母、内乱、妻妾杀夫、奴婢杀家长、杀一家非死罪三人、采生折割人谋杀、故杀真正人命、蛊毒魇魅毒药杀人、强盗、妖言、十恶等真正死罪不赦外；军务获罪、隐匿逃人及侵贪入己亦不赦外，其余已发觉、未发觉，已结、未结者，咸赦除之。若寻常万寿及喜庆等事，则传旨行赦。恩赦死罪以下俱免，恩旨则死罪已下递减。"（《清史稿》卷一四四《刑法志三》）

这里，附带还要谈一个罪己诏的发布问题。皇帝在国家将亡、走投无路的情况下，往往发布罪己诏，以图挽救颓局。譬如，宋徽宗在金兵围困汴京，大局已无可挽回的情况下，下诏罪己，"令中外直言极谏，郡邑率师勤王，募草泽异才，有能出奇计及使疆外者。罢道官，罢大晟府，行幸局，西城及诸局所管缗钱，尽付有司。"（《宋史》卷二二《徽宗纪》）明崇祯皇帝在李自成兵临北京时，也故技重演，下诏罪己。要求天下臣民，"直言无隐，尽谏无私，或禁闭邪心，或开陈善道，务使天心感格，世转雍熙"（《明季北略》卷二三《颁罪己诏》）。这些无上权威的制法者，死到临头，被迫作空洞的表示承担责任，但为时太晚，已经逃不脱败亡的命运。

8）巡　狩、巡　幸

《孟子·梁惠王下》："天子适诸侯曰巡狩。巡狩者，巡所守也。"《白虎通》："王者所以巡狩者何？巡者，循也；狩者，牧也，为天下巡行守牧民也。道德太平，恐远近不同化，幽隐不得所者，故必亲自行之，谨敬重民之至也。考礼义、正法度、同律历、叶时月，皆为民也。"（卷六）《文选》卷一《京都上·东都赋》李注引《逸礼》：巡狩，"谓天子巡行守牧也"。虞、夏之制，天子五载一巡狩;周十二年一巡狩。《公羊》隐八年注:"王者所以必巡狩者,天下虽平,自不亲见,犹恐远方独有不得其所,故三年一使三公黜陟,五年亲自巡狩。"俞正燮考巡狩,引《诗·棫朴》"周王于迈,六师及之"句,证古者君行师从,然不欲取义征讨,故以狩猎为名。巡狩、巡功、循牧、巡守,都是一个意思。清代的皇帝巡幸曰围,亦取巡狩之意。(《癸巳类稿》卷一)巡狩所至曰幸。《史记》集解引蔡邕曰:"天子车驾所至,民臣以为侥幸,故曰幸。至,见令长、三老官属,亲临轩,作乐,赐食帛、越巾、刀、佩带、民爵有级数;或赐田租之半,故因是谓之幸。"(卷十)天子行幸,汉制:必遣静室令先行按视,清净殿中,以备非常。所经之道,铺沙藉路,驻宿之处,宿卫将士外设环卫,近臣按制度分执宿卫,与宫禁无异,故豹尾车之内,亦谓之禁中;旌门之外,谓之行阙。巡狩是皇帝亲自莅外了解情况,张扬皇威,使地方诸侯和四夷首领胁服的常行手段。秦始皇统一六国后,几乎每年都在全国巡游,目的就是扑灭地方的六国余烬和人民的反抗。清康熙在位,曾六次南巡江南,并几十次巡行畿甸。他说:"朕时巡之举,原欲周览民情,察访吏治。"清朝皇帝每年的"秋狝",除了续扬尚武精神外,更重要的政治目的,也是追求"一人临塞北,万里熄边烽",取得蒙古诸王公的驯服。但在一些荒暴的君主,巡幸却完全变为他们嬉游、挥霍、享乐的旅游活动。隋炀帝、明武宗就是其中最荒唐靡费的代表。隋炀帝年年要远出巡游。他曾三下江都(扬州),两巡塞北,一至河右,三抵涿郡,此外还频频往来于长安与洛阳之间。游幸之处,大造宫殿,"自西京至东都,离宫别馆,相望道次。乃至并州、涿州,无不悉然"(唐太宗语)。大业元年,他游幸江都,所乘龙舟长二百丈,高四重,共四十五尺。上重有正殿、内殿、东西朝堂,中二重计百二十房,皆饰以金玉,下重则处内侍。皇后所乘翔螭舟制度较小,而装饰无异。另有高三重的浮景九艘,皆为水殿。其余数千艘,为后宫、诸王、公主、百官、僧尼道士、蕃客所乘,并用以装载内外百司供奉之物。挽船工人共计八万余人,其中,挽漾彩以上的九千余人皆以锦彩为袍,谓之殿脚。此外,十二卫所乘船又数千艘,由军士自挽,"舳舻相接二百余里,照耀川陆,骑兵翊两岸而行,旌旗蔽野。所过州县,五百里内皆令献食,多者一州至百轝,极水陆珍奇"。他巡幸河右时,拥甲士五十余万,马十万匹,旌旗辎重,千里不绝。清乾隆皇帝亦曾六巡江浙。第五次南巡时,"御舟将至镇江,相距约十余里,遥望岸上著大桃一枚,硕大无朋,颜色红翠可爱。御舟将近,忽烟火大发,光焰四射,蛇掣霞腾,几眩人目。俄顷之间,桃訇然开裂,则桃内剧场中峙,上有数百人,方演寿山福海新戏"。当时各处绅商,争炫奇巧,而两淮盐商为尤甚,凡有一技一艺之长者,莫不重值延致,以讨好于皇上。人力、财力浪费之巨大,自可概知。

9) 大 阅 和 亲 征

大阅就是由皇帝参加的军事检阅,多半是在有军事情况发生时举行,届时皇帝亲擐甲胄,指授方略;阅毕,赉赏三军。一以示皇帝对军队的重视,二以示威于敌军。在某种特别的需要时,皇帝也举行御驾亲征。

在分立割据的时代,各国的君主们多半自己便是一个军事统帅,为了兼并,他们一生的事业便是躬历戎行,阵前厮杀。所谓亲征,实是他们的家常生活。但在全国统一的情况下,他们在深宫里过着和平的享乐生活,一般的征讨可以命将出师,只是在特殊或者危急的关头,才有皇帝亲征之举。隋炀帝亲征高丽。他后来作诗自嘲说:"我梦江南好,征辽亦偶然。"仿佛同他优游江都一样,征辽也是偶然的游戏行为。不过联系到唐初太宗、高宗续有亲征高丽的事实看,炀帝的征辽,很难简单地用偶然来解释。个中缘由,是颇值得详加讨论的。① 皇帝亲征固然可以最大限度地调动己方的力量,鼓舞士气,振奋人心,以争取胜利。但一有不慎,遭到失败,后果就难以设想。明英宗率尔北征,而又指挥无度,终至于在土木堡被鞑靼包围,全军覆灭。英宗被俘,成了阶下囚,这就叫"蒙尘"。宋朝真宗时,契丹大军深入河北,进逼澶州(今河南濮阳附近),东京大震。朝臣纷纷提出迁都,以避其锋;独宰相寇准力请真宗亲征抵御。真宗勉强进至澶州。恰在这时,契丹骁帅萧挞览中伏弩死,辽军士气受挫。真宗登楼督阵,宋军看到城上的黄伞盖,士气大振。在这种情况下,契丹只得满足于获得丰厚岁币而同意签订和约,即所谓"澶渊之盟"。宋人把它吹嘘为很大的胜利,寇准也因此大为走红。他的政敌王钦若伺机在皇帝面前动摇他,一次,当提及澶渊之盟时,王钦若说:"陛下闻博乎?博者输钱欲尽,乃整所有出之,谓之孤注。陛下,寇准之孤注也。斯亦危矣!"(《宋史》卷二八一《寇准传》)从此,真宗对寇准的恩礼也就日衰。这就是"孤注一掷"这一成语的由来。

10) 祭 祀

古人认为,国之大事,在祀与戎,即祭祀与兵戎,可见他们对祭祀何等重视。我们在前文第三节里讨论皇帝的道德观念时,曾经指出:敬天法祖是帝王之道的圭臬,祭祀就是敬天法祖的具体实行。

皇帝的祭祀,就其对象而言,主要可分三大类:天地神祇、祖先和先圣先贤。在规格上,又有大祀、中祀和小祀(群祀)之别。其具体内容历代又有所不同。以明代为例,大祀为圜丘、方泽、宗庙、

---

① 《资治通鉴》卷一八二:"初,开皇之末,国家殷盛,朝野皆以高丽为意,刘炫独以为不可,作《抚夷论》以刺之。"可证炀帝之举,实非偶然。

社稷、朝日、夕月、先农。中祀为太岁、星辰、风云、雷雨、岳镇、海渎、山川、历代帝王、先师、旗纛、司中、司命、司民、司禄、寿星。后来,朝日、夕月、先农也改为中祀。小祀为诸神。皇帝亲自参加祭祀的是天地、宗庙、社稷、山川。若国有大事,则命官祭告。对中祀、小祀则遣官致祭;唯帝王陵庙和孔庙,则传制特遣。每年常行的大祀十三种:正月上辛祈谷,孟夏大雩,季秋大享,冬至圜丘皆祭昊天上帝,夏至方丘祭皇地祇,春分朝日于东郊,秋分夕月于西郊,四孟季冬享太庙,仲春仲秋上戊祭太社太稷。中祀二十五种:仲春仲秋上戊之明日祭帝社帝稷,仲秋祭太岁、风云雷雨、四季月将及岳镇、海渎、山川、城隍,霜降日祭旗纛于教场,仲秋祭城南旗纛庙,仲春祭先农,仲秋祭天神地祇于山川坛,仲春仲秋祭历代帝王庙,春秋仲月上丁祭先师孔子。小祀八种:孟春祭司户,孟夏祭司灶,季夏祭中霤,孟秋祭司门,孟冬祭司井,仲春祭司马之神,清明十月朔祭泰厉。此外,每月朔望祭火雷之神。在京师的十庙及南京十五庙各以岁时遣官致祭。还有一些是不定期举行的:如新天子耕籍而享先农、视学而行释奠之类。又有一些是特别举行的:如皇后享蚕、祀高禖之类(《明史》卷四七《礼一》)。下面,我们就重要的几种,稍作介绍。

郊祀　《文选》卷七《郊祀》李注:"祭天曰郊,郊者言神交接也。祭地曰祀,祀者敬祭神明也。"《周礼·春官·大司乐》载:"冬日至,于地上之圜丘奏之,若乐六变,则天神皆降,可得而礼矣。""夏日至,于泽中之方丘奏之,若乐八变,则地示皆出,可得而礼矣。"《疏》:"言圜丘者,案《尔雅》,土之高者曰丘,取自然之丘。圜者象天圜。既取上之自然,则未必要在郊,无问东西与南北方皆可。地言泽中方丘者,因高以事天,故于地上;因下以事地,故于泽中。取方丘者,水钟曰泽,不可以水设祭,故亦取自然之方丘,象地方故也。"(卷二二)可知它原是象天地而祭,本不问南北方位的。

祀天是皇帝的特权。祀天不单是表示对天的敬意，报答天的赐予，而且在于承天之序，以明天道。匡衡、张谭在上汉成帝的奏章中就说："帝王之事，莫大乎承天之序；承天之序，莫重于郊祀。故圣王尽心极虑以建其制，祭天于南郊，就阳之意也。瘗地于北郊，即阴之象也。天之于天子也，因其所都而各飨焉。"（《文献通考》卷六九《郊社二》）《通典》也说："夫圣人之运，莫大乎承天。天行健，其道变化，故庖牺氏仰而观之，以类万物之情焉。黄帝封禅天地，少昊载时以象天，颛顼乃命南正重司天以属神，高辛顺天之义，帝尧命羲和敬顺昊天，故郊以明天道也。"（卷四二《礼二·沿革二·吉礼一》）可见郊天的政治目的是在把天道"明之以示人"，以达到化育百姓的目的。因此，它特别受到封建统治者的重视。

秦时，天帝有四，即白、青、黄、赤帝之祠。汉高祖增黑帝，合而为五。汉武帝时，"亳人谬忌奏祠泰一方，曰：天神贵者泰一，泰一佐曰五帝。古者天子以春秋祭泰一东南郊，日一太牢，七日，为坛开八通之鬼道。于是，天子令太祝立其祠长安城东南郊，常奉祀如忌方"（《汉书》卷二五上《郊祀志上》）。从此便有了六天之祀。武帝元鼎时，以后土无祀，始立后土祠于泽中方丘。汉成帝时开始，于长安作南北郊，南郊为圜丘以祭天，北郊为方泽以祭地。"祭天于南郊，就阳之义也，瘗地于北郊，即阴之象也。"（匡衡语）

郑玄注《周礼》，根据《孝经》：祭昊天于圜丘，祭上帝于南郊。将天神分为二祭。且"天有六名，岁凡九祭。盖以祭位有圆丘、太坛之异。用乐则黄钟，圆钟有差，牲乃骍苍色殊，玉则四珪苍璧。祭名且同称禋祀，祭服又俱用大裘"。晋人王肃的意见不同，"以为天体唯一，安得有六？圆丘之与郊祀，实名异而体同。所云帝者,兆五人帝于四郊,岂得称之天帝,一岁凡二祭也?"(《通典》卷四二《礼二·沿革二·吉礼一》)因为晋武帝司马炎是王肃的舅父,故当时郊祀大礼皆从王肃的主张,认为五帝即天帝,王气时异,故名号有五,其神实一,在明堂、南郊时撤除了五帝座;五郊同称昊天,设一座而已,且并圜丘、方丘之祀于南郊,又于北郊设方泽祭地。此后,这两种意见一直争持不下。武则天永昌元年,敕:"天无二称,帝是通名。承前诸儒,互生同异,乃以五方之帝,亦谓为天。假有经传互文,终是名实未当。称号不别,尊卑相浑。自今郊祀之礼,唯昊天上帝称天,自余五帝皆称帝。"(《通典》卷四三《礼三·沿革三·吉礼二》)尊于一的原则,到这时候才在天国里最后确立。但是天地分祀与合祀的问题,则一直仍有分歧。武则天、唐玄宗都行合祀。宋朝在这一个问题上也反复争论,"元丰一议,元祐再议,绍圣三议,皆主合祭,而卒不可移者,以郊赉之费,每倾府藏,故省约安简便耳"(《明史》卷四八《礼二·郊祀》)。明世宗嘉靖九年,就这一问题又进行了大规模的讨论,朝臣大多希旨主张分祭,从此确定了南北分祀天地的制度。现存的北京天坛、地坛相继建成。郊天是封建时代的隆重典礼。宋时每三岁一亲郊,礼成则大赏众官。他们除得到大笔的赏赐之外,还可得荫子的好处,一次荫子就多达四千多人,每次费钱都在五百多万以上。这笔钱大概都是地方官吏在常赋之外,横加苛敛,以为羡余而进助南郊的,造成"因百官之滥恩而朘万民之财力"的恶政。朱熹批评宋朝"恩逮于百官者惟恐其不足,财取于万民者惟恐其有余",主要就是就这一现象而言的。

封禅 封禅是皇帝自诩天下太平告成,而专程前往泰山,祭告天地的特殊盛典。封禅原是齐鲁民族古宗教的一种仪式,后为秦始皇所采行。封是"为坛于泰山以祭天",禅是"为墠于梁父以祭地"。积土为封;阐广土地为墠,墠又改作禅,故称封禅。《白虎通》说："王者易姓而起，必升封泰山何？报告之义也。始受命之日，改制应天，天下太平功成，封禅以告太平也。所以必于泰山何？万物之始，交代之处也。必于其上何？因高告高，顺其类也。故升封者，增高也。下禅梁父之基，广厚也。皆刻石纪号者，著己之功迹以自效也。天以高为尊，地以厚为德，故增泰山之高以报天，附梁父之基以报地。明天之命，功成事就，有益于天地，若高者加高，厚者加厚矣。"（卷六）《白虎通》又把封禅解释为"封者，广也；言禅者，明以成功相传也"。封禅之制，不见于先秦儒典。《大戴礼记》始有成王封泰山而禅梁父之说。（卷三《保傅》）而司马迁则云："自古受命帝王，曷尝不封禅？盖有无其应而用事者矣，未有睹符瑞见而不臻乎泰山者也。虽受命而功不至，至梁父而德不洽，洽矣而日有不暇给，是以即事用希。"其引管仲谏齐桓公封禅之语，谓"古者封泰山禅梁父者七十二家"，管仲说自己能记者十二家，远自无怀氏、虙羲、神农，皆幽远无稽。梁朝的许懋曾正确地指出："舜柴岱宗，是为巡狩，而郑（玄）引《孝经钩命决》云：'封于泰山，考绩燔燎；禅于梁父，刻石纪号。'此纬书之曲说。七十二君，燧人之前，世质民淳，安得泥金检玉？结绳而治，安得镂文告成？妄亦甚矣。若圣主，不须封禅；若凡主，不应封禅。秦始皇尝封泰山，孙皓尝封国山，皆由主好名于上，而臣阿旨于下，非盛德之事，不可为法也。"（《文献通考》卷八四《郊社考·封禅》）秦始皇始行封禅，为了检讨仪式，召集了齐鲁儒生博士七十人到泰山进行讨论，而人言各殊，无法实行。于是他便借用祀雍上帝所行的一套，自行其是，诎诸儒生。登山途中遇暴风雨，情状狼狈，自可想见，这批不用于封事的儒生便幸灾乐祸，大加讥讽，终于种下了被坑的横祸。其后进行过封禅的有汉武帝、汉光武、唐玄宗、宋真宗诸主。但关于这一类的鼓噪，则历代之中，只要政治稍有安定，就会有人建议实行。而皇帝本人，也跃跃欲试，追求这种廉价的虚荣和自我满足。明识如唐太宗,也终为所动,在贞观十五年准备行幸泰山。只是到了洛阳,碰上彗星见,大为扫兴,只得中止。玄宗开元十三年举行封禅,"车驾发东都,百官、贵戚、四夷酋长从行,每置顿,数十里中人畜被野。有司辇载供具之物,数百里不绝"(《资治通鉴》卷二一二)。这样作的结果,当然只能是虚耗国帑,增祸于百姓。汉武封禅,"殚财极侈,海内为之虚耗"(《楚辞后语》引归来子语),就是显例。

籍田、祭先农　周制:"天子孟春之月,乃择元辰,亲载耒耜,置之车右,帅公卿诸侯大夫躬耕籍田千亩于南郊。"(《文献通考》卷八七《郊社考·籍田·祭先农》)籍者,蹈籍也,躬亲为天下率。潘岳的《籍田赋》说,通过籍田这一制度,皇帝躬亲稼穑,以其所获,用供太庙的粢盛,尽爱敬于祖考,同时也是劝稼以足百姓,以固国本。故"能本能孝,盛德大业至矣哉! 此一役也,而二美具焉,不亦远乎,不亦重乎!"(《文选》卷七)可见封建统治者对它是相当重视的。以明、清时期为例,仪式在每年正月举行,先期,皇帝择日以太牢祀先农(神农),然后领着百官队伍,浩浩荡荡奔地坛。"教坊司装扮优人为风云雷雨地土等神,小伶为村庄男妇,播鼗鼓唱太平歌。两县(大兴、宛平)民执农具,如担勾扫帚之类,各列籍田左右。"(《宛署杂记·经费上·行幸》)皇帝亲耕时,"右秉耒,左执鞭,耆老二人牵犊,上农夫二人扶犁。礼部、太常寺、銮仪卫堂官各二人恭导皇帝行耕籍礼。和声署署史扬彩旗,司乐官引署史鸣金鼓,歌禾辞,左右随行。顺天府丞奉青箱以从,户部侍郎播种"(《日下旧闻考》卷五五《城市》)。"皇帝躬耕之处,地约一亩许,两旁分十二畦,乃三王九卿扶犁之所。"所役之耕牛,"色正黄,身披黄缎龙鞯,以黄丝绳笼其头,顶竖金牌,上嵌红宝石。一执鞭执便桶之农官随行。耕时两旁立校尉,执五色春旗春二十四人,歌禾辞者二十四人,依牛行"(《庸闲斋笔记·耕藉大典》)。皇帝三推三反,雍正为了表示特殊重视,增加为四推四反。然后随从百官以次王公及诸侯大臣五推五反,其牛则皆以黑缎红缎为鞯。"及秋玉粒告成,择日收储神仓,以供天地宗庙社稷之粢盛。"在封建社会里,社会生产的基本形态是男耕女织,所以,和籍耕祀先农相应的,还有由皇后主持的亲蚕祭先蚕仪。在春三、四月间,皇后率内宫及公卿的妻子祭祀螺祖,并躬桑以示劝蚕事,不过这种仪式往往只是间一举行。

太庙 又作大庙,是皇帝奉祀祖宗神主的宗庙。殷周之制,天子七庙。诸家对此解释有不同。一般认为周人七庙是太祖后稷、文王、武王及高、曾、祖、考四亲庙,合而为七。后世因之。其中,除始祖(后代多以其祖先之始有封号者当之)和根据祖有功和宗有德而奉祀的三个祖先外,高祖以下的四庙则依次亲尽而毁,并入袷祭的行列。魏晋以来,创业之主,其上世多没有著名的人物可备祖功宗德的资格,甚至连名讳也不清楚。侯景篡得了帝位,臣下照例请立七庙。景问何谓七庙? 答曰天子当祀七世祖考。询其七世名讳。景仅知其父名标,祖以上则漠然不知。他甚至说:"彼(指其父标)在朔州,那得来啖此。"因此,很多朝的太庙所祀往往是四庙或五庙。唐玄宗时创立太庙九室,这只是当时皇位继承中世次零乱的权宜。宋制:太庙神主一岁五享,朔祭而月荐新。五享以宗室诸王,朔祭以太常卿行事。禘、袷也是祭祀祖先的仪式。袷就是合祭。《公羊传》:"大事者何? 大袷也。大袷者何? 合祭也。其合祭奈何? 毁庙之主,陈于太祖,未毁庙之主,皆升,合食于太祖。"(卷十三)袷三岁一举行。禘则五年一次举行。禘者,"禘其祖所自出,以其祖配之,审谛昭穆而祭于太祖也。禘所以异于袷者,毁庙之主,陈于太祖庙,与袷同。未毁庙之主,则各就其庙以祭,此其异也。"

11）授 时 颁 历

"协时正日,国政之大端。"所以说:"明时治历,自黄帝尧舜与三代之盛王,莫不重之。""帝王之事,莫重于历。"它是皇帝代天宣布时序,让下民得以顺天时,行人事,正常生活。这对于我们这个以农业为基本的民族,指导农业生产,确是十分重要,且必不可少的重大措施。从西汉武帝创制太礼历开始,这就成为皇家的重大任务。由于岁久时差,必要重加修订,但这个工作必须由专门人才,依靠政府的力量,始得完成。因此,修订新历就成为皇家的盛事。每年颁发历书(时宪书),授民以时,保证农事正常进行,也就成为皇家的大事。此外历书也必注人事动作吉凶之说,"其式图太岁,统吉凶之神于帙端,令人知一岁之向背。"(扬桓:《授时历新神注式序》)这当然涉于迷信。不过古人是很看重这一点的。

（二） 皇 帝 的 学 习

以上,我们就皇帝个人的政务活动的若干重要方面进行了简单的介绍,可以看出,作为中国这样一个东方大国的专制皇帝,乾纲独断,日理万机,确也是十分不容易的。姑不论他必须要有相当高度的政治素养,纵横捭阖的权谋手段,能够认清形势,驾驭群臣,才有可能稳定统治。即就文书公式、政务程序、朝会仪节等各式各样的程式、仪式来说,真够得上纷繁异常,掌握与执行都是很不容易的。而缺乏这一些训练和素养,他也就无法顺利行使皇帝的职权。西汉元帝初即位,宦官弘恭、石显图构害和排斥元帝的老师萧望之和周堪。他们谮萧望之等诬上不道,请遣谒者召其至廷尉。"召至廷尉"在公文里就是逮捕入狱。初作皇帝的元帝还不了解它的确切含义,漫可其奏,任尚书的萧望之等大僚便稀里糊涂下了大狱。待到元帝欲召见他们时,才知道已经琅珰入狱。元帝命令他们出狱视事,弘恭、石显复因史高进言:"既下九卿、大夫狱,宜因决免。"意思是九卿、大夫既被系狱,则只能将错就错,另外再行诏免罪释放。于是元帝只好制诏丞相御史,赦萧望之罪释免,收其前将军、光禄勋印绶,周堪等免为庶人。(《资治通鉴》卷二八)弘恭、石显等小人终于达到了排挤萧望之及其一伙正派人的目的。这就为我们表明:作皇帝也有一个学习的问题。而且,单靠他个人,知识总有限度,他必须有自己的顾问和秘书班子,以协助他处理机务。下面,我们再就这方面的情况稍作介绍。

《礼记·文王世子》说:"《记》曰:虞夏商周有师、保,有疑、丞,设四辅及三公,不必备,唯其人,语使能也。"三公,即太师、太傅、太保。师,天子所师法;傅,傅相天子;保,保安天子于德义者。三公之任,佐王论道,以经纬国事,燮理阴阳。又有少师、少傅、少保,谓之三孤,"副贰三公,弘大道化,敬信天地之教,以辅我一人之治"(《通典》卷二十《职官·三公总叙》)。三公和三孤是天子的教师与参谋长,故曰:"三公无官,参职天子,何官之称?"他们也各有专责。贾谊说:"天子不喻于前圣之德,不知君民之道,不见礼义之正,《诗》、《书》无宗,学业不法,太师之责也。古者齐太公职之。天子不惠于庶民,不礼于大臣,不中于折狱,无经于百官,不哀于丧,不敬于祭,不诚不信,太傅之责也。古者周公职之。天子处位不端,受业不敬,言语不叙,音声不中,进退升降不以礼,俯仰周旋无以节,此太保之责也。古者燕召公职之。天子燕业反其学,左右之习诡其师,答诸侯、过大臣,不知文雅之词,此少师之责也。天子居处出入不以礼,衣服冠带不以制,御器列侧不以度,采服从好不以章,忿悦不以义,与夺不以节,此少傅之责也。天子居燕私,安而易,乐而耽,饮食不时,醉饱不节,寝起早晏无常,玩好器弄无制,此少保之责也。"(《通典》卷二十《职官·三公总叙》引)由此看来,他们连天子的生活也在监理之列。四辅,当即《尚书大传》所载之四邻。"古者天子必有四邻,前曰疑,后曰丞,左曰辅,右曰弼。天子有问无以对,责之疑;有志而不志,责之丞;可正而不正,责之辅;可扬而不扬,责之弼。其爵视卿,其禄视次国之君。"(同上)贾谊、伏胜均是汉朝人,所记可能有理想化的地方。但是,古之天子必有师保,当无疑义。然汉之三公,已与三卿混而为一,寖失古意,而与一般的政务官相同。这一点,朱熹说得很清楚。他说:"汉初未见孔壁古文《尚书》中《周官》一篇,说太师、傅、保为三公,但见伏生口授《牧誓》、《立政》中所说司徒、司马、司空,遂以为三公而置之。岂知诸侯只三卿,故止有司徒、司马、司空,惟天子方有三公、三孤、六卿。《立政》所纪,周是时方为诸侯,乃侯国制度。《周官》所纪,在成王时,所以不同。公、孤以师道辅君,是为加官。周公以太师兼冢宰,召公以太保兼宗伯,是以加官兼相职也。"三公在汉时实同丞相,职总百僚,师保的职责已经丧失;后来权归尚书,更仅是保留一个有名无实的尊爵。

师保制度的消失是和专制主义皇权的确立直接相联系的。因为至高无上的专制皇权不能容忍有足以制约他的师保。因此,从秦开始,政府开始大量设置博士,以充顾问。《汉书·百官公卿表》:"博士,秦官,掌通古今。"秦置博士七十人,备员弗用。汉文帝时,"博士七十余人,朝服,元端、章甫冠为待诏博士"。"国有疑事,掌承问对。"(同上王注引)武帝以后,诸经博士主要已成为国学的导师。有的皇帝也有自己的经师,讲求学业,但不成制度。如汉明帝自为太子,受《尚书》于桓荣;章帝受《尚书》于张酺。通常则以侍讲、侍读、待诏等名义,增置学习时的顾问。侍讲始设于东汉,侍读始见于南朝。北齐置文林馆,置待诏。唐太宗即位,选耆儒充侍读,以质史籍疑义;又于正殿之左置弘文馆,精选天下文儒才学之士如虞世南等,令以本官兼署学士,更日宿直,于听朝之隙引入内殿,讨论坟典,商略政事,讲论前言往事,或至夜分乃罢。(《贞观政要》卷二七)待诏的人,有词学、经术、合炼、僧道、卜祝、术艺、书弈等,各别院以廪之,日晚乃退。其中最被重视的是辞学。"武德、贞观时,有温大雅、魏徵、李百药、岑文本、许敬宗、褚遂良;高宗永徽后,有许敬宗、上官仪,皆召入禁中驱使,未有名目。"乾封中,刘懿之、刘祎之、周恩茂等以文词待诏,常于北门候进止,时人称之为"北门学士"。唐玄宗开元三年,帝以"每读书有所疑滞,无从质问",乃选马怀素、褚无量更日侍读。集贤院中置侍读直学士。又创置翰林院,延致的成员,既有文章硕学之士,也有僧道、书画、琴棋、术数之能手,俱称曰待诏。待诏张说、陆坚、张九龄等始掌四方表疏批答、应和文章。既而又以中书务剧,文书多壅滞,乃选文学之士号翰林供奉,与集贤院学士分掌制诏书敕。开元二十六年,又改翰林供奉为学士,别置学士院,专掌内命。(《文献通考》卷五三《职官考八·学士院》)从此,翰林学士兼有皇帝学习的辅导、行政的秘书与顾问的职责。

到了宋代,经筵作为一种皇帝进行学习的正规制度开始确立。它是由皇帝简选学士、侍从之名儒硕学,加侍讲、侍读衔,为皇帝进讲书史、经义,并备顾问应对;官资低浅者则为"说书"。但当时进讲时间尚无一定,所讲的内容俱为儒典,唯《尚书·顾命》、《礼记·丧礼》及《春秋》中之家臣、陪臣乱政与诸侯淫乱事则不讲,或略而不讲。故事:御史台臣无侍经筵者。贾昌朝为中丞,仁宗以其精于经术,特召侍讲迩英殿,遂成定制。《石林燕语》:"国朝经筵讲读官旧皆坐,乾兴后始立。盖仁宗时年尚幼,坐读不相闻,故起立欲其近尔,后遂为故事。熙宁初,吕申公、王荆公为翰林学士,吴冲卿知谏院,皆兼侍讲,始建议以为六经言先王之道,讲者当赐坐,因请复行故事。下太常礼院详定。当时韩持国、刁景纯、胡完夫为判院,是申公等言;苏子容、龚鼎臣、周孟阳及礼官王汾、刘攽、韩忠彦以为讲读官曰'侍',盖侍天子,非师道也。且讲读官一等,侍读仍班侍讲上,今侍讲坐而侍读立,不应为二,申公等议遂格。今讲读官初入,皆坐赐茶,唯当讲,(讲)官起就案立,讲毕复就坐,赐汤而退。侍讲亦如之。盖乾兴之制也。"(卷一)南宋初,谏官、御史皆必充经筵。(《老学庵笔记》卷六)元朝中叶,经筵制度大备。泰定帝元年,"江浙行省左丞赵简,请开经筵及择师傅,令太子及诸王大臣子孙受学。遂命平章政事张珪、翰林学士承旨忽都鲁都儿迷失、学士吴澄、集贤直学士邓文原,以《帝范》、《资治通鉴》、《大学衍义》、《贞观政要》等书进讲。复命右丞相也先铁木儿领之(《元史》卷二九《泰定帝一》)。泰定帝的汉文化水平甚低,但他把经筵作为文化和知识学习的方式,在位四年,未尝间废。不过,儒臣们对此并不满意。虞集记赵世延一日既进书待命殿庐,慨然曰:"于是四年矣!未闻一政事之行,一议论之出,显有取于经筵者。将无虚文乎!"(《道园学古录》卷十一《书赵学士简经筵奏议后》)作为经筵官,儒臣们习惯把启迪帝德、规谏得失当成要务而不是简单的文化学习。

明朝在宣德以前,皇帝每视朝毕,无日不御文华殿或便殿,召诸大臣及诸儒臣讲经书、咨政事。初无定日,亦无定所,正统元年,太皇太后为年幼的英宗开经筵,命大臣杨士奇、杨荣、杨溥及侍讲学士王直等为经筵官,以月之二日、十二日、二十二日会讲文华殿;余日仍令讲读官四人入讲经史。前者称为大经筵,后者称小经筵或小讲、日讲。明制:大体上大经筵月三举,春讲以二月十二日起,至五月初二止;秋讲以八月十二日起,至十月初二止。寒暑则免。大经筵的讲章"皆预呈阁老,转付中书缮录正副各二纸,隔日进司礼监官奏知"。阁臣对讲章如有认为不妥者,则悉加改正。大经筵的参加者,除皇帝外,朝臣之大僚也都出席听讲。小经筵则是早朝毕,四讲官随驾入至文华殿内举行,课本先《大学衍义》,次《贞观政要》，"二书皆不用讲章，惟各以黄票书所起止预进"（《謇斋琐缀录》一）。大抵在大经筵中，进规多于正讲；日讲则讲多而规谏少。武宗正德二年，"上御经筵，詹事杨廷和、学士刘忠直讲。讲毕，因致规谏语。上退，语刘瑾曰：'经筵讲书耳，何添出许多话来！'瑾曰：'二人可令南京去。'于是并迁南侍郎"（《明会要》卷十四《礼九·经筵日讲》）。清代的经筵大体与明代同，唯讲官分别置满、汉员。"满直讲先以清语进讲，毕，汉直讲官继之。""凡讲官宣讲，依原文朗诵，不增减一字。而音节之间，抑扬反复，宜得讲论口吻。遇称皇上，必仰对圣颜，以示陈善闭邪，寓规于颂之意。"（《养吉斋丛录》卷五）经筵官进讲时，一般都赐坐。讲毕，又有茶或酒饭之赐，隐寓尊师重道之意。

第六章　仪卫服饰

　　皇帝以九五之尊,身居九重,号令全国,故盛服饰、崇卤簿,以显示其无上的尊荣;严符节、增禁卫,以保障其绝对安全。这形成为一系列周密的制度。在这一节里,我们分别就符玺、服饰、仪仗、警卫等几个方面,简略地加以介绍。

（一）符　　玺

　　皇帝印称玺。《独断》谓:"玺者,印也。印者信也。天子玺以玉螭虎纽。古者尊卑共之。《月令》曰:'固封玺。'《春秋左氏传》曰:'鲁襄公在楚,季武子使公冶问玺书,追而与之。'此诸侯大夫印称玺者也。卫宏曰:'秦以前,民皆以金玉为印,龙虎纽,惟其所好。然则秦以来天子独以印称玺,又独以玉,群臣莫敢用也。'"可知玺是秦所首创,专制皇帝用以号令全国的信物。正如马端临所谓:"天子之所佩曰玺,臣下之所佩曰印。无玺书则九重之号令不能达之于四海;无印章则有司之文移不能行之于所属。"（《文献通考》卷一一五《王礼考十·圭璧符节玺印》）秦有六玺:皇帝行玺、皇帝之玺、皇帝信玺、天子行玺、天子之玺、天子信玺。"所封异事,故文字不同。"皇帝信玺凡事皆用之,玺令施行;天子信玺以迁拜封王侯;天子之玺以发兵。皆以武都紫泥封,青囊白素里,两端无缝（《史记》卷八《高祖本纪》正义）。此外又以兰田白玉为玺，螭虎纽，其文曰："受天之命，皇帝寿昌。"即世传之所谓传国玺。汉承秦制用六玺，据《汉仪》：以皇帝行玺为凡杂，以皇帝之玺赐诸侯王书，以皇帝信玺发兵，其征大臣以天子行玺，外国事以天子之玺，鬼神事以天子信玺。皆以武都紫泥封，青布囊白素里，两端缝，尺一版，中约署。有事及发外国兵用天子信玺。封拜外国及征召用天子行玺。赐匈奴单于、外国王书用天子之玺。诸下竹使符征召大事行州、郡、国者用皇帝信玺。诸下铜兽符发郡、国兵用皇帝之玺。封拜王公以下遣使就授皆用皇帝行玺。对于得自亡秦的传国玺，则奉为受命之符，与刘邦的斩蛇剑俱为乘舆之宝。到了北周，六玺之外，又有神玺和传国玺，共为八玺。神玺明其受之于天，传国玺则明其受之于运。每皇帝南面而朝时，则置神玺于筵前之右，传国玺则在筵前之左（《通典》卷六三）。唐沿行。神宝所以臣百王，镇万国，宝而不用。受命宝，所以修封禅，礼神祇。皇帝行宝，答疏于王公则用之；皇帝之宝，劳来勋贤则用之；皇帝信宝，征召下臣则用之；天子行宝，答四夷则用之；天子之宝，慰抚蛮夷则用之；天子信宝，发番国兵则用之。把"玺"改称"宝"始于武则天。唐末帝亡国自燔，以宝随身，遂与俱焚。八宝之制，北宋一直沿行，徽宗时，又作定命宝，"合乾元用九之数"。南宋高宗复增其数为十一。镇国神宝，文曰"承天福延万亿永无疆"；受命宝，文曰"受命于天，既寿永昌"；天子之宝，答四夷书用之；天子信宝，举大兵用之；天子行宝，封册用之；皇帝之宝，答邻国书用之；皇帝信宝，赐邻国书及物用之；皇帝行宝，降御札用之。大宋受命之宝，宋太祖作；定命宝、大宋受命中兴之宝，高宗绍兴元年作。此外又有金宝三：一曰皇帝钦崇国祀之宝，用于祭祀；二曰天下合同之宝，印中书门下文字；三曰书诏之宝，印书诏。明初宝玺十七，世宗又新制七宝，共御宝二十四。清御宝之藏交泰殿者二十五，另藏盛京者十，其制益增。

掌藏宝玺的官员在秦为符玺令,汉置符节令、丞,属少府。后汉则别为一台,亦属少府,置符节令一人为台率,主符节事。唐有宝符郎,属门下。宋仍之。到了明朝,则"各宝皆内尚宝监女官掌之。遇用宝,则尚宝司以揭帖赴尚宝监,尚宝监请旨,然后赴内司领取"(《明会要》卷二四《舆服下》)。表明从此加强了皇帝对玺印的控制。

在诸多的宝玺中,由秦始皇所造的传国玺的下落始终是一个谜,千百年来,好事之徒假冒的事,不绝于史。有的记载说,传国玺就是用卞和所献的玉,由李斯篆书、工人孙寿刻成,其文作:"受命于天,既寿永昌"。秦亡,传于汉。王莽篡国,逼元帝皇后而求之。后怒投于地,螭角受损。辗转为光武帝所得。献帝时,董卓作乱,帝出奔,玺失。据说孙坚讨董卓,于井中得之。玺方四寸,上盘五龙。后复为袁术所夺。术死,荆州刺史徐璆送往许昌,遂为曹操所有。魏传晋,晋传刘聪、刘曜。曜败,为石季龙所得。其后石遵、石鉴相继篡乱,此玺遂失所在(《能改斋漫录》卷四《国玺》)。然赵彦卫则认为董卓之乱,焚烧宫室,献帝仓皇出奔,此玺实已从此亡失,后来的所谓传国玺乃元魏时所伪造(《云麓漫钞》卷十五)。宋哲宗时,咸阳民在刨地时得古印,"光照满室",其文作"受命于天,既寿永昌"。哲宗为之改年号作"元符"。元成宗初即位,御史中丞崔彧又一次声称得到了这颗传国玺献之。明孝宗时,鄠县民再一次在泥河滨得到这颗宝玺。天启时,临漳民耕地,也获得印文相同的玉玺。其实都是好事者玩弄的骗局。

符节也是皇帝所发的证信。《说文》:"符,信也。汉制以竹,长六寸,分而相合。"韦昭曰:"符,发兵符也。"节,《周礼》地官之属掌节。郑玄注:"节犹信也,行者所执之信。"《三礼义宗》云:节长尺二寸,秦汉以下改为旌幢之形。颜师古云:"节以毛为之,上下相重,取象竹节,将命者持之以为信。"汉文帝二年,始与郡守为铜虎符、竹使符之制。"铜虎符第一至第五,国家当发兵,遣使者至郡合符,符合乃听受之。竹使符者,以竹箭五枚,长五寸,镌刻篆书第一至第五。"(《通典》卷二一《门下省·符宝郎》)各分半,右留京师,左以与之,皆以符合为信。唐高祖入长安,罢隋竹使符,班银菟符,其后改为铜鱼符,所以起军旅,易守长。此外又有传符,给邮驿,通制命;随身鱼符,明贵贱,应征召;木契,重镇守,慎出纳。旌节,委贤良,假赏罚,旌以专赏,节以专杀。(《唐六典》卷八《门下省·符宝郎》)明朝制度,有用宝金符、调发走马符牌。用宝符为小金牌二,中书省、大都督府各藏其一。有诏发兵,省、府以牌入内府,出宝用之。走马符牌以铁为之,共四十,金字、银字者各半,藏之内府。有急务调发,使者佩以行。又洪武十五年,制使节。使者受命,则载以行;使归,则持之以复命(《明会典》卷二四《舆服下·符节》)。明朝对功臣又有铁券之赐。铁券其制如瓦,"外刻履历、恩数之详,以记其功;中镌免罪、减禄之数,以防其过。字嵌以金"。"各分左右,左颁功臣,右藏内府,有故则合之,以取信焉。"(《明史》卷六八《舆服四》)[1]

（二）服　　饰

　　舆服卤簿制度是帝王礼法中一个很重要的部分。它是在充分保证皇帝在乘舆、服饰的豪华享受基础上,达到别贵贱、明等级,以维护其封建特权利益的政治目的。他们为此还编造出来一大套自欺欺人的理论,说什么"礼服之兴也,所以报功彰德,尊仁尚贤。故礼尊尊贵贵,不得相逾,所以为礼也。非其人不得服其服,所以

---

　　① 有关符的制度可参考俞正燮《癸巳类稿》卷七《符》。

顺礼也。顺则上下有序,德薄者退,德盛者缛。故圣人处乎天子之位,服玉藻邃延日月升龙、山车金根,饰黄屋左纛,所以副其德、彰其功也。贤仁佐圣,封国受民,黼黻文绣,降龙路车,所以显其仁、光其能也"(《后汉书》志二九)。根据封建统治者的逻辑,老百姓是依赖统治者的牧养才得以各安其性命,无夭昏暴陵之灾的。老百姓对他们应是感激涕零,"是以天下之民,敬而爱之,若亲父母;则而养之,若仰日月"。因此,他们的这些特权享受,不单是他们德行所当享、政治所必须,同时也是老百姓对他们"爱之至、敬之极"的感激之情的自觉自愿的奉献。这种理论看起来十分荒谬,但它却麻醉和毒化中国人民整整两三千年。

《晋书·舆服志》:"《周礼》,弁师掌六冕,司服掌六服。自后王之制爰及庶人,各有等差。及秦变古制,郊祭之服皆以袀玄,旧法扫地尽矣。汉承秦弊,西京二百余年犹未能有所制立。及中兴后,明帝乃始采《周官》、《礼记》、《尚书》及诸儒记说,还备衮冕之服。"(卷二五)可知比较完整的冠服制度是从东汉明帝时开始的。"袀",意为纯;"袀玄"即纯黑色。秦德运次水,故尚黑。魏晋以来,大体沿行汉制。晋天子郊天地明堂宗庙,元会临轩,黑介帻,通天冠,平冕。衣皂上绛下,前三幅,后四幅,衣画而裳绣,为十二章。其他如朝服、杂服、素服,各有不同(同上)。六朝人主宴居着白纱帽,以白帽带之,即黄袍加身之意。北朝的皇帝多服胡服。北周宇文赟在579年始与群臣服汉、魏衣冠(《资治通鉴》卷一七三)。皇帝十二服,色、章各异,各随所事而服用。隋文帝即位,袭用北齐服制,因认为德运次火,故"其郊丘庙社,可依衮冕之仪,朝会衣裳,宜尽用赤"(《隋书》卷一二《礼仪上》)。古时庶人服黄,自开皇元年七月,文帝始服黄,接受百官的朝贺。从此,"隋代帝王贵臣,多服黄文绫袍,乌纱帽,九环带,乌皮六合靴。百官常服,同于匹庶,皆著黄袍,出入殿省;天子朝服亦如之,惟带加十三环以为差异,盖取于便事"(《旧唐书》卷四五《舆服》)。十三环金带者,天子之服也。炀帝大业元年,始诏天下公除,惟帝服浅色黄衫、铁装带。唐制:天子之服十四:大裘冕,祀天地服之;衮冕,践阼、飨庙、征还、遣将、饮至、加元服、纳后、元旦朝贺、临轩册拜服之;鷩冕,有事于远主服之;毳冕,祭海岳服之;絺冕,祭社稷飨先农服之;玄冕,蜡祭百神、朝日、夕月服之;通天冠,冬至受朝贺、祭还燕群臣、养老服之;缁布冠,始冠服之;武弁,讲武、出征、蒐狩、大射、祃、类、宜社、赏祖、罚社、纂严服之。弁服,朔日受朝服之;黑介帻,拜陵服之;白纱帽,视朝、听讼、宴见宾客服之;平巾帻,乘马服之;白帢,临丧服之(《新唐书》卷二四《车服》)。其常服则沿隋制,"天子常服黄袍及衫,后渐用赤黄,遂禁止士庶不得服。其事自唐神尧(高祖)始也。后又曰赭黄。王建宫词云:日色赭黄相似。谓赤黄也。今俗又以天子常服浅黄为赭黄也。"(《事物纪原》卷一《御袍》引《二仪实录》)贞观以后,非元日冬至受朝及大祭祀,皆常服而已(《旧唐书》卷四五《舆服》)。高宗上元元年,"先是九品以上入朝参及视事,听兼服黄。洛阳尉柳诞夜行,为部人所殴。帝闻之,以章服错乱,下诏申明之。自此,朝参行列一切不许著黄"(《册府元龟》卷六十《立制度》)。从此,黄服就成了皇帝独享的尊贵服色。玄宗天宝七载,太常卿韦韬奏请:御案褥床帷等望去紫,用赤黄。从之。于是宫廷的陈设亦尽以黄色。安史之乱中被迫退位的太上皇玄宗,乱后返还长安,嗣为皇帝的肃宗在南楼接见,肃宗脱去黄袍,表示不敢居位。太上皇乃索黄袍亲为著之。赵匡胤陈桥兵变,军士们把黄袍加在他身上,这就意味着已即位称帝。在宋代,皇帝大宴、常朝,皆服赭黄。洪武初元,学士陶安请制五冕。朱元璋认为其礼太繁,乃命"祭天地、宗庙,服衮冕。社稷等祀,服通天冠,绛纱袍,余不用。"(《明史》卷六六《舆服二》)衮冕之制:冕,前圆后方,玄表纁里。纁为浅绛色,象地之色;玄色则象天。前后各十二旒。衮,玄衣黄裳,十二章,日、月、星辰、山、龙、华虫六种图案织于衣;宗彝(酒器)、藻、火、粉米(食粮)、黼(即斧)、黻六种图案绣于裳。黄舄、黄袜。常服则冠翼善冠,袍黄,盘领、窄袖,前后及两肩各织金盘龙一。清代冠服分礼服、吉服、常服、行服四类,在明的基础上,增添了民族的色彩。在封建的冠服制度中,贯穿着严格的等级色彩。盖"服章之设,所以辨上下,定民志也。莫卑乎民,莫尊乎天子,而服同一色,上下无所辨,民志何由定,僭乱由此而生矣! 古之圣王,自奉俭约,恶衣菲食,而事天地宗庙,临朝廷百官,则等级分明,故冕十有二章,黻珽幅舄衡紞纮綖以昭其度,藻率鞸鞛鞶厉游缨以昭其数,威严尊重,礼无与二,然后人主之势隆,非广己以造大,理当然也"(《文献通考》卷一一二《王礼七·君臣冠冕服章》)。政府对冠服逾制的行为严加禁止。元代禁臣民服龙凤文。所谓龙,指五爪二角者(《通制条格》卷九《衣服》)。明英宗正统十二年,命工部官:"官民服式,俱有定制。今有织绣蟒龙、飞鱼、斗牛、违禁花样者,工匠处斩,家口发边卫充军。服用之人,重罪不宥。"孝宗弘治元年,都御史边镛奏禁蟒衣,说:"品官未闻蟒衣之制。诸韵书皆云:蟒者,大蛇,非龙类。蟒无足无角,龙则角足皆具。今蟒衣皆龙形。宜令内外官有赐者俱缴进,内外机房不许织,违者坐以法。"(《野获编》卷一《蟒衣》)得到孝宗的批准。

(三) 仪 卫 卤 簿

《明史·仪卫志》说:"《周官》,王之仪卫分掌于天官、春官、夏官之属,而跸事则专属于秋官。汉朝会,则卫官陈车骑,张旗帜。唐沿隋制,置卫尉卿,掌仪仗帐幕之事。宋卫尉领左、右金吾卫司,左、右金吾仗司,六军仪仗司,主清道、徼巡、排列、奉引仪仗。元置拱卫司,领控鹤户,以供其事。历代制度虽有沿革异同,总以谨出入之防,严尊卑之分。慎重则尊严,尊严则整肃,是故文谓之仪,武谓之卫。天子出,车驾次第,谓之卤簿。而唐制,四品以上皆给卤簿,则君臣并得通称也。"(卷六四)仪仗兼有警卫和示威严两方面的作用,所以一直为封建统治者所重视。

《新唐书·仪卫志》说:"唐制:天子居曰衙,行曰驾,皆有卫有严。"(卷二三)皇帝每朝会临衙,都有其不同规模的仪卫。唐凡朝会之仗,三卫番上,分为五仗,号衙内五卫。一为供奉仗,以左右卫为之。二为亲仗,以亲卫为之。三为勋仗,以勋卫为之。四为翊仗,以翊卫为之。皆服鹖冠,绯衫袄。五为散手仗,以亲、勋、翊卫为之,服绯绝裲裆,绣野马。皆带刀捉仗,列坐于东西廊下。内仗四十六人,立廊阁外,皆执御刀、弓箭,升殿列御座左右,充引驾事。内外诸门以排道人带刀捉仗而立,号曰立门仗。元日、冬至大朝会,宴见蕃国王,则供奉杖、散手仗立于殿上;黄麾仗、乐县、五路、五副路、属车、舆辇、伞二、翰一陈于庭中;扇一百五十六,三卫三百人执之,陈于两厢。(《新唐书》卷二三《仪卫上》)"每日,尚乘以厩马八匹分为左右厢,立于正殿侧宫门外,候仗下即散。若大陈设则马在乐悬之北,与大象相次,进马二人,戎服执鞭,侍立于马之左,随马进退。"(《资治通鉴》卷二一四胡注引《唐旧仪》)宋制:"殿廷之仪,则有黄麾大仗、黄麾半仗、黄麾角仗、黄麾细仗。凡正旦、冬至及五月一日大朝会、大庆册、受贺、受朝,则设大仗,月朔视朝则设半仗,外国使来则设角仗,发册受宝则设细仗。"(《宋史》卷一四三《仪卫一》)

出驾的卤簿,汉时分大驾、小驾、法驾三等。《独断》载:"天子出,车驾次第谓之卤簿。"汉遵秦制,"大驾则公卿奉引,大将军参乘,太仆御、属车八十一乘,备千乘万骑。""法驾,公卿不在卤簿中,唯河南尹、执金吾、洛阳令奉引,侍中参乘,奉车郎御,属车三十六乘。""小驾,祠宗庙用之。每出,太仆奉驾。"隋大驾用属车三十六,法驾用十二,远逊于汉、晋。天子所乘车曰路。唐制:曰玉路者,祭祀、纳后所乘;金路,饮至所乘;象路,行道所乘;草路,巡守所乘;木路,蒐田所乘。又有耕根车,耕籍时所乘;安车,临幸所乘;四望车,拜陵、临吊所乘。此外,又有属车十乘:即指南车、记里鼓车、白鹭车、鸾旗车、辟恶车、皮轩车、羊车,与上列之耕根车、安车、四望车,合为十种,行幸时陈于卤簿,各有先后,大朝会则分置左右。这里,值得特别介绍的是指南车和记里鼓车。指南车,又作司南车,驾四马,其制如楼,三级,四角金龙衔羽葆,上刻木为仙人,衣羽衣,立车上,车虽回运而其手常南指,大驾出行,为先启之乘。记里鼓,形制如司南,其中有木人,执槌向鼓,行一里则击一槌。这原是两个了不起的科学发明,但在中国,封建统治者不是把它们用在社会生产方面,而却作为带迷信成分的法器,用在仪仗装饰之中。仪卫卤簿组成一个十分浩大的队伍。隋炀帝大业二年,牛弘定舆服仪卫制度,作黄麾三万六千人仗。唐循之。唐之大驾卤簿,动用的人数达一万二千三百人。宋制:"其卤簿之等有四:一曰大驾,郊祀大飨用之;二曰法驾,方泽、明堂、宗庙、藉田用之;三曰小驾,朝陵、封祀、奏谢用之;四曰黄麾仗,亲征、省方、还京用之。南渡之后,务为简省。"(《宋史》卷一四三《仪卫一》)元则进一步省为大驾三千二百人,法驾二千五百人。驯至清代,其人数虽大为简省,而犹达千八百人之众。为了了解卤簿的实况,下面,我们把清人陈其元就关朗夫所撰《卤簿名物记》的节录,移录如下,以飨读者。

　　按:卤簿之别,有曰大驾者,郊祀用之。曰法驾者,朝会用之。曰鸾驾者,岁时出入用之。曰骑驾者,行幸所至用之。大驾最为备物,尊天祖也。法驾稍损其数,文物声明,取足昭德而止。鸾与骑又加损焉。事非特典，不敢同于所尊贵也。凡为盖者五十有四：九龙而曲柄者四，色俱黄。翠华、紫芝两盖承之。九龙而直柄者二十，色亦黄，皆以次序立。花卉而分五色者十，九龙而分五色者亦十，每色各二。其立不以次，而以相间。纯紫与赤而方盖者八。为扇者七十二：寿字者八，黄而双龙者十六，赤而双龙者八，黄与赤单龙者各八，孔雀雉尾及鸾凤文而直且方者各八。幢之属十有六：长寿也，紫也，霓也，羽葆也，各四。幡之属十有六：信幡也，绛引也，豹尾也，龙首竿也，亦各四，曰教孝表节，曰明刑弼教，曰行庆施惠，曰褒功怀远，曰振武，曰敷文，曰纳言，曰进善，八者各为一隅。凡旌之属亦十有六。于是有四旌节，四仪锽氅，四黄麾，而继之以八旗大纛，二十四羽林大纛。前锋大纛共十六，五色销金龙纛共四十。凡为纛者八十。旗取诸祥禽者：仪凤、翔鸾、仙鹤、孔雀、黄鹄、白雉、赤乌、华虫、振鹭、鸣鸢。取诸灵兽者：游鳞、彩狮、白泽、角端、赤熊、黄熊、辟邪、犀牛、天马、天鹿。取诸四神者四，取诸四渎五岳者九，取诸五星二十八宿者三十三，取诸甘雨者四，取诸八风者八，取诸五云五雷者十，取诸日月者各一。其外有门旗八，金鼓旗二，翠华旗二，五色销金小旗各四，出警入跸旗各一。旗之数共百有二十。为金钺，为星，为卧瓜，为立瓜，为吾仗，为御仗，各十有六。又六人持仗而前导，曰引仗。自盖至引仗，其名一十有七。红灯六，二灯之下鼓二十四，金二，仗鼓四，板四，横笛十二。又二灯之下鼓二十四，金二，仗鼓四，板四，横笛十二。又灯之下钲四，大小铜角各十六，自红灯至铜角其名一十有六。

　　午门之内，有金辇、玉辇焉。午门之外，有五辂、五宝象焉。天安门之下，则又有四朝象焉。朝象虽非朝期，率每晨而一至。引仗以上在太和门之内，铜角以上在端门之内。其最近御座者有拂尘、有金垆、有香盒数各二,沐盆、唾盂、大小金瓶、金椅、金机数各一。执大刀者、执弓矢者、执豹尾枪者,每事各三十人。其立亦不以次而以相间。荷殳戟者各四人,侍殿前执曲柄黄盖者一人,殿下花盖之间执净鞭者四人。自黄龙以下、诸盖之间仗马十,掌骑者十人。殿之下、陛之上执戏者、麾竹者二人。计卤簿所需千八百人。国朝制作之明备,真超越前古而上矣。(《庸闲斋笔记》卷七)

应该指出的是这一支一千八百人的仪仗队伍,如果和唐时的一万二千三百人比起来,又真是所谓小巫见大巫,无法相比较了。

（四）宫　　禁

为了保证安全,宫中禁卫森严。《独断》谓:天子"所居曰禁中,后曰省中"。"禁中者,门户有禁,非侍御者不得入,故曰禁中。孝元皇后父大司马阳平侯名禁,当时避之,故曰省中。""汉兴以来,深考古义,惟万变之备。于是制宫室进入之仪,正轻重之冠。故司马、殿省,门闼至五六重,周卫击刁斗。近臣侍侧,尚不得着钩带入房。"(《太平御览》卷三五四《汉名臣奏》)西汉以郎中令掌守门户,出充车骑。郎中有车、骑、户三将,主车曰车郎,主骑曰骑郎,主户曰户郎,皆以中郎将主之。(《资治通鉴》卷十四胡注)后汉则属光禄勋卿,"掌宿卫宫殿门户,典谒署郎,更直执戟宿卫门户"(《后汉书·百官志》)。法律规定:诸出入宫殿门皆著籍。"籍者,为二尺竹牒,记其年纪、名字、物色,悬之宫门,案省相应,乃得入也。"(《汉书》卷九《元帝纪》)又《通鉴》胡注引如淳曰:"《宫卫令:诸出入殿门、公车司马门者,皆下;不如令者,罚金四两。"(卷十四)其阑入司马门者黥为城旦(《新书·等齐篇》)。阑者,无传符出入之谓。窦太后除窦婴门籍，不得朝请。梁孝王有宠，故梁侍中、郎、谒者皆得著籍，引出入殿门，与汉宦官无异。可知籍即宫禁通行的凭证。当时的宫门都是"陈屯夹道，其旁设兵以示威武，交节立戟以遮诃出入"（《资治通鉴》卷十四胡注引程大昌曰）。沈家本《历代刑法考·汉律摭遗》卷十六所摭拾之《越宫律》中，有阑入宫门殿门、失阑、衣襜褕（私居之服）入宫、无引籍不得入宫司马殿门、宫中有罪禁止不得出亦不得入、从官给事宫司马中者得为大父母父母兄弟通籍、卫宫、诸出入殿门及公车司马门者皆下不如令罚金四两、酎宗庙骑至司马门、部署诸庐者舍其所居寺、跸先至而犯者罚金四两、卫士填街跸、执金吾下至令尉奉引、出入属车间、卒辟车、三公出城郡督邮盗贼道、漏泄省中语、泄秘书、刺探尚书事、尚书入省事、尚书作诏文、上书、举奏非是、议不正、触讳、骑乘车马行驰道中已论者没入车马被具、诸使用制得行驰道中者行旁道无得行中央三丈、太子得绝驰道等条项，都是涉及到宫禁的问题。从这些我们可以约略窥见其设法的严密。

　　唐承隋制，置城门郎，掌京城、皇城、宫殿诸门开阖之节，奉其管钥而出纳之。每晨，"承天门击晓鼓，听击钟后一刻，鼓声绝，皇城门开，第一冬冬声绝，宫城门及左、右延明、乾化门开；第二冬冬声绝，宫殿门开。夜第一冬冬声绝，宫殿门闭；第二冬冬声绝，宫城门闭及左、右延明门、皇城门闭。其京城门开闭与皇城门同刻。承天门击鼓，皆听漏刻契至乃击；待漏刻所牌到，鼓声乃绝。"（《唐六典》卷八《门下省·城门郎》）"凡皇城，宫城阖门之钥，先酉而出，后戌而入；开门之钥，后丑而出，夜尽而入。京城阖门之钥，后申而出，先子而入；开门之钥，后子而出，先卯而入。若非其时而有命启闭，则诣阁覆奏，奉旨、合符而开阖之。"（同上）汉时凡居宫中者，皆有口籍于门之所属。"籍者，尺二竹牒，记人之年名字物色，悬之宫门，案省相应，乃得入焉。"（崔豹《古今注》）复有符，其木长二寸,灸有铁印。当出入者,案籍毕,复验符,乃得出入。唐之门籍,流内记官爵姓名,流外记年齿状貌;月易其籍,非迁解不除。凡通籍殿中者,则得预朝请;不籍者,则不得入朝奉朝请。无籍之人如有急奏,皆令门司或仗家引奏,不得阻挠。前文中我们还提到在魏晋至唐时期中,百官入朝,实行搜身的制度。"六殿门外有药树,监察御史监搜之位在焉。唐制:百官入宫殿门必搜,监察所掌也。"故元微之有诗云:"松门待制应全远,药树监搜可得知。"(《文昌杂录》卷一)文宗太和元年,有诏:"自魏晋以降,参用霸制,虚仪搜索,因习尚存。朕方推表大信,置人心腹。况吾台宰,又何间焉。自今已后坐朝,众寮既退,宰臣复进奏事,其监搜宜停。"据宇文绍奕所考,"大和"当为"开成"之讹;而所谓"宰臣复进奏事,其监搜宜停止"者,乃谓"宰臣勿搜,非皆罢也"(《石林燕语》卷二)。这种制度可能在唐以后才完全废止。

　　明朝宫禁极严。洪武间,朱元璋亲自定制:凡守卫皇城四门的军卫,自指挥至军士,各依其伍,全队上直,不得使人代替。凡上直各守本门,不得从别门往来,违者执获,虽国戚亦闻奏区处;执获者有赏。凡朝参,先放直日都督将军及带刀指挥等官,然后文武百官以次而入,不许搀越。凡内官、内史、小火者,必须比对铜符;无符辄放行者,守门军官治重罪。有公差带金银缎匹出宫者,凭勘合照验,仍明白附写往某处公干及记所服衣服颜色件数,回日照对;有不同者,即时闻奏。工匠等出门有夹带钞物者,许执奏。惟官民军人有事入奏,不许阻遏及问其事情,违者坐罪。(《典故纪闻》卷五)所有常朝官悬带牙牌,专主关防出入。牙牌正面刻各衙门官名,背面刻有"出京不用"字样。"凡在内府出入者,贵贱皆悬牌以别嫌疑。如内使、火者,乌木牌。校尉、力士、勇士、小厮,铜牌。匠人,木牌。内官及诸司常朝官,牙牌。"(《菽园杂记》卷二)

（五）军　　卫

　　我们不太清楚秦始皇如何加强咸阳的军卫，以保证京师稳定的具体军事部署。但从大量徙富豪、收兵器、铸金人等措施来看，他是懂得弱枝强干、居重驭轻的镇压三昧的。刘邦马上得天下，也自然深谙马上保天下的道理。长安是全国的政治中心，而宫庭则既是自己安全的堡垒，又是汉王朝政权的心脏，当然必须设有重兵来加强把守。然而，这枝坐踞京都的庞大部队，固然可以是皇帝安全的充分保障，但是在不慎失控的情况下，又是架在皇帝颈上的利刃。刘邦经过周密的考虑和设计，把这枝军队分置为南、北两军。南军掌管宫城门内之兵，因其屯驻在长安城内的未央宫，故以南称之。这枝军队从总体看又可分为两部分：卫兵、卫郎。卫兵由卫尉统率，负责殿门外门署的警卫；卫郎由郎中令（后改称光禄勋）统率，负责宫殿内的警卫。正如《旧仪》所云："殿外门舍属卫尉，殿内门舍属光禄勋，职之相关，特有内外之别耳！"郎以二千石以上子弟及明经、孝廉、射策甲科、博士弟子高第及尚书奏赋军功良家子充之，他们亲近天子，居掌环卫，出导仪从。武帝时，又增置期门、羽林两个亲兵组织。北军以中尉（后改称执金吾）统领，掌城门内之兵，巡缴京师。"北军之垒错列长安城内，不近宫城。"其垒垣苟无汉节，虽以太尉之尊，军门亦得以拒之，不得辄入。然南宫列于宫垣，则北军亦不得入。（《文献通考》卷一五〇《兵二》引山斋易氏语）北军之外，武帝又增置八校，各以校尉领之。此外又有城门校尉掌京师城门屯兵。复增置京辅、左、右辅三个都尉。南军"所属有南北宫二卫士、左右二都候。南屯公车、苍龙、玄武；北屯朱雀、东明、朔平，八司马凡卫士二千四百六十九人。然卫尉主兵殿外，而主兵殿门内则为光禄勋。其属有左右五官中郎将、虎贲羽林郎、左右监凡卫士三千四百六十一人。北军所以卫京城也,主之者中尉。其属有中垒、越骑、步兵、长水、射声、屯骑、胡骑、虎贲八屯校尉,而胡骑不常置,惟中垒、射声、虎贲、屯骑在城中,余屯则皆留城外。总凡军士三千五百三十六人,而胡骑、虎贲所领士数无所考。"(《王忠文公文集》卷十一《汉南北军记》)这就形成一个京师屯驻重兵、强干弱枝,足以稳定控制地方的中央专制局面。而在京师之内,南、北二军并置,"内外足以相制,表里足以相应",保证了皇帝居高驭下的绝对权力。南军的兵源,以郡国民始傅者为之,番上给役,故无常在之兵。北军则调之于三辅的贵族豪强子弟。"郡国去京师为甚远,民情无所适莫,而缓急为可持,故以之卫宫城,而谓之南军;三辅距京师为甚迩,民情有闾里墓坟族属之爱,而利害必不相弃,故以之护京城,而谓之北军,其防微杜渐之意深矣!"(《文献通考》卷一五〇《兵二》)这种集重兵于京师,并且把它分置独立的两个部分,一以宿卫宫庭,一以戍卫京城的办法,一直为后来的封建皇朝所承继并加以发展。

东汉的宫庭宿卫军也由两部组成。光禄勋所统七署:五官中郎将和左、右中郎将统侍从文官,虎贲中郎将统侍从武官,羽林中郎将、羽林左、右监任宿卫侍从,出充仪卫。另一部则由卫尉统率,负责各宫门和宫内的守卫。这时,南军的称呼已不复存在。北军也分成为两部分。执金吾所统缇骑(骑兵)、执戟(步兵)任宫城外的巡逻警卫,出巡时则充护卫仪仗。五校尉(屯骑、越骑、步兵、长水、射声)则负责京城警备,车驾扈从;有时也用于出征。他们是北军的主力。(《中国政治制度史》,第269页)

唐行府兵制,凡天下十道,置府六百三十四,而关内二百六十一,皆隶诸卫。"唐所谓天子禁军者,南北衙兵也。南衙,诸卫兵是也;北衙者,禁军也。"(《文献通考》卷一五一《兵三》)南衙即相当于汉之南军;北衙则相当于禁军,即左、右羽林军。(《唐六典》

卷二五《左、右羽林军卫》）卫有左、右卫，左、右骁卫，左、右武卫，左、右威卫，左、右领军卫，左、右金吾卫，左、右监门卫，左、右千牛卫等十八。它们分别担任宫庭内的宿卫、仪仗和门卫等任务，其兵源由番上的府兵充当。左、右羽林"统领北衙禁兵之法令，而督摄左、右厢飞骑之仪仗，以统诸曹之职。若大朝会，则率其仪仗以周卫阶陛。若大驾行幸，则夹驰道而为内仗"（《唐六典》卷二五《左、右羽林卫》）。它在唐初代有扩展。玄宗利用它平韦氏之乱，改称为左、右龙武军，皆用功臣子弟充，制若宿卫兵。安史之乱，肃宗即位灵武，调补北军，置左、右神武军，制如羽林，总曰北衙六军。上元中，以北衙军使卫伯玉为神策军节度使，镇陕州，其军号神策军。代宗永泰元年，神策军已入屯禁苑，势居北军之上，成了天子的禁军。神策军的统帅往往由宦官担任，权势极盛，"劫胁天子，兴废在其掌握"。唐代的宦官，因为直接掌握了神策军这枝禁军的指挥权，所以较之汉代宦官仅能假人主之名，以浊乱天下者完全不同。

宋朝惩晚唐、五代藩镇跋扈，尽收天下劲兵，列营京畿，以备藩卫。其名有禁兵、厢兵、乡兵、藩兵之目。"禁兵者，天子卫兵也。总于殿前、侍卫二司。其尤亲近扈从者，号班值。余自龙卫而下，皆番戍诸路，有事即以征讨。"（《文献通考》卷一五二《兵四》引《两朝国史》）总计殿前、侍卫（后分马、步）三卫禁旅，共达十余万人。宋朝实行佣兵制，故其兵源已与汉、唐本质不同。"明初军制，仿佛汉之南北军。锦衣等十二卫，卫宫禁者，南军也；京营等四十八卫，巡徼京□者。北军也。而所谓春秋班换兵，独取山东、河南、中都、大宁者，则又汉调三辅之意也。"（《广阳杂记》卷一）京营之制，明初仅有五军营（中军、左掖、右掖、左哨、右哨），每营各有坐营把总官。永乐时，增设三千营、神机营，合为三大营。成化初，选取三大营精兵设立团营十二，每营各有坐营把总官统之，遇出征,即量调以行。三大营所存无几,名曰老家儿,专备营造差拨等用。十二团营精兵在京各卫,并在外各都司所属,及南北直隶卫所,共二十五万,分为春秋二班,团操听调。清以八旗兵总数达十余万驻守京师,号禁旅八旗。负责保卫皇宫和侍卫皇帝的称郎卫,郎卫由侍卫府统率。卫戍京师的称兵卫,兵卫由八旗的都统、统领率领。

第七章　内宫制度

皇帝的内宫,分置以皇后为长的妃嫔内官组织和给役内宫的宦官组织。

（一）内官组织

皇帝的嫡妻称皇后。"后"①这个词原是王与诸侯的通称。《尚书·仲虺之诰》:"徯予後,後来其苏。"西周以後,"后"开始成为天子之正妻之称。《礼记·曲礼》:"天子之妃谓之后。"注:"后之言後也,言以阴从阳,後于天子也。"《白虎通》则谓:"天子之妃谓之后何? 后者,君也。天子妃至尊,故谓后也。明配至尊,为海内小君,天下尊之,故系王言之。曰王后也。"颜师古又谓:"后,亦君也。天曰皇天,地曰后土,故天子之妃,以后为称,取象二仪。"(《汉书》卷六七上注)据《日知录》所考:"《白虎通》曰:天子之配,商之前皆称妃,周始立后。今考:帝喾四妃、帝舜三妃,以至周初太姜、太任、太姒、邑姜,皆无后名,而《诗》、《书》所云后,皆君也。《春秋》桓八年,祭公来,遂逆王后于纪。襄十五年,刘夏逆王后于

---

① 　在本节里,为了避免文义混淆,"前后"、"后来"的"后"字继续使用繁体"後"字,以区分皇后的"后"字。

齐。于是始称后。《曲礼》：天子有后、有夫人、有世妇、有嫔、有妻、有妾。又云：天子之妃曰后。而宣王晏起，姜后脱簪，见于列女之传，此周人立后之据。惟《左传》哀元年，后缗方娠，是夏时事，疑此後人追称之辞。自《春秋》以下之文，则有以君为后者，有以妃为后者，杂然于书传矣。"又："汉时郡守之于吏民，亦有君臣之分，故有称府主为后者。"（卷二四《后》）然自汉承秦制，皇帝的祖母称太皇太后，帝母称皇太后，正嫡妻称皇后，遂成制度，为後代所循行。后也是君，不过她比君小，故称海内小君。她既是後宫的首领，又是朝廷命妇的长君，所谓"母仪天下"，听天下内治。所以《礼记》说："天子听男教，后听女顺。天子理阳道，后治阴德。天子听外治，后听内职。教顺成俗，外内和顺，国家理治，此之谓盛德。"（《昏议》）在古人看来，皇后以阴调阳，也是关系治道风化的第二号关键人物。后也称六宫，"妇人称寝曰宫，宫，隐蔽之言。后象王，立六宫而居之，亦正寝一，燕寝五，夫人以下，分居后之六宫。"又皇后之所居为中宫，所以皇后又称中宫。各有等级，后配天子，夫人如三公。（《曲礼》第19节吕大临语）

　　除了皇后之外，皇帝还有大群妃嫔之属。据说，夏、殷之制，天子一娶九女，所以广嗣重祖。"九"，乃阳数之极，是极言其多之意。又说，古者天子除皇后之外，又立三夫人、九嫔、二十七世妇、八十一御妻，实际上却往往数字更大。譬如齐襄公"唯女是崇，九妃六嫔，陈妾数千"（《管子·小匡》）。"诸侯僭纵，轨制无章。"《后汉书》卷十上《皇后纪》秦并六国，"宫备七国，爵列八品"，皇后之外，妾皆称夫人，又有美人、良人、八子、七子、长使、少使之号。"汉兴，因循其号，而妇制莫厘。"初年宫女不过十余人，"选纳尚简，饰玩少华。自武、元之後，世增淫费，至乃掖廷三千"。武帝多取妇女至数千人，以填後宫。自皇后以下，凡十四等。昭仪，位视丞相，爵比诸侯王。倢伃，视上卿，比列侯。妤娥，视中二千石，比关内侯。俗伴，视真二千石，比大上选。美人，视二千石，比少上选。八子，视千石，比中更。充伊，视千石，比左更。七子，视八百名，比右庶长。良人，视八百石，比左庶长。长使，视六百石，比五大夫。少使，视四百石，比公乘。五官，视三百石。顺常，视二百石。无涓、共和、娱灵、保林、良使、夜者，皆视百石。上家人子、中家人子，视日食斗之佐史。所谓家子，是指那些采择入宫之良家女子而尚未有职号者。她们依仿外庭的官僚等级，"颁官分务，各有典司"。形成一个以皇后为首的内庭女官组织。

光武中兴，後宫的妃嫔多有简省，且无爵秩，俸不过数十斛，特岁时赏赐而已。东汉明帝"耽于内宠，妇官秩石拟百官之数，自贵人以下至掖廷洒扫，凡数千人。"魏武建国，始令王后其下五等：曰夫人、昭仪、倢伃、容华、美人。其後续有增添。东晋时自夫人以下，爵凡十二等。南北朝时期，後宫名号纷纭，增省不一。北方的一些少数民族王朝，更是制度混乱。如汉主刘聪，纳靳准二女月光、月华，立月光为上皇后，刘贵妃为左皇后，月华为右皇后，一时三后并列(《资治通鉴》卷八九)。北周宣帝宇文赟，原有四位皇后，又以"坤仪比德，土数唯五。四大皇后外，可增置天中大皇后一人"。他自己号称天元皇帝，五皇后则分别为天元大皇后、天大皇后、天左大皇后、天右大皇后、天中大皇后(《北史》卷一四《后妃下》)。

唐制：皇后而下，有贵妃、淑妃、德妃、贤妃，是为夫人。昭仪、昭容、昭媛、修仪、修容、修媛、充仪、充容、充媛，是为九嫔。婕妤、美人、才人各九，合二十七，是代世妇。宝林、御女、采女各二十七，合八十一，是代御妻。开元改制为惠、丽、华三妃，六仪、四美人、七才人。宫官分置尚官局、尚仪局、尚服局、尚食局、尚寝局、尚功局，分掌内宫的寝食服御。又有宫正，掌戒令、纠禁、谪罚之事。六局下辖二十四司，凡一百九十人，女使五十余人，皆选良家女充之。

妃,正一品,六仪,正二品,美人正三品,才人正四品。(《唐六典》卷十二)然唐自肃宗以後则未尝有正位长秋(皇后)者,史书上所载的皇后都是死後追赠的。元朝循成吉思汗制度,分置四大宫帐(斡耳朵 Ordo),为四皇后(可敦 Khatun)所居。其首之大斡耳朵,相当于嫡后,地位独高。每个斡耳朵除为首的皇后外,还包括妃子多名。皇帝每三日轮流临幸各斡耳朵。皇帝死後,这些斡耳朵继续保存,以后妃之当次者世守。在正衙大明殿之御榻旁,设有后座。这同传统的中原皇朝朝会制度,有很大的不同。明太祖特严宫闱之政,规定皇后只治宫中嫔妇之事,宫门之外,悉不得预。其宫官则基本上循唐、宋旧制而少省,仍设六局、二十四司。六尚局官服役五六年後,可放归其父母家,听其婚嫁。(《今言》卷二)清以"皇后居中宫,皇贵妃一、贵妃二、妃四、嫔六,贵妃常在答应,无定数,分居东、西十二宫。"(《清史稿》卷二一四《后妃传》)在满语中,后妃作"福晋"。这个词,或以为即可敦 Khatun 的音转;或直认即汉语夫人的借用。然从音译上看,恐皆不是可取的。

由于皇帝个人在女宠方面各有差异,所以,内宫妃嫔宫女的数目,往往大有不同。东汉桓帝多内宠,宫女多至五六千人,"驱役从使复兼倍于此"(《资治通鉴》卷五五)。吴主孙皓时,後宫坐食者多至万有余人。晋武帝後宫万人。刘宋的苍梧王、齐东昏王、陈後主、唐玄宗、後唐庄宗等,都是後庭极盛。白居易的《长恨歌》说唐明皇"後宫佳丽三千人",只是泛言妃嫔、宫娥之尤佳丽者;杜甫《剑器行》:"先帝侍女八千人",亦仅侍女一项之数。据"新唐史所叙,谓开元、天宝中宫嫔大率至四万。"(《文献通考》卷二五四《帝系五·后妃》)明朝时的宫女,大抵维持在九千左右。

皇后、贵妃的选聘,或以阀阅,或以姿色。西汉时期,后妃的出身颇多卑贱者;东汉以後,例皆取自阀阅、名门、勋贵,唯明朝取自庶民之家。辽、元、清等少数民族王朝流行部族世婚制度。下等的妃嫔宫娥人等的采选则完全强征于官吏及平民家。东汉于每年行算赋的同时进行，朝廷遣中大夫与掖廷丞及相工于洛阳乡中阅视良家童女，年十三以上，二十以下，姿色端丽，合法相者，载还后宫，择视可否，乃用登御。（《后汉书》卷十《皇后纪》）孙皓规定二千石大臣子女，皆当岁岁言名，年十五六一简阅，不中者乃得出嫁。（《三国志·吴书·孙皓滕夫人传》注引《江表传》）晋武帝太始九年，诏选公卿以下女备六宫，有蔽匿者以不敬论罪。晋武帝自己主选，中者以绛纱系臂。公卿之女为三夫人、九嫔；二千石、将校女补良人以下。于是"名家盛族子女，多败衣瘁貌以避之"。又诏取良家及小将吏女五千人入宫选之，"母子号哭于庭中，声闻于外"。并规定在采择未毕时，禁天下行嫁娶。（《资治通鉴》卷八十；《晋书》卷三一《后妃上》）有一位名胡芳的女子，初入选，大声号哭。左右或止之，曰："陛下闻声。"她抗声回答说："死且不畏，何畏陛下。"民情之激烈，可想而知。《红楼梦》里的元妃，把宫中说成是"不得见人的去处"，那里虽然极尽荣华，但是违反人性，是没有人甘愿投身于这种非人的荒漠中的，所以避之惟恐不及。元顺帝时，民间讹言朝廷拘刷男女，一时嫁娶殆尽。（《元史·顺帝纪》）元朝时来中国的意大利旅行家马可波罗在行纪中曾把元帝选妃作为趣文，大加描述。他说："鞑靼有一部落名称弘吉剌，其人甚美。每年由此部贡献室女百人于大汗，命宫中老妇与之共处，共寝一床，试其气息之良恶，肢体是否健全。体貌美善健全者，命之轮番侍主。六人一班，三日三夜一易。君主内寝之事，悉由此种侍女司之。君主惟意所欲。三日三夜期满，另由其他侍女六人更番入侍。全年如是，概用三日三夜轮番入侍之法。"在另一个版本中，又记："更须为君等言者，鞑靼部落名汪古者，居住一州，其人色白而丽。每二年大汗遣使至此州选择美女四五百人，其审查美色之法如下：使人抵此州后，召此州一切室女来前，逐一审之，检查其肤发面眼口唇等部是否与全身相称。用迦剌（carat）定其等次，有定作十六迦剌者，有定作十七、十八、二十迦剌者。视其美丑，定其高下。须有二十迦剌或二十一迦剌者，始准进入後宫。""及献至大汗前，复命人拣选之，以定率最高者三四十人为帝侍女。每人各以大臣之妻一人审查之。于夜间审查该女有无隐疾，肢体有无缺点，卧後有无鼾声，气息是否不恶，身上是否毫无秽气。""其迦剌定率较次之女，则与大汗其他侍女居于宫中，学习女红。设有某贵人欲娶妻者，大汗以此辈侍女一人妻之，厚给奁金。"（《马可·波罗行纪》中册，第八一章）明朝制度：凡天子、亲王之后妃宫嫔，皆慎选良家女充之，进者弗受。以故妃后多采之民间；采选亦非通行天下，而在京师附近。这被认为是祖宗定制的一代善政。（《廿二史札记》卷三二《明代选秀女之制》；《谷山笔麈》卷一）穆宗隆庆二年，民间流传朝廷取绣女，于是十三岁的少女无不忙于婚配，急不暇择婿。且有日间候于门首，见有总角少年经过，即拥之而入，以女相配。（《戒庵老人漫笔》卷五）明末，福王即位南京，采宫女。中使四出，凡有女之家，黄纸贴额，即持之以去，闾井骚然。（《明史》卷二七七《陈子龙》）清代的宫女，每三岁选八旗秀女充之，户部主选；每岁选内务府属旗秀女，则内务部主之。秀女入宫，妃嫔、贵人惟上命选。宫女子贵人以上得选世家女；贵人以下，但选拜唐阿以下女。（《清史稿》卷二一四《后妃》）"宫女备选，入大内，由後载门进。达某处，诸女相接如贯珠，侍立，人齐，内监捧牌入宫门告，皇帝亲览焉。驾至，循视良久，某中选，某不中选，略省其姓名、籍贯、父母名氏，为记之以去。入宫後，除配各宫外，置永巷中，所居屋漏墙圮。巷十室，居十人，一内监领之。内监权甚大，其家有馈赠，必由各门监交进，进一物，非二十金不可。故宫女能生活者，赖女红以自存，不需家人资助。所用材料，悉巷监代购，购价必昂；制成，由巷监代售，售价必贱，巷监亦从中渔利焉。每餐，置饭木桶，咸鸡、鸭肉二片佐之,臭腐不中食;还之,下餐复进。故宫女姿色多消减。惟衣由内务府进,绸缎至佳,四时更新耳! 平时不能见帝。赐环(还),以二十五龄为度。"(《清稗类钞·礼制类·选宫女》)从这里,我们约略可以窥见这种制度的残酷程度。

　　后宫简省的模范,大概要推北周武帝宇文邕。他在建德六年,有诏:"朕运当浇季,思复古始,弘赞後庭,事从简约。可置妃二人,世妇三人,御妻三人。自兹以外,宜悉简省。"史言他"身衣布袍,寝布被,无金宝之饰,诸宫殿华绮者,皆撤毁之,改为土阶数尺,不施栌栱。其雕文刻镂,锦绣纂组,一皆禁断。後宫嫔御,不过十余人。"(《北史》卷一〇《周本纪下》)宇文邕确是个难得的好皇帝,如果不是早死,全国的大统一事业,很可能会由他来完成。隋文帝杨坚的后宫也比较简省,不过这是由皇后独孤氏的奇妒与杨坚的惧内所造成。独孤氏"功参历试,外预朝政,内擅宫闱。怀嫉妒之心,虚嫔妾之位。不设三妃,防其上逼。自嫔以下,置六十员。加又抑损服章,降其品秩"(《隋书》卷三六《后妃序》)。隋文帝不失为有为之主,但这位皇后却是直接从背后操纵朝政。"上每临朝,后辄与上方辇而进,至阁乃止,使宦官伺帝,政有所失,随即匡谏,多所弘益。候上退朝而同反燕寝,相顾欣然。"(同上)宫中称为"二圣"。隋文帝幸爱尉迟迥的孙女,独孤氏伺文帝听朝,阴使人杀之。文帝听到后大怒,单骑从苑中出走,不由径路,入山谷二十余里。大臣高颎、杨素仓皇追及,扣马苦谏。文帝叹说:"吾贵为天子,而不得自由。"高颎力劝他不必为一妇人而轻天下,其意稍解,驻马良久,中夜始归。这位够得上称贤相、能相的高颎,就是因为指独孤氏为"一妇人"这句话,也终至于被她谗毁而致黜。废太子杨勇,立杨广,即后来的炀帝,就是她力促而成的。所以当文帝病危时,见到杨广恶行劣迹,追悔不已,痛苦地哀叹说:"独孤误我!"

女主干政、女主乱政,是中国历史上的一大话题。女主干政,据说即使不作坏事,“牝鸡司晨,为家之索”,也是阴盛阳衰,阴阳错乱,後果必是乱政。南宋人马廷鸾论古今女祸说:“以古今大势论,则女祸深矣!少女子能蛊惑人主以亡国,老女子能崇长外戚以亡国。三代之亡国,皆由此物矣。周之东迁以褒姒,周虽不亡于此,已衰于此矣。秦後始有宣太后。穰侯之专,庄襄悦美姬以易其宗。汉高帝起于闾阎,后吕氏初无功于王业也。而汉初诸人之论,每以为吕氏雅故本推毂高帝就天下(田生语。注谓翼戴以成帝业,若车之行,助推其毂)。又谓吕后与高帝共定天下(郦寄语)。是以诸吕之心,自谓与诸刘等,惘然有取而代之之意,而後动于恶。中间霍氏拥昭立宣,阴妻邪谋,特觉之早耳,而终不免新莽之乱焉。曹魏之见篡于司马氏也,一再废杀,专以母后为之主。及晋武帝平吴之後,耽惑女宠,杨、贾实召五胡乱华之祸。天下既为南北矣,齐、陈以女色亡;元魏以淫后亡。隋文帝起外戚以篡周,唐高祖主外戚,窃宫嫔以取隋。太宗宠武才人,开聚麀之丑,子孙歼焉。禄山之起,为太真妃也,唐虽未亡于此,而已衰于此矣。河朔失而劲兵亡,东南虚而蛮祸起,非权舆于天宝末乎?朱梁以女宠开子祸而亡,後唐庄宗以刘后杀功臣、勒军赏而亡,皆女子之为也。”(《文献通考》卷二五一《帝系二》)把妇女当成耽乐的玩物是人类连兽性都不如的堕落。罪恶的根源是不合理的制度,具体罪责的承担者是男性。这个道理,现在大概很少有人能否认了。鲁迅在谈到这个问题时,曾引亡宋宫女的诗:“君王城上树降旗,贱妾深宫那得知。四十万军齐解甲,更无一个是男儿。”荒于女色只是君主其人腐朽糜烂的表现之一。一个在生活上腐朽糜烂透顶的人怎么能在政治上不陷于怠惰、昏聩的呢?还应该指出,所谓女主干政,多数情况下,是因为皇帝无能或无力乃至耽乐无暇,而在政治上深切地感到猜忌和孤立;作为孤家寡人的皇帝,已经陷入任何人都不敢信任的绝望境地,他惟一感到可以依靠的已只有自己的老婆。而这个老婆恰恰又是热中权力的悍妇。应该承认,在封建社会男女不平等的大环境里,妇女在文化教养、社会经历和政治经验等方面,都是比较缺乏的。这就导致她们在有机会参与和从事实际政治活动时,缺乏见识和能力。因此,在历史上女主干政而有助于政治清明的事实虽说也有,但终究只是少数。这是不容否认的。传统的评论者都把后妃不干预外庭政务作为后德至美的表现。汉光武的马皇后、唐太宗的长孙皇后、明太祖的马皇后都是生活朴质,为人宽厚,而且是以不预朝政而律己甚严的典范。为了防止女主干政,曹魏明确规定外臣不得奏事母后(文帝黄初三年)。明初,明太祖申严宫禁,皇后不得预外事。(《典故纪闻》卷二)不过,这种现象事实上很难于避免。

内宫虽是隔在九重,但是也决不是一片净土。正相反,那里同样弥漫着由权欲所驱动的血与火的争夺;很多时候,这种争夺又是与外廷的权力竞争紧密相连,相互促动,有力地影响朝政的发展。两汉的外戚,借助裙带而官据要津,总纲朝政。他们与皇后视为一体,一荣俱荣,一败皆败。而皇后的立废,又直接影响皇太子的地位;反过来也是如此。皇后、太子与外戚,往往是三位一体的。可见身处深宫的皇后本人,即使把不问外廷政事奉为科条,也始终悬命在政治权力争夺的旋流中,身不由己。譬如汉武帝的卫皇后,原是一名歌女,邂逅得幸,生太子据,得册立为皇后。弟弟卫青,姊子霍去病,都是当时极盛的权贵。霍、卫的功业固然是由于他们卓越的军事天才与成就,然就其出身而言,可以说,没有卫皇后,也就没有霍、卫脱颖而出的机缘。而一旦太子和武帝之间的矛盾爆发,太子兵败,逃亡,自杀,无辜的卫皇后也被废自杀。功勋卓著的卫氏一门,也悉遭惩灭。至于外戚在外朝的政争中失败,而累及宫中的皇后被废,也是历史上常见的事例。在无尽的权力角逐中,蛰处深宫、不问外事的皇后,事实上却是想躲也躲不开的。

后妃之间,为了争宠、争位,也进行着肮脏与残酷的斗争。争宠也便是为了争位。晋武帝喜乘羊车在宫中漫游,恣其所之,就于所至之处宴寝。羊性喜吃新鲜竹叶和黏咸,于是宫人便在自己的宫门外竞相插上竹枝,洒上盐水,以吸引羊来。隋炀帝的西苑十六院,每院有四品夫人居之。她们都竞以殽馔精丽相高,求市恩宠。吕后在刘邦死後报旧怨于戚夫人,"遂断戚夫人手足,去眼、煇耳,饮暗药,使居厕中,命曰人彘"(《资治通鉴》卷一二)。晋惠帝皇后贾氏"性酷虐,尝手杀数人。或以戟掷孕妾,子随刃堕地"(《晋书》卷三一《后妃上》)。真正心狠手辣、不择手段,全无人性的要数武则天。唐高宗王皇后无子,帝有宠于萧淑妃。王皇后知道高宗未忘情于被安置作女尼的原太宗才人武氏,于是便把他引进宫,联合起来,达到排挤萧淑妃的目的。武氏得宠後又反过来排陷王皇后。武氏生下一女,王皇后前来探看。武氏在王皇后离去後,亲手将女婴掐死,诬陷为王皇后所杀,最终达到了废王皇后而代之的野心。被废黜的王皇后和萧淑妃都被她"杖二人百,剔其手足,反接投酿瓮中,曰:令二妪骨醉! 数日死,殊其尸"(《新唐书》卷七六《后妃传上》)。让我们今天读起来犹觉得毛骨悚然。

一般的妃嫔,唯一的希望就是有机会能够得到皇帝的御幸。据蔡邕的解释:"御,进也。凡衣服加于身,饮食入于口,妃妾接于寝,皆曰御。亲爱者皆曰幸。"(《独断》)如果能生下来一个王子,那就是天大的幸运。极少数人也因缘时会,所生的王子後来终于成了皇帝,于是她便生时得跻列皇太后之尊,虽死也可以得到一个皇后的封赠。不过,许多妃嫔一辈子连皇帝的面都很少能够见到,临幸的机会更是难期于万一。她们中的绝大多数都是凄苦寂寞、老死深宫。即便是那些青年时候以色得幸的妃嫔,如果不见生育,待到人老珠黄、色衰爱弛的时候,也就变成一个锦衣玉食的活死人了。一般的宫女命运更加悲惨。白居易写过一首题为《上阳白发人》的诗,它是一篇宫女们对天无告的血泪控诉。

> 上阳人,红颜暗老白发新。
> 绿衣监使守宫门,一闭上阳多少春。
> 玄宗末岁初选入,入时十六今六十。
> 同时采择百余人,零落年深残此身。
> 忆昔吞悲别亲族,扶入车中不教哭。
> 皆云入内便承恩,脸似芙蓉胸似玉。
> 未容君王得见面,已被杨妃遥侧目。
> 妒令潜配上阳宫,一生遂向空房宿。
> 宿空房,秋夜长,夜长无寐天不明。
> 耿耿残灯背壁影,萧萧暗雨打窗声。
> 春日迟,日迟独坐天难暮。
> 宫莺百啭愁厌闻,梁燕双栖老休妒。
> 莺归燕去长悄然,春往秋来不记年。
> 唯向深宫望明月,东西四五百回圆。
> 今日宫中年最老,大家遥赐尚书号。
> 小头鞋履窄衣裳,青黛点眉眉细长。
> 外人不见见应笑,天宝末年时世妆。
> 上阳人,苦最多,少亦苦,老亦苦,
> 少苦老苦两如何?
> 君不见,昔时吕向美人赋;
> 又不见,今日上阳白发歌。

在极度怨愤的激励下,这些冤苦难名的弱女子,也曾干出过震惊当时的大事来。东晋的孝武帝司马曜荒于酒色,每天都很少有清醒的时候。他宠幸的张夫人年纪快三十岁了。一天,他对已被玩弄腻了的张夫人说:你这年纪已到了当废黜的时候了。张夫人怒恨交加,当晚,这位皇帝酗醉,遂致"暴崩"。当时人就怀疑这是张夫人行弑。唐宣宗大中中,宫女谋弑,为宦官季寰救免。金世宗大定二年,放免一小批宫女,称心等数人在放遣之例,所司失于检照,不得出宫,她们遂于十六位放火,延及太和、神龙、厚德诸殿。明世宗嘉靖二十一年十月,宫婢杨金英、苏川英、张玉香、邢翠莲、姚淑翠、杨翠英、关梅秀、刘妙莲、陈菊花、王秀兰与宁嫔王氏联合,乘世宗睡熟时,用绫带把这个皇帝勒至半死。另一个宫婢张金莲急忙告变于皇后,立刻抢救,才保住了这条命。预乱的人及其全不知情的族属皆被处死。世宗也从此移居西苑,不敢再回到大内来。(《国榷》卷五七)这都是那些幽闭深宫的弱女子,在走投无路的情况下激成的绝望挣扎。

(二) 宦 官 组 织

给事宫庭的内侍组织,在秦、汉时代属少府。少府掌山泽陂池之税,以供宫内的用度,并通掌宫中服御诸物,如衣服、宝货、珍膳之属。主持这些工作的有六丞。属官有尚书(文书之任)、符节(掌符玺)、太医(掌医药)、太官(掌御饮食)、汤官(主饼饵)、导官(主舂御米及作干糒)、乐府(主歌舞)、若卢(主诏狱,或曰藏兵器)、考工室(主作兵器、弓弩、刀铠之属,成则传执金吾入武库,及主织绶诸杂工)、左弋(佐助弋射之事)、居室、甘泉居室、左右司空、东织、西织、东园匠(主造陵内冥器)十六官令丞。又有胞人(即庖人,掌宰割)、都水(主陂泽)、均官(主市贾)三长丞。上林中十池监。还有中书谒者(掌凡选署及奏下尚书文书众事)、黄门(以宦者为之,主宫中诸宦者)、钩盾(宦者,典诸近池苑囿游观之处）、尚方(掌上手工作御刀剑诸好器物)、御府(宦者,典官婢,作中衣服及补浣之属)、永巷(宦者,典宫婢侍使)、内者(掌中布张诸衣物)、宦者七官令丞。诸仆射署长、中黄门皆属之。当时的少府所属,并不都是宦官。武帝时,内侍的规模和人数,随着内朝对政务的控制、宫苑的扩建、妃嫔人等的增加,以及游幸、弋猎等活动的增多,也日形扩大。武帝更考工室为考工、左弋为佽飞、居室为保宫、甘泉居室为昆台、永巷为掖廷。佽飞设九丞两尉,太官七丞,昆台五丞,乐府三丞,掖廷八丞,宦者七丞,钩盾五丞两尉。内廷的迅速膨胀,以及皇权的进一步强化,是汉武帝时政权的一大特点,有关的讨论,我们在下篇中还要详细叙述。

东汉的少府属官,与西汉相比,一方面是那些掌领宫中生活杂役的部门,通过简省而更为集中。撤除了宦者、昆台、佽飞三令二十一丞以及一些机构,所存有太医、太官、上林苑令、黄门、中黄门冗从仆射、掖廷、永巷、御府、钩盾、中藏府、内者、尚方等单位。另一方面,有关从事政务的侍从则大大增多。据《后汉书·百官志》所列:

　　侍中,比二千石,无定员,掌侍左右赞导众事,顾问应对。法驾出,则多识者一人参乘;余皆骑,在乘舆车后。本有仆射一人,中兴转为祭酒,或置或否。

　　中常侍,千石(后增为比二千石),宦者,无定员,以宦官充,掌侍左右,从入内宫赞导内众事,顾问应对给事。

　　黄门侍郎,六百石,无定员,侍从左右,给事中,关通中外,及诸王朝见于殿中,引王就坐。

　　小黄门,六百石,宦者,无定员,掌侍左右,受尚书事。上在内宫,关通中外,及中宫已下众事。诸公主及王太妃等有疾苦,则使问之。

中黄门，无定员，宦者，比三百石，掌给事禁中。

尚书令，一人，千石，掌凡选署及奏下尚书文书众事。

尚书仆射，一人，六百石，署尚书事，令不在，则奏下众事。

尚书，六人，六百石。西汉成帝初置四人，分四曹，东汉增为六曹。

左右丞，各一人，四百石，掌录文书期会。

侍郎，三十六人，四百石，一曹六人，主作文书起草。

令史，十八人，二百石。各曹有三主书，后增剧曹三人，合二十一人。

符节令，一人，六百石。

御史中丞，一人，千石。

兰台令史，六百石。

以上这些官员，皆所谓"以文属"，即以文书参赞而给事皇帝左右。它们的大量增多，表明皇帝直接参与和掌握外朝政务的活动较前大大地加多了。此外，应该特别提出的是，在属官中，宦者的数字也大为增多。其中如中常侍、小黄门、中黄门、黄门令、中黄门冗从仆射、掖廷令、永巷令、御府令、钩盾令等，皆以宦者充之。后廷与外廷的分限趋于严格。如中常侍、小黄门，原皆以族姓担任。"自和熹太后以女主称制，不接公卿，乃以阉人为常侍、小黄门，通命两宫。自此以来，悉用阉人，不调他士。"（《通典》卷二七《职官·诸卿下》）

经过魏晋南北朝的发展，到了唐代，原少府的一些政务官整齐为中书与门下两省，而原少府与大长秋所属的宫中器用生产与诸职役，则分别为少府、殿中监和内侍者承担。唐少府监之职，"掌百工伎巧之政令，总中尚、左尚、右尚、织染、掌冶五署之官属，庀其工徒，谨其缮作"。中尚掌供郊祀之圭璧及岁时乘舆玩器、中宫服饰、雕文错彩、珍丽之制。左尚掌车舆制造，右尚掌鞍、帐及刀剑等物，织染掌造冠冕，掌冶掌铜铁铸造。可知它们已成为专供制造宫廷部分器用的工官。而殿中监所掌，则有尚食、尚药、尚衣、尚舍、尚乘、尚辇六局，专理内廷之供奉。至于内侍省，则成为一个专由宦官组成的内宫服役组织。

内侍省置监二人、少监二人、内侍四人。监掌内侍奉，宣制令，从三品。下设掖廷、宫闱、奚官、内仆、内府、内坊六局。少监、内侍为之贰。内常侍六人，通判省事。内给事十人，掌丞旨劳问，分判省事。内谒者监十人，掌仪法、宣奏、承敕令及外命妇名帐。内谒者十二人，掌诸亲命妇朝集班位，分莅诸门。内寺伯六人，掌纠察宫内不法。寺人六人，掌皇后出入执御刀冗从。掖廷局，掌宫人簿帐、女工。宫教博士，掌教习宫人书、算、众艺。监作，掌监莅杂作，典工役。宫闱局，掌侍宫闱，出入管籥。奚官局，掌奚隶、工役、宫官之品。内仆局，掌中官车乘。内府局，掌中藏宝货给纳之数，及供灯烛、汤沐、张设。太子内坊局，掌东宫阁内及宫人粮禀。（《新唐书》卷四七《百官二·内侍省》）

宦，《文选》李注："养也，养阉人使其看宫人。"（卷五十《宦者传论》）对这种人的称呼有很多：宦官、宦者、宦人、阉人、阉宦、寺人、腐人、中宫、太监、貂珰、内官、中宫、中人、内侍、内监等等。他们是一种经过阉割，丧失性与生殖能力的男子。皇帝的内宫是宫女嫔妃的世界，除皇帝外，不允许别有男性存在。但生活中某些职役，包括对外联系，又不是女性所可以完全担负。这就为这种特殊人的存在，提出了必不可少的需要与可能。《后汉书·宦者列传》："《易》曰：'天垂象，圣人则之。'宦者四星，在皇位之侧。故《周礼》置官，亦备其数。阍者守中门之禁。寺人掌女宫之戒。又云：'王之正内者五人。'《月令》：'仲冬，命阉尹审门闾、谨房室。'《诗》之《小雅》，亦有《巷伯》刺谗之篇。然宦人之在王朝者，其来旧矣!"(卷七八)据推测,早在夏、商时期,中国可能已使用宦者。周以后,则已多见于文献。然春秋之前,"内竖之名见于载籍,而官号之次,即无闻焉"。"战国之际,赵有宦者令之职。秦并天下,并建官号。少府之属,有中书谒者、黄门、钩盾、尚方、御府、永巷、内者、宦者七官令丞,诸仆射、署长、中黄门皆属焉。其詹事之属,又有中长秋、私府、永巷、宫厩、祠祀、食官令长丞诸官皆属焉。又有将行为皇后卿及中常侍之职。汉因之。"(《册府元龟·内臣部》总序)这就表明,宦官制度实际上是秦以来专制主义皇权制度的派生物。从政治角度看,由皇帝个人,采专制独断的办法,统治一个广袤的东方大国,而自己又身处九重,与外隔绝,他惟一可以依赖的只是供奉在自己周围、与外界又无奥援的宦者。尤其是母后或女主擅政的情况下,"万机殷远,朝臣国议,无由参断帷幄,称制下令,不出房闱之间,不得不委用刑人,寄之国命。手握王爵,口含天宪,非复掖廷永巷之职,闺牖房闼之任也"(《后汉书》卷七八《宦者列传》)。再从生活的需要看,内宫的职役也离不开宦男。因此,正如皇帝必需有一大批服役内宫的宦官一样,专制皇权制度也便必然产生了作为皇帝近侍心腹的宦官进行窃权、乃至擅权的土壤。在中国古代的政治舞台上,宦官始终扮演着重要的角色,甚至多次影响到皇帝本人的立废,乃至朝代的衰亡。

宦者的来源主要是遭受腐刑的罪犯或者是出身低贱的人奴。他们在生理上和心理上都受到极大的摧残,并受到人们的贱视,因此,他们的心态是很不正常的。司马迁《报任少卿书》极言其伤痛说:"悲莫痛于伤心,行莫丑于辱先,而诟莫大于宫刑。刑余之人,无所比数,非一世也,所从来远矣!"在这种心态下活下来的人,能够像司马迁那样发愤而大有作为的人,终究只是凤毛麟角;而一般人则是人性被扭曲、感情受侮辱、性格呈变态。大则暴戾恣睢,贪婪无耻;小则乖僻异常,不近情理。而一旦让这种人掌握了权力,甚至窃取到一部或大部分无上皇权,浊乱败坏,无所不为,自然是不可避免的。秦赵高的窃权乱政就是一个鲜明的例子。

汉初,吕后称制,便以宦者张卿为大谒者,出入卧内,受宣诏命。武帝游宴后廷,又或潜游离宫,故臣下请赞机务,多以宦人主之,宦官的数字也在这个时候大增。元帝耽于享乐,且病弱不亲政事,但又担心大权旁落,认为"中人无外党,精专可信任,遂委以政",于是宦官石显被任为中书令,"事无大小,因显白决,贵幸倾朝,百僚皆敬事显"(《汉书》卷九三《佞幸·石显传》)。东汉时,省禁之内,悉用阉人,不复杂调他士。① 和帝以后的东汉皇帝,都是幼年嗣位,母后当政,外戚擅权。和帝十岁即位,外戚窦宪兄弟专权,隔限内外,群臣无由得接,乃独与宦者郑众定谋收宪,宦官有权自此始。(《廿二史札记》卷五《东汉宦官》)从此,就开始形成外戚与宦官的相互争夺,交替擅权的局面。和帝死,皇后邓氏和她的哥哥邓骘主政。安帝成长以后,援宦官李闰、江京、樊丰、刘安等诛灭了邓氏家族,宦官因此势力益张。安帝皇后阎氏家族也代之兴盛,阎显兄弟并为卿校,典领禁兵。安帝死,阎显与江京合谋,诛徙樊丰、王圣等,以巩固自己的势力。但好景不常,他们所援立的北乡侯即位不及一年,便遭夭折。宦官孙程乘机拥立顺帝,尽诛阎显兄弟及党附他们的宦官江京、刘安、陈达。顺帝既立,后父梁商以大将军辅政,"尊亲莫二"。宦官张逵、蘧政、石光等曾阴谋废顺帝,失败。顺帝死,梁后与兄梁冀先后立冲帝(病死)、质帝(为梁

---

① 《后汉书》卷七八《宦者列传》云:"中兴之初,宦官悉用阉人,不复杂调它士。"《中国皇帝制度》的作者据此推定,"凡帝王身边的亲幸之人皆可以称为宦官","直到东汉,宦官才成为阉人的专用名词"。这确是值得研究的。《宦者列传》的这段话,很早就引起许多人的怀疑。《集解》引刘攽云:"案自前汉,宦官即是阉子,何乃言中兴乎?盖宦字当作内,谓省内官不用它士也。"《文献通考》卷五七引范文,则径作"中兴之初,内官悉用阉人。"此中消息,尚多疑点,留以待专家。

冀毒死)和桓帝。桓帝积愤难平,与小黄门单超、左悺、具瑗、徐璜、唐衡定谋杀死梁冀。超等五人皆以功封侯。桓帝死,后父窦武与超等定策立灵帝,窦后临朝,武入居禁中辅政。窦武谋除宦官,结果反为宦官曹节、王甫等所害。灵帝死,嗣位的少帝未及半年又死,献帝即位。灵帝皇后何氏临朝,后兄何进以大将军辅政。何进亦谋诛宦官,又为宦官张让、段珪等十常侍所害。何进的同谋、司隶校尉袁绍勒兵入京,捕宦者无少长尽诛之,死者二千余人。宦官诛灭了,东汉王朝也同时走上了灭亡的道路。

当袁绍尽诛宦官之后,当时宫廷侍御"复用士人,阃闱出入,莫有切禁,侍中、侍郎、门部驺宰,中外杂错,丑声彰闻"(《通典》卷二七《职官九·内侍省》)。由此可见,宫廷中缺少了宦官是行不通的;而有宦官则又不可避免地要产生宦官窃权擅政。赵翼所谓:"盖地居禁密,日在人主耳目之前,本易窥嚬笑而售谗谀。人主不觉,意为之移。范蔚宗(晔)《传》论谓宦者渐染朝事,颇识典故,少主凭谨旧之庸;女主资出纳之命。及其传达于外,则手握王命,口衔天宪,莫能辩其真伪。故威力常在阴阳奥窔之间。迨势焰既盛,内外悉受指挥,即亲臣、重臣竭力以谋去之,而反为所噬。"(《廿二史札记》卷五《东汉宦官》)君主专制与宦官窃权、擅权,是天生的孪兄弟,因此,它从秦到清,虽程度不等,但宦官之患,无代无之。

两汉时代的内廷之职,至少在前期犹是宦官与士人参用。武帝时,孔安国为侍中,帝以其为儒者,听掌御唾壶,朝廷荣之。(《通典》卷廿一《侍中》)宦者队伍中,也有像司马迁、张贺、许广汉等一时名流。士与宦的界限仍不是十分严格的。宦官们广接士夫。灵帝时,中常侍张让家谒者盈门,门外的车恒数百千辆。顺帝时大长秋良贺,"阳嘉中,诏九卿举武猛,贺独无所荐。帝引问其故。对曰:'臣生自草茅,长于宫掖,既无知人之明,又未尝交动士类。'"可证当时不广交士大夫的大宦官,只是少数的例外。曹腾用事省闼三十余年,奉事四帝,"其所进达,皆海内名人"。当时的这些大宦官,都是"素所亲厚,布在州郡,或登九列,或据三司"(《后汉书》卷七八《宦者列传》)。宦官本人多拥高爵,在京师和家乡都广建宅地,"又养其疏属或乞嗣异姓、或买苍头为子,并以传国袭封,兄弟姻戚皆宰临州郡,辜较百姓","宗族宾客,虐遍天下"。如桓帝时的单超,弟安为河东太守,弟子匡为济阴太守。徐璜弟盛为河内太守,左悺弟敏为陈留太守,具瑗兄恭为沛相。黄巾起义,张钧上书,中有"窃惟张角所以能兴兵作乱,万人所以乐附之者,其源皆由十常侍多放父兄子弟、婚亲宾客,典据州郡,辜榷财利,侵掠百姓。百姓之冤无所告诉,故谋议不轨,聚为盗贼"(同上《张让传》)。这都说明,当时的宦官,除给役内廷外,他们同时在社会上广泛活动,很少限制。所以,赵翼在评论汉代宦官之患时,说,与唐代、明代不同,"东汉则先害民而及于国","流毒遍天下"。东汉的宦官并不亲掌实权,但正因为他们有自由和广泛的社会联系,所以只要骗取到皇帝的信任,就可以肆行为恶。而一旦皇帝感到厌恶,也便可以较容易地黜除。

唐朝在太宗时对宦官的限制甚严,官无得过四品,不任以事,惟门阁守御,廷内扫除,禀食而已。中宗时增至二千余人。玄宗时,后宫既盛,宦者随增,黄衣以上达三千员,衣朱紫者千余人。高力士以恩宠、杨思勖以军功,皆官拜大将军,阶至从一品。晚年令高力士省决章奏,乃至进退将相,亦时与议之。自太子、王公皆畏事之。宦官势力从此日炽。李辅国、鱼朝恩、程元振等皆贵幸无比。李辅国任元帅行军司马、程元振继之,鱼朝恩任观军容使。不过他们还只是暂时的管摄,尚未得常主兵柄。德宗时,泾源兵变,禁军仓卒不及征集。乱平返都之后,忌宿将难制,不欲以武臣典禁兵,乃以神策、天威等军置护军中尉、中护军等职,以宦官窦文场、霍仙鸣等主之,于是禁军的统帅权尽属宦官。与此同时,一个由宦官担任的机要组织枢密已开始分割与取代宰相的权力,成为政府的枢要。《文献通考》谓:"枢密之名,始于唐代宗宠任宦者,故置内枢密使,使之掌机密文书,如汉之中书谒者令是也。若内中处分,则令内枢密使宣付中书门下施行,则其权任已侔宰相。至僖、昭间,杨复恭、西门季元之徒遂至于视事行文书矣。"(卷五八《枢密院》)宦官既掌握了禁军的指挥权、又攫取宰相大部分的定策、行政权,"是二者,皆极要重之地,有一已足揽权树威,挟制中外,况二者尽为其所操乎! 其始犹假宠窃灵,挟主势以制下;其后积重难返,居肘腋之地,为腹心之患,即人主废置亦在掌握中"(《廿二史札记》卷二十《唐代宦官之祸》)。唐自穆宗以后的八世皇帝中,有七个就是由宦官所操立。王守澄既与内侍陈弘志弑宪宗,复与中尉马进潭、梁守谦、刘承偕、韦元素等册立穆宗。穆宗死,敬宗立,才二年,夜猎还宫,与中官刘克明、田务成、许文端等酺饮,醉,入内更衣,殿中烛忽灭,帝遂遇害。枢密使王守澄、中尉梁守谦率禁军讨平乱党,迎江王即位,是为文宗。文宗死,中尉仇世良、鱼宏志矫诏废太子,而立颍王瀍为皇太弟继位,是为武宗。武宗死,中尉马元贽立光王怡为皇太叔继位,是为宣宗。宣宗死,中尉王宗实、丌元实矫诏立郓王为皇太子即位,是为懿宗。懿宗死,中尉刘行深、韩文约立普王为皇太子即位,是为僖宗。僖宗死,群臣以吉王保贤且长,欲立之。观军容使杨复恭率兵迎寿王为皇太弟继位,是为昭宗。这一连串皇帝的继立都成了军权在握的宦官们手中的木偶。司马光尖锐地指出:"东汉之衰,宦官最名骄横,然皆假人主之权,依凭城社,以浊乱天下,未有能劫胁天子,如制婴儿,废置在手,东西出其意,使天子畏之若乘虎狼而挟蛇虺如唐之世者也。所以然者,非他,汉不握兵,唐握兵故也。"(《资治通鉴》卷二六三)朱元璋也正确地总结说:"汉末之时,宦官虽号骄纵,尚无兵权。故凡所为,不过假人主之名,以浊乱四海。至唐世以兵柄授之,驯至权势之盛,劫胁天子,废兴在其掌握。"(《洪武宝训》卷四《评古》)唐时呼朝士为南司、南衙;宦官则典兵在禁城之北,故称北司。南衙北司之间,斗争十分激烈。

明初,朱元璋对于宦官的防范,十分严密。洪武二年,定置内使监奉御凡六十人(《见闻杂记》卷一)。十七年,诏内官勿预外事,凡诸司勿与内官监文移往来(《典故纪闻》卷四)。内官以太监为长,秩无过四品,不得兼外臣文武衔,不得服外臣冠服。宫门树铁牌,上镌"内臣不得干预政事,预者斩"(《明史》卷三〇四《宦官一》)。内监总领十二监:神宫、尚宝、陵神宫、尚膳、尚衣、司设、司礼、内官、御马、印绶、直殿、都知;八局:兵仗、内织染、针工、巾帽、司苑、酒醋面、浣衣、银作;四司:钟鼓、惜薪、宝钞、混堂。合称为二十四衙门。此外,又有司钥、内承运、内府供用三库。嗣后复有东、西厂之设,皆由宦官主领。司礼监为"监中第一署,其长与首揆对柄机要,金书秉笔与管文书则职同次相。其僚佐及小内使,俱以内翰自命,若外之词林,且常服亦稍异。其宦官在别署者见之,必叩头称为上司,虽童稚亦以清流自居,晏然不为礼也"(《万历野获编补遗》卷一《内监·内官定制》)。"司礼掌印,首珰最尊,其权视首揆。"(同上卷六《内监·内臣兼掌印厂》)

朱元璋曾自认为设法严密,超迈前朝,足以防止宦官窃权、擅权之患,说:"大抵此曹只充使令,岂可使之当要路,执政操权,擅作福威?朕深鉴前辙,自左右服役之外,重者不过俾传令四方而已。彼既无威福可以动人,岂能为患?但遇有罪,必罚无赦,彼自不敢骄纵也。"(《洪武宝训》卷四《评古》)然而,正因为宦官乱政这一痼疾的根源在于专制主义皇权本身,所以,朱元璋的这些规定,不旋踵便有的破坏,有的失效。譬如,朱元璋规定宦官不得预政,但等到成祖时,就发生了根本的变化。"盖明世宦官出使、专征、监军、分镇、刺臣民隐事诸大权,皆自永乐间始"。又如:"初,太祖制:内臣不许读书识字。后宣宗设内书堂,选小内侍,令大学士陈山教习之,遂为定制。"这时宦官差出颇多,然事完即回。(《明史》卷三〇四《宦官一》)英宗以龆龄继位,不能日接大臣,于是始有中人票旨径行的现象。继王振之后,宪宗时有汪直,武宗时有刘瑾,世宗时有冯保,到熹宗时的魏忠贤而达于极点。史载魏忠贤"岁数出,辄坐文轩,羽幢青盖,四马若飞,铙鼓鸣镝之声,轰隐黄埃中。锦衣玉带靴袴握刀者,夹左右驰,厨传、优伶、百戏、舆隶相随,属以万数。百司章奏,置急足驰白乃下。所过,士大夫遮道拜伏,至呼九千岁。忠贤顾盼未尝及也"(同上《魏忠贤传》)。朝臣党附者,有五虎、五彪、十狗、十孩儿、四十孙之号。武宗时的权宦刘瑾被抄家,计其所有:金二十四万锭又五万七千八百两,元宝百万锭,银八百万(锭)又一百五十八万三千六百两。宝石二斗,金钟二千,金钩三千,玉带四千一百六十二束,狮蛮带二束……以上金共一千二百五万七千八百两,银共二万五千九百五十八万三千八百两。(《继世纪闻》卷三)魏忠贤的权势又超刘瑾而过之,其所搜括的财货自然比这个数更大得多。晚期的宦官,不但把持朝政,且干预外政",如边方镇守,京营掌兵,经理内外仓场,提督营造,珠池、银矿,市舶,织染等事,无处无之。""呼唤府部官如呼所属,公侯驸马伯路遇内官,反回避之,且称呼以翁父矣。"(《菽园杂记》卷四、刘若愚《酌中志》)

明代宦官的活动,其特点有三。

一是"批朱"。明制:臣下所有奏章的批答,先由阁臣草拟,谓之"票拟",再由皇帝以朱笔批出施行,故谓之"批朱"或"批红"。实际上,每天皇帝亲批只是少数几本,大量的则由司礼监的秉笔太监代行。赵翼指出:"明之司礼秉笔太监,正与唐之枢密使相似。凡本章进御,固由内阁票拟;或因事降旨,不召阁臣面谕,则令司礼监粗写事目,送阁撰拟。""盖前代君臣之间,不常接见,有所发诏命,则写大意付阁撰拟,其始当是御笔自书,后遂命司礼监秉笔者代书,正唐时枢密使之职也。"(《陔余丛考》卷二十《前明司礼监即枢密院》)内阁大臣与皇帝间的联系,完全依靠宦官来进行。宦官名正言顺地成为口衔天宪的皇帝代理人,内阁几乎成了宦官的附庸。

二是东、西厂特务组织的设置。我们在上文里已经简要叙及。厂的指挥属司礼监,以秉笔太监之第二人或第三人充任提督,然每奏事时,司礼掌印太监亦须回避。嘉靖中,始命司礼掌印太监麦福兼理东厂,"自此内廷事体一变"。

三是一度使用宦官来搜括全国的财富,有矿监、税监、织造、市舶、营造、采珠、盐监等名色。这种作法从明中叶开始,代或有之,到了神宗时期,其风愈烈。"通都大邑,皆有税监,两淮则有盐监,广东则有珠监。或专遣、或兼摄、大珰小监,纵横绎骚,吸髓饮血,以供进奉。"(《明史》卷三〇五《宦官二·陈增传》)"御题黄纛,遍布关津;圣旨朱牌,委亵菲屋。遂使三家之村,鸡犬悉尽;五都之市,丝粟皆空。"(同上卷二二三《王士昌传》)流毒所及,"宇内已无尺寸净地"。甚至地方官也横遭凌辱。"参督抚,鸠按臣,视为恒事。至于守令以下,但云阻挠,即遣缇骑;但云贪肆,即行追赃,直奴隶视之而已。"(《万历野获编》卷六《内监·门竖偿命》)税监的横暴,多次激成地方民变。史言明之亡,不亡于崇祯,而亡于万历。税监之扰,就是致明于亡的主要原因之一。

卓越的思想家黄宗羲,在评论明代宦官制度时,曾经指出:"阉宦之祸,历汉、唐、宋而相寻无已,然未有若有明之为烈也。汉、唐、宋有干与朝政之阉宦,无奉行阉宦之朝政。今夫宰相六部,朝政所自出也,而本章之批答,先有口传,后有票拟。天下之财富,先内库而后太仓。天下之刑狱,先东厂而后法司。其他无不皆然。则是宰相六部为奄宦奉行之员而已。""汉、唐、宋之奄宦,乘人主之昏而后可以得志,有明则格局已定,牵挽相杂。以毅宗(即崇祯)之哲王,始而疑之,终不能舍之,卒之临死而不能与廷臣一见,其祸未有若是之烈也。"(《明夷待访录·阉宦上》)黄宗羲极言有明一代,"一世之人心、学术,为奴婢之归者,皆阉宦之为也"。然而,又是什么原因导致有明阉宦之祸,益烈于前代的呢?从根本上讲,还必须从极端专制主义皇权的形成与发展上来探讨。这个问题,我们在下篇中还要详细来讨论。

清初,有儆于明朝阉宦之祸,顺治十二年,诏谕:"朕今裁定内官衙门及员数、职掌、法制甚明。以后但有犯法干政,窃权纳贿,嘱托内外衙门,结纳满汉官员,越分擅奏外事,上言官吏贤否者,即行凌迟处死,定不姑贷。特立铁碑,世世遵守。钦此。"(《癸巳类稿》卷九《太监》)清初太监置十三衙门,旋撤,改隶内务府。乾隆时期,宫中苑囿,其人数不越三千,比起明代数万之巨,是简省多了。对宦官干预外政的控制,也一直是比较严格,晚期的情况才又有所改变,这同女主干政又是直接相关的。宦官之祸,是和封建专制主义皇权制度相始终的。

第八章 继位与分封

（一）太子与继承

皇帝的儿子中，作为储君而册立的叫太子、或皇太子；此外的其他儿子则称王子。不过，我们这样说也远非绝对。在元朝，立为储君的弟弟也称皇太子；早期蒙古的诸王子，也例以太子称呼。任何事情，大概都是不乏例外可寻的。

作为储君，太子的问题，也就被认为是关系国本的大问题。唐宋务光上书，说："臣闻太子者，君之贰，国之本，所以守器承祧，养民赞业。"（《新唐书》卷一一八本传）因此，册立太子，在当时是一个国运攸关的严重问题。《白虎通》所谓："国在立太子者，防篡煞，压臣子之乱也。"（卷四《封公侯》）后汉人袁宏也说："夫建太子，所以重宗统，一民心也。"（《资治通鉴》卷四三）显然，择立皇太子、培养皇太子，并保证传位的顺利完成，确是一个关涉国家根本的重大政务；同时，也一直成为折腾和苦恼老皇帝，使他往往死不瞑目的老大难问题。皇帝这个富有天下、贵极人寰的位子太诱人了，古往今来，引来了无数"英雄"为之争夺厮杀。天下未定之时，争在群雄，演成竞争的残酷搏杀；天下既定，然老皇宴驾，同样也给觊觎者留下了希望，只不过这时大多是争在宫闱。兄弟子侄之间，为了抢班而骨肉相残、腥风血雨的事也是史不绝书的。因此，当时人都主张早立太子,"预建太子,所以重宗庙社稷,不忘天下也。"

从西周开始,王位继承的原则,基本上是明确的,即"立嫡以长不以贤,立子以贵不以长"。郑玄注:"嫡,谓嫡夫人之子,尊无与敌,故以齿。子,谓左右媵及侄娣之子,位有贵贱,又防其同时而生,故以贵也。礼,嫡夫人无子,立右媵;右媵无子,立左媵。左媵无子,立嫡侄娣……。"(《春秋公羊传注疏》卷一)按说,有了这样经典性的详尽规定,皇位的继承是不会发生问题了,但事实却是大谬不然。据杨鸿年、欧阳鑫两先生所著《中国政治史》统计,秦汉两代共二十六个皇帝,以嫡子继承皇位的只有西汉时三位;东汉竟没一位。两宋十八个皇帝,以嫡长继承的仅三位。明十六个皇帝中仅五位。可见嫡长继承这条规律,在实际生活中,远非决定性的。

造成这一现象的原因,除无嗣或嫡长死亡等自然原因之外,决定的因素无非是两条:一是老皇帝的喜爱;二是继位竞争者之间实力的对比。

首先,即使是以嫡长的身分,得立为太子,但太子位能否保得住,很大程度上决定于老皇帝的喜爱。隋文帝之于太子杨勇,唐太宗之于太子承乾,康熙之于太子允礽,都是喜爱发生变化,而终遭废黜的。太子这个位置,是候补的皇帝。对老皇帝而言,他意味着取代。他们之间,虽亲为父子,但权势所熏,确有熊掌难熟,干掉父皇帝的事情。刘宋的太子劭弑父文帝,既得太子位的杨广弑父隋文帝都是例子。至于政见不一,习性有差,这本是人情之常,但一旦发生在皇帝与太子之间,往往就会上升为原则的分歧。因此,作太子的总是战战兢兢,如履薄冰过日子。他的处境是非常特别的。相对于臣下言,这位未来的君主现在却是空有势而没有权。臣子们无论是拥护者或者是反对者,都希望在他身上投机。对于亲附他的人,他却不敢接近,因为那样将招来老皇帝的忌刻,认为他是在结党谋位。对于不满他的人,他又无力阻止他们借机进谗,动摇他的地位。因此,东宫永远是是非丛生,谗毁交集的所在。作太子的时间越长,被废黜的可能就更大。一旦老皇帝爱有所移,太子就会轻而易举地以"失德"而终被废黜。夜长梦多,日久变生,这也更刺激了熊掌难熟的心理。皇帝对皇后的色衰爱弛也往往影响作为嫡长的太子的储君地位。刘邦有宠于戚夫人,移爱于戚夫人所出之赵王如意,便要废吕后所生的太子刘盈。只是因为别有原因,终于作罢。① 汉武帝的儿子据,卫皇后所出,七岁立为皇太子。武帝末,卫后宠衰,江充用事。充与太子及卫氏有隙,遂以巫蛊诬太子。太子杀江充而举兵自卫,兵败自杀。唐高宗的太子忠,本后宫刘氏所生。由于王皇后不育,收为己子,故得立为太子。及王皇后被废,武氏有宠,忠不自安,固辞得允,降封梁王,然仍不免废为庶人,终身禁锢。当皇后不保时,儿子遭殃,这也是情理中的事,可见在择定继承人问题上,关键仍在于皇帝的意愿。

唯一能够改变这种意愿的,无它,只能是竞争者本人的实力。李世民的玄武门之变,朱棣的靖难之变,都是依靠自己的实力,剪除作了太子的哥哥与推翻侄皇帝,取而代之。在暴力面前,嫡长继承的道德规律就显得苍白无力。也有的时候,太子的废与立,外朝的权臣起着很大的作用,甚至完全操持在权臣、权宦、外戚的手中。这同样也是实力影响太子命运的事例。当雍正还是王子时,他的谋士戴铎曾上书为他策划。书中说:王子的地位很难处,"论者谓处庸众之父子易,处英明之父子难;处孤寡之手足易,处众多之手足难。何也? 处英明之父子也,不露其长,恐其见弃;过露其长,恐其见疑,此其所以为难。处众多之手足也,此有好竽,彼有好瑟;此

有所争,彼有所胜,此其所以为难"(《文献丛编》第三辑《戴铎奏折一》)。这无疑正是作皇太子的尴尬处境。不幸的是在皇帝当中即使不是英明之主,他们对权力的丧失也大多是十分敏感的;儿子又通常总是几个或一大群。

太子为了博取老皇帝的爱,最有效的办法就是伪,即善于伪装。在这方面,后来成了隋炀帝的杨广就是最好的标本。隋文帝直到临死,才看出他的真面目,痛悔莫及地说:"独孤(文帝后)误我。"为了对付自己的竞争对手,就只有拼死地争,即勾结党羽,发展势力,以求一逞。所以,没有巧妙的伪装,没有拼死的争夺,要想保住或争得太子的位置,几乎是不可能的。通过这一系列的手段,皇位即使得到手,但由继承引起的旧怨还远没有结束,为了彻底剪除旧日的竞争者,一场残酷的报复与杀戮,还要继续进行。刘宋的前废帝刘子业为了巩固帝位,把恐为外患的诸叔"皆聚之建康,拘于殿内,殴捶陵曳,无复人理。湘东王彧、建安王休仁、山阳王休祐皆肥壮,帝为竹笼,盛而称之。以彧尤肥,谓之猪王;谓休仁为杀王,休祐为贼王。以三王年长,尤恶之,常录以自随,不离左右。东海王祎,性凡劣,谓之驴王"。"尝以木槽盛饭,并杂食搅之,掘地为坑,实以泥水,裸彧内坑中,使以口就槽食之,用为欢笑。前后欲杀三王以十数;休仁多智数,每以谈笑佞谀说之,故得推延。"(《资治通鉴》卷一三〇)雍正即位之后,将他的兄弟允禩更名为"阿其那"(或谓意为狗),允禟更名"塞思黑"(或谓意为猪),残酷虐待致死。允䄉、允禵均遭迫害。所有这些,无一不是围绕继承这一问题所引发的暴行。

应该指出:嫡长继位制度是落后的宗法制度的核心,是一种僵死、丧失任何活力和阻塞任何发展的自杀性制度。自己的嫡长明明是一个弱智、白痴,但是也只好让他来继承皇位。晋武帝的儿子惠帝,"尝在华林园,闻虾蟆声,谓左右曰:'此鸣者为官乎?私乎?' 或对曰:'在官地为官,在私地为私。'及天下荒乱,百姓饿死,帝曰:'何不食肉糜?' 其蒙蔽皆此类也"(《晋书》卷四《惠帝》)。晋武帝当然知道他根本负担不了国君的重任,但废嫡必然引起诸子的纷争。因此,他尽管对儿子惠帝很不满,也只能按照常规,把皇位传给他。其结果,是"政出群下,纲纪大坏,货赂公行。势位之家,以贵陵物,忠贤路绝,谗邪得志,更相荐举,天下谓之互市焉"(同上)。西晋败亡,如此其速,和这低能儿皇帝是直接关连的。这种以天下为我私产的制度,其结果是:其得天下也,"屠毒天下之肝脑,离天下之子女,以博我一人之产业";其既得之后,则但求子孙万代,永保私产,而根本不问子孙是何等人样? 有何德才? 最终却是坏了国家,也同时毁了他们拼死争来的基业。

太子所居曰东宫。不过在西汉时候,东宫、东朝,指的却是皇太后,因为她的宫殿在长乐宫之东。把东宫当成太子的代名词,至少不晚于东汉。《后汉书·班彪传》载:"时,东宫初建。"就是证明。太子的东宫又称震宫,《易经》以震为长男,其方位为东,故云。(《东汉会要》卷二《杂录》)汉制:东宫置太傅、少傅,以辅导太子。其属官有太子门大夫、庶子、先(或作洗)马、舍人。又有詹事,统领率更、家令、丞、仆、中盾、卫率,厨、厩长丞。唐制则设太子太师、太傅、太保各一人;太子少师、少傅、少保各一人,以道德辅教太子,官不必备,唯其人,无其人则缺。通常多以朝臣之德高望重者兼任。譬如:唐太宗就曾特令魏徵领太子太师。詹事"统东宫三寺、十率府之政令,举其纲纪,而修其职务"(《唐六典》卷二六)。从总体上讲,东宫的官制以詹事府拟于外朝之尚书省,左右春坊拟中书、门下,三寺拟五监九寺,戍卫东宫的十率府拟十六卫禁军,是比拟外朝而小其规模建制的。

太子既身系国本之重,因此,对其教育与培养就是重大的政治问题。西汉的思想家贾谊、戴德等人都认为秦之速亡,是与对太子的教育培养密切相关的。他们都认为殷、周之所以享国长久,都是因为在这方面有过成功的经验。"古之王者,太子初生,固举以礼,使士负之。有司斋肃端冕,见之南郊,见于天也。过阙则下,过庙则趋,孝子之道也。故自为赤子而教固已行矣。昔者,周成王幼在襁褓之中,召公为太保,周公为太傅,太公为太师。保,保其身体;傅,傅之德义;师,道之教训:三公之职也。于是为置三少,皆上大夫也,曰少保、少傅、少师,是与太子燕者也,故孩提有识。三公、三少,固明孝仁礼义,以道习之,逐去邪人,不使见恶行。于是皆选天下之端士,孝悌博闻有道术者以卫翼之,使与太子居处出入。故太子初生而见正事,闻正言,行正道,左右前后皆正人也。习与正人居之,不能无正也。"(《新书·保傅》)《大戴礼记》的作者戴德,在《保傅》章中,同样强调这些观点,要求把太子自幼即以正人、正道相薰染,使"少成若性,习惯之为常"。古者太子八岁入小学,十五入太学,承师问道。"及太子既冠成人,免于保傅之严,则有司过之吏,有彻亏膳之宰,太子有过,史必书之。""于是有进善之旌,有诽谤之木,有敢谏之鼓,鼓夜诵诗,工诵正谏,士传民语。习与智长,故切而不攘,化与心成。"(卷三)历朝的君主,大体上都是企图循用这种古典式的儒学教育来培育太子的。大抵幼年的皇子,通常就以宫内有文化的妃嫔宫娥教读,如宋神宗时张夫人"久在宫掖,尝教哲宗、道君(徽宗)读书"。宋朝宫中专设有资善堂,设翊善、赞读、直讲等,教皇子书。东宫还曾特设小学教授。(《建炎以来朝野杂记》乙集卷十三)明朝建大本堂,教育诸皇子,后移至文华殿东厢房,教师多在阁臣与翰林中指派。"每早各官皆绣服进,俱行叩礼后分班立。东宫自座上背诵先日之书,毕,东讲官直上至地平前立,内侍授以牙签,手执指书而讲。《四书》讲毕,从西而下,横折过东,还班。西讲官从下横折过东,直上地平前,讲经如东仪。讲毕,从西下,横折还班。盖左进而右退,折旋中矩,礼也。书册皆向上。讲毕退食后，东宫乃易襁褓，金镶宝石或玉钩条，向西窗下习仿书一张。各官易素袍复进，通讲三日之书。"（《謇斋琐缀录一》）中期以后，讲读已流为形式。孝宗时东宫詹事吴宽上书："东宫讲学，寒暑风雨则止，朔望令节则止，一年不过数月，一月不过数日，一日不过数刻。"（《明会要》卷十四《东宫出阁讲学》）万历时，皇长子常洛出阁讲学，时已十四岁。二十年中辍学就达十二年之久。这样的学习，其效果自不难想见。清皇朝对于皇太子、皇子的教育是十分严格的。康熙就说过："自古帝王，莫不以预教储贰为国家根本。朕恐皇太子不深通学问，即未能明达治体，是以挚挚在念，面命耳提，自幼时勤加教育，训以礼节，不使一日遐免。"（《康熙起居注》，第 1638 页）

　　为了锻炼太子的实际工作能力，老皇帝往往让他们有机会参与政务。如梁武帝以萧统为太子（昭明），"自加元服，帝便使省万机，内外百司奏事者填塞于前"（《南史》卷五三）。元世祖忽必烈在至元十六年，用群臣请，"下诏皇太子燕王（真金）参决朝政，凡中书省、枢密院、御史台及百司之事，皆先启后闻"（《元史》卷一〇《世祖纪七》）。明太祖朱元璋在洪武十年，"命政事启皇太子裁决奏闻"（《明史》卷二《太祖纪二》）。也有的皇帝，因健康、出征或享乐等原因，以太子监国，权理政务。这当然不失为一个老皇帝在世时，培养锻炼太子的有效办法。但是，如果太子不是十分小心谨慎，而是执意推行自己的主张，违拂老皇帝的意见，后果也往往不堪设想。譬如真金在主政之后，决意把汉化运动继续推向前进，这就惹起了在这方面已趋保守态度的忽必烈的不满。所以，至元二十一年，忽必烈突然彻底改组了中书省，使真金所倡导的继续推行汉化的路线夭折。这时，恰巧有人上书，以忽必烈年高，患风湿，艰于行动，建议他传位太子。一些不满真金的官员乘机煽动，忽必烈大为震怒。尽管由一些蒙古重臣出面调解，平息这一危机，但真金也因此忧惧而死。由此可见,无论在什么情况下,太子的基本保全之术,就是缄默与顺从,否则是很容易招致灭顶之祸的。所以,说来说去,太子自我保全的基本原则是"职当视膳问安,不宜言外事"(唐王叔文语)。《礼记》载:"文王之为世子,朝于王季日三。鸡初鸣而衣服,至于寝门外,问内竖之御者曰:'今日安否何如?'内竖曰:'安。'文王乃喜。及日中又至,亦如之。及莫又至,亦如之。其有不安节,则内竖以告文王。文王色忧,行不能正履。王季复膳,然后亦复初。食上,必在视寒暖之节;食下,问所膳,命膳宰曰:'末有原!'应曰:'诺。'然后退。"(《文王世子第八》)晨昏定省,才是作太子的最基本的任务。文王、武王的这一套就是千古不易的标本。东汉制度,太子五日一朝,因坐东厢省视膳食。其非朝日,使仆中允旦旦请问而已。(《后汉书》卷四〇上《班彪传》)当然,恪守晨昏定省,也不一定能保住太子的职位,但是,在谨行定省之外,不言外事,无疑是保全自己的惟一办法。这里,还可以补充一点,太子一旦被废,他的命运是远比一般人更悲惨的。东汉时候,被废的太子,还可以保全首领;隋唐以后,一旦被废,则很少有可以得到善终的。可见太子也的确不是好当的。

在继位问题上,我们往往见到,继位的新皇帝有时还是一个幼稚的孩童,甚至是初生不久、尚在襁褓中的婴儿。这种情况,东汉最为突出:所有皇帝中,除光武帝得寿六十二岁、明帝四十八岁、章帝三十一岁之外,和帝十岁即位,在位十七年,二十七岁死。殇帝始生百日即位,十月后即夭折。安帝十三岁即位,在位十九年,三十二岁死。顺帝十一岁即位,在位十九年,三十岁死。冲帝二岁即位,在位不足一年夭折。质帝八岁即位,数月后即为梁冀毒死。桓帝十五岁即位,在位二十一年,三十六岁死。灵帝十二岁即位,在位二十二年,三十四岁死。献帝九岁即位,一生充当了董卓、曹操手中的傀儡,遂至亡国。连续九个皇帝都是在未成年时即皇帝位的。在这种主少国疑的严重形势下，称之为皇太后的母后，就不能不挺身出来承担保护幼主、操持政务的重大使命，而在中国皇权史上扮演一种特殊的角色，谓之"临朝称制"。颜师古解释说："天子之言，一曰制书，二曰诏书。制书者，谓为制度之命也，非皇后所得称。今吕太后临朝行天子事，决断万机，故称制诏。"(《汉书》卷三《高后纪》)

吕后临朝，几移刘祚。由于这一教训，汉武帝严母后之制，所宠钩弋夫人生子弗陵，武帝爱之，欲立为太子，于是借故谴责钩弋夫人，令人持去，送掖廷狱。"夫人还顾。帝曰：'趣行，汝不得活。'卒赐死。顷之，帝闲居，问左右曰：'外人言云何？'左右对曰：'人言且立其子，何去其母乎？'帝曰：'然，是非儿曹愚人之所知也。往古国家所以乱，由主少母壮也。女主独居骄蹇，淫乱自恣，莫能禁也。汝不闻吕后邪？故不得不先去之也。'"(《资治通鉴》卷二二)这个办法首先是太不近人情；其次也更无补，而且有害于实际。在小皇帝尚无法管理国政的情况下，他唯一可以依靠和相信的只有母后；没有母后的护持，肯定情况会更糟。因此，汉武帝的这个作法并没继续实行。但是在北魏时期，凡立嗣子，辄先杀其母，成为一代制度。(《资治通鉴》卷一一五；参考《陔余丛考》卷十六《元魏子贵母死之制》)故当时妃嫔之中，皆私自祝愿生诸王、公主，而勿生太子。(《资治通鉴》卷一四七)及到宣武帝元恪立皇后胡充华子诩为太子，始不杀其母。这个制度也就从此取消。母后临朝无代无之，是与封建皇权制度相始终的制度。因此，尽管封建统治者再三立法，防止母后临朝干政，如曹魏黄初三年，诏："夫妇人与政，乱之本也。自今以后，群臣不得奏事太后；后族之家不得当辅政之任，又不得横受茅土之爵。以此诏传后世，若有背违，天下共诛之。"(《三国志·魏书·文帝纪》)刘宋武帝(裕)在临终时，也亲为手诏："后世若有幼主，朝事一委宰相，母后不烦临朝。"

(《资治通鉴》卷一一九)朱元璋"严宫闱之政",规定后妃不得干预外事,及私书与外戚交通。但是,它一直无法禁绝。应该指出:"汉母后预政,不必临朝及少主,虽长君亦然。"洪迈曾列举史实,有力地证明了这一点。(《容斋随笔》卷二《汉母后》)所谓"汉家旧典,崇贵母氏"。故当时太后自称亦曰"朕",以诏自行。臣下称她也作"陛下"。少帝即位时即代而摄政,临前殿朝群臣,太后东面,少帝西面。群臣奏事,上书皆为两通,一诣太后,一诣少帝。(《独断》)当时的宫禁仍不是太严,臣下见到后妃的事是较平常的。(《邵氏闻见后录》卷七)故太后临朝,径据前殿。唐武则天以女主临,自称皇帝,改国号为周,这是中国历史上的一大事变。宋以后,男女之大防更被强调,乃垂帘以隔之。除去明朝对母后的限制甚严外,元代和清代,女主干政的情况都不乏其人。总之,它是一个与封建皇权同始共终的现象,很难避免。

身处深宫,素无政治素养的皇太后,一旦称制,最妥当的应付办法就是起用娘家的戚属来作为依靠,即所谓外戚。"隆汉盛典,尊崇母氏,凡在外戚,莫不加宠。"这些外戚们,多是以女宠得位,本身也多缺乏政治素养。一旦辅政得权,就骄纵自为,贪污成性,甚而至于浊乱朝政,觊觎皇位。西汉时,外家悉封侯爵,从卫青、霍去病以功封大司马、大将军后,霍光遂以大司马、大将军受遗诏辅政。从此大司马兼大将军一官就永为外戚辅政之职。西汉后期的外戚王氏一姓,"乘朱轮华毂者二十三人,青、紫、貂、蝉充盈幄内,鱼鳞左右。大将军秉事用权,五侯骄奢僭盛,并作威福,击断自恣,行污而寄治,身私而托公,依东宫之尊,假甥舅之亲,以为威重。尚书、九卿、州牧、郡守皆出其门,管执枢机,朋党比周"(《资治通鉴》卷三十刘向疏)。纵观西汉一代,"吕、霍、上官,几危国者数矣。及王莽之兴,由孝元后历汉四世,为天下母,飨国六十余载,群弟世权,更持国柄,五将十侯,卒成新都。"(《汉书》卷九八《元后传赞》)东汉更因"皇统累绝,权归女主,外立者四帝,临朝者六后,莫不定策帷帟,委事父兄。贪孩童以久其政,抑明贤以专其威"(《后汉书》卷一〇《皇后纪》)。东汉的政局,从中期起,就成了外戚宦官交相倾轧和残杀的宫廷内乱史,陵夷至于灭亡。外戚的擅权,其结果也便是外戚自身的覆灭。《汉书·外戚传赞》说:"夫女宠之兴,由至微而体至尊,穷富贵而不以功,此固道家所畏,祸福之宗也。序自汉兴,终于孝平,外戚后庭色宠著闻二十有余人,然其保位全家者,唯文、景、武帝太后及邛成后四人而已。"(卷九七)东京后族,亦唯阴、郭、马三家保全,其余无不败死。(《廿二史札记》卷三《两汉外戚之患》)外戚当政的结果,几乎必然是朝廷与外戚的两败俱伤,这当然不能不引起统治阶级的普遍重视。宋朝对待外戚之法,"远鉴前辙,最为周密"。对外戚不畀事权,规定不得任宰执、枢密,不管军令,不得为郡司、监守等等。明代的皇后,"率由儒族单门"。后父之封,初秩不过指挥,侯伯保傅,以渐而进。"虽拥侈富之资,曾无凭藉之势。"(《明史》卷一〇八《外戚恩泽侯表》)世宗嘉靖八年,更"除外戚世封,著为令"。故明之外戚,"不得与汗马余勋为齿,虽称肺腑,事劣封君,上视汉唐,殆相悬绝"(同上)。

嫡长继承之外,又有兄终弟及的事例。赵翼在《廿二史札记》卷八《晋帝多兄终弟及》中谓:"晋司马师、司马昭相继专魏政,是开国时已兄弟相继。后惠帝以太子、太孙俱薨,立弟豫章王炽为皇太弟,即位,是为怀帝。成帝崩,母弟岳立,是为康帝。哀帝崩,母弟奕立,是为废帝海西公。安帝崩,母弟德文立,是为恭帝。"其实,惠帝、哀帝都是无嗣,恭帝之立则在刘裕的操纵之下。真正皇位兄弟相承的,只有成帝与康帝。北宋的太祖赵匡胤与太宗光义兄弟相承。元朝的武宗海山与弟仁宗爱育黎拔力八达也是兄终弟及的例子。不过,他们都是在特殊形势下相互妥协,以确保帝位能保持在家族之内的权宜措施。而且在传弟以后，再没有循叔侄相承的方向发展，而是无例外地又回到了立嫡的通例。因此，所谓兄终弟及，在我们所论及的范围内（不包括殷商时期）至少在中原王朝中，是并不曾作为制度存在过的。

　　在皇位继承上，清朝的秘密立储办法是带有根本性的一个改革。这个办法可能在康熙晚年已经在酝酿，但未及施行；雍正起才正式采行。它是由皇帝当着总理事务王大臣的面前，将秘密写好的储君名字，固封在锦匣里，藏之于乾清宫中高悬的"正大光明"匾后面。其后，又另书密封一匣，随身携带。等到老皇驾崩之后，诸王公大臣才当众把秘匣取来打开，根据遗诏拥立新君。这个办法突破了传统的嫡长继承制度，把诸王子的贤能放在选择的首位。清朝的皇帝，就个人的素质而言，较之历史上任何朝代都要高，这是一个很值得注意的现象。前期的情况自当别论，但至少雍正以后，皇帝个人的素质仍保持比较高的水平，不能不说是这种秘密立储法的积极效果。

（二）　皇子的分封与宗室、公主

　　西周大行封建，封国八百，同姓五十有余，收宗子维城、枝干相扶，以稳定其宗族统治。分封也是一种继承，它与立嫡长制相互配合，保证在宗君一体的原则下，加固并繁荣其宗族的特权统治。秦废分封，行郡县，既是政治上的一大改革，也是皇族继承上的一个转折，但是它仍来不及创行某种新的制度。汉兴，惩秦孤立而速亡的教训，刘邦在削除异姓封王之后，又大封亲族。从父兄贾，封荆王；从祖昆弟泽，封燕王；兄子濞，封吴王；同父少弟交，封楚元王。刘邦有八个儿子，太子惠帝外，肥，封齐王；恒，封代王（即文帝）；如意，封赵王；长，封淮南王；友，封赵王；恢，封赵王；建，封赵王。

又其昆弟子孙为王者凡二十国。"自雁门以东,尽辽阳,为燕、代;常山以南、太行左转,渡河、济、渐于海,为齐、赵;谷、泗以往,奄有龟蒙,为梁、楚;东带江湖,薄会稽,为荆、吴;北界淮,濒略庐、衡,为淮南;波汉之阳,亘九嶷,为长沙。诸侯北境,周市三垂,外接胡越。天子自有三河东郡,颍川,南阳,自江陵以西至巴蜀,北自云中至陇西,与京师内史,凡十五郡。公主、列侯,颇邑其中。"(《汉书》卷一四《诸侯王表》)这些王子在年纪还很小的时候就被派到自己的封地去。譬如:文帝就是八岁受封为代王,出居代地。高祖死后,其母薄氏也便迁代同住。其他诸王的情况,可见一斑。封国自置官属,一如汉廷,惟丞相由中央任命。这些封王生在深宫之中,长于妇人之手,未尝知忧识惧,甚至缺乏起码的教养,幼年之国,君长一方,故多骄纵,行为荒悖。"燕王刘定,与父康王姬奸生一子,又夺弟妻为姬,并与子女三人奸。事发,自杀。衡山王孝与父侍婢奸。赵太子丹,与同产姊及王后宫乱,为江充所告。梁王立与姑园子奸。江都王建,父易王薨,未葬,即召易王美人淖姬等与奸;又与女弟征臣奸。建又欲令人与禽兽交而生子,令宫人裸而据地,与羝羊及狗交。齐王终古使所爱奴与姜八子及诸御婢奸,或使白昼裸伏,与犬马交接,终古临视之。广陵王胥,子宝与胥姬左修奸,事发,弃市,此汉诸王荒乱之故事也。推原其始,总由于分封太早,无师友辅导之益,以至如此。"故"刘立奸事发,讯治,立对曰:'立少失父母,处深宫中,独与宦者妇妾居,渐渍小国之俗。加以性质下愚,辅相亦不以仁义相辅,遂至陷于大戮。'此虽畏罪自解之辞,实亦当时致弊之由也。"(《廿二史札记》卷三《汉诸王荒乱》)生活既糜烂,政治上的骄横也可想而知。经过景帝、武帝一系列镇压、裁撤的措施之后,他们在政治上已不可能再行分裂,为害中央,而成为一批衣食租税的天潢贵族。他们的人数西汉末年已达十余万人,中央置宗正管理。西晋时期,分封制度又一次大规模的回潮,终至于八王之乱。唐制："皇兄弟、皇子为王,皆封国之亲王,亲王府各置官属,领亲事、帐内二府及国官。太子男封郡王。其庶姓卿士功业特盛者亦封郡王,其次封国公,其次有郡县开国公、侯、伯、子、男之号,亦九等。并无官土,其加实封者则实其封,分食诸郡,以租调给。"中宗景龙三年时,应食封邑者一百四十余家,形成国家租赋,大半私门。私门资用有余,国家支计不足。且封主之家,多任奴仆直接就征于封户,故使封户不胜侵渔。(《文献通考》卷二七五《封建十六》)宪宗时,始行食实封制度,封主不能自征于封户,而是取给于官府。政府置宗正寺,"掌皇九族、六亲之属籍,以别昭穆之序,纪亲疏之列"。九庙之子孙,其族为五十九,其中高祖以下者四十一房。玄宗在安国寺东附苑城建十五宅,以处诸王,其后复增建百孙院。宗室中曾任宰相者十一人。(《日知录》卷九《宗室》)"自中叶以来,皇子弟之封王者,不出阁;诸臣之封公侯者不世袭,封建之制,已尽废矣。"(《文献通考》卷二七六《封建十七》)"至宋,则王子之为王者,封爵仅止其身,而子孙无问嫡庶,不过承荫入仕为环卫官、廉车节钺,以序而迁,如庶姓贵官荫子入仕之例,必须历任年深,齿德稍尊,方特封以王爵;而其祖父所受之爵则不袭也。"(同上卷二七七《封建十八》)其邸第散处两京,筑大室以居,故有两、西内、外班之分。诸王过从有禁,非朝见从祀,不得时会见。"为宗属者大抵皆溺于富贵,妄自骄矜,不知礼义。至其贫者,则游手逐食,靡事不为,名曰天枝,实为弃物。"(《日知录》卷九《宗室》引宋子京语)神宗时,允许部分宗室居外,蔡京即于河南应天府置西、南两敦宗院。靖康之难,在京宗室尽为金人所掳北迁,太宗一系子孙告绝,仅那些在外的宗室得以南逃。(《建炎以来朝野杂记》甲集卷一《大宗正司两外宗废置》)明初的分封基本上是沿袭元制,在分封问题上是一个倒退。朱元璋大封诸子分据全国的要害地区,虽然列爵而不临民,但他们各置有自己的护卫军,又在某种程度上控制了屯驻边防的军队。"秦、晋、燕、齐、梁、楚、吴、蜀诸国,无不连邑数十,城廓宫室亚于天子之都,优之以甲兵卫士之盛。"(《明会要》卷四《诸王杂录》)燕王朱棣就是利用这些条件,起兵"靖难",得篡皇位的。篡位之后,他吸取教训,对诸王"防范滋密。兵权尽解,朝堂无懿亲之迹,府僚无转补之阶"(同上)。"分封而不锡土,列爵而不临民,食禄而不治事。""防闲过峻,法令日增,出城省墓,请而后行。二王不得相见。以至稽留勋爵,吹索百端。国命授柄于权阉,天宗辇货于赃吏。"(《续文献通考》卷二〇八)按规定:藩王之子,封为郡王,郡王长子袭封郡王,诸子为镇国将军。自此以降,凡六等,至其末世,则为奉国中尉,虽十世之外,犹赡以禄,然皆不得与有司之事,不得为四民之业,食租衣税,无所事事。(《五杂俎》卷十五·事部三)到了中期以后,宗室人口几二十万。"宗派蕃昌,禄秩难给,末胄疏庸,不免饥寒。""乃有共篷而居,分饼而食,年四十而未婚,殁数载而不窆。强者劫夺于通衢,弱者浸入于舆皂。"(《明会要》卷四《亲王杂录》)一方面是亲王封赐太奢,万历中,潞王出藩,费四十多万,福王更高达六十多万,所赐庄田皆四万顷。然福王之赐,皆夺之于民间,仍不足数,不得已减半,中州田不足,则取山东湖广田益之。另一方面,大量的支子禄薄日穷,甚至有不足糊口,十岁未名,终身不嫁娶者,而国家已不胜其负担。嘉靖中,御义林润言:天下财赋,岁供京师米四百万石,而各藩禄米至八百五十三万石,即无灾伤蠲免,亦不足供禄米之半。嘉靖四十四年,乃定郡王,将军七分折钞,中尉以下六分折钞,郡县主、仪宾等八分折钞。这就更加重了这些远宗的天潢贵胄者们的贫困。清制:宗室封爵,自亲王、郡王、贝勒、贝子以下,凡十四等。以世递降,此下则为闲散宗室。又有世袭不降封者,如礼亲王、睿亲王之类,皆国初大勋劳者。"皇子生,无论嫡庶,一堕地,即有保母持之出,付乳媪手。一皇子例须用四十人,保母八,乳母八,此外有所谓针线上人、浆洗上人、灯火上人、锅灶上人。至绝乳后,去乳母,添内监若干人为谙达,所以教之饮食,教之言语,教之步行,教之礼节。至六岁,则备小冠、小袍挂、小靴,教之随众站班当差。教之上学,即上书房也。黎明即起,亦衣冠从容而入乾清门,杂诸王之列,立御前。所过门限不得跨,则内侍举而置之门内,则又左顾右盼,仪态万方而雅步焉,皆谙达之教育也。自堕地即不与生母相见,每年见面有定时,见亦不能多言,不能如民间可以随时随地相亲近也。至十二岁,又有满文谙达教国语。至十四,则须教之以弓矢骑射。至十六或十八而成婚。如父皇在位,则群居青宫,即俗呼阿哥所也。如皇崩,即率所生母并妻分府而居焉。母为嫡后则否,盖子已正位,即奉为太后矣。”(《清代野记·皇室无骨肉情》)宗人府掌皇族之属籍,设有宗学。所有亲王、宗王,年过二十,都需经宗人府请旨考试后,始分别授爵。有清“锡爵之本意,酬庸为上,展亲次之,故有王子而反封贝勒、贝子、公者”(《清史稿》卷一六一《皇子世表》)。皇族中有所谓“黄带子”者,即宗室也,皆世祖子孙,身系黄带。有所谓“红带子”者,即觉罗也,皆太祖子孙,身系红带。有所谓“入八分公”、“不入八分公”者。“八分之制:一曰册宝、二曰家章、三曰朱轮、四曰紫缰、五曰升阶、六曰纳陛、七曰角灯、八曰尾枪。① 入八分者始得用之,不入八分者不敢僭也。旧制:皇族不得离城,不得经商,不得置产,不得外任,防范极严。”故“生齿既众,贫富不均,专恃公禄赡养,坐食无所事事,窘甚,多不能自给”(《国闻备乘·宗人贫乏》)。

　　皇帝的女儿称公主。《史记》卷九集解引如淳曰:“《公羊传》曰:天子嫁女于诸侯,必使诸侯同姓者主之,故谓之公主。”又《谷

---

　　① 据《养吉斋丛录》:“八分者,或云双眼翎、宝石顶、紫缰、貂皮垫子、奶子壶即背壶、阿呼喇枪、禁敲即大门上泡钉”,下缺其一。

梁传》庄元年疏:"天子与诸侯,尊卑不敌。若行君臣之礼,则废婚姻之好;若行婚姻之好,则废君臣之礼,故使诸侯主之。"秦汉以后,则以三公主之。皇子封列侯,所食称国;皇后、公主所封则为邑。天子之女虽食汤沐之邑,不君其民。尚主者称驸马。《事物纪原·驸马》谓:"驸马都尉,汉武帝元鼎二年初置,掌驸马。驸马,非正驾车者,皆为副马。一曰:'附,近也、疾也。'《通典》袁枢议曰:'驸马都尉,置由汉武帝,以假功臣戚属。'《齐职仪》曰:'凡尚公主,必拜驸马都尉者,自魏晋以来,因为赡准。盖以王姬之重,庶姓之轻,若不加等级,宁可合卺? 所以假之皇女也。汉制以列侯尚公主,而魏何宴始以主婿拜,故后代循用为常制,盖自晏为始也。'《唐韵》曰:'晋尚公主者,并加之也。'"(卷四)皇帝的姊妹称为长公主,诸姑则称大长公主。宋徽宗时,曾一律改称曰"帝姬"。皇子、公主的婚姻,往往是一场赤裸裸的政治交易,皇帝常把它作为奖慰与拉拢臣属的一种手段。有时候还把公主远嫁边境的少数民族首领,通过结好来取得和平,谓之和番。如汉以细君妻乌孙王,唐以文成公主妻吐蕃主皆是。公主下嫁,至少在唐代,已并不是一桩受欢迎的事。它也许带来的是荣耀,但绝不是幸福。比如:"先是,公主下嫁者,舅姑拜之,妇不答。"单是这一条,就完全违拂人伦之常。唐德宗时,始"命礼官定公主拜见舅、姑及婿之诸父、兄、姊之仪,舅、姑坐受于中堂,兄、姊立受于东序,如家人礼"(《资治通鉴》卷二二六)。从此,公主才稍同于家人。明代公主婚后三日拜见舅姑,公主东向,舅姑西向,立受二拜。(《谷山笔麈》卷二)驸马见公主,则行两拜礼,公主坐受。(《明会要》卷五《公主杂录》)崇祯元年,教习驸马陈钟盛上言:"臣教习驸马巩永固、驸马黎明于府门外月台四拜,云:至三月后,则上堂、上门、上影壁,行礼如前,始视膳于公主前。公主饮食于上,驸马侍立于旁,过此方议成婚。驸马馈果肴,称'臣';公主答礼,书'赐'。皆大失礼。夫既合卺,则俨然夫妇;安有跪拜数月,称臣视膳,然后成婚者?《会典》载:'行四拜于合卺之前',明合卺后无拜礼也。以天子馆甥,下同隶役,岂所以尊朝廷?"(同上)这种皇帝女婿作起来真是太窝囊,有什么尊严和幸福可言?更有甚者,明朝公主下嫁,例遣一老宫人掌阁中事,称之曰管家婆。"无论蔑视驸马如奴隶,即贵主举动,每为所制。选尚以后,出居于王府,必捐数万金,遍赂内外,始得讲伉俪之好。"有赂金不足,而致驸马郁死,公主寡居,犹然处子者。万历的爱女寿阳公主,尚驸马冉兴让。一夕,公主宣驸马入,值管家婆梁盈女方与所耦宦官赵进朝酣饮,不及禀白。盈女因此大怒,乘醉捶冉无算,驱之令出。公主劝解,并遭詈斥。公主悲忿不欲生,次晨奔诉于母妃郑贵妃。不想盈女已先入谗毁,故郑贵妃怒拒,不许进谒。冉具疏入朝,却被赵进朝勾结一批宦官,群摔于内廷,衣冠破坏,血肉狼藉,狼狈走出长安门,而其仪从舆马则已早被赶走,只好蓬跣而归。正要草疏再奏,皇帝已降严旨切责,褫其蟒玉,送国学反省三月。公主亦含忿独还。梁盈女仅取还另差而已(《野获编》卷五《驸马受制》)。清朝的公主出嫁,即赐以府第,不与舅姑同居,舅姑且以见帝礼谒其媳。驸马居府中外舍,公主不宣召,不得共枕席。每宣召一次,公主及驸马必用无数规费,奉与保姆,始得相聚。否则,保姆必多方阻挠,甚至责以无耻,故有年余不得见驸马面者(《清代野记·皇室无骨肉情》)。这种保姆当时也称管家婆。这种制度明显地是袭自明朝。

第九章　内　宫　财　政

　　周官有大府卿,掌府藏货贿,秦汉以下不置其官,其职务分属司农与少府。(《初学记·职官部》)从秦以来,整个国家的财政可分为两大部分,一是政府机关,二是宫廷内部。在西汉,前者属大司农,后者属少府。大司农在秦称治粟内史,汉武帝改大司农,掌谷货,以供国用。少府则掌山海池泽之税,以供养天子。按照传统的观念,四封之内,莫非王土。皇帝把可耕地分给农民,承认农民对耕地的所有权,并向农民征收赋税,作为政府的收入。而耕地以外的所有山林、川泽、河渡,则仍属皇帝所有,专供皇帝的私用,由少府掌管。当时少府的职权大体上包括三大部分:一是政务侍从;二是生活职役;三是财货收支。有关政务与生活方面的职任,我们在第六章中已经叙及。少府有关财政收支的机构有都水、均官、上林中十池监等。与少府并置的,还有水衡,汉武帝元鼎二年所置,掌上林苑,其长官为水衡都尉,有五丞,属官有上林、均输、御羞、禁圃、辑濯(船行)、钟官、技巧、六厩、辩铜九官令、丞。又有衡官、水司空、都水、农仓、甘泉上林、甘泉都水六官长、丞。①《汉书·食货志》谓:"初,大司农斡盐铁官布多,置水衡,欲以主盐铁。及杨可

---

　　①　《汉书》十九上《百官公卿表》原作"七官长丞"。补注引刘攽言"七"为"六"之误。

告缗,上林财物众,乃令水衡主上林,上林既充盈益广。"(卷二四下)可知增设水衡的目的,原是想分掌大司农的盐铁官布。旋因"杨可告缗遍天下,中家以上大抵皆遇告","得民财物以亿计,奴婢以千万数,田大县数百顷,小县百余顷,宅亦如之"。对这一笔没入财物,"乃分缗钱诸官,而水衡、少府、太仆、大农各置农官,往往即郡县比没入田田之,其没入奴婢分诸苑养狗马禽兽及与诸官"。在这种情况下,水衡的职任便改变为"别主上林苑有离宫燕休之处"(《后汉书·百官志·少府》),成为较少府规模更大的皇家财政机关。少府与水衡的官属,也如大司农一样,遍及全国郡县。然政府与宫内这两套财政机构则是相互独立的。毋将隆所谓:"国家武备,缮治造作,皆度大司农钱。大司农钱自乘舆不以给供养,供养劳赐一出少府。盖不以本藏给末用,不以民力供浮费。别公私,示正路也。"(《汉书》卷七七本传)当时人以国用为公,而供养则为私,如果皇帝动用大司农的经费,就有以公奉私之嫌。相反,汉武帝以盐铁属大司农,孔仅咸阳上言:"山海天地之藏,宜属少府,陛下弗私,以属大农佐赋。"把这作为一种大公不私的惠政加以颂扬。宣帝本始二年,以水衡钱为平陵徙民修建第宅,时人也以为"县官公作,当仰给大司农,今出水衡钱,言宣帝即位为异政也"(《山堂考索后集》卷六四《财赋门·内库类》)。

日本学者加藤繁全面考察了汉代国家财政与帝室财政的状况,列举了帝室财政的收入为山泽税、江海陂湖税、园税、市井税、口赋、苑囿池籞的收入、公田的收入、献物和酎金、铸币等九大项。其支出则为膳食费、被服费、器物费、舆马费、医药费、乐府和戏乐的费用、后宫费、铸钱费、少府水衡的杂费、赏赐费用、修缮费等等。(《中国经济史考证》,第25—124页)

东汉把水衡撤归少府,同时对少府也进行了重大的改造,所有供养内宫的所谓禁钱,一切归属大司农,内宫的经费,统由大司农拨给。其管理内宫币帛、金钱、货物之出纳、收藏等具体事务的机构称中藏府。从此以后，历代的皇朝都循行这一制度，唯唐、宋时期，内廷一度复有内库之设，把上供的财货作为一种额外的收支，庋藏内宫，而政府则仍按每年定例，拨给内宫用度。至于宫城之扩建等费用，则按需要临时增给。

要估计军国需用与皇帝供养这两笔支出数额的具体情况，几乎是不可能的。加之，皇帝个人的俭约与奢侈，社会经济的繁盛与衰落，一年中偶发的特殊情况，包括天灾、人祸、政局的变化等等，都必然影响这两大支出的变化。而有关财政的统计材料又极其阙乏。所以，我们在这方面简直很难有所了解。这里，我们只是想通过仅存的几条记载来试加推测。西汉哀帝时，丞相王嘉在上疏中谈及元帝时朝廷的积蓄情况，分别为：都内钱四十万万，水衡钱二十五万万，少府钱十八万万。都内令是大司农的属官，可知此四十万万之数便是政府的储存；而后两项相加为四十三万万，则属内廷，比起外朝来，尚多出三万万。(《汉书》卷八六《王嘉传》)其中都内所藏，事实上还将有一部分是要用之于内宫的。桓谭《新论》载："汉百姓赋敛一岁为四十万万。吏俸用其半，余二十万万藏于都内，为禁钱。少府所领园地作务八十三万万，以给宫室供养诸赏赐。"(《太平御览》卷六二七引)如果按这记载来计算，则政府所费，实际上只是皇帝私奉的五分之一。总之，即使在没有大征伐、营造、婚嫁等特殊情况下，内宫的经费仍远超出于外廷之上，这大概是可以肯定的。封建社会的后期，国家政权机器大为发展，行政开支、官僚人数、军费数目，比起早期来，增多不啻数十百倍。因此，在外朝与内宫例行的财政支出比率中，两者渐趋于相等，甚至愈到后来，愈有前者超出后者之数。王圻《续文献通考·国用考》说：南宋绍兴末年，"合茶盐酒算坑冶榷货籴本和买之入，凡六千余万缗，而半归内藏"(卷三四)。就是说，每年外朝与内廷经费的比率已达一比一,两数相等。明神宗万历四十七年,李长庚上奏,称:"臣考会计录,每岁本色、折色通计千四百六十一万有奇,入内府者六百余万;入太仓者,自本色外,折色四百余万。"(《明史》卷二五六本传)外朝和内廷经费的比率为八点五比六。我无法断言以上的几组数据的精确性、典型性究竟有多大,但是通过它们,反映出来一个现象,就是两者之间比率的变化。从总的趋势看,我以为这是合乎实际的。清代宫廷的费用,至少在前期,比起明末来远为简省。俞正燮《癸巳类稿》引《皇清通考》所记清朝国用:"康熙二十九年,查明故宫中每年用金花银九十六万九千四百余两,今悉充饷。又光禄寺送内所用二十四万余两,今止用三万余两。又木柴二千六百八十六万余斤,今止六七百万斤。又红萝炭一千二百八万余斤,今止百万余斤。又每年床帐花毯舆轿等项二万八千余两,今俱不用。高宗纯皇帝御制诗注云:明季宫中岁用七十万,本朝康熙五十年间,省至七万。乾隆三十年,三万;四十年,二万。"(卷九《宫中岁用》)康熙在四十八年的一道谕旨中还说:"明朝费用甚奢,兴作亦广。一日之费,可抵今一年之用。其宫中脂粉银四十万两,供应银数百万两,至世祖皇帝登极,始悉除之。紫禁城内砌地砖,横竖七层,一切工作俱派民间;今则器用朴素,工役皆现钱雇觅。明季宫女至九千人,内监至十万人,饭食不能遍及,日有饿死者。今则宫中不过四五百人而已。明季宫中用马口柴,①红炉炭以数千万斤计,俱取诸昌平等州县;今此炭仅天坛焚燎用之。"(《国朝宫史》卷二《训谕》)这些,大概应该都是事实。我们说历史的发展,中国外朝与内廷经费分配的比率,总的趋势是前者由小增大,后者由大变小。但绝不意味着后代的宫中费用减省了,恰恰相反,从绝对数字上讲,它不是减少,而是成倍,成十百倍的增多。

---

　①　所谓马口柴,长约三四尺,净白无黑点,两端刻两口,故谓之马口柴。

只是因为国家的政务日愈繁杂,机构、人员日益增多,社会管理和建设也花费加大,因此,所谓军国之用已远非古昔政简民淳、无为而治时代的简约所可以应付得了的。同时政府的财政收入,随着社会生产的发展,其总数也代有增高。因此,即使它在比率上较之外朝是降低了些,然其总数则永远是与代俱增的。

应该指出:我们上面所说的比率,是就户部每年拨付内宫的正常岁额而言的。而就内宫的实际收益而言,岁额之外,聚敛的方法和渠道还多不胜举。

首先,外朝的许多政务机构,实际上全部或部分是直接或间接为皇帝的生活、享乐和丧葬服务的。明朝中央设太常寺掌祭祀礼乐之事;光禄寺掌祭享、宴劳、酒醴、膳羞之事;鸿胪寺掌朝令、宾客、吉凶礼仪之事;上林苑掌苑圃、园池、牧畜、种树之事;教坊司掌乐舞承应;太医院掌医药。它们都是直接或间接为皇帝生活服务的。工部"掌天下百官、山泽之政令",是国家六大行政首脑机关之一。但是它的职务,很多就是服务于皇帝的。工部所属有营缮司、虞衡司、都水司、屯田司。营缮司的主要任务就是宫殿、陵寝之修建,仪仗、卤簿的制作。虞衡典山泽采捕、陶冶之事,以供应内廷。都水所典之舟车、织造,也是专为满足皇帝需用的。屯田也有薪炭之供。以明代的营建为例,"明初,工役之繁,自营建两京宗庙、宫殿、阙门、王邸,采木、陶甓,工匠造作,以万万计"(《明史》卷七八《食货二》)。接着,武宗营建乾清宫,以及凝翠、昭和、崇智、光霁诸殿。世宗营建最繁,嘉靖十五年以前,名为省汰,而经费已六、七百万。"其后增十数倍,斋宫、秘殿并时而兴。工场二三十处,役匠数万人,军称之,岁费二三百万。其时宗庙、万寿宫灾,帝不之省,营缮益急。经费不敷,乃令臣民献助;献助不已,复行开纳。劳民耗财,视武宗过之。"清朝末年,慈禧太后修颐和园是大家都知道的事。当时的户部尚书为阎敬铭,为了讨好慈禧,"举库中闲款无多寡皆册报。旧例,凡年终户部册报仅各项正款,他如历年查抄之款、罚款、变价之款,皆不呈报,一以恐正款有亏,以此弥缝;二,堂上及库官亦于此有小沾润。阎掌户部,此等杂款多报出七百余万。慈禧大喜,遂有兴复圆明园之意。又有人奏言:修圆明园须三千余万,不如万寿山地大而风景胜圆明,估计千余万足矣。乃定议修颐和园。设海军衙门,以每年提出之海军经费二百万两,为修园费。又开海军报效捐,实银七千两,作为一万,以知县即选,又得数百万,亦归入修园费。不三年,园成”(《清代野记·慈禧之侈纵》)。这些营建所费,都是取给于户部的。

　　岁造也是工部、户部等衙门每年必须担负的职务。譬如明之织造:明朝在苏松五府及应天等处皆设织造,以宦官掌领,发给盐引,以供经费。神宗时期,五府岁造之外,“又令浙江、福建、常、镇、徽、宁、扬、广德诸府州分造,增万余匹。陕西织造羊绒七万四千有奇,南直、浙江纻丝、纱罗、绫绸、绢帛,山西潞绸,皆视旧制加丈尺。二三年间,费至百万,取给户、工二部,搜括库藏,扣留军国之需”(《明史》卷八二《食货六》)。烧造也是明代岁造的最大负担之一,包括建筑用的琉璃砖瓦、御用瓷器以及祭器、明器等。穆宗时,诏江西烧造瓷器十余万,神宗万历十九年命造十五万九千,既而复增八万。他如采木、采珠、薪炭等都设有专门的机构和成员,为内廷采办。

　　除了上述岁额与官府责办两途之外,内廷收入还有以下各种途径。

　　一、军事征服的掳掠与对罪犯的籍没。秦始皇灭六国,六国聚敛的无数财货珍宝尽为所有,他们的宫室、美人、钟鼓也都被徙至咸阳。满洲的努尔哈赤、皇太极家族,原是陋处在白山黑水间的小酋领,他们的子孙兴兵入关,占领了北京城,作了中国的皇帝,他们也就成了北京宫阙、财富、珍宝的主人。掳掠一直就是皇帝财富的最主要来源。前朝皇帝的聚敛,也就是后朝皇帝的家财。皇帝的天下、珍宝都是强夺来的。令人痛心的是在他们的夺来夺去之中,不单是老百姓受尽荼毒,而且,财富被空耗,珍宝遭破坏,造成我们民族经济与文化的巨大损失。《西京杂记》载:刘邦初入咸阳,周行库府,金玉珍宝,不可称言。其尤令人惊异者,如青玉五枝灯、璠玙之乐、昭华之琯,以及能照见人体内脏的方镜之类。项羽一把火,三月不绝,这些希世之珍,毁的毁了,被掳而东的后来也大多不知去向。这样的例子,历史上太多太多。现在故宫所藏的,不过只是历尽劫掠后残存下来的极少数。

籍没也是一种掳掠,不过它不是依靠武力征服,而是凭借法律而进行的强行抄没。那些被认定为有大罪的臣民,有的被处死,有的遭流放,而全部家产则被没收,甚至妻女也被没为官府和宫内的奴仆。"七尺珊瑚只自残"的晋豪富石崇,富冠吴中的明初地主沈万三,都是因为巨富而为皇帝所忌羡,终至破家没产。所谓"匹夫无罪,怀宝其罪"。至于找一个什么题目来兴罪,那是无关紧要的。欲加之罪,何患无词。世传"和珅倒,嘉庆饱",说的就是皇帝依靠籍没的手段而大饱私囊。据记载,仅金银之数,籍入的便有银号十处,本银六十万两;当铺七处,本银八十万两。赤金四万八千两,元宝银五万五千六百个,镜稞银五千三百八十万个,苏稞银三百十五万个,番银五万八千元,制钱一百五十万串。(《庸闲斋笔记·和珅查抄单》)这个办法既得了钱财,还往往得一个严惩贪官污吏的美名,是一举两得的好事。

二、贡奉。相传禹别九州,任土作贡,责其地之所有,而不求其所无。《周官·太宰》以九贡致邦国之用:一曰祀贡,其品为牺牲包茅之属;二曰宾贡,皮帛之属;三曰器贡,宗庙之器;四曰币贡,即绣帛;五曰材贡,木材也;六曰货贡,珠贝自然之物;七曰服贡,即祭服;八曰斿贡,羽毛之属;九曰物贡,即货物。九州之外,诸夷藩国,亦各以其所贵之宝货为贽。通过纳贡,既满足了天子对财货的征敛,同时也申明和密切了天子与诸侯的臣属关系。汉高祖十一年,"诏诸侯王、通侯常以十月朝献,及郡各以人口数率人岁六十三钱,以给献费"(《文献通考》卷二二《土贡考一》)。汉初的算赋(即丁口税)为人百二十钱为一算。献纳费相当于算赋的半数强。汉时有关土贡的记载,如三齐有冰绮、方空縠、吹纶絮之贡,野王岁献甘醪、膏饧,庐江献黄金。南海则"献龙眼、荔枝,十里一置,五里一候,奔腾险阻,死者继路"(同上)。可见万里献荔枝,原不是始作俑于唐明皇杨贵妃。

土贡即地方土特产之贡,大体上全国范围内凡是地方上的特产、名产都规定每岁有一定数额的上贡,因此凡是皇帝生活与享乐所需的东西,也无不取足于土贡。《通典》记唐时全国诸郡常贡之物品。如:

太原府,贡钢镜两面,甘草三十一斤,矾石三十斤,龙骨三十斤,另加蒲萄粉屑、柏子仁。

博陵郡(定州)贡细绫千二百七十尺,两窠细绫十五匹,瑞绫二百五十五匹,大独窠绫二十五匹,独窠绫十四。

广陵郡(扬州)贡蕃客锦袍五十领,锦被五十张,半臂锦百段,新加锦袍二百领,青铜镜十面,莞席十领,独窠细绫十匹,蛇床子七斗,蛇床仁一斗,铁精一斤,兔丝子一斤,白芒十五斤,空青三两,造水牛皮甲千领并袋。

吴郡(苏州)贡丝葛十匹,白石脂三十斤,蛇床子仁三升,鲻鱼皮三十头,鲅鱼鲭五十头,墼胞七升,肚鱼五十头,春子五升,嫩藕三百段。

南海郡(广州)贡生沉香七十斤,甲香三十斤,石斛二十斤,鼍皮三十斤,蚺蛇胆五枚,詹糖香二十五斤,藤簟二合,竹簟五领。

唐令规定:"诸郡贡献皆尽当土所出,准绢为价,不得过五十匹,并以官物充市。所贡至薄,其物易供。""其有加于此数者,盖修令后续配,亦折租赋,不别征科。"(《通典》卷六《赋税下》)实际上这不过只是一纸具文,原因很简单,皇帝贪婪,贡物的品种绝不嫌多,贡品的数量则只嫌其少。而地方官吏,借助于贡献,一则讨好于皇帝,以求升赏;另则又可从中渔利,以饱私囊。因此,上贡之风,总是愈刮愈厉害。五代后周太祖郭威是一个颇有作为的皇帝,他在广顺元年明诏:"天下州府旧贡滋味食馔之物,所宜除减。"其中便开列了两浙所进的细酒、海味、姜瓜,湖南的枕子茶、乳糖、白砂糖、橄榄子,镇州的高公米、水梨,易州、定州的栗子,河东的白杜梨、米粉、绿豆粉、玉屑粝子面,永兴的御田红粳米、新大麦面,兴平的苏栗子,华州的麝香、羚羊角、熊胆、獭肝、朱柿、熊白,河中的树红枣、五味子、轻饧,同州的石鏊饼,晋州、绛州的葡萄、黄消梨,陕府的凤栖梨,襄州的紫姜、新笋、橘子,安州的折粳兵、糟味,青州的水梨,河阳的诸杂果,许州的御李子,郑州的新笋、鹅梨,怀州的寒食杏仁,申州的襄荷,亳州的葷薢,沿淮州郡的淮白鱼等等。(《旧五代史》卷一一〇《周书一》)从这份贡品名单里,我们可以看到取贡的物种是多么繁苛。而所谓除减,也只不过是郭威个人一时的好心。历史上的赋税徭役,一时因某个"好皇帝"发善稍事减免,而事不迁踵又被恢复、并反成增重的事,是习以为常的。明从成祖起,迁都北京,每年由运河启运来的江南贡物如枇杷、杨梅、鲥鱼、橄榄、石榴、柿子、木樨花、柑橘、甘蔗、醶菜苔、紫苏糕、苗姜、荸荠、芋头、鱼藕、香稻等等,各多达数十扛,用船达一百六十只。各处办野味共一万四千二百五十只,又活鹿二百六十七只、活天鹅三百二十只,杂皮二十一万二千张,翎毛一千三百五十五万六千根。中期以后,它们的数字又续有增多。(《续文献通考》卷三三《土贡考》)譬如宜兴贡茶,明初额止一百斤,渐增至五百斤,万历时乃至二十九万斤。(《万历野获编》卷一《贡鲊贡茶》)清代吉林所贡方物,每年四月、七月、十月、十一月之外,皇帝生日,分次进行,山珍野味、土产名品,共计一百二三十种。(《清稗类钞》第一册《朝贡类·吉林岁贡》)贡品不单要求有特殊的质量,还要求有特别的样式。北宋皇帝所使用的御炉炭,"率斫作琴样,胡桃纹鹁鸽青"(《老学庵笔记》卷五)。一炭之微,其讲究如此,真是匪夷所思。贡品的采办,有的是作为赋役的形式,摊派给百姓交纳。也有的名义上由官给价,向民间平买,但"吏胥舞弊,克扣价目,十给二三而已,甚至并十之二三而亦无之"。

　　定额之外,又有额外之贡。地方官吏希求恩宠,竭尽殚智,把一些新鲜的物产上贡给皇帝,它原是岁额所没有的。但有了第一次,便少不了第二次、第三次。一些皇帝生辰、婚事、节日之类的贺礼,本也没有明确的定额。但是,今年的额外,一经贡入,往往明年就成为制度,变成了定额。如明代楚中鱼鲊之贡,"始自成化初年,盖镇守内臣私献耳,为数不过千斤。后渐增至数万,改属布政司,贡船至十二号"(《万历野获编》卷一《贡鲊贡茶》)。红花原不产在宁夏,"特一时喜事献谀之徒,创为此举",遂成为明朝政府的定额。然水土本不相宜,故"播种耕耨、看守采择之苦,不可胜言"。"而又程途辽远,输运艰难,起役丁夫,雇倩车马,以及指称盘费、打点使用,尤为不赀。朝廷之所得几何?而计其所耗,固已百倍于所贡之数。"(《续文献通考》卷三三《土贡考》引王翀疏)这都是额外转为定额的例子。事实上,历史上的土贡定额就是通过这种转化而不断扩增的。庆典的贺仪,丰俭在于地方官的经办,朝廷并没有数字的规定。但是,一个地方今年的贡礼,事实上也便成了不成文的定额,后来者总是只能多,不能少的。也有一些存心侥幸之徒，热中将自己所有的珍玩、宝器献给皇帝，贪图赏赐，有的甚至是自己的女儿。明世宗时，"河南扶沟县民卢大亨，以女卢氏进。受之，给大亨米一石，仍免杂差。是女年十三，颇知书史"（《续文献通考》卷三三《土贡考》）。皇家的无数珍玩，其中的不少便是这种幸进之徒所奉献的。有一等人则专以进贡为名，对百姓家肆行掠取。明武宗时，李充嗣奏言："近中官进贡，有古铜器、窑变盆、黄鹰、角鹰、锦鸡、走狗诸物，皆借名科敛。"（《明史》卷二〇一本传）这种掠人之所有以为贡献，而讨好皇帝的人，比起卢大亨那种献女而得石斗赏赐的人来自然是更凶暴，更无耻，更可恶！

在额外上贡中，我们还要附带提及唐代流行的所谓"进奉"。唐玄宗在位，始在内廷设大盈、琼林两库，以贮贡献品。王铣任户口色役使，"征剥财货，每岁进钱百亿，宝货称是。云非正额租庸，便入百宝大盈库，以供人主宴私赏赐之用"（《旧唐书》卷四八《食货上》）。肃宗时，第五琦为度支盐铁使，"故事，天下财赋归左藏，而太府以时上其数，尚书比部复其出入"。而当时京师豪将强索国帑，第五琦穷于应付，他于是请以全部财赋收入尽属大盈库，"供天子给赐，主以中官，自是天下之财为人君私藏，有司不得程其多少"（《新唐书》卷五一《食货志一》）。德宗时，始接受杨炎的建议，将天下财赋的管理权复归有司，度宫中经费多少，量取三五十万奉入大盈库。然自肃宗至德以来，"四方贡献，悉入内库，权臣巧吏，因得旁缘，公托进献，私为赃盗者，动万万计"（《新唐书》卷一四五《杨炎传》）。内库（大盈库）成了庞大的皇家私藏。德宗建中四年，泾原兵变，皇帝仓皇出逃到奉天，在行宫创立二库。"朱泚既平，于是帝属意聚敛，常赋之外，进奉不息。剑南西川节度使韦皋有'日进'，江西观察使李兼有'月进'，淮南节度使杜亚、宣歙观察使刘赞、镇海节度使王纬、李锜皆徼射恩泽，以常赋入贡，名为'羡余'。至代易又有'进奉'。当是时，户部钱物，所在州府及巡院皆得擅留,或矫密旨加敛,谪官吏、刻禄禀,增税通津、死人及蔬果。凡代易进奉,取于税入,十献二三,无敢问者。常州刺史裴肃鬻薪炭案纸为进奉,得迁浙东观察使。刺史进奉,自肃始也。刘赞卒于宣州,其判官严绶倾军府为进奉,召为刑部员外郎。判官进奉,自绶始也。自裴延龄用事,益为天子积私财,而生民重困。"(《新唐书》卷五二《食货二》)进奉多是以正赋之外,尚多羡余的名义进行的。宪宗以后,遂成常例。"藩府代移之际,皆奏羡余为课绩,朝廷因为甄奖"。(《文献通考》卷二二《土贡一》引张潜疏)这种作法一直沿行到宋代。如宋神宗元丰年间,诸路在皇帝生日同天节及南郊大礼中,两次进奉共金银钱帛二十七万三千六百零八贯匹两,其中金二千一百两,银一十六万五千四百五十两,折银钱一万八千二百五十九贯七十七文,匹帛八万七千八百两。(《文献通考》卷二二《土贡》引毕仲衍《中书备对》)宋朝宫中置封桩库,太宗复以左藏北库为内库,改封桩库为景福内库以属之。仁宗时有奉宸五库之设,神宗又增设元丰库。朱元璋读《宋史》,曾就内库之设,严厉地批评说:"人君以四海为家,因天下之财,供天下之用,何有公私之别? 太宗,宋之贤君,亦复如此,他如汉灵帝之西园,唐德宗之琼林、大盈库,不必深责也。宋自乾德、开宝以来,有司计度之所缺者,必藉其数以贷于内藏,俟课赋有余则偿之。凡有司用度,乃国家经费,何以贷为? 缺而许贷,贷而复偿,是犹为商贾者,自与其家较量出入。及内藏既盈,乃以牙签别名其物,参验帐籍。晚年出签示真宗曰:'善保此足矣。'贻谋如此,何足为训?《书》曰:'慎厥终,惟其始。'太宗首开私财之端,及其后世困于兵革,三司财帛耗竭,而内藏积而不发,间有发缗钱数十万以佐军资,便以为能行其所难,皆由太宗不能善始故也。"(《洪武御制全书·宝训·评古》)不能不说朱元璋在这个问题上比赵光义站得更高一些。但是,作为一个家长式的专制皇帝,朕即是国,国也就是家。

他俩之间认识的距离，也只是五十步与百步之间，本质是没有差别的。

在贡献中，还有是来自边境四夷或周邻的与国的。当时概视为朝贡，被当成政治上臣服的象征，是远服、夷服来修职贡。历史上的中国皇朝，大多并不把开边扩土作为政治上的追求，而是把四夷宾服、万邦来朝美化为自己德治成功的标志。因此，多方招徕；而对来者无不优礼，厚予回赐。于是异域的珍奇、怪兽、名马、香料、珠玉等等，远道而来。这实际上是一种国际或与边远首领间的官方贸易。中朝的皇帝，除了在猎奇与政治上得到满足外，为此而所费不赀，而且在运输、招待等方面，为老百姓带来很大的负担与痛苦。

三、宣索，即皇帝遣派中官或使者持圣旨直接向臣民、有司宣取财货，实际上就是强取、强索。唐敬宗宝历二年，"宣索左藏见在银十万两，金七千两，悉贮内藏，以便赐与"（《资治通鉴》卷二四三）。明神宗万历中，御用不给，而左藏已虚，乃"今日取之光禄，明日取之太仆"（《明史》卷二三五《孟一脉传》）。唐德宗为讨军阀王承宗，以贡献的形式，大肆向度支盐铁并诸道索取所谓"助军钱"；及平，又索取贺礼及助赏诸物。此强取于百官者也。朱勔为宋徽宗措办花石纲，江南"士民家一石一木，稍堪玩，即领健卒直入其家，用黄封表识。未即取，使护视之，微不谨，即被以大不恭罪。及发行，必撤屋抉墙以出。人不幸有一物小异，共指为不祥，唯恐芟夷之不速。民预是役者，中家悉破产，或鬻卖子女以供其须"（《宋史》卷四七〇《佞幸》）。此强取于乡民者也。中唐时期，内宫取物于市，以宦官为宫市使，"两市置'白望'数十百人，以贱估敝衣、绢帛，尺寸分裂酬其值。又索进奉门户及脚价钱，有赍物入市而空归者。每中官出，沽浆卖饼之家皆彻肆塞门。"（《新唐书》卷五二《食货二》）白居易的名篇《卖炭翁》，描写的就是公开的匪行。明神宗时，税监遍天下，"视商贾懦者肆为攘夺，没其全资。""又立土商名目，穷乡僻坞、米盐鸡豕，皆令输税。"此强取于商民者也。金世宗大定中，"立强取诸部羊马法"（《金史》卷八《世宗纪》）。此强取于北部边民者也。唐时所谓"白著"，就是税外的横取。（《新唐书》卷一四九《刘晏传》）高云《白著歌》："上元官吏务剥削，江淮之人多白著。"（《求阙斋读书录》）"上元"就是唐肃宗的年号。

增税，包括增多税额与另立名目，也是皇帝为扩大自己收入的办法。它同是一种强取，不过是堂哉皇哉，用明令增派的一种强取。东汉灵帝中平二年，敛修宫钱，天下田亩十钱。明神宗万历二十四年，乾清、坤宁两宫被雷火焚毁；明年，又有皇极、中极、建极三殿之灾。军府千户仲春请开矿助大工，进行重修。于是大兴矿税，中使四出，"矿脉微细无所得，勒民偿之"。自二十五年至三十三年间，诸珰所进矿税银几及三百万两。河南巡按姚思仁，疏言矿税之害，"矿盗哨聚，易于召乱，一也；矿头累极，势成土崩，二也；矿夫残害，逼迫流亡，三也；雇民粮缺，饥饿噪呼，四也；矿洞遍开，无益浪费，五也；矿砂银少，强科民买，六也；民皆开矿，农桑失业，七也；奏官强横，淫刑激变，八也。"（《明史》卷八一《食货五》）与此同时，又以中官充税监，百计征剥。"天津店租，广州珠榷，两淮余盐，京口供用，浙江市舶，成都茶盐，重庆名木，湖口、长江船税，荆州店税、宝坻鱼苇及门摊商税，油布杂税，中官遍天下，非领税即领矿，驱胁官吏，务朘削焉。"（同上）"内臣务为劫夺，以应上求。矿不必穴，税不必商。民间丘陇阡陌，皆矿也；官吏农工，皆税入也。"（同上卷二三七《田大益传》）但是，这些收入，后来却又"悉输内帑，不以供营缮"（同上卷二三五《王汝训传》）。

四、卖官。秦朝有纳粟拜爵之令，汉文帝用晁错建议，纳粟拜爵和除罪以实边。正如晁所说："爵者，上之所擅，出于口而穷。"

爵只是一种身份,所以这是一笔无本而赚钱的买卖。汉文帝此举是以补国用。东汉灵帝首行公开卖官。光和元年,西园卖官,二千石的官价是二千万,四百石为四百万。"其以德次应选者半之,或三分之一,于西园立库以贮之。或诣阙上书占令长,随县好丑,丰约有贾。富者则先入钱,贫者到官然后倍输。又私令左右卖公卿,公千万,卿五百万。"(《资治通鉴》卷五七)"廷尉崔烈入钱五百万以买司徒,刺史二千石迁除,皆责助治宫室钱,大郡至二千万钱,不毕者至自杀。"(《晋书》卷二六《食货志》)他在西园造万金堂,以为私藏。晋武帝司马炎也卖官肥私。有一次他不无得意地问司隶校尉刘毅说:朕可以和汉的哪一个皇帝比? 耿直的刘毅回答说:桓帝、灵帝。司马炎大为扫兴地说:何至于此! 刘毅回答说:桓帝、灵帝的卖官钱入归官库,而陛下你却把卖官钱归入私门。这样看来,还不如他们(《资治通鉴》卷八一)。刘毅这里说的也并不确切,西园也是灵帝的私库。后代卖官的事例几无代无之。清朝的捐纳也是卖官的一种形式。

此外,又有采办、和买、金商等名目,都是借助特权,攫取商物,"名为和买,实同白著"。明朝又有皇庄、皇店之设,还有所谓"花酒铺",都是派中官管理,重利盘剥,以益内宫私奉。所有上述的一系列制度、措施,都是在特权支配下,以奉养天子为名,横征暴敛,巧取豪夺,把社会生产总值的半数、甚至大部分,据为内宫的私藏,以供皇帝个人奢富、豪华、荒淫、无度的糜烂生活需要。上亏国帑,下困生民。在历史上,几乎所有朝代,即使是在已经濒临灭亡的时刻,政府财政早已枯竭,老百姓贫困交加,陷于水深火热之中,然宫中依然是财货山积。崇祯亡国之后,在皇库中"旧有镇库金积年不用者三千七百万锭,锭皆五百(十?)两,镌有'永乐'字"(《明季北略》卷五)。

第十章　丧葬陵寝

　　贵极人寰的皇帝,在吃人喝血的基础上,享不尽的荣华富贵。遗憾的是他还是大限有期,难免一死。为了寻求不死,他们依仗权势,"上穷碧落下黄泉",想找到一种长生不死的妙术。秦始皇命齐人徐市率童男女数千人,前去东海传说中的蓬莱、方丈、瀛洲三神山寻找不死之药,然而,一去后杳如黄鹤。接着又使韩终、侯公、石生求之;复又遣燕人卢生入海。卢生无效而还后,又说动秦始皇作微行以辟恶鬼而迎真人。始皇恶言死,因此,虽病甚,仍牢牢地握着权力不放,对后事毫不作安排。于是而有胡亥、赵高的政变。汉武帝也有追求长生的狂热,"尤敬鬼神之祀"。对所有方士们所献的各种长生之术,他都谨守奉行,甚至执迷到明知受骗,而甘愿一而再、再而三地诚心诚意上当。一大批大言欺人的骗子就是利用他热衷而轻信长生术的弱点,以售其奸,获取好处。他最企慕黄帝。据说,黄帝采首山之铜,铸鼎于荆山之下。鼎成,天上有龙垂须而下迎黄帝,他便乘龙升天,群臣后宫攀龙而上者七十余人,后人名其处曰鼎湖。汉武帝对这个故事深信不疑,曾感慨地说:"嗟乎! 吾诚得如黄帝,吾视去妻子如脱躧耳!"到了他的晚年,终于有所醒悟,他自责说:"向时愚惑,为方士所欺,天下岂有仙人,尽妖妄耳! 节食服药,差可少病而已。"后世的皇帝中,有服药石以求长生的,"服食求长生,多为药所误",唐太宗就是其一。有佞佛道以求延寿的,梁武帝、明世宗都是其类。这一切自然都是虚妄。因此,他们中很多变得现实起来,采取了及时行乐的态度,酒荒、色荒,无所不用其极。元顺帝就是一个例子。有西蕃僧伽璘真对他建议:"陛下虽尊居万乘,富有四海,不过保有现世而已。人生能几何,当受此大喜乐禅定。"大喜乐禅定就是一种房中术。元顺帝立即接受这个建议,广取妇女,惟淫戏是乐(《元史》卷二〇五《奸臣·哈麻传》)。元朝的多数皇帝都是早死,主要是荒淫过度造成的。

皇帝死称崩。《白虎通》:"天子称崩何?别尊卑,异死生也。天子曰崩。大尊像。崩之为言,惝然伏僵,天下抚击失神明,黎庶殒涕,海内悲凉。"(卷十一)礼:天子死称崩,诸侯曰薨,大夫曰卒,士曰不禄,庶人曰死。封建社会的等级差异,真可谓至死不渝。对皇帝的死,还有种种说法:"晏驾",晏,迟也。谓皇帝的大驾不似常朝出临,而是晚出,以喻其不存在。"鼎湖",就是用黄帝鼎成上仙的典故。"大行",对它的解释颇不一致。《风俗通》说:"天子新崩,未有谥号,故总其名曰大行皇帝也。"《周礼谥法解》:"谥者行之迹,是以大行受大名,细行受细名。"故"大行"即指其有大德行,当受佳谥也。另一种说法,"大行"者,往而不返之意。《史记·集解》(卷十一)即持此说。"登假"或"登遐",《礼·曲礼》"此谓天王崩而遣使告天下万国之辞也。登,上也;假,已也。言天子上升已矣,若仙去然也"。"上宾"、"宾天",意思也是指仙去。

皇帝驾崩,天下百姓皆应为之服丧,称国丧、国忌。宋代国忌,大臣须赴佛寺行香,禁止音乐,禁刑,不视事。清代国忌,天下臣民百日不雉发,服缟素,禁音乐百戏及婚嫁。有关皇帝的葬丧制度,范晔《后汉书·礼仪志》记载得很详细。凶礼在五礼中序列第二,然至唐初,移居第五,"而李义府、许敬宗以为凶事非臣子所宜言,遂去其《国恤》一篇,由是天子凶礼阙焉"(《新唐书》卷二〇《礼乐十》)。事实上，从《晋书》开始，丧敛、山陵制度，已付阙如。显然，这是因为具体的记载，容易泄漏陵藏的秘密，而启盗发之患，所以有意保守秘密。因此，许多具体情况，我们今天已不太清楚了。

据《后汉书》所记，老皇帝病，称"不豫"。"不豫"者，不豫言，不豫政也。太医进药于尝药监，近臣中常侍、小黄门以十二倍的药量尝服，怕的是有人进鸩。皇帝死，从东汉的中晚期开始，即由皇后诏令三公典理丧事。百官皆衣白单衣，白帻不冠。宫门和城门紧闭，北军戒严。《礼》：天子三日小敛，七日而殡，七月而葬。三年之丧，自天子达于庶人。汉文帝遗诏：天下吏民出临三日皆释服，自崩至葬凡七日，服丧期权制三十六日，这一制度至唐犹遵行。玄宗、肃宗之丧，始服二十七日。对皇帝的尸体，按礼仪沐浴，饭含珠玉，敛以缇缯十二重，套上金缕玉衣，即所谓玉匣。[1] 它是以玉为襦，如铠状连缝之，以黄金为缕。腰以下以玉为扎，长一尺二寸半为柙。下至足，亦缝以黄金缕。敛毕，停枢于两楹之间，群臣临哭。随即皇太子即位于枢前。然后开宫门和城门，罢屯卫兵。百官定五日一临哭，同时也发民临哭，直至出殡。据明人沈德符所记："本朝大行皇帝、皇后初丧，每寺各声钟三万杵。盖佛家谓地狱受诸苦者，闻钟声即苏，故设此代亡亲造福于冥中，非云化者有罪，为之解禳也。声钟一事，累朝皆见之诏旨。盖自唐宋以来，相沿已久。惟冥镪最属无谓，今贵贱通用之。如周世宗发引，以楮为金银锞，黄者名泉台上宝，白者谓冥游亚宝，已为可笑。至宋高宗梓宫就道，百官奠用纸钱差小，孝宗不悦。谏官云：'纸钱乃释氏使人以过度其亲者，本非圣主所宜。'孝宗曰：'邵尧夫何如人？祭先必用纸钱。岂生人处世如汝辈，能一日不用钱乎？'则此亦相沿故事，本朝虽用而不以此相高，贤于前代多矣。"(《万历野获编》卷

---

[1]　金缕玉衣已数有发掘，如满城汉中山靖王夫妇墓、定县中山孝王刘定兴墓等。

二《大行丧礼》）纸钱始于唐玄宗时的王玙，这的确是一大"创造"，纸币的行用，很难说不是从中找到启示的。

皇帝的棺柩称梓宫。《风俗通》："宫者存以所居。缘生事死，因以为名。"礼，天子殡以梓器，故曰"梓宫"。又有"攒宫"之名。《礼记·檀弓上》："天子之殡也，菆涂龙輴，以椁，加斧于輴上，毕涂屋。"郑注："菆木以周龙輴，加椁而涂之。天子殡以輴车，画辕为龙。"菆，丛也。斧即黼，白黑文也。輴车即载柩车。这种葬法，《后汉书·礼仪志下》称之为"黄肠题凑"。"题"，头也。"凑以头向内，所以为固也。""汉家之葬，方中百步，已，穿筑为方城，其中开四门四通，足放六马。然后错浑杂物、扞漆、缯绮、金宝、米谷，及埋车马、虎豹、禽兽。"元帝葬，乃不用车马、禽兽等物（同上王注引《皇览》）。1974年所发现的北京大葆台西汉燕王刘旦墓，就是用万五千以上的黄心柏木，以头相攒，重叠垒堆在棺椁的周围达三十层。刘旦只是一个罪废的亲王，其墓葬规模之大，已足让人惊叹。黄肠题凑的葬式延续到什么时候？《晋书·礼志》说，魏晋以来，丧礼大体同汉，但已多所简省。（卷二〇《礼中》）估计这时已不再行，大概可以肯定。

皇帝的坟墓曰陵、陵寝。古王者墓而不坟，坟者，聚土使高也。春秋以来，始有称丘者。既谓之丘，必是因山而高大者，但可能仍是特例。秦国王者则多以陵称。秦始皇即位，就在新丰西南十里的骊山建造陵墓。"及并天下，天下徒送诣七十余万人，穿三泉，下铜而致椁。宫观百官奇器珍怪徙臧满之。令匠作机弩矢，有所穿近者辄射之。以水银为百川江河大海，机相灌输，上具天文，下具地理。以人鱼膏为烛，度不灭者久之。二世曰：'先帝后宫非有子者，出焉不宜。'皆令从死，死者甚众。葬既已下，或言工匠为机，臧皆知之，臧重即泄。大事毕，已臧，闭中羡，下外羡门，尽闭工匠臧者，无复出者。树草木以象山。"（《史记》卷六《秦始皇本纪》)称始皇陵。据刘向所述,其陵"下锢三泉,上崇山坟,其高五十余丈,周回五里有余。石椁为游馆,人膏为灯烛,水银为江海,黄金为凫雁。珍宝之藏,机械之变,棺椁之丽,宫馆之盛,不可胜原。又多杀宫人,生薶工匠,计以万数。"(《汉书》卷三六《刘向传》)贾山则谓其"死葬乎骊山,吏徒数十万人,旷日十年。下彻三泉,合采金石冶铜锢其内,漆涂其外,被以珠玉,饰以翡翠。中成观游,上成山林,为葬薶之侈至于此"(同上卷五一《贾山传》)。始皇墓的营建,费时三十七八年,单是土方量就达 50,714,945.97 立方米,墓壁砌石面积 55,647.2 平方米,建筑铺瓦 300 万平方米以上。(王学理《秦始皇陵研究》)其规模之大、墓藏之富,我们从今天考古的测量与兵马坑的发掘,就可以窥见一斑。项羽入咸阳,"燔其宫室营宇,往者咸见发掘。其后牧儿亡羊,羊入其凿,牧者持火照求羊,失火烧其臧椁"(同前《刘向传》)。后赵石虎时,又使掘秦始皇冢取铜柱,铸以为器(《晋书》卷一〇七《石季龙下》)。

汉因秦制,坟土为陵,置园令,掌守陵园,案行扫除;校长,主兵戎盗贼事;食官、令,掌望晦时节祭祀。诸陵寝皆以晦、朔、二十四气、三伏、社、腊及四时上饭;其亲陵所宫人,随鼓漏理被、枕,具盥水,陈妆具。又有均官,为主山陵上稿输入之官。园令及均官均属太常。《汉旧仪》:太常月一行陵。(参见《汉书·百官公卿表七上》、《后汉书·百官志二》)汉长陵(高祖)高十三丈,阳陵(景帝)高十四丈、安陵(惠帝)高三十余丈。秦始皇开始,就在骊山设丽邑,一次就徙来三万家。汉代亦大徙富豪之家于陵邑,以达到内实京师、外消奸滑和守护陵邑的目的。

汉朝的皇帝,从即位的时候就开始张罗陵墓的修建。《后汉书·礼仪志下》引《汉旧仪》:"天子即位明年,将作大匠营陵地,用地七顷,方中用地一顷,深十三丈,堂坛高三丈,坟高十二丈。武帝坟高二十丈,明中高一丈七尺,四周二丈。内梓棺柏黄肠题凑。"

所殉明器包括所有生活用品、武器、乐器、车骑等等。武帝的茂陵，规模最大，多藏金钱、财物、鸟兽、鱼鳖，凡一百九十余种。(《汉书》卷七二《贡禹传》)所敛玉匣，上面皆镂为蛟龙、鸾凤、龟麟之象，世谓之蛟龙玉匣。(《西京杂记》卷一)世传汉文帝躬行薄葬，治霸陵，皆瓦器，不得以金银铜锡为饰；因其山，不起陵。(《汉书》卷四《文帝纪赞》)故赤眉军入长安，大发西汉诸帝陵，取其宝货，污辱吕后尸体，惟霸陵则得免。迨至晋愍帝建兴年间，盗发霸陵、杜陵(汉宣帝陵)，多获珍宝。帝问索䌷，为什么汉陵墓中财物如是之多？索䌷对曰："汉天子即位一年而为陵，天下贡赋，三分之一供宗庙，一供宾客，一充山陵。武帝飨年久长，比崩，而茂陵不复容物，其树皆已可拱。赤眉取陵中物，不能减半，于今犹有朽帛委积，珠玉未尽。此二陵是俭者耳！亦百世之诫也。"(《晋书》卷六〇本传)文帝在遗诏中明言薄葬，为什么实际上也是财物甚多，大为晋愍帝所惊异呢？顾炎武《日知录》引梁氏所考：霸陵曾三被盗掘：一见于《汉书·张汤传》，谓盗发孝文园瘗钱；再见于《风俗通》，谓霸陵虽薄葬，亦曾遭盗发；其三即《晋书·索䌷传》所载。梁氏以为，其中金玉珠宝，"必景帝为之，不依遗诏瓦器之制。事秘莫知，史不得录耳！"同书注引杨氏曰："非孝文之不能尽除，或景帝之陷亲于不义耳！"(卷一五《厚葬》)沈钦韩注《汉书》，亦认为是"帝后臣子违其素志"(《汉书》卷四《文帝纪》注)。惟赵翼引唐虞世南疏言，谓汉氏之法，人君在位，三分天下贡赋，以一分入山陵。他认为此固先事储备，多入贡赋以实陵中，乃汉家制度，故陵中藏物已多。(《陔余丛考》卷十六《汉时陵寝徙民之令》)从索䌷所说的汉武享国久，故茂陵中不复容物的说法来看，赵翼的意见是正确的。所谓"薄"，只是比较而言。遗诏用瓦器殉，原不废历年贡赋之入藏也。

陵园中建有寝殿，故俗通称陵寝。秦始皇起寝于墓侧，以象人主生前之前有朝、后有寝。汉因秦制,故陵皆有园寝,起居衣服象生人之具,盖古寝之意(《通典》卷五二《礼十二·沿革十二·吉礼十一》)。"今洛阳诸陵,皆以晦望、廿四气、伏、社、腊及四时日上饭,太官送用。园令、食监典省其亲陵所。宫人随鼓漏理被枕、具盥水,陈严具。"(《独断》下)这些守陵的宫女都是皇帝后宫的宫人。这一制度是汉武帝开始的。"汉武时,又多取好女至数千人,以填后宫,及弃天下……又尽以后宫女置于园陵"(《汉书》卷七二《贡禹传》),以奉侍死去的皇帝。三代以前无墓祭。园寝之制行,始有上陵之礼。

曹操徼盗陵的事实,又以通达视死生,故提倡薄葬。建安十年,下令不得厚葬,又禁立碑(《宋书·礼志》);对丧礼也进行简化。他"以礼送终之制,袭称之数,繁而无益,俗又过之,豫自制送终衣服四箧,题识其上,春秋冬夏,日有不讳,随时以敛,金珥珠玉铜铁之物,一不得送"。文帝黄初三年,自作终制,痛切陈辞,说:"自古及今,未有不亡之国,亦无不掘之墓也。丧乱以来,汉氏诸陵,无不发掘,乃至烧取玉匣金缕,骸骨并尽,是焚如之刑也,岂不重痛哉!祸由乎厚葬封树。"他要求"寿陵因山为体,无为封树,无立寝殿,造园邑,通神道","无藏金银铜铁,一以瓦器","棺但漆际会三过,饭含无以珠玉,无施珠襦玉匣"(《三国志·魏书·文帝纪》)。西晋诸帝皆不封不树,敛以时服,不设明器。江左初,百度草创,山陵奉终,备极省约。正如惠帝时尚书裴颜所说:"大晋垂制,深惟经远,山陵不封,园邑不饰,墓而不坟,同乎山壤,是以丘坂存其陈草,使齐乎中原矣!"(《通典》卷一六六《刑法四》)

唐代的陵丧制度却在很大程度上回复到汉制。李渊死,太宗令依汉长陵(刘邦陵墓)故事,务存崇厚。经过虞世南等的切谏,最后达成折衷方案,群臣提议:"汉高祖长陵高九丈,光武陵高六丈;汉文、魏文并不封不树,因山为陵。窃以长陵制度,过为宏侈;

二文立规,又伤矫俗。光武中兴明主,多依典故,遵为成式,实谓攸宜。"得到太宗的首肯。(《通典》卷七九《礼三九·沿革三九·凶礼一》)太宗昭陵凿九嵕山而成。根据他生前的指示,"足容一棺而已,务从俭约"。"因九嵕层峰凿山南西,深七十五尺为元宫,山旁岩架梁为栈道,悬绝百仞,绕山二百三十步始达元宫,门顶上亦起游殿。"(《文献通考》卷一二五《王礼廿》)从工程上看,实际上是巨大的。五代朱梁时,温韬尽数发掘辖境内之诸唐陵,以取珍宝。"而昭陵最固,韬从埏道下,见宫室制度闳丽,不异人间。中为正寝,东西厢列石床,床上石函中为铁匣,悉藏前世图书,钟、王笔迹,纸墨如新。"(《新五代史》卷四〇《温韬传》)足见所谓俭约,绝非实事。所殉之钟、王手迹,其中最著名的就是晋王羲之的《兰亭序帖》,其价值更远非珠玉珍宝所能比拟。太宗把它来殉葬,是对宝贵文物的毁灭,是比浪费更严重得多的毁坏民族文化的犯罪行为。乾陵是唐高宗的陵墓。大周女皇帝武则天退位死后,又以皇后身分被合葬在此。汉制,皇后多同陵而不合葬。魏晋以降,始有合葬者。高宗先武则天死,"其元宫以石为门,铁锢其缝",其牢固程度可知。故当时给事中严善思反对再打开墓门,而主张另营安葬,以安神道,但为中宗所拒绝。温韬大发唐陵,"惟乾陵风雨不可发"。

唐陵也恢复了汉的陵寝制度。"凡诸帝升遐,宫人无子者悉遣诣山陵,供奉朝夕,具盥栉,治衾枕,事死如事生。"(《资治通鉴》卷二四九胡注引宋白曰)诸陵皆栽柏以环之,柏城四面各三里,其内不得另有安葬,(同上卷二二九胡注引宋白曰)而功臣密戚请陪陵葬者听之。(同上卷一九五)大行安葬的这天,被称为忌日,一般在三日内不得举乐。行香、饭僧都是佛教的仪式。国忌行香起于后魏;江左齐梁间,每燃香熏手,或以香末散行,谓之行香。(《云麓漫钞》卷三)唐制:"二月八日、及生日、忌日,公卿朝拜诸陵。又有忌日行香于京城宫观,天下诸司,亦于国忌行香,至宋犹有宫观行香之礼,外州不同也。"(《谷山笔麈》卷一)在行香时,复禁食酒肉。饭僧则起于石晋。

元代的陵制完全保存蒙古旧俗。据十二世纪初到过蒙古草地的西欧教士加宾尼报导:"至于埋葬他们的首领,则他们有一种不同的方法。他们秘密地到空旷地方去,在那里他们把草、根和地上的一切东西移开,挖一个大坑,在这个坑的边缘,他们挖一个地下墓穴。在把尸体放入墓穴时,他们把他生前宠爱的奴隶放在尸体下面。这个奴隶在尸体下面躺着,直至他几乎快要死去,这时他们就把他拖出来,让他呼吸;然后又把他放到尸体下面去,这样他们一连搞三次。如果这个奴隶幸而不死,那么,他从此以后就成为一个自由的人,能够做他高兴做的任何事情,并且在他主人的帐幕里和在他主人的亲戚中成为一个重要人物。他们把死人埋入墓穴时,也把上面所说的各项东西一道埋进去,恢复原来的样子,因此,以后没有人能够发现这个地点。"(《出使蒙古记》,第15页)皇帝们的葬地称之为大禁地,不许有人接近。如果任何人敢走近这些墓地,被捉住就要剥光衣服,鞭打并受到严厉的虐待。根据南宋使臣的报导,"其墓无冢,以马践蹂,使如平地。若忒没真(铁木真,即成吉思汗)之墓,则插矢以为垣,阔逾三十里,逻骑以为卫"。(《黑鞑事略》)其棺椁,"凡宫车晏驾,棺用香楠木,中分为二,刳肖人形,其广狭长短,仅足容身而已。殓以貂皮袄、皮帽。其靴袜、系腰、盒钵,俱以白粉皮为之。殉以金壶瓶二、盏一、碗楪、匙箸各一。殓迄,用黄金为箍四条以束之。舆车用白毡,青缘纳失失①为帷,覆棺亦以纳失失为之。前行用蒙古巫媪一人,衣新衣,骑马,牵马一匹,以黄金饰鞍辔,笼以纳失失,谓之金灵马。日三次,用羊奠

---

① 一种从中亚输入的金丝织品。

祭。至所葬陵地，其开穴所起之土成块，依次排列之。棺既下，复依次掩覆之。其有剩土，则远置他所。送葬官三员，居五里外，日一次烧饭致祭。三年然后返"（《元史》卷七七《祭祀志六》）。《草木子》一书则谓深埋之后，"用万马蹴平，俟草青方解严，则已漫同平坡，无复考志遗迹"。据屠寄的说法，为了识认陵地，在陵穴覆土既平之后，便将一头幼骆驼即其地杀死，以后欲祭时，则以所杀骆驼之母为导，视其踟蹰悲鸣之处，则知葬所。屠寄《蒙兀儿史记》（卷三注）的这段记载，他注明引自《草木子》，然《草木子》一书实无此文。且皇皇大禁地，既设有守陵千户世袭奉守，复建有影堂以供祖奠，元时起辇谷之地，世为诸帝之葬所，确切无疑，岂有失其所在之理？且杀骆驼之说，清代始有之，其妄可知，因此是不可信的。

上述记载皆不言元皇陵有殉葬制度。李乐《见闻杂记》且直谓"其君后崩逝，不用殉葬，不陈祭器，不作山陵"（卷二）。然波斯史料的说法则完全不同。术外尼《世界征服者史》说成吉思汗死，以美女四十名殉葬。（第一册，第189页）瓦撒夫记伊利汗国主旭烈兀（忽必烈之弟）之葬，"依蒙古旧例，掷黄金宝石于墓中，以幼年美女盛饰殉葬"（多桑《蒙古史》下册，第140页）。以此推之，元代皇帝也应是以珍宝美女殉葬的。汉人官僚多不能参与蒙古贵族的许多仪式，对死去的皇帝，只是号哭于大都北郊，送灵柩北去。陵葬制度，他们是并不清楚的。

有关明代陵墓的制度，前期的人殉是一个十分引人注目的问题。人殉在传统的汉族王朝中久已绝迹，为什么到明朝又会出现？这不能不让人怀疑是元朝制度的影响。《明史·礼志十二》："英宗崩，遗命不得以宫妃殉葬。"（卷五八）《国榷》引郑晓、马晋允之言，皆谓英宗停止嫔妃殉葬，是仁明圣德之盛举。（卷三三）足证明初确有人殉制度。《明史·后妃传》载："初，太祖崩，宫人多从死者。建文、永乐时，相继优恤。若张凤、李衡、赵福、张璧、汪宾诸家，皆自锦衣卫所试百户、散骑带刀舍人进千、百户，带俸世袭，人谓之'太祖朝天女户'。历成祖、仁、宣二宗亦皆用殉。景宗以郕王薨，犹用其制，盖当时王府皆然。至英宗遗诏，始罢之。"（卷一一三）宣宗的惠妃何氏、贤妃赵氏、惠妃吴氏、淑妃焦氏、敬妃曹氏、顺妃徐氏、丽妃袁氏、淑妃诸氏、充妃李氏、成妃何氏都是随宣宗殉葬的枉死鬼。其册文称："兹委身而蹈义，随龙驭以上宾，宜荐徽称，用彰节行。"当明成祖死时，高丽使者正在北京，躬逢丧礼大典。在出殡的前晚，殉葬的三十余名嫔妃由太子出面，邀请她们赴宴践别。在死亡来临的极度哀痛凄切中，自然谁也顾不了丰盛别宴上的珍肴佳味，而是哭声震殿阁。殿堂中早已悬好白绫，下面是踏脚的小木床。她们一个个迫于圣命，登上小木床，以白绫系颈。也有不愿自缢的人，于是太监们就强行动手，将她绞死。宫妃高丽人韩氏，哭着哀求太子，说：我母亲年纪老，希望能把她送回国去。同时哭着对她的乳母金黑说："娘，吾去！娘，吾去！"话音未绝，踏足的小木床已被太监们蹬翻。宣宗的殉人中，有凤阳人郭爱，入宫才二十一天。她在绝命前写了一首诗，哀惋备至。诗云："修短有数兮，不足较也。生而如梦兮，死则觉也。先吾亲而归兮，惭予之失孝也。心凄凄而不能已兮，是则可悼也。"（《明史》卷一一三《后妃传一》）英宗这个皇帝，一生无什么善绩可言，但在死前良心发现，召儿子宪宗说："用人殉葬，吾不忍也。此事宜自我止，后世无复为。"遂为定制（《否泰录》）。殉葬的妃嫔遗体，并不入陵，而是在陵区另行井葬的。

第十一章　一人与天下

　　以上，我们简略地就皇帝个人的政治活动、权力运作以及生活制度诸方面，作了初步的综合探讨。皇帝是天下的主宰，是秉承天帝的意志来统治万民的。他又是圣者，是臣民道德的导师与表率。他深居九重，通过一系列制度与政权机构稳固地操纵全国的政治、经济、军事、刑法乃至文化诸方面，使之按照他个人的意志和利益运转。国库是他的私囊，死了还要耗费无可计算的民财来显示他的无尚尊荣。对于他，可以总结为这么两句话：举天下以奉一人，以一人而率天下。初唐时，张蕴古上《大宝箴》，说："圣人受命，拯溺亨屯，故以一人治天下，不以天下奉一人。"（《资治通鉴》卷一九二）宋太祖就曾说过："古称以一人治天下，不以天下奉一人。"（杨忆《谈苑》）清朝的雍正皇帝，在寝宫养心殿自书了一幅对联："原以一人治天下，不以天下奉一人。"他们是在撒谎。"不"字应改为"正"，这才完全符合实际。二千多年来，始终就是这样一个人，把持着中国历史的舵轮，掌握着民族发展的命运。

　　在上文第三节的开头，我们引用了刘向关于九主的分类。这种分类没有一个严格的标准，自然是不科学的。我们这里也尝试把他们分为五种类型。不过，具体到某个皇帝个人，他可以兼具几种不同的类型；也有人并不是我们所举的五种类型所能包括。因此，我们这样作，也不过是取其大致而已。这五种类型是事业型、享受型、变态型、弱智型、平庸型。

首先是事业型。他们就是我们通常所说的有作为的君主。略输文采的秦皇、汉武，稍逊风骚的唐宗、宋祖都属于这一类型。所谓有所作为，当然是指事业的成就。不过，这也很难以大小来区分。有的皇帝原是很有作为的，但限于年寿，他来不及完成，如北周武帝，五代的周世宗，从素质上看，他完全可以属于这一类型。历史上大凡开国的君主，都是不同于凡俗的人物，否则，他就不可能竞而胜之，开一代之基。有的皇帝在某一方面确也是有天分，甚至是有成就的。如宋徽宗，未尝不是一个画才。南朝的梁简文帝萧纲，读书十行俱下，辞藻艳发，博综群言，富有著述。又梁元帝萧绎，博极群书，于伎术无所不该，著作等身。但是作为皇帝，他们又都是很糟糕的代表。宋徽宗沦为金人的俘虏，客死五国城。梁简文帝完全是军阀侯景手中的傀儡，终于被杀。梁元帝为魏军所围，在绝望中将所藏书十四万册聚而烧之，说："读书万卷，犹有今日，故焚之。"他至死仍不明白，读书作学问和作皇帝是两码事。我们所说的有作为，只是就政治上的作为而言。

第二种是享受型。享乐本是几乎所有帝王的同好。但有一些人则把奢华淫靡的享受当成生活的一切。北齐武成皇帝高湛即位，宠臣和士开就劝他说："自古帝王，尽为灰土，尧舜桀纣，竟复何异！陛下宜及少壮，极意为乐，纵横行之。一日取快，可敌千年。国事尽付大臣，何虑不办？无为自勤约也。"（《资治通鉴》卷一六九）帝大悦。于是三四日一视朝，书数字而已，略无所言，须臾罢入，纵情享乐。继位的后主高纬，闻陈师攻取寿阳，颇以为忧。佞臣穆提婆安慰说："假使国家尽失黄河以南，犹可作一龟兹国。更可怜人生如寄，唯当行乐，何用愁为。"（同上卷一七一）常人的享乐不外是灯红酒绿、妻妾成行，皇帝的标准就远不相同。宋徽宗就倡丰、亨、豫、大之说，意思是要达到最大的满足、最大的享受、最大的放纵。过分的享乐追求必然导致在政治上怠惰腐朽，同时也导致对老百姓的克剥与掠夺。皇帝的享乐是建立在吃人喝血的祭坛之上的。

第三种是变态型。主要表现为一种兽性的狂虐。高齐后主高纬听人说，最乐的游戏是"多聚蝎于器，置狙(猴子)其中"，看受蜇的猴子在痛苦中挣扎。他立刻命人找来蝎子，放置浴盆中，使人裸卧其内，听到人"号叫宛转"，"喜噱不已"。辽穆宗耶律璟，终日沉湎于酒，且嗜杀成性。近侍多遭手刃，甚至对他们炮烙、支解，习以为常。刘宋的前废帝是以猜忌忍虐而恶名昭著的，"凶悖日甚，诛杀相继，内外百官，不保首领"。虐杀狂病症的形成，固有其天性残忍的因素，但在很大程度上，它又是一种政治恐惧病，是在纵横捭阖、尔虞我诈、猜疑嫉忌、你死我活的政治斗争中所形成的变态心理。隋炀帝是享乐型的典型，但也兼有虐杀狂的成分。杨玄感反东都，他令裴蕴穷治其党羽，并且说："玄感一呼而从者十万，益知天下人不欲多，多即相聚为盗耳！不尽加诛，无以惩后。"裴蕴承旨严治，杀三万余人，枉死者大半；遭罪流者又六千余人。后帝至东都，"顾眄街衢，谓侍臣曰：'犹大有人在'"(《资治通鉴》卷一八三)。这充分反映了他灵魂深处那种对人类仇视和草菅人命的兽性。朱元璋固然是大有为的开国君主，但同时也是一个虐杀狂。开国功臣中，老朋友、老部下，他都借事生非，几乎个个宰尽。胡惟庸案，族诛三万余人；蓝玉案又诛一万五千余人。赵翼指其"雄猜好杀，本其天性"。其实，这也不完全能用天性来解释。太子朱标曾因此劝谏他，他把一条荆棘放在地上，命令朱标去拿。朱标面有难色。然后他用刀把刺削去，让朱标拿起，并教训说：我杀的人都是这些刺，杀了他们，你才能稳坐江山。可见在他看来，滥杀原是一种政治的需要。马克思指出："专制制度必然具有兽性，并且和人性是不相容的。"(《马克思恩格斯全集》第一卷第414页)虐杀正是专制主义兽性的表现之一。虐杀狂表面给人的感觉是凶悍，然而内心深处，却弥漫着一种掩饰不住的虚弱和恐惧。隋炀帝在江都，揽镜自顾，情不自禁地叹惜说："好头颅，谁当砍之。"他从杨玄感反后就"每夜眠恒惊悸，云有贼，令数妇人摇抚，乃得眠"（《资治通鉴》卷一八三）。可证他精神早已崩溃。朱元璋讳一切有关于"僧"、"盗"的音、意字眼，也表明他精神上病态式的自卑、紧张和虚弱。

第四种为弱智型，即大大小小的白痴和低能儿。他们中最著名的当然首推晋惠帝。他听说老百姓没饭吃，便问：何不吃肉。还有东晋的安帝，"口不能言，寒暑饥饱皆不能自辨"。其实生于深宫之中，长于婢宦之手，不谙人情，不通世故，不识五谷，不辨东西的皇帝，何止少数！他们连正常的人事犹无能自理，遑论万机？情况相同的还有一大批小皇帝，他们在成年以前，智力尚未成长，暂时是可以归入这一类型的。

第五类为平庸型，也就是实同于芸芸众生的中间人物皇帝。和任何一个人群一样，总是上智下愚占少数，普普通通的中间人物占大多数。在皇帝队伍中，这类平庸型人物自然也是占大多数。但是，正如我们在上面所说的，出生在皇家这种与世隔绝、违背人情而又是政海风云，纵横诡谲的环境里，不是白痴的也容易长成白痴一样，在这种特殊环境里成长的中间人物，其素质也是较之通常人为低劣的；而且不可避免的，在他们身上还会带上特殊的烙印。这是因为：第一，他们往往是在激烈的皇位继承争夺中长大的，习惯于你死我活的生存逻辑，使善良者流于懦弱，桀骜者习于凶顽。第二，他们自幼以天潢贵胄自命，容易养成狂妄的癖性。所以这种人容易滋生变态，生出许多正常人所不该有的怪癖、异想、恶习和荒唐行为。第三，特别是他们是无限特权的拥有者，而权力正是一注不可防止的腐化剂。绝对的权力，就是绝对的腐化；无尚的特权,就是无止境的、特殊恶劣的腐化。因此,在貌似平庸型的皇帝队伍中,贪、残、狠、诈,习为常行,他们实际上是并不平庸的。正如唐甄所说的:"帝室富贵,生习骄恣,岂能成贤? 是故一代之中,十数世有二三贤君,……其余非暴即暗,非暗即辟,非辟即懦。"(《潜书·鲜君》)这是一点不错的。

现在,我们把中国皇帝的历史来一个简化,在秦统一到清宣统退位的 2132 年里,取皇朝直线相承,即秦—西汉—东汉—曹魏—西晋—东晋—刘宋—萧齐—萧梁—陈—隋—唐—朱梁—后唐—石晋—后汉—柴周—北宋—南宋—元—明—清这样一个简单化的发展线索来看,总共经历了二十二个王朝,君临中国的皇帝为老小一百七十个(同时并立的不计在内)。平均每个皇帝统治为十二三年。我们姑且假定,这一百七十个皇帝中,百分之二十是属于上述事业型、有所作为的。以一个皇帝平均在位十二三年计,这一类事业型皇帝统治中国总计不过四百年。而其余的一千七百多年,我们这个古老的祖国就是在一大群腐败者、残虐成性者、弱智者、未成年的孩童、以及病态的平庸人等的专制统治下,蹒跚行进。即就所谓有为的少数皇帝而言,在他们的统治期里,真正能推动社会前进的功业究竟又有多少? 这也大成问题。我们这样说,决不是在夸大个人在历史上的作用。历史唯物主义认为决定社会发展的是人民的社会物质生产,但绝不否认个人在加速和阻滞历史进程中的作用。中国专制主义皇权的基本特征就是皇帝个人的独裁。二千多年来,决定中国命运的是皇帝,这是任何人都无法否认的。而皇帝的队伍,却正是我们上文所分析的低能、腐败、贪虐、残暴的一大群。在这种人的统治下,中国社会发展缓慢、社会经济贫穷落后,自是事所必然了。

当然,问题还并不限于某个皇帝个人的品质,问题的根本还在于这个制度。在沉重的剥削和压迫下苦苦忍耐和等待的老百姓,终于有一天迎来了老皇帝归西的喜讯，似乎是越过了某一道苦难的阶梯。但是，迎来的又是一个新皇帝。社会还是那个社会，制度还是那套制度，不过是以暴易暴的过程又加多了一次无出路的重复。灾难深重的中国历史总是在积怨愈深、矛盾愈炽中发展。终于，在下面广大农民再也无法生存，上面政府彻底腐化，也无力进行控制的情况下，轰轰烈烈的农民起义爆发了。旧王朝被推翻，皇帝也开始尝到了他亲手酿造的苦果。明崇祯自缢前，要亲手用剑砍死自己的女儿，并且伤心地说："何事生帝王家？"也有的王朝是在篡夺中，力单势弱，被灭亡的。南朝的刘宋顺帝被迫让位给萧道成时，泣而弹指曰："愿后身世世勿复生帝王家。"侯景过了几天皇帝瘾，等到兵败出亡时，他责备他的谋士说："尔令我为帝，今日误我！"不过，到这个时候，他们后悔已来不及了。

　　旧王朝倒了，新王朝又建立了起来，作为封建专制制度，一切又恢复到原态。虽说迫于形势，暂时有所谓让步政策的采用，但是，只要阶级力量的对比变得有利于自己时，新朝的皇帝又把承诺的让步寸利必争地收紧回来。中国历史又在王朝兴灭的循环圈里兜了一转，重新回到了原来的地位。天下，依然是一人的天下；一人，却进一步发展为更集权、更专制的一人。而且，随着时光的流逝，这个制度在世界潮流面前，更显出其顽固、僵死和落后来。

下　编

皇　权

第十二章　中国专制主义皇权的发展

皇权(或王权、君权)是东西方社会发展中国家权力的一种普遍形式,国家主权属于国王或皇帝,这是一个国体的问题。专制主义是一种国家的政治体制,即政体。专制主义政体也曾广泛地采行于中西方历史发展的各个阶段。在中国,皇权(王权)与专制主义并不是与生俱来的。在周代,周天子是作为诸侯的共主出现的,当时的政体是一种宗法封建制度。在周厉王被放逐时,还实行过"共和"行政。到了清朝的末年,专制主义皇权已风雨飘摇、日夕不保的时候,清朝政府又企图玩弄君主立宪制度的游戏,以资替代,来缓和舆情,阻挠革命。中华民国建立,皇权制消灭了,但专制主义又以国民党的一党专政形式,在神州大地上借尸还魂。皇权与专制主义的紧密结合,并得到极端的发展,这就是从秦到清二千多年的中国历史。它是以大一统、极度中央集权和绝对专制主义皇权三者为特征所形成的、中国式的历史道路。

毫无疑问,秦朝这个大统一、中央集权和专制主义皇权三者结合的大帝国的出现,在中国历史上曾是一个巨大的进步。它为二千年中国的封建王朝奠定了规模,所谓"百代皆行秦政法",这是基本上符合实际的评价。中国二千多年来的历史,就是沿着秦所开辟的道路行进的。在这条道路上,中华民族创造了光辉灿烂的东方文明,产生了罗盘、火药、纸、印刷术、中医中药等伟大的发明,为人类文明的发展和进步作出了卓越的贡献。然而,历史上的许多进步,无一不是以多数人民的痛苦为代价获得的。秦王朝本质上是暴君的统治;中国二千多年来的历史也便是暴君专制统治的历史。它的长期延续与极端化的发展,曾经严重地阻滞了中华民族前进的步伐,终于使中国社会陷入落后的深渊;同时还给我们民族的精神传统背上僵化、保守、陈旧、落后的十字架,亟待我们肃清。

纵观中国专制主义皇权从秦到清的发展,大体上可分为三个时期。从秦开创、历两汉魏晋南北朝,是它的成长发展时期。隋、唐、两宋是它的成熟时期。元、明、清则是极端专制主义恶性发展与腐朽僵化时期。下面,我们分别就这三个时期的状况,简略地进行说明与探讨。

（一）　中国专制主义皇权的成长与发展

（从公元前 221 年秦统一六国到 589 年隋重新统一全国）

这一个时期,专制主义皇权政治,从总体上讲,始终处在探索与改进,使之趋于完善的阶段。统一与分裂、中央集权与地方分权、地方割据与反割据、皇权与相权等矛盾与斗争,都反复在进行。一个坠地的重物,是只有在几经摇摆之后,才有可能找到自己的重心的。

大统一与中央集权原是两个内涵各不相同的概念。大统一是一个领土的概念;中央集权则是权力的分配,是与地方分权相对而言的;但从更深一层的意义上看,中央集权是同地方自治(民主的基础)相对立的。在中国历史上,大统一与中央集权两者又相互联系:大统一为中央集权提供了物质上的基础,而中央集权又为大统一提供政治上的保证。中国历朝的统治者厉行中央集权,同时又把大统一作为神圣的追求。因此，分封与反分封、割据与反割据，始终是历代王朝面对的重大政治课题。

春秋、战国以来，从政治的角度考察，中国历史正经历着巨大变化，西周分封制度彻底破坏，在这个基础上，久陷于诸侯分立割据的局面正朝着新的大统一发展，与之相应的是以王权为中心的中央集权制度逐步形成。

大统一这个政治概念，在中国历史上是根深蒂固、源远流长的。周天子所标榜的"溥天之下，莫非王土；率土之滨，莫非王臣"，就是大统一这一概念最早、也是最明白、最经典、最权威的表述。传说夏王朝时，涂山之会，诸侯执玉帛来会者万国。殷商代夏，国之存者犹及三千。当时的隶属关系如何？已不清楚。史学界有一种看法，认为夏、商时候已实行了封建制度，这应该也是可信的。周武王革命，一戎衣而天下治，于是定五等爵，行分封制度。受封之国凡一千七百七十三。所谓五等爵，就是公、侯、伯、子、男五个受封的等级，根据等级的高下，受封的诸侯各得到一块土地作为采邑，世袭承继。诸侯是采邑的领主，而臣属于周天子。这就是"溥天之下，莫非王土；率土之滨，莫非王臣"这一传统观念的根据和由来。春秋战国时，周天子所采行的宗族封建制度已日趋崩溃，强大的诸侯相互吞并。春秋见于经传的大小封建小国犹达一百四十余个，战国前期并而为十二诸侯，进而并为齐、楚、燕、韩、赵、魏、秦七雄。历史的发展清楚地表明了大统一的总的趋势。同时，"定于一"的思想和要求已成为当时普遍关注的大问题。孟子见梁惠王，梁惠王提出"天下恶乎定"的问题，孟子对以"定于一"。又问："孰能一之？"对曰："不嗜杀人者能一之。"（《孟子集注》卷一）墨子也提出"一同天下"（《尚用中》）。在荀子的作品中，也多次提到"一天下"、"功一天下"、"一四海"、"天下为一"，表明了对统一的向往。最后，在公元前221年，由秦始皇完成了全国规模的大统一。

　　与大统一这一历史趋势同时发展的就是以王权为中心的中央集权官僚制度的确立。"从春秋后期开始,晋、齐等国的卿大夫为了谋求在相互兼并中取得胜利,纷纷讲究经济和政治上的改革,这是个带动历史发展进步的改革潮流。春秋末年晋国六卿分别进行了田亩制度的改革,其中赵、魏、韩三家取得成效较大,于是在兼并过程中造成'三家分晋'的局面。到战国初期,三晋顺着这个潮流的趋势,进一步谋求改革,同时学术思想界出现了一个讲求改革的'法家'学派。魏文侯重用法家李悝变法,首先取得成效,使魏最先富强。同时赵烈侯相国公仲连也进行了改革。接着楚悼王起用兵家兼法家吴起实行变法,因楚悼王去世,吴起被害,成效不大。同时齐威王重用邹忌进行改革,也取得成效,使齐成为与魏并立的强国。后来韩昭侯任用申不害进行改革,申不害是讲究'术'的法家,成效不显著。接着秦孝公重用卫鞅(即商鞅)两次进行变法,可以说是变法的集大成,因而取得显著成效,使秦国富强,奠定了秦国此后在兼并战争不断取得胜利和完成统一的基础。"(杨宽《战国史》,第188页)所有这些改革都是围绕一个中心,即在巩固中央集权的专制王权的基础上,富国强兵,以夺取兼并战争的胜利。这些改革大致包括以下的一些基本内容:

　　一、官分文武,把政治行政与军事指挥的权限由相和将分别担任。《尉缭子·原官篇》:"官分文武,王之二术也。"杨宽指出:"这与西周春秋时代各国卿大夫同时掌握政权和兵权的制度是不同的。这样'官分文武',既能适应当时政治上和军事上的需要,因为处理政务需要一定的政治能力,指挥战争需要一定的军事才能;同时又便于把权力集中到国君手中,因为文武分职之后,大臣的权力分散,可以起相互监督的作用,这就便于国君进一步的集权。"(同上第221页)秦以后,中央政权以宰相为行政首脑的官僚体制,就是在这个基础上发展起来的。

二、改分封为郡县。废分封而行郡县,是王权发展的必然。早在始皇之前,东方各国都相继采行了在地方置为郡县由中央派遣官吏进行直接统治的新制度。吴起就曾教楚悼王说:"大臣太重,封君太众,若此则上逼主而下虐民,此贫国弱兵之道也。不如使封君之子孙,三世而收爵禄。"(《韩非子集解》卷四《和氏第十三》)已经认识到裂土分封的统治,是不利于强国之道的。秦孝公任用商鞅,实行变法,规定"宗室非有军功论,不得为属籍。明尊卑爵秩等级,各以差次名田宅,臣妾衣服以家次。有功者显荣,无功者虽富无所芬华"。这种以军功任爵的规定,对原来的世族世官制度无疑是一个毁灭性的打击。商鞅又令集小(都)乡邑聚为县,置令、丞,凡三十一县(《史记》卷六八《商君列传》),对地方行政组织进行了大规模的改造。秦昭王任用范睢,睢进言:"臣居山东时,闻齐之有田文,不闻其有王也;闻秦之有太后、穰侯、华阳、高陵、泾阳,不闻其有王也。夫擅国之谓王,能利害之谓王,制杀生之威之谓王。今太后擅行不顾,穰侯出使不报,华阳、泾阳等击断无讳,高陵进退不请。四贵备而国不危者,未之有也。为此四贵者下,乃所谓无王也。然则权安得不倾,令安得从王出乎?"昭王采纳了范睢的意见,逐穰侯、高陵、华阳、泾阳于关外,废太后。(《史记》卷七九《范睢列传》)秦的专制主义王权也由此得到加强。由此可见,废除宗法的世官世禄与分封采邑制度,是潮流的必然。这些革命性的措施,实际上早在秦始皇之前列国之中都已尝试采行。顾炎武引《汉书·地理志》言:"秦并兼四海,以为周制微弱,终为诸侯所丧,故不立尺土之封,分天下为郡县。荡灭前圣之苗裔,靡有子遗,后之文人祖述其说,以为废封建、立郡县,皆始皇之所为也。以余观之,殆不然。"他列举了大量史实,证明"当春秋之世,灭人之国者,固已为县矣"。"七国之世,而固已有郡矣。""六国之未入于秦，而固已先为守、令、长矣。"（《日知录》卷二二《郡县》）他正确地指出："禹会诸侯，执玉帛者万国，至周武王仅千八百国。春秋时见于经传者百四十余国，又并而为十二诸侯，又并而为七国。此固其势之所必至，秦虽欲复古之制，一一而封之，亦有所不能，而谓罢侯置守之始于秦，则儒生不通古今之见也。"据钱穆的估计：战国时期，"郡县的新国家，便逐渐形成。其姿态与性质，与旧的封建国家绝然不同"。"七个乃至九个大强国，几乎全是郡县的新国家了。所以到秦始皇帝统一，只要不再封建，全国便成一郡县系统。"（《中国文化史导论》，第51页）从此，在中国，宗族封建制度，作为一个时代，已经结束，代之而起的便是以官僚体系为基础的专制主义皇权制度。当然，和宗族制度始终贯彻于中国古代历史的全过程一样，历朝历代，都在不同程度、不同方式上采行分封的残余形式，这也许可以作为我们把中国古代社会泛称为封建社会的理由。

三、改宗族分封为军功爵。军功爵与前此西周的五等分封制根本不同之处就在于它突破了旧的宗族亲亲礼制，民以功受爵，爵与官在某种程度上可以相通，这就大大地扩大了王权的基础，并且为国君提供了不尽的人才。关于这个问题，我们在后文中还要详细论及，这里就不多作讨论。

公元前221年，七国之中改革最彻底的秦国，在秦始皇的领导下，奋六世余烈，适应全国大统一和专制主义中央集权的历史潮流，完成了全国规模的大统一，确立了秦王朝。

全国统一以后，丞相绾等言："诸侯初破，燕、齐、荆地远，不为置王，毋以填之。请立诸子，唯上幸许。"始皇下其议于群臣，群臣皆以为便。廷尉李斯，独排众议，说："周文武所封子弟同姓甚众，然后属疏远，相攻击如仇雠。诸侯更相诛伐，周天子弗能禁止。今海内赖陛下神灵一统，皆为郡县，诸子功臣以公赋税重赏赐之，甚足易制，天下无异意，则安宁之术也。置诸侯不便。"秦始皇支持李斯的意见，说："天下共苦战斗不休，以有侯王。赖宗庙，天下初定，又复立国，是树兵也。而求其宁息，岂不难哉！廷尉议是。"于是分天下以为三十六郡，郡置守、尉、监。数年之后，在一次咸阳宫的酒会上，博士七十人为秦始皇敬酒祝寿，仆射周青臣歌颂秦始皇说："他时秦地不过千里，赖陛下神灵明圣，平定海内，放逐蛮夷，日月所照，莫不宾服。以诸侯为郡县，人人自安乐，无战争之患，传之万世。自上古不及陛下威德。"秦始皇大为得意。泥古的博士淳于越反驳说："臣闻殷周之王千余岁，封子弟功臣，自为枝辅。今陛下有海内，而子弟为匹夫，卒有田常、六卿之臣，无辅拂，何以相救哉？事不师古而能长久者，非所闻也。今青臣又面谀以重陛下之过，非忠臣。"始皇又下其议于群臣集议。丞相李斯说："五帝不相复，三代不相袭，各以治，非其相反，时变异也。今陛下创大业，建万世之功，固非愚儒所知。且越言乃三代之事，何足法也？异时诸侯并争，厚招游学。今天下已定，法令出一，百姓当家则力农工，士则学习法令辟禁。今诸生不师今而学古，以非当世，惑乱黔首。丞相臣斯昧死言：古者天下散乱，莫之能一，是以诸侯并作，语皆道古以害今，饰虚言以乱实，人善其所私学，以非上之所建立。今皇帝并有天下，别黑白而定一尊。私学而相与非法教，人闻令下，则各以其学议之。入则心非，出则巷议。夸主以为名，异取以为高，率群下以造谤。如此弗禁，则主势降乎上，党与成乎下。禁之便。臣请史官非秦记皆烧之。非博士官所职，天下敢有藏《诗》、《书》、百家语者，悉诣守、尉杂烧之，有敢偶语《诗》、《书》者，弃市。以古非今者族。吏见知不举者与同罪。令下三十日不烧，黥为城旦。所不去者，医药卜筮种树之书。若欲有学法令，以吏为师。"秦始皇批准了李斯的建议，决定在全国实行郡县统治；同时采行了臭名昭著的焚书暴行。（《史记》卷六《秦始皇本纪》）

秦制:地方实行郡和县两级行政制度。分天下为三十六郡,后续增为四十六郡。郡设守、尉、监。守治民事,尉典军,监御史则负责监督官吏。郡之下为县,其长官为令。地方基层组织则为乡、亭。大率十里一亭,亭有长。十亭一乡,乡有三老、秩、游徼。这样,从中央到全国各地,形成一套严密的行政系统网络。秦设爵二十等。"古之所谓爵者,皆与之以土地,如公、侯、伯、子、男,以至附庸,及孤卿、大夫,亦俱有世食禄邑。若秦,则唯彻侯有地,关内侯则虚名而已,庶长以下不论也。"得受封为彻侯的,大概也极少,"亦未闻传世"。"盖秦之法,未尝以土地予人。"(《文献通考》卷二六五《封建考六》)从宗亲爵一变而为军功爵;从裂土分封变而为受爵食禄,这是中国历史的一大进步。此外,秦始皇还实行了统一货币和度量衡、统一文字、收天下兵器、修建驰道等等一系列措施。所有这些,对加强中央集权,保证全国的大统一方面,都有着巨大的历史意义。

然而,在资本主义社会以前的历史时代,在中国,占统治地位的仍是以农业为主、自给自足的自然经济。这种经济形态的土壤,正是政治上地方割据与分裂的温床。统一与分裂的斗争,一直以不同的形式而长期继续;分封与反分封的争论,也一直在政治上和理论上长期进行。

楚汉之际,随着秦朝的覆亡,分封这一制度又在称兵反秦的六国遗民首领中死灰复燃。最后,刘邦统一了全国,建立了汉朝。在处置一批共定天下的功臣上,他不能不考虑当时诸侯复起的局面,也实行分封。功臣受封者百有余人。异姓功臣中,封国者八人。不过这明显地是一时的权宜。随着汉政权的稳定,刘邦就有步骤地诛戮功臣,韩信、彭越、英布等都身死国灭。但是,持封建论的人,却以亡秦为鉴,认为周所以能维持数百年的统治,其原因正是因为宗族诸侯国的支持与维护;而秦之所以速亡,则是由于未行封建,故天子孤立少援。刘邦就是在这种认识的指导下,在削除几个不臣的异姓王封的同时,却大封同姓。这就使汉初在全国各地形成由中央直接控制的郡县与诸王封国并存的局面。在二十个封国中,齐、楚、吴最为大国。齐有城七十二座,楚四十,吴五十。三王所有合起来,几占全国之半。以此推之,封国所有地域的总数,毫无问题会要超过汉廷直辖的郡县。全国的三十六郡中,天子所辖,十五郡而已。王国所置官吏名号一如汉廷,只有丞相才由天子任命,其余自御史大夫以下,皆由封王自置。宫室也同于京师。他们都各有土、有财、有兵,俨然是地方的一个独立小朝廷。在诛灭吕氏诸兄弟,卒保刘氏王朝免于被篡窃的斗争中,齐王襄举兵攻济南,遗诸侯书,陈诸吕之罪,无疑为在长安的周勃、陈平铲除诸吕成功,起着重要的策应和鼓舞作用。之后,诸王的骄横不法,日形恣肆。淮南厉王自作法令行于其国,逐汉所置吏,请自置相、二千石;又擅刑杀不辜及爵人至关内侯,数上书不逊顺,且积极策划谋反。济北王兴居欲将起兵,西攻荥阳。吴王濞不循汉法。地方要求摆脱和反抗中央控制的迹象已十分明显。所以贾谊痛哭流涕,在《治安策》中向文帝陈辞,指出:"天下之势方病大瘇,一胫之大几如要,一指之大几如股,平居不可屈伸,一二指搐(动而痛之谓),身虑亡聊。失今不治,必为痼疾。后虽有扁鹊,不能为已。病非徒瘇也,又苦跖盭(跖,古蹠字,盭,古戾字,谓脚掌反戾,不能行走)。元王之子,帝之从弟也。今之王者,从弟之子也,惠王亲兄子也。今之王者,兄子之子也。亲者或亡分地以安天下,疏者或制大权以逼天子。臣故曰非徒病瘇也,又苦跖盭。可痛哭者,此病是也。"贾谊提出了"众建诸侯而少其力"的方针,"割地定制,令齐、赵、楚各为若干国,使悼惠王、幽王、元王之子孙毕以次各受祖之分地,地尽而止;其分地众而子孙少者,建以为国,空而置之,须其子孙生者举使君之"。这样才可以"令海内之势,如身之使臂,臂之使指,莫不制从,诸侯之君不敢有异心,辐辏并进而归命于天子"(《汉书》卷四八《贾谊传》)。景帝时,晁错请以"诸侯之罪过削其支郡"。于是吴楚七国联合反叛。叛乱平息后,景帝相继规定诸侯不得治民补吏,而由中央置内史以领治封国;改封国之丞相为相,使名称上与中央的丞相相区别;不允许再设置御史大夫、廷尉、少府、宗正、博士官等措施,以抑制其专擅坐大的可能性。武帝继续采用主父偃之谋,行推恩令,即"令诸侯以私恩自裂地分其子弟,而汉为定制封号,辄别属汉郡,汉有厚恩而诸侯稍自分析弱小"(《文献通考》卷二六五《封建六》)。于是藩国始分,而子弟毕侯:齐分为七,赵分为六,梁分为五,淮南分为三。将朝廷与王国同名的内史改称京兆尹,中尉为执金吾,郎中令为光禄勋,避免名号混淆。又令诸侯十月献酎金不如法者国除,①其县邑皆别属他郡。千户置家丞,不欲者听之。作左官之律,附益之法。自后诸侯王唯得衣食租税,不预政事。成帝绥和元年,省内史,更令相治民,太傅但称傅。(同上)这以后的封王,"只是天子之子封王,王子封侯,嫡子世袭,支庶以下皆同百姓,只是免其徭戍,如汉光武皆是起于民间也。"(《朱子语类》卷一二八《本朝二·法制》)

东汉在分封问题上设禁益严。"自光武以来,诸王有制,惟得自娱于宫内,不得临民,干与政事。其与交通,皆有重禁。"(《资治通鉴》卷七五诸葛恪致齐王奋书)曹魏时期,朝廷对诸王的限制更加严厉。陈寿曾慨乎言:"魏氏王公,既徒有国土之名,而无社稷之实。又禁防壅隔,同于囹圄。位号靡定,大小岁易。骨肉之恩乖,常棣之义废。为法之弊,一至于此。"(《三国志集解》卷二十《魏书·武文世王公》)当时正值大乱之后,人口凋残,"于是封建

---

① 当时规定:"王子为侯,岁以黄金尝酎天汉庙,皇帝临受献金。金少,不如斤两,色恶,王削县,侯免国。"一次因酎金成色不如制而以不敬罪夺爵者一百六人。

侯王,皆使寄地空名而无其实,王国使有老兵百余人以卫其国,虽有王侯之号,而乃侪于匹夫。县隔千里之外,无朝聘之仪,邻国无会同之制。诸侯游猎不得过三十里。又为设防辅监国之官以伺察之。王侯皆思为布衣而不能得"(《文献通考》卷二七〇引袁子曰)。曹冏力主封建的《六代论》就是在这样一个情况下写成的。作为宗室人员,曹冏力主恢复封建自然是很容易理解的。

司马氏代曹,在某种程度上印证了曹冏的意见。有惩于曹魏乏宗藩之维,而使自己能轻而易举地篡夺帝位,司马炎乃大封宗藩。继汉初以后,封建制度又第二次在中国历史上回潮。晋制:诸王或出镇雄藩,或内专朝政,许自选官属,又各置亲兵。在大权在握的情况下,很快就演成八王之乱,西晋也就很快在内乱与少数民族的叛乱下灭亡。南渡以后,在分藩问题上历朝皆大体上沿行西晋的制度。"晋、宋、齐、梁之制,诸王皆出为都督刺史,星罗棋布,各据强藩。盖将假以事任,庶收宗子维城之功,而矫孤立之弊。然宋、齐一再传而后,二明帝皆以旁支入继大统,忮忍特甚。前帝之子孙,虽在童孺,皆以逼见雠。其据雄藩、处要地者,适足以殒其身于典签辈之手。而二明亦复享年不永,置嗣无状,沦胥以亡,不足复议。若晋、若梁,则诸王皆以盛年雄才出当方面,非宋、齐帝子辈比也。然京师有变,则俱无同奖王室之忠,而各有帝制而天子自为之志。贾、赵之乱,如冏、如颙、如乂、如越之徒,纵兵不戢,屠其骨肉,以启戎狄之祸,而神州覆亡。侯景之乱,如纶、如绎、如纪、如詧之徒,拥兵不救,委其祖、父以喂寇贼之口,而天伦殄绝矣!盖其初之立制也,非不欲希风宗周,惩鉴汉魏;然世俗险恶,人心浇漓。齐桓、晋文之事,尚矣!晋、梁诸王虽欲求一人如郑厉公、虢叔辈而不可得。后儒所以疑封建之不可行,有由矣!"(《文献通考》卷二七二《封建十三》)驯至隋朝,分封之制,仍大体同于江左。诸王、王子,分据大镇,专制方面,权侔帝室。(《隋书》卷六二《元巖传》)

实际的结果也是父子兄弟,迭相争猜残杀。文帝五子,炀帝以次夺嫡,他的四个兄弟,甚至包括文帝本人在内,俱不得善终。分封之祸,已昭然于世,迂儒之外,已很少人怀疑了。

总括从汉兴到隋亡的八百余年间,废封建与行封建之间,两经反复。行封建就不可能有稳定的国家统一,同时也不可能有名符其实的中央集权。这就表明,在这段时期里,大统一的中央集权的专制主义皇权仍然处在其成长的阶段。即就地方郡县制的推行来看,这一时期里,中央对地方政府的控制也仍是比较松懈和有限度的。汉代地方政府分郡、县两级。全国大概有一百多个郡,每郡辖十个到二十个县。郡置太守,其职务是"太守专郡,信理庶绩,劝农赈贫,决讼断辟,兴利除害,检举郡奸,举善黜恶,诛讨暴残"。(《北堂书钞》卷七四)县置令或长,"皆掌治民,显善劝义,禁奸罚恶,理讼平贼,恤民时务,秋冬集课,上计于所属郡国"。(《后汉书·百官志五》)王夫之指出:"汉之太守,去古诸侯也无几,辟除、赏罚、兵刑、赋役,皆得以专制,而县令听命如其臣。"(《读通鉴论》卷二二)当时朝廷对于地方,惟守相由中央委派。太守对地方,举凡民政、财政、军事、司法、选举、教育,无所不统。所有属吏如掾吏、督邮、从事等皆由牧守自行辟置。而这批人,尽是本地的世家。"广汉太守陈宠入为大司农,和帝问在郡何以为理?宠顿首谢曰:'臣任功曹王涣以简选贤能;主簿镡显拾遗补阙,臣奉宣诏书而已!'帝乃大悦。至于汝南太守宗资任功曹范滂,南阳太守成瑨委功曹岑晊,并谣达京师,名标史传。而鲍宣为豫州牧,郭钦奏其举措烦苛,代二千石署吏。是知署吏乃二千石之职,州牧代之,尚为烦苛。"(《日知录》卷八《掾属》)这就证明地方的政务,实际上都是操在这些当地的士人手中。在中央特许、或事出非常的情况下,郡守擅生杀予夺大权,兼长一郡之兵,掌有除依法上缴中央以外的全部地方财赋,以及所属境内之山泽、公田的收入。每年年终则向中央提出报告,称为上计,其中详列户口、生产、赋税、兵役、刑狱、盗贼、学校、教育等的详细情况和数字。朝廷则根据上计的材料与刺史调查的情况对郡守进行升迁赏罚。由此可见,郡守在地方是拥有相当大的权力的。为了对郡守进行控制,中央把全国分为十三个调查区,每一区派一名刺史,每年根据六条标准考察郡守的工作。这六条:一、强宗豪右田宅逾制,以强凌弱,以众暴寡。二、二千石(即郡守)不奉诏书,遵承典制,倍公向私,旁诏守利,侵渔百姓,聚敛为奸。三、二千石不恤疑狱,风厉杀人,怒则任刑,喜则淫赏,烦扰刻暴,剥截黎元为百姓所疾。山崩石裂,妖讹讹言。四、二千石选署不平,苟阿所好,蔽贤宠顽。五、二千石子弟恃怙荣势,请托所监。六、二千石违公下比,阿附豪强,通行货赂,割损正令。(《文献通考》卷三九《考课》)可知所有这些规定都是围绕奉行中央、镇压地方这两条原则设立的。东汉末,以"州郡相阿,人情比周,乃制婚姻之家及两州之人不得相临。遂复有'三互'法"。(《通典》卷十三《选举一》)所谓三互,"谓婚姻之家及两州不得交互为官"。开地方官回避的滥觞。汉时的乡官如啬夫、三老、游徼,都是为治安、赋税而设的。

　　东汉末,刺史总政于外,变成了地方的行政与军事长官,权力更为增大。它与成长中的门阀结合,直接导致东汉末军阀的割据。这里,还应该特别指明:郡守所辟的掾属,在名分上和朝廷是并无臣属关系的;相反,与选用他们的牧守则保持严格的举主与僚属关系。僚属必须矢忠于举主,死生不渝。举主死,且为他持服、守丧,以为报答。东汉末年,刘表遣其从事韩嵩前往许昌观察虚实。当时许昌是汉献帝的临时都城。韩嵩婉言拒绝说:"若至京师,天子假一职,则成天子之臣,将军故吏耳! 不能复为将军死也。"可见地方掾吏未受任于朝廷者,都只是牧守的私臣。私臣于牧守,谊犹臣之事君。一旦这个私臣得到了朝廷的委任,他就变成了皇帝的臣属,则必须尽忠于皇帝;而对于原来的举主,他已成了故吏。牧守置吏之制,一直贯穿于魏晋南北朝。(参考《陔余丛考》卷十六《郡国守相得自置吏》;《日知录》卷八《掾属》)这些都清楚地为我们表明:在这段历史时期里,尽管地方政府在建制上直属于中央,但地方政府的独立性还很明显,中央的控制力还远不曾深入。从这个意义上讲,大统一与中央集权也仍处于初创的成长时期。

现在,我们再从另一个方面,即中央的皇权来进行考察。秦始皇所创立、并为历代皇帝所奉行的专制主义皇权,最基本的纲领与原则便是尊君抑臣、或者说尊君卑臣这一条。"初,秦有天下,悉内六国礼仪,采择其尊君抑臣者存之。"(《资治通鉴》卷十一)由秦所确立的专制主义皇权官僚体系中,丞相(宰相)是所有臣僚的首长。他掌丞天子,日理万机。"丞者,承也;相者,助也。"它的职责,用汉初的大功臣陈平的话说:"宰相者,上佐天子,理阴阳,顺四时;下遂万物之宜。外镇抚四夷诸侯,内亲附百姓,使卿大夫各得任其职焉。"(《资治通鉴》卷十三)它是一人之下,万人之上的"百僚之长",是中央政务直接的领袖和负责人。中央集权的政府必须有一个庞大的官僚机构来操纵、运作,掌握和推动这架国家机器,靠皇帝个人,是十分艰巨和困难的。王夫之曾经指出:"周制,六卿各司其典,而统于天子,无复制于其上者,然而后世不能矣。《周礼》曰:'惟王建国。'言国也,非言天下也。诸侯之国,唯命之也,听于宗伯;讨之也,听于司马;序之也,听于司仪行人。若治教政刑,虽颁典自王,而诸侯自行于国内,不仰决于六官。如是,则千里之王畿,政亦简矣,其实不逾今一布政使之所理也。郡县之天下,揽九州于一握,卑冗府史之考课,升斗铢累之金粟,穷乡下邑之狱讼,东西万里之边防,四渎万川之堙泄,其繁不可胜纪,总听于六官之长,而分任之于郎署。其或修或废,乃至因缘以雠私者,无与举要以省其成,则散漫委弛而不可致诘。故六卿之上,必有佐天子以总理之者，而后政以绪而渐底于成。此秦以下相臣之设不容已也。"（《读通鉴论》卷十九《隋文帝四》）当然，也还应该指出，中国皇权制度的一个基本特点是，皇位的继承采家长式的嫡长承袭制度，皇帝可能是婴孩，也可能是白痴，其本人很可能根本不具备管理国家政务的能力。即使是正常人，他的能力也是有限的。因此，他需要选拔最干练、最优秀的人才来充当他的总管家，这人就是宰相。天子的职务，不在于躬亲政务，而在于择人论相，即简选真正的贤能者来担任首相。所以王祎说："人君居至尊之位，其职无他，在乎任相而已。"（《王忠文公集》卷十一《唐两省记》）这样，皇帝就可以从繁重的政务工作中超脱出来，操纵全局，并有足够的时间，优闲享受，即使童稚或弱智的君主在位，也可以保证政权的照样运行。一旦发生了天灾或重大政务失误，引发民怨难平时，皇帝还可以把宰相推出来，承担罪责，将他罢免（策免），甚至赐死，以达到上塞天谴、下缓舆情，以重新稳定其统治的政治目的。因此，宰相的地位，既是皇帝的总管和家奴，又是中朝士大夫的领袖，他是以本人的贤能受选拔来服务于专制皇帝个人的。宰相的这种一人之下，万人之上，皇帝总管与朝臣领袖的特殊身分，与独尊的皇帝、特别是与专制主义皇权是相矛盾的，因为专制主义就是独占和排他性的，因此，专制主义皇权的发展，就必然导致相权的削弱。二千多年来中国皇帝尊君抑臣这一原则的实施与发展，便是在神化皇帝本人的同时，又通过对相权的一系列分散、牵制、削弱，乃至于剥夺，最后，终于把宰相从皇帝神坛的副座上拉了下来，并从名义上也完全撤除掉。

据儒典的记载：古之天子置三公以为辅佐，三公的地位是十分尊贵的。《通典·职官·三公总叙》说："周成王作《周官》，曰：立太师、太傅、太保，兹惟三公，论道经邦，燮理阴阳。少师、少傅、少保，曰三孤，贰公弘化，寅亮天地，弼予一人。"（卷二十）他们都以师道辅佐天子,故得以坐而论道。所以说:"天子无爵,三公无官。参职天子,何官之称?"儒者是把为帝王之师奉为最高的政治理想的。以法家理论为政治蓝图的秦始皇统一全国后,在中央设丞相以总百揆,丞天子,助理万机,另设太尉专主兵,御史大夫为丞相副。西汉因之。这种设置与儒家的三公,原是迥不相侔的。东汉则设太尉、司徒、司空合称为三公,为宰相。然古之三公是加官,周公以太师兼冢宰,召公以太保兼宗伯,都是以加官兼宰相之职。东汉时的三公已演成阶官,不复有师保之任和经邦论道之责。司空之责,也与西汉的御史大夫贰于丞相者少有不同。不过,这时的丞相,地位仍是十分尊荣的。皇帝诏旨的发布,必须有丞相的副署。每当丞相、御史大夫初拜,皇帝延入登殿而亲诏之。在通常的接见与交往中,皇帝也以隆重的礼数对待丞相。据《汉书》注引《汉旧仪》的记载:"皇帝见丞相,起,谒者赞称曰:'皇帝为丞相起。'起立乃坐。皇帝在道,丞相迎谒。谒者赞称曰:'皇帝为丞相下舆。'立乃升车。"(卷八四《翟方进传》)这与后代见则跪拜、在道伏送的卑恭情状是相去天渊的。如果丞相生病了,皇帝例法驾亲往探视,从西门而入。(《文献通考》卷四九《职官考三·宰相》)有所犯,在儆罚时也注意保全体貌。绛侯周勃,作过丞相,因故系狱。贾谊即以投鼠忌器为譬,上书汉文帝,提醒他改善。他提出,古者大臣有罪,"坐不廉而废者,不谓不廉,曰簠簋不饰。坐污秽淫乱、男女无别者,不曰污秽,曰帷薄不修。坐罢软不胜任者,不谓罢软,曰下官不职。故贵大臣定有其罪矣,犹未斥然正以呼之也,尚迁就而为之讳也。故其在大谴、大何(问)之域者,闻谴、何则白冠氂缨,盘水加剑,造请室而请罪耳,上不执缚系引而行也。其有中罪者,闻命而自弛,上不使人颈盭而加也。其有大罪者,闻命则北面再拜,跪而自裁,上不使人捽抑而刑之也"。这样做,皆所以体貌大臣,砥砺廉耻。文帝"深纳其言,养臣下有节,是后大臣有罪,皆自杀,不受刑"(《资治通鉴》卷十四)。所谓刑不上大夫,指的就是这一意思。所以司马迁《报任少卿书》中就说:"传曰,刑不上大夫,此言士节之不可不勉励也。"据《汉旧仪》:"丞相有它过,使者奉策书,即时步出府,乘栈车归田里。"(《汉书》卷八一《孔光传》注)即使"有天地大变、天下大过,皇帝使侍中持节,乘四白马,赐上尊酒十斛,牛一头,策告殃咎。使者去半道,丞相即上病。使者还,未白事,尚书以丞相不起病闻"(同上卷八四注引《汉仪注》)。汉之大臣有罪,都以三公尊重,无对簿公堂、受辱于吏以诉冤求免之义,都宁愿自裁,成为风气。(《陔余丛考》卷十六《大臣有罪多自杀》)这都表明:汉之丞相,虽已不能与古之三公相比,但仍体貌庄严,皇帝对他们仍是尊敬的。后汉的陈忠在疏中明言:"汉兴旧事,丞相所请,靡有不听。"(《资治通鉴》卷四二)特别是当西汉初年,任丞相的都是开国的功臣、列侯,其位尊礼隆,是很自然的事。

　　汉武帝时期,董仲舒为大一统的专制皇权编造了天人合一的神化外衣,同时也根据其神学的天道观念强调"屈民而伸君,屈君而伸天,《春秋》之大义也。"把君权提高到天道的高度。在制度方面也发生了一系列寓意深远的变化。

　　首先是布衣丞相的出现。元朔中(公元前128—126),汉武帝任菑州薛人公孙弘为丞相。公孙弘"少时为狱吏,有罪免,家贫,牧豕海上,年四十,乃学《春秋》、杂说",以贤良、文学征,策对第一,累迁至丞相,封平津侯。公孙弘以布衣而任丞相,并由于任了丞相后再得侯封,这都是历史的第一例。布衣卿相正是开中国二千多年来封建士大夫,即知识分子,经过科举步入仕途的先河。后来的封建官僚,上至宰相,绝大多数是通过科举这条道路进入仕途的。孔夫子说"学而优则仕",仕成为学的唯一目的;而学,则限于官方所规定的儒典。由于科举入仕是中国士大夫的唯一出路,宰相即是这种士大夫的优秀代表,因此,从根本讲,相权也就是士大夫权力的象征。习惯上,这类入仕的士大夫称之为缙绅,他们是乡居绅士的政治代表。所以相权从本质上也便是绅权的象征。公孙弘以布衣而跻丞相,显示了绅权第一次在中国政治舞台上崭露头角,这同样也是中国政治史上划时代的变化。制举入仕与绅权始升都是一个巨大的历史进步。但是,应该看到这些进步又是以皇权的张大为代价取得的。公孙弘的身分,在当时根本无法与军功世侯相比拟。他的出任宰相,正是表明君尊臣卑的专制主义体制又有了新的发展。

与此相适应的,汉武帝时候,又有"中朝"的出现。秦时少府遣吏四人,在殿中主发书,故称尚书,尚,犹主也。又有中书,中即宫中。汉初有尚冠、尚衣、尚席、尚俗、尚食、尚书,谓之六尚,都是为满足皇帝生活需要而设置的,故尚书原只限于文书事务。汉武帝使左、右曹分平尚书事,掌群臣书奏;又因游冶后宫,故以宦者典尚书事,谓之中书谒者,置令、仆射。由于他们接近皇帝,又管理文书收发,所以很快就取得了原属宰相的一部分政务实权。当时群臣上奏皇帝,必具正、副两本。先由尚书发现副本,可根据内容决定要不要进呈皇帝。又如郡国的上计、调吏之事也是由皇帝亲自过问而调于尚书的。从此,在外朝之外,又俨然存在一个由皇帝直接掌握的中朝,即内中之朝,侵削了宰相的一大部分权力。与此同时,汉武帝又大行加官制度。汉朝官制,有爵,有职官,还有所谓加官。加官的名目,"自奉车都尉之外,凡七(侍中、左曹、右曹、诸吏、中常侍、散骑、给事中)。奉车都尉掌御乘舆,亲近之职也,故加官皆属焉,以此见加官皆亲近也。侍中、中常侍得入禁中。诸曹得受尚书事(左、右曹也。受者,受而奏御也)。诸吏得举法。散骑得骑马并乘舆(言骑而散从,无常职也)。又有给事中,中常侍从左右,备顾问应对。所加或大夫、或博士、或议郎,掌顾问应对,位次中常侍。又有给事黄门,位从将军、大夫"(《山堂考索续集》

卷二九《官制门·加官之制》）。加官皆出于皇帝的特恩。凡能获得加官的，上自列侯、将军，下至郎中，皆可以出入禁闼，亲近皇帝，所以是很大的荣耀。故当时人叙官，加官多列在职官和封爵之上。大儒孔安国加侍中，以其儒者，使掌唾壶，被认为是很大的荣誉。他们接近皇帝，对皇帝的影响自然也深。故加官之制行，"而外廷公卿之权，盖于是乎轻矣"（同上《官制门·官制有爵有职官又有加官》）。一个丞相，如果没有加官，便不能随时亲近皇帝，他的权力就大打折扣。譬如吕后时期，陈平为右丞相，审食其为左丞相，当时尚右，陈平是首相，以功、以能、以望，陈平当然远高出审食其很多。然审食其"不治事，令监宫中，如郎中令。食其故得幸于太后，公卿皆因而决事"（《资治通鉴》卷十三）。就是一个很好的例子。此外，汉武帝又每每撇开丞相，直接决事于九卿。张汤为御史大夫，"每朝奏事，语国家用，日旰，天子忘食，丞相取充位，天下事皆决汤"（《汉书》卷五九本传）。史言武安侯田蚡既死，武帝"惩其事，尽收威柄于掌握之中，大臣取充位而已。稍不如意，则痛法以绳之。自丞相以下，皆惶恐救过而不暇。当此之时，君强臣弱，阳胜而逼阴。夫豪杰之士，类多自重，莫肯少杀其锋，鄙人则惟恐失之，无所不至也。石庆为相，时九卿更进用事，不关决于庆。庆醇谨而已"（《山堂考索续集》卷三一《官制门·汉武帝之始君弱相强其后君强相弱》）。又说："若武帝之时，九卿更进用事，而李蔡、严青翟、赵周、石庆、公孙贺、刘屈氂之徒，名曰宰相，而龊龊自守，于不得已而任之。当此之时，天下之视宰相也为甚卑。"（同上《汉初相权甚重其后相权甚卑》）

　　通过上述这一系列措施，"以中大夫、侍中而谓丞相为外朝，而内廷之事，宰相不与知矣。自九卿更进用事，事不关决于丞相也，而外廷之事，宰相不预知矣。自其以吏六百石以上调于尚书也，而天下之事宰相皆不与知矣！"（同上《汉世宰相权轻》）这些现象,与布衣宰相互为表里,充分显示相权的削弱,而它的反面便是君权的增强。汉武的这种作法自然与他个人的经历有关。"方武帝即位之始,富于春秋。武安侯田蚡以肺腑为丞相,权移主上。上滋不平,特以太后之故,隐忍而不发。当此之时,臣强君弱,阴胜而僭阳。"太后、田蚡既死之后,武帝有儆于此,故多方面采取措施,裁抑相权。但是,从根本上看,专制主义皇权和相权本质上就是矛盾的。专制主义皇权的发展,实际上也就是相权的削弱。因此,汉武帝的这些措施,从皇权的发展上看,它是必然的。这个矛盾几乎贯穿于封建社会的全过程,在英主、懦君与权臣、奸相之间,在不同条件下,经过了反反复复的较量。但总的趋势是皇权的加强、相权的削弱。汉武帝的这些措施,正是揭开这一矛盾斗争的第一步。

　　武帝临终时,托孤于外戚霍光等三大臣,以光为大司马、大将军。而当时的丞相田千秋不与其任。昭帝即位,霍光以领尚书事而专揽朝政,成为朝中实际的首长,丞相开始有名而无实。昭帝时,张安世以大司马、车骑将军(后改卫将军领尚书事)"职典枢机,以谨慎周密自著,外内无间。每定大政已决,辄移病出。闻有诏令,乃惊,使吏之丞相府问焉。自朝廷大臣莫知其与议也"(《汉书》卷五九本传)。西汉的丞相与御史大夫,都不带领尚书事衔,昭、宣以后,凡不带领尚书事衔则不得与大政。元帝初,又曾以宦官、中书令石显典领尚书事。成帝建始四年,罢中书宦官,初置尚书员五人(武帝时为四员)。《汉书·百官公卿表·少府》注:"《汉旧仪》云:尚书四人,为四曹。常侍曹尚书,主丞相、御史事;二千石曹尚书,主刺史二千石事;户曹尚书,主庶人上书事;主客曹尚书,主外国事。成帝置五人,有三公曹主断狱事。"中以一人为仆射。又有四丞:中谒者丞,掌录文书期会;左、右丞各一人,皆佐领仆射之事。

　　成帝绥和元年(公元前8年)改革宰相制度,以三公(司徒、司马、司空)分掌宰相职权。东汉光武帝在位,"亲总吏职,权归尚书,三公但受成事而已"。尚书是少府庞大机构中的一个。置尚书令一人,千石,"主赞奏事,总典纲纪,无所不统,天子所服五时衣赐尚书令①。每朝会,尚书令、御史中丞、司隶校尉皆专席,故京师号曰'三独坐'。言其尊重"。其属有尚书仆射一人,六百石,署尚书事,令不在,则奏下众事。《汉仪》谓:"仆射主封门,掌授廪,假钱谷。凡三公、列卿、将、大夫、五营校尉行复道中,遇尚书仆射,左右丞、郎、御史中丞、侍御史皆避车,豫相回避。卫士传:不得连台官。过后乃得去。"尚书六人,六百石,即在西汉五曹的基础上,分主客曹为南北,总为六曹。左、右丞各一人,左丞主吏民章报及驺伯史,"总典台中纲纪,无所不统"。右丞假署印绶及纸笔墨诸财用库藏,即与仆射对掌授廪及假钱谷。两丞且同掌宫中漏夜警卫。侍郎三十六人,每曹各六人,主作文书。又有令史十八人。(《后汉书·百官志·少府》)可知尚书已完全包揽了丞相的所有职务。和帝诏云:"尚书,古之纳言,出纳朕命。"(同上)《通典》亦谓后汉之尚书,"则为优重,出纳王命,敷奏万机。盖政令之所由宣,选举之所由定,罪赏之所由正。斯乃文昌天府,众务渊薮,内外所折衷,远近所禀仰。故李固云:'陛下之有尚书,犹天之有北斗。斗为天喉舌,尚书亦为陛下喉舌。斗斟酌元气,运平四时;尚书出纳王命,赋政四海'"(卷二二《职官四·尚书上》)。当时人都明确指出:"尚书见任,重于三公。""三公具位而已。"三公中只有带"尚书事"衔者,位在三公上,才具有宰相的实权,称之为"录尚书"、"录公"。六曹并令、仆二人,谓之"八座"(《晋书》卷二四《职官志》)。

曹魏时期,置吏部、左民、客曹、五兵、度支五曹尚书,并二仆射、一令为"八座"。分置殿中、吏部、驾部、金部、虞曹、比部、南主

_____

①　五时衣,谓春青、夏朱、季夏黄、秋白、冬黑之衣。

客、祠部、度支、库部、农部、水部、仪曹、三公、仓部、民曹、二千石、中兵、外兵、都兵、别兵、考功、定课、都官、骑兵凡二十五曹郎。两晋南北朝时期,尚书与曹郎的数目代有增减。齐尚书省置令与仆射,分置吏部、殿中、祠部、五兵、都官、度支六尚书。尚书分统列曹。吏部统吏部、考功、主爵三曹。殿中统殿中、仪曹、三公、驾部四曹。祠部统祠部、主客、虞曹、屯田、起部五曹。五兵统左中兵、右中兵、左外兵、右外兵、都兵五曹。都官统都官、二千石、比部、水部、膳部五曹。度支统度支、仓部、左户、右户、金部、库部六曹。共二十八曹。

　　隋代的尚书省,事无不总。置令、左右仆射各一人,总吏部、礼部、兵部、都官、度支、工部等六曹事,是为八座。属官左、右丞各一人,都事八人,分司管辖。吏部尚书统吏部侍郎二人,主爵侍郎一人,司勋侍郎二人,考功侍郎一人。礼部尚书统礼部、祠部侍郎各一人,主客、膳部侍郎各二人。兵部尚书统兵部、职方侍郎各二人,驾部、库部侍郎各一人。都官尚书统都官侍郎二人,刑部、比部侍郎各一人,司门侍郎二人。度支尚书统度支、户部侍郎各二人,金部、仓部侍郎各一人。工部尚书统工部、屯田侍郎各二人,虞部、水部侍郎各一人。凡三十六侍郎,分司曹务,直宿禁省,如汉之制。(《隋书》卷二七、二八《百官志》)这里,应该特别指出:根据《隋书》的这一记载,可知尚书省这一机构,隋代仍设在禁中,不过隋时,官阶也远非昔比,尚书令为正二品、尚书正三品,总揽全国的行政职权。

　　在尚书全面取代外朝丞相行政职权的同时,中书的权力也猛增而发生了根本性的变化。中书,内中之书也(李贤语)。汉武初以宦者为之。司马迁遭宫刑以后,就曾作过中书令,其职责是宣传诏命。赵翼指出:"汉初中人有谒者令,孝武加中谒者令为中书谒者令,置仆射。宣帝时,任中书官宏恭为令,石显为仆射。元帝时,恭死,显代为中书令,专权用事。成帝时,因萧望之言,乃罢其官,更名为中谒者令云。自是以迄东汉,皆无中书之官。曹操为魏公,以刘放、孙资为秘书郎。文帝即位,更秘书为中书,以放为监,资为令,遂掌机密。明帝益任焉。"(《陔余丛考》卷二六《中书》)《三国志・魏书・刘放传》谓"放善为书檄,三祖(武、文、明)诏命,有所招喻,多放所为。"赵翼指此为"中书参机务拟诏旨之始"。"其时中书监、令号为重任。蒋济谏曰:'今外所言,辄云中书,虽使恭慎不敢外交,但有此名犹惑世俗。况实据事要,日在目前,倘因疲倦之间,有所革制,众臣见其能推移于事,即亦因而向之。'按:资、放名臣,明帝令主,而济已有此奏,可见权之所在,势即随之。故晋荀勖由中书监除尚书令,或贺之,而勖有夺我凤池之叹。至晋惠帝时,孙秀为中书监,王威为中书令,权倾中外,则更任之极重者矣。"(同上)由于中书负责诏令的起草,有参与决策的权力,因此,从晋至于梁、陈诸代,国之政事,并由中书。(《通典》卷二一《职官三・中书省》)相对而言,尚书的职务在贯彻执行,显然不能与拥有决策权的中书省相比拟。

这时期,另一个给事皇帝内宫的内侍组织"门下"也直接参与朝廷政务。秦二世时,宦官赵高以侍中用事。应劭云:入侍天子,故曰侍中。汉之侍中,职务是分掌乘舆服务,下至褻物虎子之类。虎子即便器。侍中是一种加官,不限于宦者。大儒孔安国就是掌御座唾壶的侍中。晋代始有门下省之称。梁门下省有侍中、给事黄门侍郎四名,掌侍从傧相,尽规献纳,纠正违阙;监合尝御药,封玺书。后魏尤重。北齐门下省掌献纳谏正及司进御之职,有侍中、给事黄门侍郎各六人,统左右局、尚食、尚药、尚衣、殿中凡六局。(《通典》卷二一《职官三・门下》)由于门下所掌贴近皇帝,职务有规谏违失,并负责宣发诏旨,"诏旨之行,一由门下"。所以它的权力也重于尚书。当时,"江左自陈氏受禅,国之政事,并由中书。

有舍人五人,分掌二十一局,各当尚书诸曹,并为上司,尚书听受而已。此中书之重也。北朝则重门下,三公、尚书非带侍中衔,不得闻政,此门下之重也。"(《谷山笔麈》卷九)

通过上述分析,我们就可以看出,从汉武帝以来,宰相制度已发生了根本的变化。其特点大致可以归纳为以下几点:

1. 宰相的出身由勋戚列侯转为通过考试而入仕的布衣,即士大夫。

2. 尚书由一个职任内宫文书、实同宦竖的职务,由于皇帝的倚重,逐渐取代丞相,成为中央实际的最高行政首脑机关,并脱离内府,成为庞大的机构,为后来的六部分职打下了基础。但是在这一时期里,它始终是附设在内廷的中朝机构。在外朝,丞相或设或不设,即使设也是有其名而无相权之实。"自魏晋以来,宰相但以他官参掌机密,或委知政事者则是矣,无有常官。"(《通典》卷二一《职官三·宰相》)如刘宋时期,"宰相无常官,唯人主所与议论政事、委以机密者,皆宰相也"(《资治通鉴》卷一二○)。

3. 汉制:尚书郎主作文书起草。曹魏始以中书起草诏令。从此,作为相权最重要部分的造命决策权归于中书,尚书但奉行而已。

4. 门下的出现,规谏违失并发布诏旨的权力,又一次从相权中分立出来。

这样,宰相的权力,实际上已分割为尚书、中书、门下三个机构来共同承担,而且,这三个组织都属于中朝,职为内侍。在上文中,我们曾看到东汉时期少府所属政事官员的大增,就是君权侵削相权的明显表现。在这种情况下,相权大大降低是不言而喻的。相形之下,君权也就愈高,这也是很自然的事。

这种在中央行政上完全以中朝代替外朝的作法,虽然很遂专制皇帝个人的意愿,然而实际的效果却是不利、甚至有害于时政的。首先是皇帝本人与群臣越来越脱离；其次中朝与外朝重复、脱节，中朝愈是企图尽揽朝权，则愈无力照顾大体和全面；第三，中朝揽权后，外朝则形同虚设，政令之贯彻与检查都无力推行；第四，这些内宫的近臣，无例外地出于皇帝个人的私意与好恶，因此，他们更多的是一批以阿附见宠的小人。这些，都对当时的政治极为不利的。晋武帝太康十年，刘颂上书，其中提到："古者六卿分职，冢宰为师。秦、汉以来，九列执事，丞相都总。今尚书制断，诸卿奉成，于古制为太重。可出众事付外寺，使得专之；尚书统领大纲，若丞相之为，岁终课功，校簿赏罚而已，斯亦可矣。今动皆受成于上，上之所失，不得复以罪下，岁终事功不建，不知所责也。"（《资治通鉴》卷八二）就是对当时制度的一个批判。

　　总括起来说，在我们所说第一阶段，即从秦统一到隋的这一时期里，分封问题，两经反复；中央对地方的控制，总体上仍属松弛。皇权对相权的限制和分割虽然是成功的，但这样做的结果，并不利于统治的稳定。因此，无论在中央集权和专制皇权方面，这一时期仍处于不断成长与有待进一步完善的地步。在其他制度方面，也充分暴露其欠完善的弱点。这主要是表现在两个方面。首先就是家国不分。由封建转为郡县，古人称之为"化家为国"。原来封建时代，诸侯、天子在内的管家称宰，出外作副官称相，宰相的官称就是从这里演化来的，它本来就带有管家的性质。秦汉时代的宰相，仍然保有封建的遗制，不但要管国家的政务，而且还要管及皇帝的家务，不过，这个职务是宰相之副的御史大夫所属的御史中丞来负担。御史中丞驻在皇宫里，宫里的事务照例都由他来管理。再就次于宰相的太常、光禄勋、卫尉、太仆、廷尉、大鸿胪、宗正、大司农、少府等九卿来看，太常，主祭祀祖先神鬼，基本上是管皇家祭祖的家务官。光禄勋实即门房（光义为大；禄、麓音同相假；勋，古同阍）。卫尉为宫廷武卫。太仆是皇帝的车夫。大鸿胪掌交际传达

（胪义为传呼）。宗正管皇帝的家族。少府掌皇宫的财政。可知当时九卿所掌，其绝大部分仍是皇帝的家务。把家务变为政务，还需经历后来不断的演化过程。家国不分正是当时国家政权仍不够完善和发达的表现。其次，许多制度不够完备。譬如：官制的完善、人才的选拔、律令的制定等，都需要一个长期的积累和摸索过程。因此，从总体上，这一段时期里，中央集权的专制皇权体制仍处在一个发展成长的时期。

（二）　中国专制主义皇权的成熟

（从 589 年隋统一到 1279 年南宋灭亡）

　　唐、宋时期，中国封建社会达到了最辉煌的巅峰，专制主义皇权也发展到成熟的阶段。然其发展进程，也经历了曲折的变化。内而宦官窃权，把皇帝的弑杀废立，几当成家常便饭；外而强藩拥军操纵，把天子的废立，等同儿戏。先后都对皇权构成巨大的威胁。《唐书·僖宗纪赞》谓：自穆宗以来八世，而为宦官所立者七君。赵翼叙唐代宦官之祸说："东汉及前明宦官之祸烈矣！然犹窃主权以肆虐天下。至唐则宦官之权反在人主之上，立君、弑君、废君有同儿戏，实古来未有之变也。推原祸始，总由于使之掌禁兵，管枢密。所谓倒持太阿而授之以柄。及其势已成，虽有英君察相，亦无如之何矣！"在本书上编《内宫制度》一节中，我们谈到"宦官之祸，是和封建专制主义皇权制度相始终的。"它在不同的历史时期，表现为不同的现象和作用。唐代以宦官主禁兵，因此，其为害皇权最烈，所给予皇帝的教训无疑也是十分深切的。

　　然而比较而言，地方藩镇的为害，是威胁中央皇权更大、更深层次的祸原。

1）高度中央集权制度的全面确立

早在隋文帝开皇二年（582），朝廷发布命令，"罢辟署令，吏部除授品官为州县佐官"（《日知录》卷八《掾属》原注）。《隋书·百官志下》则载：开皇三年，"旧周、齐州郡县职，自州都、郡县正已下，皆州郡将县令至而调用，理时事。至是不知时事，直谓之乡官。别置品官，皆吏部除授。"又开皇十五年，"罢州县、乡官"。当时刘炫在回答牛弘的询问中，明白指出："往者州唯置纲纪，郡置守丞，县惟令而已。其所具僚，则长官自辟。受诏赴任，每州不过数十。今则不然，大小之官，悉由吏部；纤介之迹，皆属考功。"（《隋书》卷七五本传）从这以后，地方官吏不论长贰掾属，皆由中央吏部统一考核任免。（《陔余丛考》卷十六《郡国守相得自置吏》）据陈寅恪所考，"北周刺史尚能自署僚佐。而后魏、北齐州郡僚佐则已多为吏部所授。至隋一切归之省司，此隋代政治中央集权之特征"（《隋唐制度渊源略论稿》，第87页）。唐代地方设州、县二级。州置刺史，唐代有州358个，较之汉代的郡超出两倍余，县在玄宗时达1,573个，比汉多出二百余。为了加强对地方的控制，中央在地方设观察使、节度使。后来节度使却演变为地方割据的祸原。中国历史，在大一统与中央集权道路上又向前迈进了一大步。然私辟掾吏之余风，在唐代尚沿习不止。中唐时的沈既济在上疏中犹谓："今诸道节度、都团练、观察、租庸等使，自判官、副将以下，皆使自择。"（《陔余丛考》卷十六《郡国守相得自置吏》）韩佽为桂州观察使，所部二十余郡，自参军至县令三百余员，吏部所补才十一，余皆观察使量才补职（《旧唐书》卷一〇一本传）。唐自安史之乱以后，又一度出现藩镇割据的局面。赵翼记唐节度使之祸云："唐之官制，莫不善于节度使。其始察刺史善恶者有都督，后以其权重，改置十道按察使。开元中或加采访、观察、处置、黜陟等号，此文官之统州郡者也。其武臣掌兵,有事出征则设大总管;无事时镇守边要者曰大都督。自高宗永徽以后,都督带使持节者谓之节度使,然犹未以名官,景云二年,以贺拔延嗣为凉州都督河西节度使,节度使之官由此始。然犹第统兵,而州郡自有按察等使,司其展最。至开元中,朔方、陇右、河东、河西诸镇皆置节度使,每以数州为一镇,节度使即统此数州,州刺史尽为其所属,故节度使多有兼按察使、安抚使、支度使者,既有其土地,又有其人民,又有其甲兵,又有其财赋,于是方镇之势日强。"首先就是镇守幽州的安禄山称兵造反。安史之乱后,"武夫战将,以功起行阵为侯王者皆除节度使,大者连州十数,小者犹兼三四,所属文武官悉自置署,未尝请命于朝,力大势盛,遂成尾大不掉之势。或父死子握其兵而不肯代,或取舍由于士卒,往往自择将吏,号为留后,以邀命于朝,天子力不能制,则含羞忍耻,因而抚之,姑息愈盛,方镇愈骄。其始为朝廷患者只河朔三镇,其后淄、青、淮、蔡,无不据地倔强。甚至同、华逼近京邑,而周智光以之反;泽、潞亦连京畿,而卢从史、刘禛等以之叛。迨至末年,天下尽分裂于方镇,而朱全忠遂以梁兵移唐祚矣。推原祸始,皆由节度使掌兵民之权故也。"上述情况的出现,无疑是对隋制"大小之官,悉由吏部;纤介之迹,皆属考功"的一种反动,是和藩镇割据这一事实直接相关连的。中唐以后长期的藩镇割据,又一次对大统一与中央集权构成严重的挑战与破坏。地方割据势力的恶性发展,同时对皇权也造成了极大的威胁,甚至于动摇。五代时侯的一些皇帝,许多都是因兵变而由军士擅自拥立的。大家都熟习的宋太祖赵匡胤陈桥兵变,黄袍加身,遂成有宋开国之主。查初白诗:"千秋疑案陈桥驿,一着黄袍便罢兵。"以为这是世所稀有的奇事。其实"不知五代诸帝多由军士拥立,相沿为故事。至宋已第四帝矣。宋祖之前,有周太祖郭威;郭威之前,有唐废帝王从珂;从珂之前,有唐明宗李嗣源,如一辄也。"类似的事件,拥立不成的还有数起。简直把废立天子当成了"贩弄之物"。"可见是时军士策立天子,竟习为常。推源其始,盖由唐中叶以后河朔诸镇,各自分据。每一节度使卒,朝廷必遣中使往察军情所欲立者,即授以旄节。至五代其风益甚。由是军士擅废立之权,往往害一帅,立一帅有同儿戏"。遂至于诸镇由朝廷拜除者十之五六,由军中推戴者十之三四。"藩镇既由兵士拥立,其势遂及于帝王,亦风会之所必至"。这就形成了对皇权的极大挑战。五代十国的皇帝和统治者,大多是流氓、兵痞出身。其素质与声望也必然为神圣的皇权蒙上污垢。不过这次的分裂与魏晋时期已有所不同。魏晋南北朝时期的分裂导源于分封制度,其基础则为门阀世族与内迁的少数民族部族酋领。中唐以后的分裂导源于掌握有大批常备军队(他们是以军户的形式,世代以军事为职业的)的边防军阀,其基础则是地区经济的发展。而地区经济的进一步发展,又必然冲破地区的局限,为宋朝的一统奠定了新的基础。这里,我们附带还要指出,宋朝的一统是仅就内地而言的。北宋时期有宋、辽、夏、南诏等的并峙;南宋时期,与女真南北对峙,蒙古草原又有蒙古部的兴起。这些民族政权的兴起,都是边境地区经济发展的结果。它们的进一步发展,终于导致元朝全国空前规模的大统一。

宋朝为了彻底改变从中晚唐迄于五代篡乱相寻和藩镇割据皇权凌替的局面,实行了尽收兵权的一系列政策。世传之所谓杯酒释兵权,第一次是在建隆二年(公元961年),释掉的是中央禁军高级将领石守信、王审琦、高怀德、张令铎四人的兵权。此后中央禁军的领兵权一分为三,禁军将领在皇帝身边发动兵变直接夺取政权的威胁基本消除。第二次是在开宝二年(公元969年),又释掉一批方镇节度使的兵权,以消除藩镇割据的隐患。通过两次宴请,中央直属部队和地方军阀的主要兵权全部收归中央。同时,对地方军政制度采行了一系列重大的措施,有效地杜绝了地方军政失控而危害统一的根源。史载赵匡胤作了皇帝后，曾以"天下自唐季以来，数十年间，凡易八姓，兵革不息，苍生涂地，其故何也？"询之于宰相赵普。普答言：皆由节镇太重，君弱臣强而已，"今所以治之，无他，惟稍夺其权，制其钱谷，收其精兵，则天下自安矣"（《东都事略》卷二六本传）。根据这一建议，赵匡胤采取了一系列措施。

其一，以知州易方镇。地方州郡的长官，由朝廷派遣在京的文官，以"权知"，即暂领的名义前往担任，任期三年，使不致久于其任，改变了军人掌管地方政府的局面。知州之外，另置通判。通判既非副贰，也不是属官。地方政府所有的文书，都必须有长吏与通判的共同签署，否则，所在不得承受施行。因此，通判例以监郡自居，朝廷利用它来对知州进行牵制。对节度使的权力也多加以限制。唐及五代时的节镇皆各领支郡。宋太祖平湖南，即改令潭、朗等州直属中央，长吏得自奏事。太宗太平兴国二年，李瀚奏：节度领支郡，多使亲吏掌其关市，阻滞货物流通，不便商旅。他提议："不令有所统，以分方面之权，尊奖王室，亦强干弱枝之术也。"太宗纳其议。并诏邠、宁、泾、原等三十余州，"并直属京。天下节镇无复领支郡者矣"（《续资治通鉴长编》卷十八）。同时又禁止节度自派镇将。"五代以来，节度使补署亲随为镇将，与县令抗礼，凡公事专达于州。县吏失职。"太祖建隆三年，诏还统于县，镇将所主不及乡村，但廓内而已。（同上卷三）太宗太平兴国二年，复禁藩镇补亲吏为镇将。（同上卷十八）地方节度使的权力大大削弱。以后，它实际上已仅为寄禄的虚衔。

其二，收其精兵。藩镇的割据，皆缘节度使各拥强兵。赵匡胤在扩建强大的中央禁军队伍的同时，乾德三年，"令天下长吏择本道兵骁勇者，籍其名送都下，以补禁旅之缺；又选强壮卒定为兵样，分送诸道。其后，又以木梃为高下之等，给散诸州军，委长吏、都监等召募教习,俟其精练,即送都下。上每御便殿亲临试之"(《续资治通鉴长编》卷六)。宋初,全国禁兵共二十二万,驻京师者十万余,诸道十万余,保持内外相维,无偏重之患。其后禁军屡增为六七十余万。然"州郡禁军有缺额处,都不补"(《朱子语类》卷一二八《本朝二·法制》)。地方厢军之数,中期为籍五十万,皆不知战(《止斋文集》卷十九《赴桂阳军拟奏事劄子第三》)。这样的军队连地方治安也维持不了,故盗贼穿州过府,如入无人之境。它当然已不再能成为地方的割据势力。

其三,制其财用。从唐玄宗天宝以来,地方各拥强兵的节度使都擅将地方的赋税扣留,以供自己的用度,名曰"留使"、"留州",仅将很少的一部分,上供朝廷。五代时的方镇皆任自己的部曲主领场院,厚利自敛。宋朝在太祖乾德三年重申"诸州度支经费外,凡金帛以助军实,悉送都下,无得占留"(《续资治通鉴长编》卷六。按:乾德二年已有令:"诸州自今每岁受民租及管榷之课,除度支给用外,凡缗帛之类,悉辇送京师。")宋初地方财政收入大部分上缴中央,少部分留为本地的经费。在管理上,诸道赋租管榷属于转运使;房廊地利、坊场河渡二税则付之郡守。王安石变法,分使权利,"免役、青苗,色色取辨。旧例财帑,悉归经费,守臣所有者,止有限额正使钱而已;而又禁其回易,限其酤造,而州郡之财匮矣"(《山堂考索续集》卷三七《官制门·郡守·宋朝郡守》)。经过太祖、神宗两次整顿,地方财政,极少存留。故顾炎武称"自此一钱以上,皆归之朝廷,而簿领纤悉,特甚于唐时矣。然宋之所以愈弱而不可振者实在此"(《日知录》卷十二《财用》)。

所有上述措施,"剪削藩镇,齐以法度,择文吏为之佐,以夺其杀生之柄;揽其金谷之富,选其麾下精锐之士聚诸京师,以备宿卫,制其腹心,落其爪牙,使不得陆梁,然后天子、诸侯之分明,而悖乱之源塞矣。于是节度使之权归于州,镇将之权归于县;又分天下为十余路,各置转运使以察州县百吏之臧否,复汉部刺史之职,使朝廷之令必行于转运使,转运使之令必行于州,州之令必行于县,县之令必行于吏民。然后上下之正叙而纪纲立矣"(《续资治通鉴长编》卷一九六引司马光奏)。这样,一个真正的、高度中央集权的政权建立了起来。正如叶适所谓:"今自边徼犬牙万里之远,皆自上制命。一郡之内,兵一官也,财一官也,彼监此临,互有统属,各有司存。推之一路犹是也。故万里之远,嚬伸动息,上皆知之"(《叶适集·水心文集》卷之四《实谋》)。真正达到了"天下如一家,政事如一体,关枢动静,臂指伸缩,无不如意"的政治效果。唐、宋地方均实行州(郡)、县两级制。"唐之州县,不过一使临之。而宋则有帅、漕、宪、仓四司;故州县之官,尤难以奉承展布。帅、漕、宪、仓盖当时案牍之称。帅,谓安抚司;漕,谓转运司;宪,谓提点刑狱司;仓,谓提举常平司。帅、宪、仓,一人而已,漕则一路或有两三人,曰转运使、曰转运副使、曰转运判官,皆漕司也。"(《十驾斋养新录》卷十《帅漕宪仓》)从官吏的设置上,也可以明显地看到,比之于唐代,宋朝在机构、员数上都大大超过了,控制之严也便可以窥知。

食实封制度的实行,也从根本上消除旧时分封制度所带来的分裂危险因素,保证了大一统与中央集权制度的全面确立。

"唐制:皇兄弟、皇子为王,皆封国之亲王,亲王府各置官属,领亲事、帐内二府及国官。太子男封郡王。其庶姓卿士功业特盛者亦封郡王,其次封国公,其次有郡县开国公、侯、伯、子、男之号,亦九等,并无官土,其加实封者则食其封,分食诸郡,以租调给。"(《文献通考》卷二七五《封建十六》)《唐六典》则谓:"魏氏五等,皆以乡亭,多假空名,不食本邑。隋氏始立王公侯以下制度,至唐因之,率多虚名;其言食实封者乃得真户。旧制:户皆三丁以上,一分入国。开元中,定以三丁为限,租赋全入封家。"(《资治通鉴》卷一九七胡注引）早在唐太宗贞观初年，又就分封制度的行否利弊问题进行了长期的讨论。先是萧瑀在贞观二年请行封建，李伯药驳其为"以结绳之化，行虞夏之朝；用象刑之典，理刘、曹之末。锲船求剑，未见其可；胶柱成文，弥所多惑"。魏徵则以当时条件有五不可，而"圣人举事，贵在相时，时或未可，理资通变"，反对采行。贞观十一年，诏令诸王所署刺史，咸令子子孙孙承袭，并大封诸开国功臣为刺史，即令子孙世袭承袭，诸臣固辞，于志宁以古今事殊，恐非久安之道力争，太宗才不得已停止。在《文中子》一书的后序中，记太宗读《周官》，慨然兴叹，谓不井田、不封建，不足以法三代之治。可见太宗是实有意于恢复封建的。只是在群臣的坚决反对下，才中止了这种倒行逆施的作法。据中宗时的统计，所封诸王、公主达一百四十余家，其封户遍布五十四州之内，且尽为膏腴富庶之区。"封户之物，诸家自征，或是官典，或是奴仆，多挟势骋威，凌蔑州县。凡是封户，皆不胜侵渔。"（《文献通考》卷二七五《封建十六》）王嗣立乃请以丁课尽送大府，封主则径诣左藏支给。禁止自征，以苏民困。宪宗时，始创食实封制度。"节度使兼宰相者，每食实封百户，岁给绢八百匹，绵六百两。不兼宰相者每百户给绢百匹。诸卫大将军每百户给三十五匹。盖至是始改制，封家不得自征，而一概尽给于官。"（《陔余丛考》卷十六《汉唐食封之制》）食实封制的采行，从根本上解决了千多年来反复难决的封建问题。同时候，著名的文学家柳宗元写下了《封建论》一文，在理论上也对这个迁延难决的争论作出了总结。柳宗元深刻地指出："封建非圣人意，然而历尧、舜、三王莫能去之，非不欲去之，势不可也。秦破六国，列都会，置守宰，据天下之图，摄制四海，此其得也。二世而亡，有由矣。暴威刑，竭人力，天下相合，劫令杀守，环视而并起，时则有叛民，无叛吏。汉矫秦枉，剖海内，立宗子功臣，数十年间奔命扶伤不给，时则有叛国，无叛郡。唐兴，制州县，而桀黜时起,失不在州而在于兵,时则有叛将,无叛州。"苏轼说子厚的《封建论》一文出,而主张封建论者诸子之文尽废(《苏东坡全集·续集》卷八《封建论》),这是权威性的评价。

2) 专制主义皇权政权机构的进一步完善

唐、宋时期,中央政府经过整齐发展,奠定了三省、两府、一台的政府结局。唐则三省,即中书、门下、尚书三省,分工共同执行宰相的职务。到了宋代,凡带同中书门下衔者为真宰相。他与分掌军事的枢密院对称为东西两府。一台则指御史台,是监察百官的机关。

《文献通考·职官·宰相》谓:"初唐因隋制以三省之长中书令、侍中、尚书令共议国政,此宰相职也。其后以太宗尝为尚书令,臣下避不敢居其职,由是仆射为尚书省长官,与侍中、中书令号为宰相。其品位既崇,不欲轻以授人。故常以他官居宰相职,而假以他名。自太宗时杜淹以吏部尚书参议朝政,魏徵以秘书监参预朝政,其后或曰参议得失、参知政事之类,其名非一,皆宰相职也。贞观八年,仆射李靖以疾辞位,诏疾小瘳,三两日一至中书门下平章事,而平章事之名盖始起于此。其后李勣以太子詹事同中书门下三品,谓同侍中、中书令也,而同三品之名盖起于此。然二名不专用,而他官居职者犹假他名如故。自高宗以后为宰相者,必加同中书门下三品,虽品高者亦然。惟三公、三师、中书令则否。其后改易官名,而张文瓘以东台侍郎同东西台三品,同三品入衔自文瓘始。永淳元年以黄门侍郎郭待举、兵部侍郎岑长倩等同中书门下平章事,平章事入衔自待举等始。自是以后,终唐之世不能改。"(卷四九)要说清楚这个问题,就必须检讨唐的三省制度。不过,在这里我们想先指出两点:第一、通过汉魏以来的长期发展,相权被不断分割,到了唐初,已整齐成为尚书、中书、门下三省,三省各担负宰相的一部分职务,三省长官共议朝政,组成一个宰相群体。第二、其他官员,也可以因皇帝的指派,参加这个群体工作,他便也就是宰相的一员。宰相由一人而发展为群体,不专一相;事权被三数以上的机关分割,都是沿着君尊臣卑、专制主义皇权增长这条道路进一步迈进的表现。

三省之一的中书省,又有西台、凤阁、紫微省之称。其长官为中书令二人,掌侍从,献替,制敕,册命,敷奏文表,授册,监起居注,总判省事(《通典》卷二一)。中书侍郎二人,掌侍从,献替,制敕,册命,敷奏文表,通判省事。中书舍人六员,专掌诏诰,侍从,署敕,宣旨,劳问,授纳诉讼,敷奏文表,分判省事。通事舍人二十员,掌通奏,引纳,辞见,承旨宣劳。中书省的主要工作是负责起草诏书,这就使它拥有决策方面的重大权力。

门下省又有东台、鸾台、黄门省之称,其长官为侍中二人,其职任是掌侍从,负宝,献替,赞相礼仪,审署奏抄,驳正违失,监封题,给驿券。监起居注,总判省事。门下侍郎二人,掌侍从,署奏抄,驳正违失,通判省事。若侍中缺,则监封题,给驿券。给事中四人,掌侍从,读署奏抄,驳正违失,分判省事。散骑常侍四人,掌侍从规谏。其后迁二员属中书,遂分为左、右,左属门下,右属中书。谏议大夫四人,掌侍从规谏。门下省的主要职务是审核中书所起草的诏书,有权驳正,因此它同样拥有决策的权力。中书、门下两省皆设在禁中,分处在宣政殿之东西,以便与皇帝接近,便于控制。它们总称为北省、两省,又别称门下省为左省、东省;中书省为右省、西省。

尚书省以左、右两仆射为长官,总判省事,统理六官,纲纪庶务。尚书设在宫外,故称南省,所属有六尚书:吏、户、礼、兵、刑、工,凡庶务,皆会而决之。天下大事不决者,皆上尚书省。又设有左、右丞各一人,"掌辩六官之仪,纠正省内,劾御史举不当者。吏部、户部、礼部，左丞总焉；兵部、刑部、工部，右丞总焉"(《新唐书》卷四六《百官一》)。尚书省是具体执行行政的最高机关。但是到贞观末年，"除拜仆射，必加'同中书门下平章事'及'参知机务'等名，方为宰相，不然则否。然为仆射者，亦无不加焉。至开元以来，则罕有加者"(《通典》卷二二《尚书上·仆射》)。至此，尚书省就完全成了一个执行行政的机关。三省之中，唯尚书省设在宫外。这是唐之尚书省与隋"直省禁省，如汉之制"者根本的不同之点。国之大政，都是先由门下取旨，中书根据皇帝旨意，拟成文件，再由门下审理署敕，交给尚书省具体执行。尚书呈皇帝的文件，"须缘门下省。以状牒门下省，准式依令，先门下录事勘，给事中读，黄门侍郎省，侍中审。有乖失者，依法驳正，却牒省司"(《唐律疏议》卷第五《名例五》)。"是故门下为职，所以取旨而出纳乎帝命；中书为职，所以造命而黼黻乎皇猷。至凡军国之事，实参而总之。故下之通乎上者，其制有六：曰奏抄、曰奏弹、曰露布、曰议、曰表、曰状。门下皆审署申覆施行焉。王言之制有七：曰册书、曰制书、曰慰劳制书、曰发、曰敕、曰敕旨、曰论事敕书、曰敕牒，中书皆审署申覆而施行焉。于是天子之布政任官，诏旨命令之出，首经两省。其或令焉而非其法，任焉而非其人，门下取旨既随时而驳正，中书造命或因事而封缴，弥纶润饰，使无缺失，上下相成，而治本立矣。"(《王忠文公集》卷十一《唐两省记》)

三省各司其职，分掌宰相事权，自不免文书周转，遇事稽迟；甚至所见不同，纷纭难决。因此，从唐初就集三省长官于门下省，会同共议，称政事堂，故当时门下省地位独重。其后，裴炎自侍中改中书令，徙政事堂于中书省，于是中书省的地位始重于门下。个中原由，顾炎武《日知录·封驳》条引胡氏所论，说得很清楚，有助我们的理解。他说："考唐之政事堂，宰执议事之所，旧在门下省，后移入中书省。盖门下省，给事中所居也。中书省，阁人所居也。唐之给事有封还诏书之例,其于宰相建白,例得驳正。不于门下议事而于中书议事,乃阁臣志在自专,不使门下预闻,因而无从驳正。待取中旨,然后封还,则其势已难,甘塞默者多矣。此宰执巧于持权之法,必宗楚客、李林甫辈所为。"(卷九)宪宗以后,门下在上,中书在下。(《资治通鉴》卷二二六胡注)这两个部门上下的差次,大概就是以政事堂设在哪里而决定的。玄宗开元时,张说为相,改政事堂之名为中书门下,改政事堂印为"中书门下之印"。故玄宗以后,同中书门下平章事便成了宰相的正式名衔。中书门下之后,分列五房,即吏房、枢机房、兵房、户房、刑礼房,处理有关文书事务。

如上所述,唐之宰相权力,实是由中书、门下两省分任的,尚书执行而已。而同中书门下三品平章事等衔之设,又是在中书令、门下侍中之外,把宰相成员扩大为一个群体。这些成员是皇帝根据需要特别指定,其员额与任期都没有一定的制度。他们大多官位还较低,却以干练和受信任而特予擢拔,藉以提高宰相这一群体的效能,同时也不无加强对位高权重的中书令、侍中的牵制和监督之意。到了后来,在中书令、侍中不常除的情况下,他们反而成了宰相群体的常员。故《山堂考索》讥"唐世宰相名最不正"。除了上面所说的"以他官居职而假以他名"(如参议朝政、参预朝政、平章事之类),从职守的角度看,"宰相事无不统,不以一职名官,自开元后,常领以他职,实欲重其事而反轻宰相之体。故时方用兵,则为节度使;时崇儒学,则为大学士;时急财用,则为盐铁转运使;又甚则为延资库使,至国史、太清宫之类。其名颇多,皆不足法"。又说:"既以三省官为宰相,其制已非专任,而因事建置,又复不一。朝政则有参预、参议之名;政事则有参知、平章之名;门下则有同三品之名。如是足矣,复有所谓参知机务、参知枢密者,宰相之官,无乃不一乎!"(后集卷三《官制门》)这种作法,从总体上来看,都是出于分散相权，以达到尊君而卑臣的目的。

宋朝初年，承五代之后，官制十分混乱。"三省无专职，台、省、寺、监无定员，类以它官主判。三省长官不预朝政，六曹不厘寺务，给舍不领本职，谏议无言责，起居不记注，司谏、正言非特旨供职，亦不任谏诤。其官人之别，有官、有职、差遣。以登台阁禁从为显官，不以官之迟速为荣滞。以差遣要剧为贵途，不以勋阶爵邑为轻重。名之不正，未有如宋之甚者也。"（王鏊《震泽长语》）这种朝廷官制的混乱与任意性，所反映的实际上就是皇权的肆意扩张。史言："自太祖设官分职，多袭五代之制，虽稍有增损而大体俱旧制也。其唐制省部寺监之官，备员而已，无所职掌，别领内外任使；而省部寺监别设主判官员额。惟以侍中、中书令、同中书门下平章事为宰相，此尚循唐制也。至乾德二年，始置参知政事为宰相副贰。初以薛居正、吕余庆为之。宰相所居省谓之中书门下，国政所出也。"（《山堂考索后集》卷四《官制门》引黄琼语）神宗元丰中，"仿《唐六典》，酌古今之宜，修改官制"，才基本上纠正了五代以来的混乱现象，重归制度化。其中关于三省制度的是分"中书门下政事堂"为三省，令中书取旨，门下复奏，尚书施行。（《文献通考》卷五十《职官考四·门下省》引司马光奏）"三省置侍中、中书、尚书三令而不除人，而以尚书令之贰左、右仆射为宰相。左仆射兼门下侍郎，以行侍中之职；右仆射兼中书侍郎以行中书令之职。复别置中书门下侍郎、尚书左右丞以代参知政事。中书揆而议之，门下审而复之，尚书承而行之。独中书取旨，而门下、尚书之官为首相者，不复与朝廷议论。"（同上卷四九《职官考三·宰相》）应该指出，元丰的三省制与唐之制度已有很大的不同。唐制是中书出诏令，门下主封驳。诏令的具体内容主要是中书的臣工所拟，门下的给事中自然敢于表示不同意见。元丰的三省制则是中书取旨，门下复奏。宋朝初年的宰相范质、王溥诸人，原来与赵匡胤都是同殿之臣,等侪之辈。等到赵匡胤作了皇帝,为了表示恭顺,凡事在取旨时都先请示具体的意见,然后再根据旨意拟成诏文。很明显,这是宋朝皇权膨胀的表现之一。诏旨既然是秉承皇帝的指示拟成,门下的官员自然不敢或不愿据理批驳。封驳和复奏,在职限上与唐相较是明显地轻重不同的。特别是元丰改制后中书单独取旨的局面形成,不独"门下、尚书之官为首相者,不复与朝廷议论",就连门下的复奏也因此会变成具文。因此,元祐初,司马光又请令三省合班奏事,分省治事,自绍兴以后皆因之。据朱熹所述:"渡江以来,执政事皆归一,独诸司吏曹(二十四曹)依旧分额各属。三省吏人自分所属,而其上之纲领则不分也。(旧时三省事各自由,不相侵越,不相闻知。中书自理会中书事,尚书自理会尚书事,门下自理会门下事。)如有除授,则宰执同共议定,当笔宰执判'过中',中书吏人做上去,再下中书;中书下门下,门下下尚书。书行,给、舍缴驳,犹州郡行下事,须幕职官金押。如有不是,得以论执。中书行下门下,皆用门下省官属金押,事有未当,则官属得以执奏。"(《朱子语类》卷一二八《本朝二·法制》)故当时人颇认为"门下相凡事既同进呈,则不应自驳已行之命(参见《石林燕语》卷三),是省审之职可废也"(《文献通考》卷四九《职官三·宰相》)。由此可见,三省制度的废坏,自北宋已然,到南宋初,平脆合三省为一。根本的问题是在皇权不断膨胀的情况下,对皇权稍有限制的相权(封驳制度)最终几不存在。

两府制的出现,标志着到了宋代,军事权力开始完全从相权中分离出来,建立独立的机构,即枢密院,专掌军政。汉因秦制,置太尉,次于丞相,掌四方兵事。《文献通考》引石林叶氏谓:"汉高祖元年,以萧何为丞相,周苛为御史大夫。五年而后始命卢绾为太尉。绾王燕后,以命周勃。寻省。盖是时高祖方自征伐,武事不以属人,亦不必设官也。文帝元年,周勃迁右丞相,以薄昭为车骑将军,宋昌为卫将军,而不置太尉。盖自代来,未敢以兵权委汉廷旧臣,故以其腹心分领之耳。自是虚太尉者二十六年。七国反,景帝以周亚夫击之,始复以亚夫为太尉。兵罢亦省。又十三年而武帝以命田蚡,一年复省。又二十一年乃以大将军卫青、骠骑将军霍去病为大司马,各冠其将军,即太尉也。盖方有四夷之功故尔。自去病、青死,又十九年而霍光以奉车都尉为大司马、大将军。以此考之,太尉官自高祖以来,有事则置,无事则省,不以为常也。盖汉虽设太尉总兵,而左、右、前、后及因事置名以为将军者不一。岂固不欲以兵权属一官邪!观高祖命卢绾,武帝命卫、霍,非亲即旧,其意可知矣(卷四八《职官二·太尉》)。《后汉书》王注引谢灵运《晋书》亦谓:"秦有太尉,掌兵。汉仍修之,或置或省。"(卷二四《百官志·太尉》)东汉的太尉其本来的职务,据《百官志》,是"掌四方兵事功课"。从这方面讲,它也应是"有事则置,无事则省",与西汉相同的。所不同的是东汉的太尉,多与太傅同录尚书省事,因此,它拥有宰相的一部分权力。故其掾属有长史、西曹(主府史署用)、东曹(主二千石长吏迁除及军吏)、户曹(主民户祠祀农桑)、奏曹(主奏议事)、辞曹(主辞讼事)、法曹(主邮驿科程事)、尉曹(主卒徒转运事)、贼曹(主盗贼事)、决曹(主罪法事)、兵曹(主兵事)、金曹(主货币盐铁事)、仓曹(主仓谷事)、黄阁主簿,录省众事。又有令史及御属二十三人。这都明白地表明,东汉的太尉决不是单任军事的首长。后世的太尉或置或否,悉为三公,实不预军事。在朝廷上军事与政事明确分属,专置枢密院管领,是由宋朝开始的。枢密这一机关,据元人王恽所记:"唐初典兵禁中,出于帷幄之议,故机密名官。开元中,设堂后五房,而枢密自为一司。其职秘,独宰相得知,舍人官属无得预也。贞元之后,藩镇旅拒,重以兵属人,乃以中官分领左、右神策军,而枢密之职归于北司,然常寄治省寺庑下,延英会议则屏立殿西,势犹厌厌传道宫省语而已。至其盛时,其贵者号中尉,次则枢密使,皆得贴黄除吏。唐末,乃除北司,并南北军于枢密使,遂总天下之兵。五代以来,多以武人领使,而宰相知院事。至宋,复置副贰、签书、直学士之名,大略文武参用,间以宰相兼领,故得进退大吏,预闻机政,其任职盖重矣。"(《秋涧先生大全文集》卷九四《玉堂嘉话》卷二引陈绎修《西府记》)或谓:唐代宗永泰中,"置内枢密使,以宦者为之。初不置司局,但有屋三楹,贮文书而已。其职掌惟承受书,奉于内中进呈。若人主有所处分,则宣付中书门下施行而已"(《山堂考索后集》卷五《官制门·枢密院》)。马端临谓代宗置内枢密使,"使之掌机密文书,如汉之中书谒者令是也。若内中处分则令内枢密使宣付中书门下施行。则其权任已侔宰相。至僖、昭间,杨复恭、西门季元之徒,遂至于视事、行文书矣。昭宗天复元年,既诛刘季述,乃敕:'近年宰相延英奏事,枢密院侍侧,争论纷然。既出,又称上旨未允,复有改易,挠权乱政。自今并依大中旧制,俟宰相奏事毕,方得升殿,承受公事。'盖当时所谓枢密使者专横如此"(《文献通考》卷五八《职官考十二·枢密院》)。朱梁开平元年,置崇政院而废枢密院,其职事皆并入之。(《资治通鉴》卷二六六)后唐庄宗复改崇政院为枢密院,并始以外官为之,其亲近超过宰相。宰相只有兼枢密使,方得以执大政;否则,但如唐之左、右仆射,仅止省官而已。故马端临讥此为"宰相之外复有宰相,三省之外复有一省"。宋兴,始以枢密院专掌军政。以中书为相、枢密为将,对掌文武二柄,谓之两府。每有大事,三省与枢密院同议,进呈画旨,称三省、枢密院同奉圣旨。三省官皆同签书付枢密院行之。小事枢密院独取旨,行讫,关三省。每朝,三省、枢密先同对。枢密院退,待于殿庐,三省始留进呈三省事。退,枢密院再上进呈,独取旨。(《文献通考》卷五八《职官十二·枢密院》)宋朝在军制上开始了由府兵制向募兵制的重大转化,"军队的性质由兵农合一的半职业化军队演变为专事战斗的职业化军队,对军队的管理也由政军合一的折冲府体制逐步演变为专司军队的侍卫司与殿前司领导体制"(《中国政治制度史》第585页)。与此同时,在军政管理上,也相应地把军政从相权中独立出来,在中央成立了自己的最高管理机构,这无疑是十分必要的。枢密院的职掌,包括"军国机务,兵防、边备、戎马之政令,出纳密命,以佐邦治。凡侍卫诸班直、内外禁兵招募、阅试、迁补、屯戍、赏罚之事皆掌之"(《宋史》卷一六一《职官二·枢密院》)。

御史台职司监察。秦时以御史监郡。汉初,叔孙通新定朝仪,"以御史执法,举不如仪者,辄引而去"。这就是后来殿中侍御史的滥觞。这个监察机构在西汉称御史府。汉之御史大夫,所掌为监察权,然受领于丞相。东汉称宪台,魏、晋、宋、齐曰兰台,梁、陈、后魏、北齐则称御史台,其长为御史中丞。东汉时期"凡中丞以下并文官,属少府"。隋避杨忠名讳,把御史中丞改称御史大夫,与汉初作为丞相副贰的御史大夫(后改大司空),名同而实异。隋制:"御史台,大夫一人,治书侍御史二人,侍御史八人,殿内侍御史、监察御史各十二人。录事二人。后魏延昌中,王显有宠于宣武,为御史中尉,请革选御史。此后踵其事,每一中尉,则更置御史。自开皇后,始自吏部选用,仍依旧入直禁中。"(《隋书》卷二八《百官下》)"大业中,始罢御史直宿,台内文簿皆持书主之,侍御史但侍从纠察而已。"作为监察机关的御史,脱离内宫,从这时开始。(《文献通考》卷五三《御史台·侍御史》)"唐自贞观初以法理天下,尤重宪官,故御史复为雄要。"(同上)唐制:御史台置大夫一人,"掌以刑法典章纠正百官之罪恶"。中丞二人为副贰。下属三院:一为台院,侍御史六人,掌纠举百寮及入阁承诏,知推、弹、杂事。二为殿院,掌殿廷供奉之仪,有殿中侍御史九人。三为察院,掌分察百寮,巡按州县,有监察御史十五人。御史职司风宪,为朝廷耳目,实际上就是皇帝的鹰犬,监察非违,以维护纲纪。故朝廷"使专其搏击,重其威权,盖所以震肃外廷,纪纲百辟者也"(《册府元龟》卷五一八《宪官部七·弹劾》)。这样作,"故大臣由公相已下,皆屏气切息,注万目于五曹(按:即侍御史所掌之令曹、印曹、供曹、尉马曹、乘曹)。五曹坐南台则综核天下之法,立为内朝则纠约十官之失。百司有滞凝之事皆就我而质正"。御史台"为天子之耳目。宸居之堂陛,未有耳目聪明、堂陛峻正而天子不尊也。天子尊,未有奸臣贼子而不灭也"(《山堂考索续集》卷三六《官制门·台谏》)。故曰:"御史府尊则天子尊。"御史台的根本职能就在于尊天子。这我们从叔孙通以御史监朝仪,东汉凡祠郊庙,及大朝会、大封拜则御史一人监威仪、劾违失,(《册府元龟》卷五一八《宪官部·弹劾》)以及唐殿中侍御史的设置,都可以看得非常清楚。

除了上述三省、两府、一台的主体结构之外,唐、宋时期,在政府机构设置中,直接关系到削弱相权的,还有三司的设置与翰林学士院以及审官院、审刑院的创立。

三司是盐铁、度支和户部三个机关的合称。(唐时亦以御史中丞,中书省舍人,门下省给事中各一人受理州县不理之冤狱,亦称三司使)唐制:户部、度支各以本司郎中、侍郎判其事。户部掌纳,度支掌出,即常赋之出纳。中唐时期,为了敛聚财赋,朝廷为特置使。开元时有租庸使之设,肃宗时始置盐铁使。后唐庄宗同光二年,敕盐铁、度支、户部三司并隶租庸使。明宗长兴元年,以张延朗为三司使,专理财政。三司使之名昉见于此。宋仍之,总领盐铁、度支、户部,时称为"计省",其使则称"计相",权次于宰相。神宗官制改革后,三司撤销,其职务仍归于户部的左右曹。

关于翰林院的创立,我们在上编谈及皇帝的学习时已经提到了。这里,应该补充的是:唐玄宗始置翰林院,以文学之士,号翰林供奉,与集贤院学士分掌制诏书敕。其后又改翰林供奉为学士,别置学士院,专掌内命。所谓内命,又作内制,其内容包括赦书、德音、立后、建储、行大诛讨、拜免三公宰相、命将。书写的纸用白麻纸,凡掌内制者加知制诰衔。而由中书所草拟的则称外制,使用的是黄麻纸。因此,在中唐以后,翰林学士成了皇帝的私人顾问。"王者尊极,一日万机,四方进奏,中外表疏批答,或诏从中出,宸翰所挥,亦资其检讨,谓之'视草'。故常简当直四人以备顾问。至德以后,天下用兵多务,深谋密诏皆从中出,名曰'翰林学士'。得充选者,文士为荣。""德宗好文,尤难其选。贞元以后,为学士、承旨者多至宰相。"(《资治通鉴》卷二一七胡注)翰林学士"既发号令,预谋议,则自宰相以下,进退轻重系之矣"(《唐鉴》卷十)。"自唐中叶以后,学士之权重于宰相,如陆贽之在奉天,郑絪之在贞元,裴垍、李绛在元和之初,皆以帷幄密谋决军国大计,用人行政,惟所献替。及其为相,宠遇反不若焉。即有所建白,视在北门亦若少减。地之亲疏不同也。汉所谓不任三公,政归台阁,政如此。"(《谷山笔麈》卷九)宋代的翰林学士都加知制诰官衔,负责起草内制。他官加知制诰官衔,起草文书者称外制。审官院、审刑院也分割中书在任官、行刑方面的权力。《涑水记闻》载:"淳化中,……太宗患中书权太重,且事众,宰相不能悉领理,向敏中时为谏官,上言请分中书吏房置审官院,刑房置审刑院,初皆以两制重臣领之。"(卷三)

与此同时,宰臣的体貌也明显削弱。《渑水燕谈录》卷六:"前朝宰相,朝罢赐坐,凡军国大事参议之,从容赐茶而退。"宋初,"赐茶之礼亦寝,无复坐论也"。又《邵氏见闻录》:"自唐以来,大臣见君,列坐殿上。"太祖去之遂为故事。宋朝的宰相,已经丧失了坐而论道的尊荣。

如上所述,这个时期里,国家机构有了很大的发展,与之相应

的,专制主义皇权也得到了进一步的增强。其特点有二:

一是尚书从内廷独立出来,成为拥有吏、礼、户、兵、工、刑六部、二十四司的庞大行政机构;御史也脱离禁中,发展为严密的监察机关。内廷仅保有中书、门下两个精干有效的单位,牢牢地控制决策的大权,改变了由内廷包揽行政的方式,大大地提高了行政效能,以及家国不分、家重于国的传统弊病。以三省、二府、一台为主体的政权结构形式,标志着有中国特色的专制主义皇权发展并趋完善的高峰。

二是相权的分割,以三省、二府的组织形式正式固定下来。与之相应的是皇权又有了新的发展。譬如差遣制度的实行。差遣是皇帝在制度外的特派。唐太宗时,魏徵以秘书监参预朝政,杜淹以吏部尚书参议朝政,行使宰相职权,实际上便是差遣。中唐时期,为了解决财政问题,由皇帝特命了一些如度支使、转运使、租庸使之类,五代相沿成风。北宋前期,官位只是"寓禄秩、叙位著"的标志,朝廷上大小内外的政务都是以差遣的形式来担负的。当时,"仕人以登台阁、升禁从为显宦,而不以官之迟速为荣滞;以差遣要剧为贵途,而不以阶勋爵邑有无为轻重"。差遣之行,"黜陟进退之际,权归于上,而有司若不得预"(《宋史》卷一六一《职官志叙》)。可见当时皇权的发展,实已达到破坏政制常规的程度。

3) 作为专制主义皇权成熟标志的
自我调整机制的完备

正像差遣制的实行,虽然充分满足了专制皇帝在用人方面的绝对权力,然"殊不知名实混淆,品秩贸乱之弊亦起于是"。"虚名不足以砥砺天下",这样下去终归有损于它的根本利益。这就需要进行自我调整。一个政权有没有自我调整的能力,往往是其是否已趋成熟的标志。

唐、宋时,专制主义皇权在自我调整上已经具有一系列颇具成效的制度与措施。其意义重大的还有:

1. 封驳制度的形成

三省制度使相权拆而为三,对相权无疑是有效的防削;而封驳的实行,又是保证以王言形式发布的大政方针、典章制度既得以集益于众议,又可以在未发布前防止违失。凡军国大事;使中书舍人各执所见而书其名,谓之"五花判事"。再使中书侍郎、中书令审之。给事中、黄门侍郎驳正之(《山堂考索续集》卷三〇《官制门·三省·军国大事中书审门下驳正》)。据朱熹所述:"唐初每事先经由中书省,中书作定将上,得旨再下中书,中书付门下。或有未当,则门下缴驳,又上中书,中书又将上,得旨再下中书,中书又下门下。若事可行,门下即下尚书省,尚书省但主书填'奉行'而已。故中书之权独重。本朝亦最重中书,盖以造命可否进退皆由之也。门下虽有缴驳,依旧经由中书,故中书权独重。"(《朱子语类》卷一二八《法制》)胡三省注《通鉴》,亦谓:"唐制:凡诏旨制敕,玺书册命,皆中书舍人起草进画,既下,则署行而过门下省,有不便者,涂窜而奏还,谓之涂归。"(《资治通鉴》卷一九二)所以刘祎之说:"不经凤阁(中书),鸾台(门下)宣过,何名为敕?"(《唐会要》卷五四《省号上·中书侍郎》)不经过中书门下,而由内宫直接发出的叫"斜封墨敕",理论上讲,不具有法律效力,有关行政单位是可以拒不执行的。顾炎武对这种封驳制度给予了很高的评价。他说:"人主之所患,莫大乎唯言而莫予违。齐景公燕赏于国内万钟者三、千钟者五,令三出而职计莫之从。公怒,令免职计。令三出而士师莫之从。此《畜君》之诗所为作也。汉哀帝封董贤,而丞相王嘉封还诏书。后汉钟离意为尚书仆射,数封还诏书。自是封驳之事多见于史,而未以为专职也。唐制:凡诏敕皆经门下省,事有不便,得以封还,而给事中有驳正违失之掌,著于《六典》。如袁高、崔植、韦宏景、狄兼暮、郑肃、韩佽、韦温、郑公舆之辈,并以封还敕书,垂名史传。亦有召对慰论,如德宗之于许孟容;中使嘉劳,如宪宗之于薛存诚者。而元和中,给事中李藩在门下,制敕有不可者,即于黄纸后批之。吏请别连白纸。藩曰:'别以白纸,是文状也,何名批敕?'宣宗以右金吾大将军李燧为岭南节度使,已命中使赐之节,给事中萧俶封还制书。上方奏乐,不暇别召中使,使优人追之节,及燧门而返。人臣执法之正,人主听言之明,可以并见。"(《日知录》卷九《封驳》)宋代封驳之权又有所发展。仁宗时,担任中书舍人负责起草诏敕的富弼,一次在奉旨草诏时,认为旨意失当,封还词头。事情是这样的:"(元丰)官制未改时,知制诰今之中书舍人但演词而已,不闻缴驳也。康定二年,富文忠为知制诰。先是昭陵聘后蜀中,有王氏女,姿色冠世,入京备选。章献一见,以为妖艳太甚,恐不利于少主,乃以嫁其侄从德,而择郭后位中宫。上终不乐之。王氏之父蒙正,由刘氏姻党,屡典名藩。未几,从德卒。至是,中批王氏封遂国夫人,许入禁中。文忠适当草制,封还,抗章甚力。遂并寝其旨。外制缴词头,盖自此始。"(《挥麈后录》卷二)从此,中书省也有了封驳的权力。中书负责造命,以黄纸书写,苟有不当,即不书,谓之"缴黄"。书行过门下,给事中读审,苟命有不当,虽已书亦缴驳,谓之"留黄"。(《水云村稿》卷七《宋诰又跋》)然中书舍人于差除有未审当,皆得直封还词头;而给事中有所驳正,则先使诣执政,禀议有异同,然后缴奏以闻。神宗时,以两省事体均一,不应一得直行,一须禀议,遂诏如舍人(《石林燕语》卷六)。按照元丰官制改革的规定:尚书左、右仆射分别兼任门下侍郎行侍中之职、中书侍郎行中书令之职,号为宰相。当时人认为:"宋朝宰相既兼三省,无复有造令、审令、行令之异矣。所赖后省给、舍得以封驳,是犹存审覆之意也。然三省长官皆敌己者,故大事得以持异同之论,而给、舍乃中书门下之属,其有大议论而敢为异同者,昔有其人矣,当今未免详于细而略于大矣。尝观宋初给、舍,为所迁官,实不任职,而其职乃以他官兼领之。张詠以枢密直学士、何㮚以待制皆尝领给事中,有不便者,辄还诏书。富弼、欧阳修亦以他官领中书舍人知制诰,而尝封还词头。是数人者,维天姿卓然,能自植立,亦由素所居官非宰相之属也。元丰正名,遂以给、舍为宰相之属,风采振职,蔑然无闻,盖有由矣。"(《山堂考索续集》卷三〇《官制门·后省》)所谓"后省",即指禁中的中书、门下机关。

　　封驳制度的实行,既可避免决策中的失误与疏漏,又可及时谏阻皇帝的失道行为,也防止了权相的专擅,无疑是制之大善者。朝廷大政决策,"给舍则正于未然之前,台谏则救于已然之后。"(《宋会要辑稿》第 58 册《职官一·中书门下省》)它的实行,不能不说对皇帝之所行,有所约束,以至有人认为它是对皇权的一种制约。然而,它只是建立在皇帝自我约束的基础上的。宋徽宗在位,"崇、观奸佞用事,贿赂关节,干祈恩泽,多以御笔行下,朱书其旁云:稽留时刻者,以大不恭论,流三千里。三省无所干预"(《挥麈后录》卷二)。由此可见,当时虽封驳制度俱在,对于无道的昏暴君主来说,不过一纸具文而已。而且在给、舍的封驳中,如果皇帝始终坚持己见,给、舍也只能辞职了事,并不能阻止皇帝的一意孤行。因此,它的机能仅限于自我调整。当然,这种自我调整的存在,也正说明唐、宋时代的中国专制主义皇权已充分成熟,臻于完善。

2. 谏官、史官制度的完善

　　谏官的设置在中国历史上也很早。谏之为言正也,以言正人谓之谏。在儒家的政治理想中,受谏是王者博采兼听、匡正已失,以救时弊,使达到上下之情无壅,小大之政咸叙,以臻乎至治的必要手段。"三五以降,则轩辕有明台之议,尧有衢室之问,舜有进善之旌，禹有五声之听，汤有好问之诰，武王有天道之访，咸所以详延嘉话，弥缝其阙。故前史所载，自王以下，各有父兄子弟以补察其政。至于朝夕起居，不忘纳诲，在舆有旅贲之规，位宁有官师之典，倚几有诵训之谏，居寝有亵御之箴，临事有瞽史之诏，燕居有史工之诵。至于大夫士有规诲、传言之告，庶人商旅有诽谤、陈货之徼。百工之贱，许执艺以献喻；遒人之职，专徇铎以采诗。"（《册府元龟》卷五二三《谏诤部总序》）召公说周厉王："故天子听政，使公卿至于列士献诗，瞽献曲，史献书，师箴，瞍赋，矇诵，百工谏，庶人传语，近臣尽规，亲戚补察，瞽史教诲，耆艾修之，而后王斟酌焉，是以事行而不悖。"（《史记》卷四《周本纪》）这些传说与记载，都旨在表明，古之圣君明王对谏诤都是十分重视的。提倡谏，是儒家政治理想的一个重要组成部分。《白虎通》说："明王所以立谏诤者，皆为重民而求己失也。"（卷五《谏诤》）这里指的，不但是君主必须虚心听纳保傅大臣的意见，而且也应该主动广泛地采纳民间的舆情。所谓进善之旌，诽谤之木，招谏之鼓，都是施之于采纳民情的。傅说告诫武丁："后从谏则圣。"周制：每岁终，"天子斋戒受谏"。能不能纳谏，是君主是否有道、政治是否清明的关键。周厉王行监谤之令，召公谏之曰："善为川者决之使道，善为民者宣之使言。"即所谓"防民之口，甚于防川"。厉王不听，卒之引起国人暴动，迫使厉王出奔。（《国语》）春秋战国时的列国，皆有谏官的设置。管仲进贤于齐桓公，说："犯君颜色，进谏必忠，不辟死亡，不挠富贵，臣不如东郭牙，请立为大谏之官。"（《管子·小匡第二十》）齐威王且申令于全国："群臣吏民，能面刺寡人之过者受上赏，上书谏寡人者受中赏，能谤议于朝市，闻寡人之耳者受下赏。"（《战国策·齐策一》）当时的庶民自无由进谏，但士则有责任传语。可知其时国人议政、国君纳谏实一代风气。秦用商鞅变法，首先便禁止国人议政，无论是赞成或者反对，一概只允许俯首奉行，容不得半点议论,甚至连先前言令不便,而到后来见法令已效而来言令便者,也横指为乱化之民,尽迁之于边地。秦始皇统一全国后,明定诽谤之罪,把人民议政悬为厉禁。在朝廷中虽有谏大夫一职之设,以谏为职,然已与古者国人皆可议政进谏的局面完全不同。故曰:"秦人恶天下之议己,思有以遏绝其路,故置谏大夫之官,而言路始狭。"(《山堂考索后集》卷二五《官门·谏诤》)对于这一点,古人颇有不同的意见。支持上述论点的人认为:"古者谏官无定员而言路益广,后世谏官有常职而言路弥塞。古者工诵箴谏,则百工得以谏也;瞍诵诗谏,则矇瞍得以谏也。公卿比谏,则凡在朝者得以谏也;士传言谏,则庶士得以谏也。庶人谤于道,商旅议于途,则庶人商贾亦得以谏也。上而公卿大夫,下而至于士庶商贾百工之贱,莫不皆得以谏,是举天下皆谏诤者也,固不待处谏官之职然后即取以为谏也。岂非古者谏官无定员而言路益广欤!后世不然,立谏官之职,将以求谏,而不知谏诤之路反由此而塞。夫何故?谏议大夫,此所谓谏官者也,拾遗、补阙,此所谓谏官者也。为谏议者,可得而谏;不为谏议者,可得而谏乎?为拾遗、补阙者,可得而谏乎?盖谓之谏官,则以谏诤为职;谏官既以谏诤为职,则不居此官者,皆不得而谏也。有所谏,则曰侵官;有所谏,则曰犯分。语及天子者,则曰指斥乘舆;言关廊庙者,则曰诽谤朝政。所以然者,盖由谏官之有定职故也。"(《山堂考索续集》卷三六《官制门·古者谏官无定员后世谏官有常职》)王夫之则另有一番议论。他认为谏官专立,不仅是"古今之时异,而广听之与慎听也,不得不殊;进言之迹同,而受益之与防邪也,亦各有道,未可以一概论也"(《读通鉴论》卷十一《晋二》)。无论如何,秦在专立谏官之同时,剥夺了广大人民表达政见、讥评时政的天赋权力。古史关于人皆得谏的记载,姑不论其实际情况如何,即使是一种理想主义的设想,终不失为一种原始的民主主义思想,作为宝贵的精神财富,应当受到充分的肯定。这种原始的民主主义制度为秦始皇横暴地扼杀，正是秦始皇法家路线的采行、专制主义皇权树立的严重后果。

汉兴，曾相继除挟书律（惠帝四年）、三族罪妖言令（高后元年）、诽谤罪（文帝二年）。在文帝除诽谤罪的诏文中，明确说明要重兴古制，"古之治天下，朝有进善之旌，诽谤之木，所以通治道而来谏者也。今法有诽谤妖言之罪，是使众臣不敢尽情而上无由闻过失也。将何以来远方之贤良。其除之。民或祝诅上以相约而后相谩，吏以为大逆。其有他言，吏又以为诽谤。此细民之愚，无知抵死，朕甚不取。自今以来，有犯此者，勿听治"（《汉书》卷四《文帝纪》）。然而，随着汉武帝专制主义制度的加强，元狩五年，复设以谏为职的谏大夫，并相继制定了怨望诽谤政治不道罪（《汉书》卷九〇《严延年传》）、妖言罪、非议诏书毁先帝不道罪（同上卷七五《夏侯胜传》），甚至腹诽也可以招致死罪。秦始皇的一套，又不折不扣地重加采行，人们一点点言论自由也尽遭剥夺。后汉置谏议大夫，然三公则当国有过事，可共谏诤。曹魏更置散骑常侍、侍郎，掌规谏，不典事。晋仍之。到了唐、宋时期，谏官制度始形大备。

唐制：谏议大夫四人，属门下省。武则天又增置左、右拾遗、补阙，分属中书、门下两省。德宗时将谏议大夫分左、右，各以两员分属两省。左、右谏议大夫掌谏谕得失，侍从赞相。拾遗、补阙掌供奉讽谏，大事廷议，小则上封事。谏议大夫论事，不须令丞相先知。（《唐会要》卷五五《谏议大夫》）唐太宗是中国历史上颇能够虚己纳谏，而且积极求谏的英主。"贞观之制，中书、门下及三品官入奏事，必使谏官、史官随之，有失则匡正，美恶必记之。诸司皆于正牙奏事，御史弹百官，服豸冠，对仗读弹文"（《资治通鉴》卷二一一）。他以"王珪、魏徵为谏官，宴游寝食未尝不在左右，又命三品以上入议大政，必遣谏官一人随之，以参得失"（《资治通鉴》卷二三七元積疏）。"有所开说,必虚己纳之。"他把勇于谏诤的魏徵视为自己的一面明镜,"明镜鉴形,美恶必见"。并说:"以铜为鉴,可正衣冠;以古为鉴,可知兴替;以人为鉴,可明得失。朕尝保此三鉴,内防己过。今魏徵逝,一鉴亡矣。"(《新唐书》卷九七本传)贞观十年,有人谮毁三品以上的大臣轻蔑太宗的爱子越王,意在激怒太宗,以动摇魏徵。太宗召来三品以上大员,大怒作色而言曰:"我有一言,向公等道。往前天子,即是天子。今时天子,非天子耶?往年天子儿,是天子儿。今日天子儿,非天子儿耶?我见隋家诸王,达官以下,皆不免被其蹂顿。我之儿子,自不许其纵横,公等所容易过,得相共轻蔑。我若纵之,岂不能蹂顿公等?"房玄龄等皆战栗拜谢。魏徵独正色谏说:"当今群臣,必无轻蔑越王者。然在礼,臣、子一例,《传》称,王人虽微,列于诸侯之上。诸侯用之为公,即是公;用之为卿,即是卿。若不为公卿,即下士于诸侯也。今三品以上,列为公卿,并天子大臣,陛下所加敬异。纵其小有不是,越王何得辄加折辱?若国家纪纲废坏,臣所不知。以当今圣明之时,越王岂得如此!且隋高祖不知礼义,宠树诸王,使行无礼,寻以罪黜,不可为法,亦何足道?"一番大道理驳得太宗无地自容,但太宗反喜形于色,大加赞赏说:"凡人言语理到,不可不伏。朕之所言,当身私爱。魏徵所论,国家大法。朕向者忿怒,自谓理在不疑。及见魏徵所论,始觉大非道理。为人君言,何可容易!"(《贞观政要》卷二《直谏》)我们今天来读这段文字,还不能不为太宗的虚怀纳谏与魏徵的犯颜直谏表示钦佩。在所谓"贞观之治"中,纳谏、直谏是大起过积极作用的。应该补充一点,三省的封驳制度,实际上也起着谏的作用,不通过中书、门下就不成其为诏敕,就是证明。高宗时,许敬宗、李义府用事,"政多私僻,奏事官多俟仗下,于御座前屏左右密奏,监奏御史及待制官远立以俟其退。谏官、御史皆随仗出,仗下后事,不复预闻"(《资治通鉴》卷二一一)。其后正朝多不奏事,故中唐以来,谏官"大不得预召见,次不得参时政,排行就列,朝谒而已"(同上卷二三七)。宪宗时,谏议大夫郑覃等偶得机会,谏其宴乐过度。"时,久无阁中论事者(胡注:入阁,谏官论事,太宗之制也)。上始甚讶之,谓宰相曰:'此辈何人?'"(同上卷二四一)可知谏官制度,其实行的程度,纯在皇帝个人的素质。故太宗时所定的许多规定,其时已多流为具文。

宋初的谏议大夫、司谏(补阙改)、正言(拾遗改),都是差遣,皆须别降敕许赴谏院供职,方才是谏官,亦有领他职而实不预谏诤者。其由他官领者,带知谏院衔,以两省官充任,以掌供奉谏诤。凡朝廷阙失,大则廷议,小则上封(《文献通考》卷五十《职官四·门下省·谏议大夫》)。仁宗明道中,始置谏院。神宗元丰官制改革,正名左、右谏议大夫,为谏垣之长,专掌言责。左隶门下,右隶中书,同掌规谏。凡朝政缺失,大臣及百官任非其人,皆得谏正。南宋初,"诏谏议大夫不隶两省,别置局于后省之侧,许与两省官相见议事。以登闻鼓院专隶之"(同上),寻复旧。宋朝的御史,亦得言事,此与唐显有不同。对于谏官的人选,也极为重视。苏东坡在上宋神宗皇帝的奏章中说过:"历观秦汉以及五代,谏争而死,盖数百人。而自建隆(宋太祖年号)以来,未尝罪一言者。纵有薄责,旋即超升。许以风闻,而无官长。风采所系,不问尊卑。言及乘舆,则天子改容;事关廊庙,则宰相待罪。故仁宗之世,议者讥宰相但奉行台谏风旨而已。"(《苏东坡全集·续集》卷十一《上神宗皇帝书》)其地位之清要雄峻,亦于此可见。驯至南宋晚年,"谏省寂寥,仅止一员",虚应故事而已。

《白虎通》记谏诤的方式有五:讽谏、顺谏、窥谏、指谏、直谏。在其他典籍里,如《公羊注疏》、《孔子家语》、《说苑》、《旧唐书·百官志》、《册府元龟》等等,都载有五谏而名称或有不同。还有所谓尸谏。一般都认为其中的讽谏是最有效而最可取的方式。《曲

礼下》为人臣之礼,不显谏。孔子曰:"谏有五,吾从讽之谏。"讽谏
是一种能"依违远罪避害者也"。对专制皇帝提出批评反对意见
是撄鳞的危险事,所以应当讲究方式。讽谏以委曲规正,使皇帝比
较容易接受,自己又可避免危险,自然是两全其美之道。不过,真
正难得的还是守正忘身的犯颜直谏,也就是《白虎通》所说的陷
谏。这种人满怀忠忱,一身正气,没有半点奴颜和媚骨。这种人不
愧是中国人的脊梁骨。不过,真能虚怀兼听的皇帝却太少太少了。
所以历史上的直谏往往总是以悲剧告终的。唐太宗在大政决策
时,丞弼与谏官"俱进于前,一言之谬,一事之失,可救之于将然,
不使其命已布于天下,然而从而争之也。君不失其所以为君,臣不
失其所以为臣"(《山堂考索续集》卷三六《官制门·唐世谏官救君
失于将然》)。而且,"唐室以前,谏议大夫、拾遗、补阙皆中书门下
省属官,日与中书令、侍中侍于中书之侧,议论大政。苟事有阙失,
皆得随时规正。今(宋代)国家凡有大政,惟两府大臣数人相与议
论,深严秘密。外廷之臣,无一人知者。及诏敕以下,然后台谏之官
始得与知。或事有未当,须至论列,又云命令已下,难以更改。则是
国家凡有失政,皆不可复救"(同上《唐世谏官事有阙失规正宋台谏
事未当始论列》)。比较而言,唐的这一套制度确优于宋代。

　　史官制度在中国也有很古的传统。传说它始创于黄帝,这当
然难信。周代有大史、小史、内史、外史;诸侯之国,亦各有史。可
知其时已极为发达。史官的地位也十分尊贵。《周礼》记王者动
则左史书之,言则右史书之。故古者无国无史,史亦未尝一日无
书。儒家的经典中,《尚书》,记言者也。《春秋》,记事者也;而"晋
之《乘》、楚之《梼杌》、鲁之《春秋》,一也"(《孟子·离娄》)。秦
有太史令,汉有太史公。司马迁的父亲司马谈,曾任太史公,迁继
之,写下了著名的《史记》一书。汉时又有禁中起居,即后代起居
注一职之所自。"王莽时,置柱下五史,秩如御史,听事侍旁,记其

言行,此又起居之职。自魏至晋,起居注则著作掌之。其后起居皆近侍之臣录记也,录其言行与其勋伐。历代有其职而无其官。后魏始置其起居令史,每行幸宴会,则在御左右,记录帝言及宴宾客训答。后又别置修起居注二人,以他官领之。北齐有起居省。后周有外史,掌书王言及动作之事,以为国志,即起居之职。又有著作二人,掌缀国录。则起居注、著作之任,自此而分也。"(《通典》卷二一《职官三·门下省》)隋以起居注置为职员,列为侍臣,专掌其事,每季为卷,送付史官。(《资治通鉴》卷一八五胡注)唐改起居郎,属门下省。并于中书省置起居舍人,与起居郎分掌左右。同时又置有史馆,属秘书省,旋移史馆于门下省。起居郎、起居舍人掌天子起居法度。天子御正殿,起居郎、舍人皆随宰相入殿,郎居左,舍人居右,预闻奏事,仗在紫宸,则立殿下,直第二螭头,即其坳处,和墨以记事,故号"螭头",或曰"螭坳"。(《石林燕语》卷三)"高宗临朝不决事,有所奏,惟辞见而已。许敬宗、李义府为相,奏请多畏人之知也,命起居郎、舍人对仗承旨,仗下与百官皆出,不敢闻机务矣。长寿中,宰相姚璹建议:仗下后,宰相一人录军国政要,为《时政记》,月送史馆。然率推美让善,事非其实,未几亦罢。而起居郎因制敕稍稍笔削,以广国史之阙。起居舍人本记言之职,惟编诏书,不及他事。"(《资治通鉴》卷二四六胡注)史馆则以他官兼领,并以宰相兼任修撰。宪宗时,监修国史韦执谊奏请由史官撰修《日历》。《起居注》和《时政记》都是最原始的档案材料。"夫日记起居,则为《起居注》;月记时政,则为《时政记》,排次《起注》、《时政》,则谓之《日历》。总集《日历》则为一朝《实录》。积集累朝《实录》则为一代全史。"(《山堂考索续集》卷三五《官制门·史馆·史馆总论》)唐朝开始,十八个皇帝,皆各有自己的《实录》,这对保存史料有莫大的益处。

官修胜国历史,也是唐初史馆的一大创举。司马迁作《史记》，班固成《汉书》，范晔成《后汉书》，陈寿撰《三国志》，魏收撰《魏书》，皆发自私人，成于一手。唐太宗在位，命房玄龄等修《晋书》，姚思廉撰《梁书》、《陈书》，李百药撰《北齐书》，令狐德棻撰《周书》，魏徵等撰《隋书》，即所谓"奉敕撰"，实即官修。从唐以后，为前朝修史，以总结经验，就成了历代王朝的成例。

宋沿唐制，其初修起居注二员，多以馆阁官兼长，更番侍立于崇政殿，又从行幸，以备记录。然虽"前后殿皆入，并立于垛殿，虽存故事，而奏对语略不相闻，亦不敢自书"（《石林燕语》卷三）。宋初又有内廷日历，由枢密院抄付于史馆，两府大臣据《日历》而撰为《时政记》。然"修撰之官，惟据诸司供报，而不敢书所见闻"。故"圣君言动，有所宣谕；臣下奏议，事关得失者，皆不记录，惟书除目、辞见之类。至于起居注亦然，与诸司供报文字无异。修撰官只据此铨次，系以日月，谓之《日历》而已。是以朝廷之事，史官虽欲书而不得书也"（《文献通考》卷五一《职官五·中书省·史官》）。

中国古来的统治者都十分重视史的作用。《易》曰："君子多识前言往行以畜其德。"《书·说命》曰："学古入官，议事以制，政乃不迷。"北魏的高允说："夫史者，所以记人主善恶，为将来劝戒，故人主有所畏忌，慎其举措。"（《资治通鉴》卷一二五）欧阳修说："史者，国家之典法也。自君臣善恶功过，与其百事之废置，可以垂劝戒示后世者，皆得直书而不隐。"（《文献通考》卷五一《职官五·中书省·史官》）历代的统治者都把史作为鉴戒。故曰："为人君而不知《通鉴》，则欲治而不知自治之源，恶乱而不知防乱之术。为人臣而不知《通鉴》，则上无以事君，下无以治民。"（胡三省《新注资治通鉴序》）魏孝文帝尝谓史官："时事不可以不直书。人君威福在己，无能制之者，若史策复不书其恶，将何所畏忌耶！"唐太宗也曾说："朕每观前代史书，彰善瘅恶，足为将来规谏。"史官制度要求秉实录精神，对人君的言行，善善恶恶，直书其事，无所隐讳,把君主交给历史去裁判,以劝善惩恶,也起着一种谏诤的作用,是中国专制主义皇权自我制约、自我调整的独特方式。旧制:当代国史,人君是不得亲自索阅的,其意是防止人君的干预,而破坏善恶直书的原则。唐太宗却令取阅。当他看到有关玄武门之变的记述,语多微文时,他且指出:"宜即改削浮词,直书其事",无烦相隐。(《贞观政要》卷七《文史》)唐太宗破坏这个人君不得观看史官关于当事皇帝的记载的旧规,并不能认为是桩好事。但他在看到有为他相隐的地方还着重指出来删去浮词,却充分显示了他的胸襟和气度。史官传统,与谏官传统一样,也是中国民族优秀高尚品质的反映。文天祥的《正气歌》中有"在齐太史简,在晋董狐笔",说的就是齐太史直书崔杼弑君,虽兄弟相继被杀,却决不肯改变书法;赵盾的家人杀死了晋君,太史董狐不畏赵盾的权势,直书赵盾弑君。先贤的风范始终激励着子孙后进。东晋孙盛作《晋春秋》,直书时事。桓温以灭门相胁,然孙盛终拒绝改易。唐吴兢撰《则天实录》,其中于张说无所掩讳。说请改数字,竟曰:"若徇公请,则此史不为直笔,何以取信于后!"这种忠实于原则、忠实于史实,头可断,血可流,历史史实不容篡改掩饰的精神是永远值得后人继承和发扬的。

4) 有中国特色的科举制度的实行

"官才用人,国之本也。"历代的统治者都很注意选拔人才,为我所用。他们把考选贤才当成重要的任务来执行。汉文帝二年,以日蚀,首诏执政举贤良方正,能直言极谏者。十五年,复诏诸侯、王公、卿、郡首举贤良能直言极谏者,上亲策之,傅纳以言。武帝时,令郡国按人口比例举一至六人,限以四科,一曰德行高妙,志节清白;二曰学通行修,经中博士;三曰明习法令,足以决拟,能按章复问,文中御史;四曰刚毅多略,遭事不惑,明足决断,材任三辅县令。对于贤良方正,也都是由皇帝亲加策问而第其优劣。这种策问,犹之乎后世之制举。《文献通考》引致堂胡氏云:"汉策问贤良,非试之也。延于大殿,天子称制,访以理道,其事重矣!"(卷二九《选举二》)公孙弘就是以贤良对策出身,受到汉武帝的特别赏识,很快就由布衣超拔为丞相,并封侯。不过,汉之贤良方正是由郡国推荐的,因此,从来源上看,它实际仍受到地方长官的把持。郡国所举,大概为贤良方正、孝廉、博士弟子三类。东汉末,"天下兵兴,衣冠士族多离本土,欲征源流,虑难委悉。魏氏革命,州郡县俱置大小中正,各取本处人任诸府公卿及台省郎吏有德充才盛者为之,区别所管人物,定为九等。其有言行修著,则升进之,或以五升四,以六升五;傥或道义亏阙,则降下之,或自五退六,自六退七。是以吏部不能审定核天下人才士庶,故委中正铨第等级,凭之授受,谓免乖失及法弊"(《通典》卷十四《选举二》注)。这个时期,正是地方上门阀盛行,它们把持地方,中正也成了他们的工具,形成"今之中正定九品,高下任意,荣辱在手,操人主威福,夺天朝权势,爱恶随心,情伪由己。上品无寒门,下品无势族"(同上)。不过,"魏晋以来,虽立九品中正之法,然仕进之门,则与两汉一而已。或公府辟召,或郡国荐举,或由曹掾积累而升,或由世胄承袭而用,大率不外此三四塗辙"(《文献通考》卷二八《选举一》)。隋朝时,九品中正制度废弛,以明经、秀才等科目课试选士的办法沿行不替,至炀帝而首创进士科。唐代的科举制度益趋发展和完善。"唐制:取士之科,多因隋旧,然其大要有三。由学馆者曰生徒,由州县者曰乡贡,皆升于有司而进退之。其科之目,有秀才、有明经、有俊士、有进士、有明法、有明字、有明算、有一史、有三史、有开元礼、有道举、有童子。而明经之别,有五经、有三经、有二经、有学究一经、有三礼、有三传、有史科,此岁举之常选也。"(《新唐书》卷四四《选举志上》)其天子自诏者曰制举,所以待非常之才,其名目则随人主临时所欲而定。如贤良方正、直言极谏、博通坟典达于教化,军谋宏远堪任将率、详明政术可以理人等。其最著名、最重要的是常科中的明经与进士两科。"凡明经,先帖文,然后口试经问大义十条,答时务策三道;以文理粗通为上上、上中、上下、中上,凡四等为及第。凡进士,试时务策五道,帖一大经;经策全通为甲第,策通四,帖过四以上为乙第。"帖经的试法,"以所习经掩其两端,其间惟开一行,裁纸为帖,凡帖三字,随时增损,可否不一,或得四、得五、得六者为通。"(《资治通鉴》卷二一三胡注)明经专尚记诵,故渐不为时人所重;进士以诗赋、时务策文章取士,故"唐众科之目,进士为尤贵,而得人亦最为盛。岁贡常不减八九百人。缙绅虽位极人臣,而不由进士者,终不为美。其推重谓之'白衣公卿',又曰'一品白衫'。其艰难谓之'三十老明经,五十少进士'"(《文献通考》卷二九《选举二》)。欧阳修亦有"焚香礼进士,彻幕待明经"之语。唐初考试由吏部考功员外郎主持,后以其位轻,开元中才改由礼部侍郎。当时参加常科的举子多数是学馆的生徒。不由学馆者谓之乡贡,皆怀牒自列于州县,经过推荐评选集于京师,经过会试,得第者谓之进士。每次进士所取,多不过二十人,明经则不过百人。通过进士与明经及第的人,还必须在几名官员的推荐下,通过吏部的铨试及格,才能入仕任官,称之为释褐试。与常科不同,制科及第的高等者则可以径得美官,其次者则仅获出身而已。唐的制举与汉的贤良对策也有所不同。汉时不用黜落法,故得对策者皆可获选,唐则有落选者。进士的考试主要是辞章诗赋,国家的官吏就是从这条途径上产生,其不切实用,是有识者所通诟的。不过,无论如何,它是一种学习竞争,通过公开的考试来录取人才的办法,比起那种由中正推选,上品无寒门、下品无势族的等级垄断来,无疑又是巨大的进步。《新唐书》说:"大抵众科之目,进士尤为贵,其得人亦最为盛焉。方其取以辞章,类若浮文而少实;及其临事设施,奋其事业,隐然为国名臣者,不可胜数:遂使时君笃意,以谓莫此之尚。及其后世,俗益偷薄,上下交疑,因以谓按其声病,可以为有司之责,舍是则汗漫而无所守。遂不复能易。"(卷四四《选举志上》)实行科举是一大进步,是当时政治上成熟的一个表现,这是毫无疑问的。

宋代的科举,规模益大,设法益密。"宋朝礼部贡举,设进士、九经、五经、开元礼、三史、三礼、三传、学究、明经、明法等科,皆秋取解,冬集礼部,春考试。合格及第者,列名放榜于尚书省。"(《文献通考》卷三十《选举三》)这些科目中,最主要的仍是进士科,考试的项目诗赋杂文各一首,策五道,帖《论语》十帖,对《春秋》或《礼记》墨义十条。宋太祖开宝六年,首行殿试。真宗时,创糊名考较,以防舞弊。所取名额,太宗时已从过去每岁最多不过三十人而增为一百多人,屡增至太平兴国二年诸科所取五百余人。取录分为三等:第一甲前三名分别为状元、榜眼、探花,为进士及第。第二甲若干名,为进士出身;第三甲若干名,为同进士出身。凡是进士出身的人都授予监丞、评事、通判,下至诸县簿尉等官职。而且往往很快便跻身通显。大多数的名臣显宦都是由进士出身,当时人把它称之为"将相科"。科举成了当时士大夫进入仕途的宽广大道,只有大逆人的近亲、不孝、不悌、工商杂类、僧道还俗、废疾、吏胥、犯私罪人等不许应试。一个农家子弟,只要熬得过十载寒窗,一旦登科中举,就可以发迹作官,跻身士绅之列。

把吟风弄月的诗赋作为考选进士的标准,大为历来朝廷有识之士所抨击,故宋仁宗时范仲淹的政治改革中就有"精贡举"之目,主张进士考试,必须"先策论、后诗赋"。熙宁三年,用吕公著之请,殿试进士专用制策。王安石变法,对科举考试进行了划时代的改革,"罢明经及诸科,进士罢诗赋,各占治《诗》、《书》、《易》、《周礼》、《礼记》一经,兼以《论语》、《孟子》,每试四场,初大经,次兼经,大义凡十道,次论一首,次策三道。礼部试即增二道。中书撰大义式颁行。试义者,须通经、有文采乃为中格,不但如明经墨义粗解章句而已”(《文献通考》卷三一《选举四》)。其总的要求是变声律为议论,变墨义为大义。从改革的方向而言,实行经义取士,在当时几乎是多数人的通识。司马光也认为:“神宗罢赋诗及诸科,专用经义论策,此乃复先王令典,百世不易之法。”可见这一改革,原是大势之所趋。但是因为熙丰变法本身是以失败告终的;而且声律取士行之数百年,旧习难移,所以从元祐到南宋时期,基本上是声律与经义参用而偏重声律,直到元代才算彻底完成这一历史性的转化。

以上,我们把高度中央集权制度的全面确立、专制主义皇权政权机构的进一步完善、作为专制主义皇权成熟标志的自我调整机制的完备、有中国特色的科举制度的实行等四个方面,作为第二阶段里中国专制主义皇权充分成熟的标志,作了简要的叙述。应该指出:唐、宋时期是中国封建社会发展、上升的颠峰。从上层建筑的各个领域讲,无论是政治制度、思想文化方面,都已经达到了这个制度所能达到的极限,即全面成熟、整体完备、成就辉煌的程度。这是一个巨大的历史进步,然而,它们又都是本质上从属于专制主义皇权并且为专制主义皇权服务的。当然,唐、宋时期专制主义皇权成熟的表现,绝不限于我们上述的四个方面。譬如:唐律的编成,府兵制的实行等等。这些都是需要专题来进行研究的。我这本小册子已无法一一涉及。但是,临末还有一个有宋代社会的问题,不能不把问题扯得更远一些来稍加探讨。

中国社会到了宋代明显的呈现出一系列重大的变化。农村中土地租佃制经营已普遍采用,主、客户制度渐趋废除,政府对人户的控制放松,转而把注意力放在对田土的检查登记、按亩征税上。地主对佃农的人身控制也远比前代松弛,手工业有了进一步的巨大发展,商品经济空前繁荣,主雇之间佣雇方式已广泛被采用。这些迹象表明:中国封建社会已进入了它的后期。对于这一点,尽管在程度上估计有所不同,但对封建制度这时已开始进入下行或后期阶段,大体上史学界的看法是一致的。最起码的有一点,就是宋代的地主,与魏晋时期的门阀地主,是性质上判然不同的。第一,他们是所谓庶族地主,是寒族出身,而不是出于以门阀相高的士族。第二,他们主要是依靠通过科举考试进入仕途,始得以跻身地主士大夫的行列;而不同于世族子弟,"少习其业(指政事),目熟朝廷事,台阁之仪,不教而自成"(《新唐书》卷四四《选举志》)。实际上是通过门第而荫袭。第三,他们主要控制土地,通过租佃剥削农民。而世族则主要进行人身控制,如部曲、佃客等,世世不能改变。第四,他们在不停的变故与析产中破落、衰微,下降为农民,所谓"穷无三代,富无三代"。地主和农民两个对立阶级的分野是清楚的,然就一个家庭或个人而言,则始终处在升降变化之中。而世族的地位,则以不同的等级的形式,长期而稳定地维持。因此,庶族地主的兴起,就不能不对当时社会的各个方面带来有力的影响,其中引人注目处之一,就是绅权的抬头。

上文在讨论专制主义皇权发展的第一阶段时,我们已经提到,汉武帝时,公孙弘以布衣得任丞相,这是绅权在中国历史上脱颖而出的象征。绅就是士大夫,绅权就是士大夫之权。两汉时期,士大夫指的是这种平民身分而以儒入仕的知识分子。魏晋时期则以门阀世族为其代表。到了唐、宋以后,庶族地主取代了士族。随着印刷术的发明、学校的逐渐普及,以庶族地主阶级知识分子为代表的士大夫队伍空前扩大。他们通过科举考试,在基本上是平等的竞考面前,保证了社会的精英有可能跻身仕宦,获得相应的地位、财富和荣耀,参与政治的管理。这就不可避免地刺激和提高了这个阶层人士的政治要求。绅权在封建本质上是同于君权的,两者之间,虽然也存在矛盾,但它永远也不能作为君权的对抗或制约力量出现。但是,以儒为业的缙绅士大夫,为了提高自己的身价,也为了实现自己的追求,他们总是想模仿自己的祖师爷孔夫子、孟夫子那样以道自任,追求为王者师,来"置君尧舜上,更使风俗淳"。绅权在一旦发展起来以后,与君权也会因分配不平的问题产生矛盾。因此,唐、宋时期,我们就看到,一方面是皇权的成熟,而另一方面,就是绅权的抬头。这就构成当时在政治、思想、文化诸方面色彩缤纷的绚丽局面。唐刘祎之所说的"不经凤阁鸾台宣过,何名为敕",就是绅权企图依法限制和分享皇权的直接表现。宋仁宗就公开承认:"凡事必与大臣佥议,方为诏敕。"(《庶斋老学丛谈》卷二)朱熹上孝宗封事,亦谓:"君虽以制命为职,然必谋之大臣,参之给舍,使之佥议,以求公议之所在,然后扬于王庭,明出命令而施行之。"(《山堂考索别集》卷十八《人臣门·公议所在》)文彦博反对王安石变法,与神宗争辩,理正气壮地说:"陛下为与士大夫治天下。"(《续资治通鉴长编》卷二二一)相传宋太祖曾设有不杀士大夫之誓。叶适说宋朝的特点是"一以宽大诚信进退礼节遇其臣下"(《水心别集》卷之二《国本中》)。王夫之也曾指出:"自太祖勒不杀士大夫之誓,以诏子孙,终宋之世,文臣无欧刀之辟。"(《宋论》卷一《太祖》)顾炎武亦谓宋朝家法之一就是不杀大臣及言事官。(《日知录》卷十五《礼制·宋朝家法》)这都显示了士大夫在政治上地位的提高。宋朝在思想上也是一个继春秋、战国之后,百家争鸣,十分活跃的时代。周敦颐、邵雍的象数学,程颐、程灏的洛学,张载的关学,王安石的新学,三苏的苏学并茂于北宋时期。南宋的朱熹集理学的大成,陆九渊的心学,叶适、陈亮之言事功,争辉于后。他们虽然不免于儒学的牢笼,但他们已完全从陈腐的注疏风气中解脱出来,发抒义理。他们大胆地疑经、甚至造经,以重构儒学的经学体系。这个时期,首创私家的书院,使在官府控制的学校之外,有了士大夫自己的自由讲坛,发抒己见,广授生徒,培养人才,造就风气。从此,学校开始向全国普及。在地方建设中,范仲淹创行义庄、朱熹提倡义仓,也都是绅权作为政权的补充形式在地方上增强的表现。这里还应该提到欧阳修、苏洵在重建谱学上的努力,以期重张族权;而族权本质上也就是绅权。在封建社会后期,人身依附、人身控制已趋于松弛的情况下,中央政府面对一个自然经济笼罩全国的局面,没有绅权在地方上的协助,是肯定无法稳定其统治的。两宋时期,绅权的急剧增长,就是适应当时社会经济的发展与政治形势的需要这两方面的时代要求而增长的。我们把这个时期绅权的伸张看成是地主阶级民主的发展。民主是一种天赋的人权,只是这种人权在不同的历史阶段由于经济结构的限制,而使一部分或大部分人横遭剥夺。在原始社会里,它只属于本氏族的成员。奴隶社会里,它属于奴隶主和自由民阶层。封建社会里则属于封建主阶级内部。在中国古代的语汇里的确没有现代意义的"民主"这个词儿。当时的"民主",命意正相反,是为民主者之意,即管民的人。我们没有现代西方的一套民主机制,因为我们在1911年以前并没有经历过资本主义社会这一历史发展阶段。但是只要谁坚信天赋人权这一神圣的原则,那么,只要是人,他就从上帝(假如有)降生他的同时,也就赋予了他一切人固有的权力,其中当然主要是民主的权力,他也就生来与俱的具有民主的理念。只是限于时代,他们往往还缺乏足够的认识罢了。关于这个问题,在后文中我们还要再次涉及到它。

(三) 极端专制主义皇权的恶性发展与腐朽僵化
(从1279年南宋灭亡到1911年清朝被推翻)

钱穆在《中国文化史导论》一书里,有过这么一段叙述:"若论政治制度方面,宋、元、明、清四代,依旧遵照汉、唐旧规模。惟因最先激于唐代末年之军阀割据,而开始历行中央集权;又因元、清两代以部族政权的私意识来霸持,因此在中央集权之上还加上一种君权日涨,相权日消的倾向。这两层都是近千年来的中国政治所不如汉唐的。"所谓"不如汉唐"这种比较究竟应怎么来估计,我们不想来讨论;单就他对元、清两代,"以部族政权的私意识"来统治中国,因而造成的后果而言,他是在一定程度上接触到了问题的实质的。

　　早从1234年,僻处在白山黑水之间,以渔猎兼营半定居农业生活,社会发展尚处在文明初期的女真族,勃然兴起,依靠武力征服,在短短的二三十年内,先是灭辽,随之灭亡北宋,建立了金朝,领有长淮、秦岭以北的大半个中国。宋室南迁,是为南宋,形成南北分裂对峙的局面。女真政权给中原华北地区带来了巨大的破坏,同时也带来了一些落后的政治、经济制度,譬如:驱奴制度、军户(猛安、谋克)制度等。当时的中国北方社会,与原来北宋时候比起来,无疑是一个逆转,这是谁也无法否认的。女真原来的政治制度,大体上仍不超出部族酋长制度。在不断的军事征服与扩张中,开始杂采辽、宋成制,以应付实际的统治需要,因此,显得既混乱,又落后,亟需改变。1156年,海陵王完颜亮进行官制改革,迁都中都(今北京),奠立了金朝一代规模。这个政权组织的特点是在总体结构沿循汉制(即北宋制度)的基础上,大加简省;同时,也以特权形式,保留某些旧制。如在中央,罢中书、门下省,只置尚书省。有的机构虽然名称上保留,而实际职司已经丧失。如谏院,有其名而亡其实。"国朝虽设谏官,徒备员耳! 每遇奏事,皆令回避,或兼他职,或为省部所差,有终任不觌天颜,不出一言而去者。"御史也"不过责以纠察官吏,照刷案牍,巡视仓库而已"(《金史》卷一〇九《陈规传》)。一个落后的少数民族入主中原,他们原在政治、文化各方面远不及汉人,语言上也诸多障碍,民族猜忌的心绪严重。为了保住政权,必须由本民族成员遍布要津,尽管他们中许多人在政治和文化素养上都是欠缺的。他们视三省制为文牍羁留,壅塞政务;对台谏也担心它与闻机密,甚至认为是冒渎皇威。总之,他们习惯的仍是简单的家长制统治。因此,这个政权虽然在规模、名称上不失唐、宋之旧,但实际上却掌握在女真世族子弟手中,外壳仅存,其运作的原则与程序则已与中原制度大相径庭。

　　紧随着女真之后入主中原,统一全国的,同样是一个尚处在家长奴隶制阶段的少数民族蒙古。蒙古是游牧民,较之半营定居农业的女真人来,他们与从事定居农业的汉人,在经济与文化生活等方面差异更大些。一代天骄成吉思汗依靠所向披靡的军事征服,建立了横跨欧亚的大蒙古国。他的孙子忽必烈始建元朝,进而灭亡南宋,完成全国空前规模的大统一。元朝的政治体制基本上沿袭金朝,但同时又大量保存蒙古的旧制,形成一个在总体规模上沿循汉制,而在具体结局上又是汉、蒙杂糅的特异政权,给内地带来了一系列在性质上是逆转的落后制度:如世袭的军户匠户制度、驱奴制度、诸王分封制度等等。朱元璋灭元,建立明朝。在名义上,明朝的制度是恢复唐、宋规模;实际上这些落后制度却作为传统的因袭而长期保留下来,沉重的阻滞了中国社会复苏发展的步伐。而当饱经金、元摧残的社会经济重新走上正常发展道路的时刻,中国历史仿佛又回到三百六十多年前的老梦。一个同样源出于白山黑水间、尚处在文明门槛前后的满洲少数民族,再一次入主中国,建立中国最后一个封建皇朝——清。因此,在我们所要讨论的中国专制主义皇权发展的第三阶段里,最引人注目的特点,便是在社会发展上比汉族远为落后的蒙古与满洲两个少数民族的统治(在中国北方,还应该把女真的统治包括在内)。元、清两代的统治者,特别是在开国的年代,他们都是一往无前,嗜利黩武而又勇于开疆辟土的征服者。他们富于开拓的精神,与奠基于小农经济基础上,习惯于保守,把扩地视为黩武生事、劳民费财,把边民视为化外,有意排斥的汉人统治者,形成鲜明的比差。中国多民族国家的缔造,九百六十万平方公里广袤国土的定型,很大程度上是要归功于元、清两代统治者的勇于开拓的。这个伟大的功绩,我们无论怎么称颂都是不会过分的。但是,在另一方面,每一次少数民族的入主,不可避免地带来了他们当时所特有的落后因素,这些落后因素也就必不可免地影响到当时中国经济、政治、文化等诸方面的发展。就中之一,便是我们所要研究的皇权。在这段时期里,皇权进一步恶性发展,开始走上了极端化的腐朽、僵化地步。

让我们进一步就元朝的皇权状况具体进行考察。早期的成吉思汗(当时的名字叫铁木真),不过是一个拥有许多家内奴隶,领有大量属民、世仆(即奴隶的后裔或部族奴隶)的酋领。他从这些人中抽取精壮者组成一个侍卫集团,蒙语叫 Kašik 怯薛(护卫)。它就是后来大蒙古国政权的雏形。怯薛分成四班,每班三日轮流在酋领的帐中供职,其任务分别为饮食、服御、警卫、文书等各个方面,他们明显的属于家丞性质。随着疆土的扩大,它发展成为大汗帐廷的中央政权机关,汉人则依其所掌职务的不同以传统的官称来称呼他们。譬如,有名的契丹人耶律楚材,在窝阔台的大汗帐廷里,其身分是怯薛人员中的必阇赤 bičikči(主文书者)怯里马赤 Kälämäči(译史)之类,具体职务是处理汉地的文书政务。内地的汉人就按传统的习惯,把他尊称为中书,其实当时在漠北的汗庭中还并不存在中书这一职衔。元朝建立以后,依仿金制,中央设中书省掌行政,枢密院主军政,御史台司监察。中书省设右、左丞相各一,平章政事二员,右、左丞各一员,参政二员,共八人统称宰执。蒙古尚右,故以右丞相为长,必由蒙古人担任,其余则由色目人、汉人分担。与此同时,怯薛旧制也原封不动地保留了下来。按成吉思汗时的定制，第一怯薛称也可怯薛，即大怯薛，原由博尔忽领掌，博尔忽早绝，故由天子挂名自领。第二为博尔术，子孙世领。第三为木华黎，子孙世领。第四为赤老温，后绝，故以右丞相入领。他们轮流入值宫中，每次三日。"凡怯薛长之子孙，或由天子所亲信，或由宰相所荐举，或以其次序所当为，即袭其职，以掌环卫。虽其官卑勿论也；及年劳既久，则遂擢为一品官。而四怯薛之长，天子或又命大臣以总之，然不常设也。其他预怯薛之职而居禁近者，分冠服、弓矢、食饮、文史、车马、庐帐、府库、医药、卜祝之事，悉世守之。虽以才能受任，使服官政，贵盛之极，然一日归至内庭，则执其事如故，至于子孙无改，非甚亲信，不得预也。"（《元史》卷九九《兵志二·宿卫》）怯薛人员中，佩刀侍卫者称云都赤、阔端赤，主弓矢、鹰隼之事者曰火儿赤、昔宝赤、怯怜赤，为天子主文史者称必阇赤，主膳者称宝儿赤，掌衣服者称速古儿赤，典门户者称巴剌哈赤，司翻译者称怯里马赤，圣旨书写者称扎里赤等等。这种人活动在禁近，出身华贵，世袭职任，虽然有些职务实际上是宦竖之行，但贵幸无比。而且，他们往往又兼任外朝的大僚，"昼出治事，夜入番直"。譬如：忽必烈时的名相安童，他是木华黎的曾孙，十三岁即袭职为第三怯薛之长，位在百僚上，十六岁拜右丞相。故他的工作白天是外朝的首相，晚上则入宫当职怯薛长。晚年罢相后，仍领宿卫事。又如，汉人董文忠，真定人董俊的儿子。董俊在成吉思汗伐金之初降蒙，有大勋。真定又是忽必烈一支的封地，于忽必烈为属民，所以很早就入侍忽必烈于潜邸，也就是王子忽必烈的怯薛。忽必烈即位，董文忠就是以怯薛身分掌符宝局（后升为典瑞局）。至元中，董文忠官至金书枢密院事，贵幸无比，在外朝的汉人官僚中，俨然领袖群伦。然每夜给侍宫中，所执者则役同宦竖。忽必烈"中岁多足疾。一日，枢密院奏军务，上卧画可。公（董文忠）在御榻伏枕而踞，比奏终，日已移晷，屏气肃肃，曾不流盼。他日，院臣曰:'始吾以公居中而逸,乌知其劳如是! 在他人不可一日强志勉力为者,何可几及! 何可几及!'公曰:'君所见特是时,吾固日鸡一鸣而跽,烛入而出。后或长直,四十日不至家,夜杂妃嫔候侍,休寝榻下。上呼之,方瘥,熟寐不应,命妃蹴兴之。妃不敢前,上詈曰:董八(文忠行八,时人以董八呼之。)诚爱之专,敬慎之至,事朕逾父,汝以妾母,蹴之何嫌,而为是拘拘?'"(《牧庵集》卷十五《董文忠公神道碑》)上引两个例子都表明怯薛在元庭中的特殊身分:他们活动在皇帝周围,是皇帝的亲信与助手,又多兼任外庭大僚。特别是因为元朝皇帝汉语、汉文化水平都比较低,同时与中亚的交往又十分频繁,因此,怯薛中任必阇赤(文书)、怯里马赤(译史),扎里赤(圣旨书写者)之类的成员,就更为皇帝所倚重,在当时朝政上起着巨大的作用。史载:至元十五年五月,"诏谕翰林学士和礼霍孙,今后进用宰执及主兵重臣,其与儒臣老者同议"(《元史》卷一〇《世祖纪七》)。至元二十三年改组政府,七月,"总制院使桑哥具省臣姓名以上。帝曰:右丞相安童、右丞麦术丁,参知政事郭佑、杨居宽,并仍前职。以铁木儿为左丞。其左丞相瓮吉剌歹、平章政事阿必失哈、忽都鲁皆别议"(同上卷一四《世祖纪十二》)。从常理上讲,翰林司文翰,总制院专管佛教徒,他们怎么能有权力拟定宰执的名单呢? 其实,和礼霍孙和桑哥,他们在外庭的职位分别是翰林学士与总制院使,而他们同时又是怯薛中的必阇赤和怯里马赤。他们作为皇帝贴近的心腹,故任用宰执的名单也都由他们草拟,再由皇帝亲自核定,其权势之盛,自可概见。《辍耕录》记:"国朝有四怯薛太官。怯薛者,分宿卫供奉为四番,番三昼夜,凡上之起居饮食,诸服御之政令,怯薛之长皆总焉。中有云都赤,乃侍卫之至亲近者,虽官随朝诸司,亦三日一次轮流入直,负骨朵于肩,佩环刀于腰,或二人、四人,多至八人。时若上御控鹤,则在宫车之前;上御殿廷,则在墀陛之下。盖所以虞奸回也。虽宰辅之日觐清光,然有所奏请,无云都赤在不敢进。"(卷一《云都赤》)同样说明了元廷中怯薛在政治上的特殊地位。

还有一个很特别的问题,我们也必须专门提及。十二世纪草原上的蒙古族,流行一种称之为斡脱古孛斡勒(üTögü bo'ol)的制度。孛斡勒(bo'ol)即奴隶,斡脱古孛斡勒约相当于我们所理解的世仆。十三世纪著名的波斯史家拉施特记载说:"斡脱古—孛斡勒〔这个名称〕的意思是说,他们〔迭儿列勤诸部〕都是成吉思汗祖先的奴隶和奴隶的后裔。〔其中〕有些人在成吉思汗时代立过值得嘉奖的功绩,〔从而〕确立了〔蒙恩的〕权利。因此,他们被称为斡脱古—孛斡勒。"(《史集》第一卷第二分册,第 14 页)被海都所征服的"扎剌亦儿部的〔这些俘虏和奴隶〕,祖祖辈辈世代相传,最后传给了成吉思汗;因此,这个部落是他的斡脱古—孛斡勒"(同上第一卷第一分册,第 149 页)。塔塔儿部被成吉思汗征服之后,仅有一些少年人被留养下来,后来其中的"一些人成为尊贵的大异密和斡耳朵里的国家当权人物;斡脱古—孛斡勒的地位适用于他们"(同上第一卷第一分册,第 173 页。异密,波斯语"大臣";斡耳朵,蒙语"宫帐")。因此,从更确切的意义上讲,斡脱古孛斡勒是奴隶后裔中有大功勋的当权者。斡脱古是老或耆老的意思(林沉《关于十一十二世纪的孛斡勒》,载《元史论丛》第三辑)。元朝末年的权相伯颜,系出蔑儿乞部,曾祖探马哈儿,充宿卫;祖称海,任职宪宗蒙哥朝;父谨只儿,总领皇太后隆福宫宿卫。伯颜本人以河南行省左丞相拥立文宗的殊勋封太师、答剌罕、左丞相,晋封秦王,权倾一时。然伯颜"本剡王家奴也"。"至是怒曰:我为太师,位极人臣,岂容犹有使长耶?"遂陷剡王谋不轨,杀剡王并王子数人。(《庚申外史》)剡王彻彻秃是蒙哥之子玉龙答失的孙子。可知伯颜一家原是蒙哥一系的斡脱古孛斡勒,尽管他们累世高官显宦,而且这时伯颜已获得了"答剌罕"(daraqa)的特殊权利,他仍得称主家为使长，他仍是使长家的斡脱古孛斡勒。答剌罕，义为"自在"，即具有自由选择牧地，在战争与围猎中的虏获可归自己所有，有罪九次不罚等许多特权的人。《辍耕录》云："译言一国之长，得自由之意，非勋戚不与焉。"（卷一）这在蒙古人中是最高的恩赐与封号。巴歹、乞失里黑这两个原王罕的奴隶，因为主动向成吉思汗偷送军报，使成吉思汗免为王罕所袭，而最终消灭王罕，故得封为达剌罕。乞失里黑的曾孙哈剌哈孙是成宗朝的名相。哈喇哈孙的儿子脱欢任御史大夫。仁宗延祐间加封脱欢散官的一份诏书里就说："他是老奴婢脚根有（脚根义即根基、出身），台里在意行来。"（《宪台通纪》，现存《永乐大典》卷 2608 册，第 17—18 页）可证即使获得了达剌罕封号的奴隶，他的后代，无论居官多么高，他们与主家仍保持着使长与老奴婢的关系。而且，这种关系在当时是最骄人的，表明了他们与成吉思汗黄金家族间保存一种更古老、更亲密的主奴关系。这种关系比起君臣关系来更加荣耀。

现在，我们再进一步考察被誉为元朝四大家族、国王府第、名相世家的木华黎家族。木华黎出身扎剌亦儿部。这个部族从海都时代起就被征服，而成为成吉思汗家族祖祖辈辈的奴隶。当成吉思汗初兴时，"扎剌亦儿种的人帖列格秃伯颜有二子，长子古温兀阿将二子模合里（即木华黎之异译）、不合，拜见太祖（即成吉思汗）与了，说：'教永远作奴婢者。若离了你门户呵，便将脚筋挑了，心肝割了。'又教第二子赤剌温孩亦赤也将自己二子统格、合失拜见，说：'教与你看守金门，若离了时，便将他性命断了者。'又将第三子者卜客与了太祖弟合撒儿"（《元朝秘史》卷四，第 137 节）。木华黎家族是成吉思汗家族的斡脱古孛斡勒，木华黎的主要职务是怯薛长。就是说，当成吉思汗初兴，还是一个实行家内奴隶制时期的小酋领时，木华黎是以世仆而为主家任家内奴隶之长的。随着蒙古国的勃兴与元朝的建立，木华黎家族袭封国王之号者十二人,任中书右丞相者三人,其他任高官者不可胜数(参见台湾学者萧启庆《元代史新探·元代四大蒙古家族》)。他们贵极臣僚,但他们根本不把丞相的职位当一回事,而认为最贵、最足以骄人的是"老奴婢脚根",最有权势的是世袭的怯薛长。

以上,我不厌其详地介绍了一些生僻的蒙古旧俗,用意就在指明,在元朝,在堂皇的君臣关系后面,还渗进了使长与世仆,即奴隶主与奴隶这种落后关系的残留形式。传统的君尊臣卑,进一步发展为君尊臣奴。原因非常简单,既然当朝的蒙古权贵都以皇帝的老奴婢为荣,那么,比蒙古人还低二等(元朝分蒙古、色目、汉人、南人四等)的汉人官僚,其地位真是世仆之不如,还谈得上什么大臣的体貌、人格的尊严呢?孔老夫子讲过:"君使臣以礼,臣事君以忠。"(《论语·八佾》)儒家观念中,历来是十分重视所谓体貌大臣,即皇帝必须给予大臣必要的敬重,照顾他应得的尊严。古来的官僚士大夫对这一点也十分看重。这个情况到元朝是一大变化,君臣之间在人格上的距离被远远拉大。元末的叶子奇极其推重汉代礼待大臣之隆,而慨乎言"后世之待大臣,直奴仆耳"(《草木子·杂制编》)。这无疑是有感于元代的情况而言。明朝人于慎行也一再说到:"三代以下待臣之礼,至胜国极轻,本朝因之,未能复古。"又说:"本朝承胜国之后,上下之分太严。"(《谷山笔麈》卷三《恩泽》;卷十《谨礼》)这都清楚地说明:元代皇帝与臣下的距离更拉开了,君臣关系沦为了主奴关系,传统的君尊臣卑,在身分上蜕化为主、奴分隔,皇权又有了恶性的发展。

元代君权的恶性发展在官制的变化上也得到充分的反映。

首先是废行三省制。元以中书省为中央最高行政机关,以中书右丞相"总省事,佐天子,理万机"。平章等宰执八员协助丞相工作。右丞相原则上必须是蒙古人,色目人可以担任左丞相,汉人则一般只能任右、左丞或参政之类。中书省"政事议行之际,所见异同,互相轩轾,待其国相可否之,然后为定"(《元朝名臣事略》卷七《丞相史忠武王》)。至元七年,朝臣有请立三省之议,高鸣上疏说:"方今天下大于古而事益繁,取决一省,犹曰有壅,况三省乎?"遂止。(《元史》卷一六〇本传)十六年,谢昌元复有请,因阿合马之阻,复不行。学术界一种意见认为,元朝废三省而一省独置,丞相的权力是增大了。其实,这是误解。元中书省所保有的仅仅只是最高的行政权,与唐之尚书省相当,而根本不具有唐、宋三省制时期中书省的造命、门下省的审核权利。元朝在至元五年设起居注一职,以和理霍孙、独胡剌二人充翰林待制兼起居注。(《元史》卷六至元五年十月)掌随朝省、台、院诸司凡奏闻之事,悉记录之,如古左右史。(《元史》卷八八《百官四·给事中》)至元十五年六月,"敕省、院、台诸司应闻奏事,必由起居注"(《元史》卷一〇)。明年四月,复以给事中兼起居注,掌随朝诸司奏闻事。(同上)成宗初,曾规定:"凡上封事者,命中书省发缄视之,然后以闻。"(同上卷十八元贞元年六月)然英宗即位,立即加以废除。延祐七年十二月,"丞相铁木迭儿、拜住请:'比者诏内外言得失,今上封事者,或直进御前。乞令臣等开视,乃入奏闻。'帝曰:'言事者直至朕前可也,如细民辄诉讼者则禁之'"(同上卷二七)。可见朝廷中书省、御史台、枢密院及其他机关的奏章,都是直接呈交给事中或起居注,担任这两个职务的便是宫内怯薛人员中的必阇赤、怯里马赤、扎里赤等,所谓的给事中、起居注,只是这些怯薛丹(也译作怯薛歹 Kašiktän,是 Kašik 的复数形式,义为怯薛人员)在外朝的兼官,其实际职务与唐、宋时者已完全不同。这就表明百司入疏,皆可直达御前,中书并无事先发视并审核和签署意见的权力。至正年间,始有四方献言详定司之设,属中书省。

　　再就诏旨的撰拟发布来看,负责起草圣旨的是蒙古翰林院和内八府宰相这两个机关。蒙古翰林院,"掌译写一切文字,及颁降玺书,并用蒙古新字(即所谓八思巴蒙文),仍各以其国字副之"
(同上卷八七《蒙古翰林院》)。蒙古翰林院的承旨、直学士、待制
等等人员往往也便是怯薛的外朝兼职。内八府则是一个很特别的
机关。《元史·百官志三》:"内八府宰相,掌诸王朝觐傧介之事。
遇有诏令,则与蒙古翰林院官同译写而润色之。谓之宰相云者,其
贵似侍中,其近似门下,故特宠之以是名。虽有是名,而无授受宣
命,品秩则视二品焉。"(同上卷八七)《辍耕录》亦载:"内八府宰
相八员,视二品秩,而不降授宣命,特中书照会之任而已。寄位于
翰林之堛邻。堛邻,宫门外院官会集处也。所职视草制,若诏敕之
文,则非其掌也。至于院之公事,亦不得与焉。例以国戚与勋旧之
子弟充之。"(卷一)它是一个掌领诸王驸马宗姻事务,并兼协同草
制的特别组织。他们与蒙古翰林院的承旨、待制才是相当于唐、宋
三省制中的中书省与翰林学士,拥有造命决策权的人员。诏命由
翰林院译写完毕后,再关白中书省。(同上卷二七延祐七年十月)
中书省对于交发的圣旨,则奉行惟谨。王克敬为参议中书省事,宰
相传英宗旨,赐大长公主钱。克敬认为事有不妥,乞复奏。宰相怒
曰:"参议乃敢格诏耳!"(同上卷一八四本传)终元一代,中书复奏
的事,极少发生。内八府或翰林封还词头的事,就从不曾有;对诏
敕的审核则根本没有了这一道程序。足见三省制度到元时已彻底
抛弃,朝廷政务,大而至于军国大计,小而至宰杀老病的牛马、幼
马、羊羔等微而至微的琐事,皆由皇帝以蒙古语圣旨颁示,并由翰
林们或以硬译的汉语白话文,或者则润色为四六体加以公布。这
里,我还想引用一段例子,说明元朝大政,都是由皇帝宸衷独断,中
书丞相是不参与决策的。至元十五年六月甲戌(廿二日),当时,
南宋初平,任淮西宣慰使的昂吉儿晋京汇报,涉及到江南机构的设
置等重大问题。忽必烈当场指示:"诏汰江南冗官。江南元设淮
东、湖南、隆兴、福建四省,以隆兴并入福建。其宣慰司十一道,除

额设员数外,余并罢去。仍削去各官旧带相衔。罢茶运司及营田司,以其事隶本道宣慰司。罢漕运司,以其事隶行中书省。各路总管府依验户数多寡,以上中下三等设官。宋故官应入仕者,付史部录用。以史塔剌浑、唐兀带骤升执政,忙古带任无为军达鲁花赤,复遥领黄州宣慰使,并罢之。""遂命平章政事哈伯等谕中书省、枢密院、御史台:翰林院及诸南儒今为宰相、宣慰及各路达鲁花赤佩虎符者,俱多谬滥,其议所以减汰之者。凡小大政事,顺民之心所欲者行之,所不欲者罢之。"①这一系列重大的决策,都是在宰相缺席的情况下,忽必烈根据昂吉儿的当面汇报,直接作出的。这就充分表明,元的中书省是不具有决策大权的。泰定帝在位期间,命中书右、左丞相干脆日值禁中,有事则赴中书,于是首相往往兼旬不至中堂。顺帝后至元二年,命每日右丞相伯颜、太保定住、中书平章政事亨罗·阿吉剌聚议于内廷:平章政事塔失海牙,右丞巩卜班,参知政事纳麟、许有壬等聚议于中书(《元史》卷三九《顺帝纪二》)。这些作法,都导致中书形同虚设。元朝皇帝还不断隔越中书,对有关单位发给诏敕,诸王权贵也恃恩径奏,乞持玺书,不通过中书。仅大德六年到至大元年七年之间,就有六千三百多件这类诏敕,"皆干田土、户口、金银铁冶、增余课程、进贡奇货、钱谷、选法、词讼、造作等事,害及于民"(同上卷二三《武宗纪》至大二年正月)。

谏官的废除也是皇权膨胀的直接表现。黄溍说过:"我朝不设谏官,而台谏之任悉归于御史。"(《黄金华先生文集》卷十七《送索御史诗序》)李元礼"谏太后幸五台山疏"中也说:"今朝廷不设谏官,御史职当言路,即谏官也。"(《元史》卷一七六本传)忽必烈

---

① 从至元十二年右丞相安童西征阿力麻里,被俘后,七年之中,右丞相一职久缺。

在置御史台时虽有"台官职在直言,朕为汝君,苟所行未善,亦当极谏"之命,然御史台本来的任务是作皇帝的鹰犬,纠察百官,现在反过来以鹰犬来规谏主人自己,首先就是名不正、言不顺的事。宋朝开始有言事御史,是谏官权力的扩大;元朝以御史兼谏,则只是废撤谏职后的一点点粉饰而已。当时人就明白指出:"居是官(御史)者,往往致详六察,于匡谏之道,则或未尽。"(《滋溪文稿》卷首陈旅序)甚至"其弊在于以征赃为急务,而于按劾则具文"(《雪楼文集》卷十《置贪赃簿》)。与此同时,传统的史官制度也完全停废。

三省封驳制度、谏官和史官制度等的罢废,是皇权恶性发展的必然结果,同时也是中国专制主义皇权自我调整机制丧失,从成熟走向衰腐、僵化的主要标志。

这里,我还要特别提出蒙元的分封投下问题。成吉思汗统一蒙古草原后,对所征服的广大草原,进行了分封。分赐诸子的封地叫忽必,即份子;分给姻亲及大功臣之封地叫莎余儿合黑,义为恩赐。封地内按人数多少组成千户、万户,各有一定的地域,各有疆界,是为"农土"。大汗和封主之间,根据誓约保持臣属关系,提供军役和财物,封主世代继承,人户是封主的属民。这是典型的封建制度,也许是北方少数民族相沿实行的一种统治制度,和殷周不同的主要是继承关系,殷周是长子继承,蒙古则是由幼子(斡赤斤)继承。进入中原以后,军子首领们都大掠人口,或带回草原,或在内地择地安置,忽必烈建立元朝后,又进行了整顿,把汉地的一些州县分授给他们,由政府收取五户丝拨付与他们。在采邑之内封主仍拥有许多特权,政府的主要官员(达鲁花赤)由封主私家任命,人民是他们的属民。这一制度在草原地区几乎完全恢复早期封建制度的旧貌;在内地也拉回到唐前期食实封的旧套。分封正被朱元璋在革命以后继续推行,酿成靖难之变,让封建制度在中国历史上留下了不灭的影响。

朱元璋以"拯生民之涂炭，复汉官之威仪"为标榜，灭元兴明。在建制上，以承唐、宋为名义，而实际上却继承元朝，不过将一些蒙古的名号、制度予以废弃和改易。君尊臣奴在名义上当然已改变了，但君臣尊卑的差距却一仍元旧。于慎行所说的"本朝因之，未能复古"，就是这个意思。

朱元璋这个托钵游方的小沙弥出身的皇帝，雄猜大略。他自卑，又自大，牢牢地把握着权力杖。为此，他残酷地大杀功臣，以保证朱明江山千秋万代。他厉行专制，从洪武十一年起，就令奏事毋关白中书省。两年以后，便明令罢中书省，废丞相一官，由皇帝直接领导吏、礼、户、兵、刑、工六部，分管全国的行政。"国朝既罢丞相，大臣体轻，以故权归宦竖，士鲜廉节。"（《谷山笔麈·阉伶》）历代的皇帝，为了防范和削弱相权，不外乎采取两种手段：一是在内廷置私人以侵削丞相之权；二是在外朝分设相当的机构，以分散丞相之权。朱元璋深儆内官之患，不许内臣干政。所以，在分散权力方面大作文章。行政方面六部并立，军政则置中、左、右、前、后五军都督府分领，而征调又隶于兵部。刑法由刑部、都察院、大理寺共同执行，刑部受理刑名，都察院纠察，大理寺驳正；又特设锦衣卫以掌诏狱。他也保留了给事中这一官职，六科（吏、户、礼、兵、刑、工）给事中"掌侍从、规谏、补阙、拾遗、稽查六部百司之事。凡制敕宣行，大事复奏，小事署而颁之；有失，封还执奏。凡内外所上章疏下，分类抄出，参署付部，驳正其违误"。他们的品级很低，各都给事中才正七品。朱元璋也曾有谏院、谏议大夫之设，寻罢。在明代，习惯上即以吏科都给事中为谏官领袖（《万历野获编》卷十九《台省、吏垣都谏被弹》）。但实际上六科的主要职责在于监察六部，与隶属都察院的十三道监察御史职在纠察内外百司并无根本的分别，因此，科、道并称，其规谏的作用事实上徒有虚名。中期开始，"科、道纠劾，多出上旨，或召对面谕，且戒以勿泄，赐酒馔而退，或亦赐果核焉"（《水东日记》卷二七《纠劾多出上旨》）。"凡有弹纠，必六科先承密旨，十三道则因之。"（同上卷一《纠弹必承密旨》）可知六科与监察御史一样，都只是皇帝的鹰犬，而且是直接受皇帝本人的嗾使而进行搏噬。这是与前朝有很大不同的。

从刑法制度上，明初君尊臣卑的恶性发展也表现得很明显。隋文帝修订律令，制议、请、减、赎、官当之科以优士大夫。议即《周礼》八议之法。请者，凡在八议之科则请之。减者，官品第七以上，犯罪例减一等。其品第九以上，犯者听赎。官当即以官品当徒刑之年限，公罪、私罪各多少不同。唐因之。薛允明比较了唐律与明律的差异，在《唐明律合编后序》中指出："唐律于名例之首，即列八议，议请减之后，又继之以官当荫赎。其优恤臣工者，可谓无微不至也。明律俱删除不载，是只知尊君，而不知礼臣。偏已。"钱大昕也指出：古律有荫减，荫赎，本于周官八议。唐承隋，"始著于律。唐、宋相因，莫之或改。明名例律虽载八议之条，乃戒治狱官，勿许引用"（《十驾斋养新录》卷六《古律有荫减荫赎》）。洪武十八年，朱元璋颁行《大诰》。《大诰》是皇帝肆意恣行，法外立法的专制典型。宋朝的士大夫，在人格上基本是独立的，对来自皇帝的征召和任命，可以一再辞免，拒不履任；意见不合，可自行隐退，然后悠游林泉，从事著述。政府还特别创提举宫观的闲职，以安置这些告退的高级官僚。朱元璋的态度就不同了。广信府贵溪县儒士夏伯启叔侄二人各自残其左手大姆指，示意不为新朝效命。朱元璋严厉申斥其"去指不为朕用，是异其教而非朕所化之民，尔宜枭令，籍没其家，以绝狂夫愚夫仿效之风"（《大诰三篇·秀才剁指第十》）。这就开所谓"寰中士夫不为君用之科"。古时候的圣者伯夷、叔齐，不食周粟，可以避居到首阳山食蕨延命，不失其"清"。到了朱元璋的治下，儒士们连一点退隐的自由也被剥夺。根据朱元璋的指示，《大诰》这本书，"务要家藏人诵，以为鉴戒。倘有不遵，迁于化外，的不虚示"（《大诰三编·颁行三诰第四三》）。朱元璋以行酷刑著称，明律较之唐律，所增大辟罪名二十余条。刑法如凌迟、刷洗、称竿、抽肠、剥皮、锡蛇游、挑筋、去指、去膝盖、断手、刖足等等，虽有意在儆贪儆恶，但同时也在显示与树立君主的绝对淫威。靖难之变，方孝孺守正不屈，明成祖诛其十族。十族，即血亲九族之外，并及其门人。这种严酷的滥杀是对文明的野蛮亵渎，对士气的毁灭摧残。当成祖进逼南京时，建文帝的臣僚中，翰林纂修周是修与同僚杨士奇、解缙、胡靖、金幼孜、黄淮、胡俨相约一同守节殉死。既陷之后，周是修谨守自己的诺言，其他人则都食言而肥，改事成祖，摇身一变，成了新朝的权贵。所以有人指出永乐以来，士风为之一变。隐忍苟活的奴才性格是由专制者的屠刀训练出来的。顾炎武严正指出："自八股行而古学弃，《大全》出而经说亡；十族诛而臣节变。洪武、永乐之间，亦世道升降之一会矣。"（《日知录》卷十八《书传会选》）同时的科举，以拘守《五经大全》、《四书大全》为内容，以八股文为程式，则把士子的思想牢牢禁锢，斫杀任何一线的生机。酷刑造就了驯顺，科举造成了迂腐。驯顺与迂腐，开始成为明清士大夫的丑陋习性，而这些恰恰是极端专制主义皇权统治下必然、也是必要的产物。

　　由皇帝一人总理六部九卿、军国万务，当然是力不胜任，难于招架的。朱元璋既废丞相，便采用四辅官来补救。洪武十五年，改置殿阁大学士，充侍从顾问。成祖在位，始命解缙、胡广、杨荣等直文渊阁，参预机务。不过其时入阁者皆编修、检讨、讲读之官，品秩仍仅五品。内阁不置属官，不得专制诸司；诸司奏事，亦不得相关白。仁宗时，始有大学士兼官侍郎、尚书者，阁职的地位也便渐渐提高，但当时虽居内阁，"而官必以尚书为尊也。其后又加公、孤衔，领尚书之职，地既清要，兼官又尊，于是大学士遂忘其原品本卑,而稳然钧衡之重,与百僚殊矣"(《陔余丛考》卷二六《殿阁大学士》)。不过,他们都是由翰林入阁,积劳而得升尚书,未有既为侍郎、尚书而入阁者。其后,始有以侍郎、尚书入为大学士,大学士遂为侍郎、尚书之迁阶。内阁原是皇帝的秘书班子。(《明史·职官一》):"中极殿大学士(旧名华盖殿)、建极殿大学士(旧名谨身殿)、文华殿大学士、武英殿大学士、文渊阁大学士、东阁大学士,(并正五品)掌献替可否,奉陈规诲,点检题奏,票拟批答,以平允庶政。"所有上行下达的文件,"皆审署申复而修画焉,平允乃行之"。"常侍天子殿阁之下,避宰相之名,又名内阁。"(卷七二)他们的工作主要是文书的票拟批答。在原则上,批答的意旨,必内授而后据拟,只是一种幕僚、记室之任。且"阁臣之门,欲答一人而无答楚。每日坐容膝之地,辰入酉出,啄息不休。退居邸第,丞郎皆与之抗礼,迎送仆仆,安在其为宰相也? 但去天尺五,呼吸可通,大小万机,悉经心目,上之眷礼,殊于百辟。于是人始以为天下事无一不由阁臣定者,而不知阁臣票拟,悉据九卿之成案,不敢增一毫意见,不敢逾尺寸成规者也。"(《五杂俎》卷二四《事部二》)唐之学士,以顾问而兼文书,明之内阁学士,则以文书而备顾问,地位是有所不同的。至于他们个别人在失控的情况下也得揽权,如张居正辈,然实际地位与古之宰相是完全不同的。

黄宗羲猛烈地抨击了朱元璋废丞相的问题,说:"有明之无善治,自高皇帝罢丞相始也。"他指出:君与官皆为治天下而设,同样只是官爵的一级,"古者君之待臣也,臣拜,君必答拜。秦汉以后,废而不讲,然丞相进,天子御坐为起,在舆为下。宰相既罢,天子更无与为礼者矣。遂谓百官之设,所以事我。能事我者,我贤之;不能事我者,我否之。设官之意既讹,尚能得作君之意乎? 古者不传子而传贤,其视天子之位去留犹夫宰相也。其后天子传子,宰相不传子,天子之子不皆贤,尚赖宰相传贤,足相补救,则天子亦不失传贤之意。宰相既罢，天子之子一不贤，更无与为贤者矣！不亦并传子之意而失者乎？或谓后之入阁办事，无宰相之名，有宰相之实也。曰：不然，入阁办事者，职在批答，犹开府之书记也。其事既轻，而批答之意，又必自内授之，而后拟之，可谓有其实乎？吾以谓有宰相之实者，今之宫奴也。盖大权不能无所寄，彼宫奴者，见宰相之政事坠地不收，从而设为科条，增其职掌，生杀予夺，出自宰相者，次第而尽归焉。有明之阁下，贤者贷其残膏剩馥，不贤者假其喜笑怒骂，道路传之，国史书之，则以为其人之相业矣。故使宫奴有宰相之实者，则罢宰相之过也"（《明夷待访录·置相》）。黄宗羲所举的罢丞相诸失，都是切中事实。此外，还可补充一点，即罢丞相更增加了政治的僵化。汉以天变策免三公，实即以罢相的形式，调整政策与路线，以缓和民情。后代的罢相，也多有此类自我调整的作用，作为安定与改善统治的阀门。宰相既废之后，这种作用则往往只在一代皇帝死去才有可能发生。因之，罢相实际上正是中国专制主义皇权恶性膨胀，自我调整机能尽丧的一种僵死表现。

满族入主内地，重演了四百多年前的蒙古的旧剧。当然，它们间的情况也各有差异。蒙古是游牧民，满洲是农业为主而兼畜牧。尽管它们都无例外地遵照落后的征服者终为先进的被征服者所征服的发展铁则，但满族比起蒙古来，接受汉文化的过程毕竟更快，程度也更深，因而旧俗的保存也要少一些。清朝在制度上基本上是一仍明制。然而，在很多地方，那种落后的家长奴隶制习俗仍被保留下来，同时也出于民族的猜嫌、防范，给已趋恶性发展的专制主义皇权带来更坏的影响。满洲大臣在奏事中，向有称臣或奴才者。乾隆戊子，"谕嗣后颁行公事，折奏称臣；请安谢恩寻常折奏，仍称奴才，所以存满洲旧俗也。乃久之，满臣奏折无论公事私事，俱称奴才以为媚矣"（《清稗类钞》册五《奴才》，第 2170 页）！明朝皇帝在答诏里对臣下俱称"卿",以示尊重,后期对南六卿一度一切叱名,"识者以为非礼"。而清则于满汉大臣一律以"尔"斥之。清在大朝时,王公百官都必须行三跪九叩首的大礼,其他朝仪亦如之。这比起明常朝时所行一拜三叩首来,礼数严重得多。明时早朝毕,四品以上官入侍内殿,"凡百官于御前侍坐,有官奏事,必起立,奏毕,复坐"。而清朝奏事则无不跪于地。清朝的大学士、军机大臣面见皇帝,都必须伏地奏事。乾隆五年严冬,高宗御门听政,大臣们瑟索地跪在乾清门前砖地上,高宗大发慈悲,降谕:"大学士等皆年老大臣,当此严寒,就地长跪,朕心特切轸念。嗣后著铺毡垫,以昭优礼至意"(《高宗实录》一三一)。清朝的大臣受召见,"跪久则膝痛,膝间必以厚棉裹之。光绪某年,李文忠公鸿章以孝钦后万寿在迩,乃在直隶署中日行拜跪三次,以肄习之"(《清稗类钞》册一《召见膝裹厚棉》)。阿 Q 被团丁不明不白地抓到官府大堂,见着上面"有些来历"的人,"膝关节立刻自然而然的宽松,便跪了下去了"。中国人有这种"本能",是不能不感谢满洲皇帝的。

清朝也有给事中之设。"国初《会典》开载:该科所奉旨意,有灼见未便之处,许封还;执奏部院督抚本章,有情理未协者,俱得驳正题参。是旧制犹以封驳为职,不任以他事也。雍正元年,以六科内升外转一事,奉旨归都察院管。此后科臣循照台例,一切城仓漕盐等差,与御史一体开列。台省并为一官,与列代之制异矣。"(《养吉斋丛录》卷之一)又"国初《会典》开载:凡内阁交出密本,由该科挂号,即将各原封送各该部,是从前密本(即今之奏折)未有从内阁径下者。至顺治末,密本有不由科臣,径由内阁发部,科臣不得即见者"(同上)。至此,封驳制度在表面上也不再保存。清初"京官并许条陈,康熙十年,宪臣奏请停止,凡非言官而建言为越职,例当降调"(同上卷三)。言路也从此大窄。柳诒徵所谓:

"独夫专制,而无人能监督之,自清始也。"(《中国文化史》下卷,第710页)从极端的程度而言,这个话也是不无道理的。

雍正七、八年间,西北用兵,因内阁距内廷甚远(太和门外),虑有泄漏机密,故于隆宗门内设军需房,以期"入值承旨,办事密速"。这就是最早的军机处。这个机构经过发展,取代了内阁的大部分权力,成为处理朝廷机务的枢要。于是,寻常吏事,仍由内阁票拟;而大政则皆由枢臣面奉指挥,拟旨缮发,由兵部加封,发驿驰递,即所谓"廷寄"。于是"政本悉出机廷","内阁宰辅,名存而已"。军机大臣并无正式的衙署,入值的大枢由皇帝选派,以满汉大学士、六部尚书、侍郎和总督等奉特旨充任,均为兼差。军机处的司员军机章京,俗称小军机,由内阁及各部考选保送,再由军机枢臣考试,考取者由军机处带领引见,先行记名,以次传补。"大抵首列无不记名者,第二名以下,或记名或否,由上圈定。"(《南屋述闻》)章京初无定额,嘉庆四年始定为满汉各十六员为两班,每班以一人为领班,一人为邦领班,俗称达拉密、邦达拉密。其后班复增额外章京一人,共为九人,寻增至十人。两班曰头班、二班,值期以二日番替。朝廷政务,"本章归内阁,机务及用兵皆军机大臣承旨。天子无日不与大臣相见,无论宦寺不得参,即承旨诸大臣,亦只供传达缮撰,而不能稍有赞画於其间也"(《簷曝杂记》卷一《军机处》)。可知清代的军机处,完全是机要秘书之类。同样,"内阁大学士沿明制,主票拟,然一一皆禀上裁,大学士无权也"(《养吉斋丛录》卷二三)。清朝的皇帝皆以大权独揽,不使旁落相标榜。康熙曾经说过:"天下之权,唯一人操之,不可旁落。"(《圣祖实录》卷二五九康熙五十三年六月)又说:"今大小事务,皆朕一人亲理,无可旁贷。若将要务分任于人,则断不可行。所以无论巨细,朕心躬自断制。"(《康熙东华录》卷九一)乾隆说:"本朝家法……一切用人听言,大权从无旁落。"(《高宗实录》卷三二三乾隆十三年八月)他在《书程颐论经筵札子后》一谕里,曾就宋范仲淹的名言士当"先天下之忧而忧,后天下之乐而乐"大加批判,说:"夫用宰相者,非人君其谁乎?使为人君者,深居高处,自修其德,惟以天下之治乱付之宰相,己不过问,幸而所用若韩、范,犹不免有上殿之相争;若不幸而用王、吕,天下岂有不乱者也?此不可也。且使为宰相者,居然以天下之治乱为己任,而目无其君,此犹大不可也。"嘉庆也曾说过:"我朝列圣相承,乾纲独揽。皇考高宗纯皇帝,临御六十年,于一切纶音宣布,无非断自宸衷,从不令臣下阻挠国是。即朕亲政以来……令出惟行,大权从无旁落。"(《枢垣纪略》卷十四)与此同时,"内外臣工,纤悉不敢自专,必以上请"(《养吉斋丛录》卷二三)。故文书旁午,牍案山积。所有这些,都是清朝专制主义皇权恶性发展的有力证明。

清朝的六部,沿袭明代,但明时六部尚书,尤其是户、兵二部,权相当大。皇帝的上谕下颁,要经过六部;全国的奏请上呈,也要经过六部。清的六部,权力就小得多了。六部尚书不能对下直接发命令。而且六部的尚书、侍郎皆可单独上奏,尚书管不着侍郎。清代的六部都有满汉两个尚书,又有两个满汉侍郎。这样,一部便有六个长官,六部就有三十六个长官,每个人都可单独上奏皇帝。皇帝颁上谕给某一个人,别人也谁都不知道。这样,六部很难作事,什么都集中于皇帝一人。

与专制主义皇权恶性发展表里相呈的便是,在元、明、清这一历史阶段里,政治制度的腐朽与僵化也越来越明显。事物的发展,总是循着一条必然的道路,在成熟之后,继之就是衰腐、僵化,以至于消亡。唐、宋时期,中国的封建制度,已粲然大备。北宋吕夷简在中书,奏令参知政事宋绶编例(1035 年),并说:"自吾有此例,使一庸夫执之,皆可为相矣!"(《涑水记闻》)一个政权,万几千端,能够作到凡事都有条可据,有例可循,这应该是一种成熟的表现。但随之是僵化因循,没有任何创造与发展之可言,也就开始走向自己的反面,导致腐败丛生,无可拯治。朱熹对南宋时的官僚文牍的弊害举过一个例子:"且如驾过景灵宫,差从官一人过盏子,有甚难事? 只消宰相点下便了。须要三省下吏部,吏部下太常。太常拟差申部,部申省,动是十日不能得了;所差又即是眼前人。"(《朱子语类》卷一二七《本朝一·太祖》)小小的一件事情,本是唾手可办。然必须文牍周迁,动辄十天才得峻事,从立法设制上是极周密严格之能事,但从实际的行政效力而言,则完全成了腐败的文牍游戏。叶适就曾尖锐地指出:"本朝之所以立国定制,维持人心,期于永存而不可动者,皆以惩创五季而矫唐末之失策为言。细者愈细,密者愈密,摇手举足,辄有法禁。而文之以儒术,辅之以正论。人心日柔,人气日惰,人才日弱,举为懦弛之行,以相与奉繁密之法。遂揭而号于世曰:此王政也,此仁泽也,此长久不变之术也。"(《水心文集》卷之三《法度总论二》)遂至于"虚文相挺,浮论相倚"。

　　明、清以降,法制益严,文网益密。谢肇淛所谓:"从来仕宦法网之密,无如本朝者。上自宰相,下至驿递、巡官,莫不以虚文相酬应。而京官犹可,外吏则愈甚矣。大抵官不留意政事,一切付之胥曹,而胥曹之所奉行者,不过已往之旧牍,历年之成规,不敢分毫逾越。而上之人既以是责下,则下之人亦不得不以故事虚文应之。一有不应,则上之胥曹又乘其隙而绳以法矣。故郡县之吏,宵旰竭蹶,惟日不足,而吏治卒不以振者,职此之故也。"(《五杂俎》卷二四《事部二》)明末的大思想家王夫之、黄宗羲、顾炎武都对这一时弊提出了尖锐的批评。王夫之说:"今命官之制,在外者,一县之令,丞、簿不听命焉。一郡之守,同知、判、推不听命焉。一司之使,分以左右,二参、副、佥不听命焉。文移印信,封掌押发,登于公座,惟恐长官之或偷也,而钳束之如胥吏。行未百年,法已圮坏。犹使藉口公座,脱独尸之咎,疑制之患,已大可睹。又复分其屯田、水利、钱法、驿传、盐政,分为数道以制司,道立分司,督察巡守兵粮之务以制郡。巡按之使,络绎驰道,循环迭任,无隙日月,以尽制之。所以制外者,无遗力矣! 在内者,取都督一府而五之,间以同、签。六部卿贰或七八员,都堂、大理、通政、太仆以放,虽有长贰之别,而事权散出,不受裁制。黄扉论道之席,至永刊极刑,以废其官。其文移印信、封掌押法,公同朝参者犹外也,复使给谏御史巡视刷卷以制之。卒有爰立大僚,边关盗贼,建置河漕,三礼疑似之事,所部不得决,又设会议、抄参、私揭以制之。所以制内者无遗力矣。"(《黄书》卷五《任官》)黄宗羲指出:"后世之法,藏天下于筐箧者也。利不欲其遗于下,福必欲其敛于上。用一人焉,则疑其自私,而又用一人以制其私。行一事焉,则虑其可欺,而又设一事以防其欺。天下之人共知其筐箧之所在,吾亦鳃鳃然日唯筐箧之是虞,故其法不得不密。法愈密而天下之乱即生于法之中,所谓非法之法也。"(《明夷待访录·原法》)顾炎武亦谓:"后世有不善治者出焉,尽天下一切之权而收之在上,而万几之广,固非一人所能操也。而权乃移于法。于是多为之法以禁防之。虽大奸有所不能逾,而贤智之臣亦无能效尺寸于法之外,相与兢兢奉法,以求无过而已。于是天子之权,不寄之人臣,而寄之胥吏。"(《日知录》卷九《政事·守令》)梁启超写过一篇题为《论中国积弱由于防弊》的文章,他所举的事例未必都是正确,但他所说的"后世之为天下也私,故务防弊","务防弊者,一弊未弭,百弊已起,如葺漏屋,愈葺愈漏;如补破衲,愈补愈破"(《梁启超文集》,第 30 页)。他们所痛心疾首指出来的,都是残酷的事实。大抵防闲过甚,牵制太多,则官员消极保位,风气必流于因循苟且。加之条例苛烦,即使是老于官场的官僚,也很难熟练掌握与运用流传的案牍(这些案牍中包括祖宗以来历朝的旧典和数不清的案例)。明宣宗尝语侍臣,说:"朕祗奉祖宗成法,诸司事有疑碍而奏请者,必命考旧典。盖皇曾祖肇建国家,皇祖、皇考相承,法制详备,况历涉世务,练达人情,谋虑深远。子孙遵而行之,犹恐未至。世之作聪明,乱旧章,驯至败亡,往事多有可鉴。"(《典故纪闻》卷九)皇帝重视"旧典",官员们当然同样必须重视旧典、掌握旧典。案例实际上也是一种旧典。社会上千奇万怪的案件,律、敕之所不该载者,都是比类成例来处分的。所以不熟悉例,也便无法当官。糟糕的正是苦读《四书》、《五经》,擅长八股出身的官员们对这些都不熟悉,至少是需要相当长的时期才能熟悉。这就使吏成为他们不可缺少的依靠。即以一道题本而论,"每题一事,必先引例载若何? 而今此事若何? 查与某例相符,或事与例虽未符而有某例可援,且查曾有某事,即照此例办理,今此事与此例相合与否? 凡题一事,必引例数次,声叙亦数次。初视似繁文,然苟少与例不符,即无办法"(《天咫偶闻》卷一)。可见即使一道公事的奏本,离开了老于案牍的吏员,这个官也就当不成。官与吏分途,大体上是自明始。黄宗羲列吏胥之害,大要有四:"其一,今之胥吏,以徒隶为之,所谓皇皇求利者。而当可以为利之处,则亦何所不至,创为文网,以济其私。凡今之所设施之科条,皆出于吏。是以天下有吏之法,无朝廷之法。其二,天下之吏,既为无赖子所据,而佐贰又为吏之出身,士人目为异途,羞与为伍。承平之世,士人众多,出仕之途既狭,遂使有才者老死邱壑,非如孔孟之时委吏乘田抱关击柝之皆士人也。其三,各衙门之佐贰,不自其长辟召,一一铨之吏部,即其名姓且不能遍,况其人之贤不肖乎? 故铨部化为签部,贻笑千古。其四,京师权要之吏,顶首皆数千金,父传之子,兄传之弟,其一人丽于法,后而继一人焉,则其子若弟也;不然,则其传衣钵者也。是以今天下无封建之国,有封建之吏。"(《明夷待访录·胥吏》)尽管这都是事实,但当时的官场,离开了吏就无法运转。明中叶以后的政治,除了朝廷中官僚之间的倾轧之外,实际的日常运转主要就是依靠吏,运转的程序所依据的便是例。因此,纵使皇帝十年、二十年不见大臣。或者如万历末年,官缺不补,一时内阁只方从哲一人。从哲请增阁员,帝以一人足办,不允,从哲于是卧假四十余日,阁中阒无一人。六部堂上官有时仅四、五人,都御史数年空署,原额五十余人的给事中仅存四个,百余员的御史仅止五人。形成六部则长贰无人,九卿则强半虚旷,通政、大理亦无现官,种种奇怪现象。但是这个腐败不堪的政权仍然可以在"吏"与"例"的双轨上,犹如一辆败烂而无人驾驶的机车,在惯性的驱动下,沿着下坡,继续蹒跚地、颠簸地向着死亡缓慢滑行。

满族的入主,又给这个濒于死亡的制度注射了一针强心剂。历史像是在同我们这个古老而又多灾多难的民族开玩笑。就是在中国封建制度已进入僵死、腐败的时期里,却又由一个正富有活力的满族主宰了全国。有清一代的皇帝,努尔哈赤、皇太极、顺治、康熙、雍正、乾隆六代,与前朝的任何英主,都堪伯仲;即使如嘉庆、道光、咸丰、同治、光绪,也皆保持中等水平。可以毫不夸张地说,就总体看,清朝一代的皇帝,质量普遍比历史上的任何朝代都要高。在君主专制的体制下,君主个人的品质、能力,对当时的政治,在一个短时期内是可以有决定影响的。康、雍之际,雄才大略的皇帝在取得社会生产恢复、发展的基础上,倾中国之全力,以追求自己的文治武功,自然是也可以取得一时的某些辉煌成就的。然而,这一切除了延续这个制度的寿命之外,终究无补于挽救其本质的腐败与必然的死亡。在密封隔绝环境下的千年古尸,外表上仍保持色泽如生的虚假效果,而一旦暴露在外,立即便会风化。中国封建制度的僵尸也正是这样。1840 年以前,它在隔绝中自傲自大,以天朝大国自诩。而当西方的炮舰一旦轰开了大门,这具陈尸也就如土委地,无复原形了。

　　我们再就这一时期地方的政治组织略加探讨。这一时期，最引人注目的是省区制度的成形。省、或行省，是行中书省的简称。元朝中央的最高行政机关叫中书省，行中书省顾名思义是中央都省派驻在地方的分支机构。蒙古亡金、灭宋，统一全国，它把全国划分为一个庞大的中央直辖区和十个行省。这个直辖区包括今天的河北、山东、山西等地和河南、内蒙的一部分，总名为腹里。此外建有陕西、四川、甘肃、辽阳、河南、云南、湖广、浙江、江西、岭北等十个行省。对西藏则辖于宣政院而领以帝师；新疆则置北庭都护府，领于亦都护。至元初年，行省长官都带都省相衔，至元二十三年以后，才开始不再带都省相衔，然"官称命秩，悉视中朝宰士，而恩数无内外之异"。（《金华黄先生文集》卷八《江浙行中书省左右司题名记》）这种省区的划分，首先体现了中央的直接控制；腹里地区，甚至由都省直辖。其次，在地域的划分上，既不是从地理条件和地区经济发展的需要，也不是从行政方便来考虑，唯一着眼的是军事控制。事实上，至元前期行省的设置与其区划，完全是应军事征服与镇守的需要而创建的。譬如1274年忽必烈准备平南宋，就分别创设了荆湖、淮南两行中书省。后来因考虑到各置行省，势位既不相下，号令必不能一，不利于统一指挥，才把淮西行省改为行枢密院。又如，向海外用兵，先后又有高丽、占城行省之设。行省的设置主要着眼于军事，是十分清楚的。行省长官分设丞相、平章、右左丞、参政，与中央都省的名称相同。都省丞相正一品，行省则为从一品，可见行省丞相品秩相当高，唯或置或不置，通常只是江浙行省以事烦任重，岭北行省以多诸王封地，故设之，其他省则阙。行省"掌国庶务，统郡县，镇边鄙，与都省为表里"（《元史》卷九一《百官七》），事无不统。"凡钱粮、兵甲、屯种、漕运、军国重事，无不领之。"行省"官称命秩，悉视中朝宰士，而恩数无内外之异。合左右为一司以兼总乎六曹而分守，无彼此之殊"（《金华黄先生文集》卷八《江浙行中书省左右司题名记》）。行省长官必蒙古人担任，其仍属贯彻民族歧视与牵制、防闲的基本政策。可以看出，元之行省，作为一级地方机构，它的权力远远超出宋代的地方官。这是因为蒙古作为一个少数民族入主中原，民族矛盾和阶级矛盾都十分激烈，元朝政府非加重地方长官的权力就不便于及时处理而延误事机。元朝末年，朝廷在农民起义的冲击下削弱，地方军阀就乘时崛起，如察罕帖木儿、李思齐、张良弼之辈。朱元璋接受了这个教训，把行省的权力分划而三：承宣布政使司，管领行政，其长官为布政使；都指挥使司，掌军政，长官为都指挥使；按察使司，掌刑名按劾，长官为按察使。地方长官行政权与军政权、监察权的分立，从根本上消除了其专擅自为的可能性。然而究竟因为辖区辽阔、差异太大，而又交通不便、联系困难，因而对某些特殊的任务与突发的重大事件，由朝廷直接控制，实有鞭长莫及的困难，所以很快又有巡抚官之设。至中后期，常常临时差设巡抚、总督、总理一类的特派大员，协调并统一指挥地方，以应付军务、河漕、粮饷、边防、河道等重大地方政务。有的事罢则撤，有的则形同常设。巡抚对三司官不能自行处理，只能奏罢；三司官对巡抚违法可以直接向中央参奏。直到清朝，总督、巡抚成为行省的最高军、政长官，被认为是封疆大吏，但在清初的很长一段时期里，它们仍带有差遣的性质，直到乾隆时才变为实缺官，并规定布政使、按察使皆为督、抚的属吏。从这些方面看，清朝的地方官，其权力较明为高；但清朝的巡抚和总督，又互相牵制，防止了它们中任何一个专擅自为的可能性。因此，就总体而言，元、明、清三代，地方政府的权力，虽不断有所调整，但中央对地方的控制已渐趋完备，中央过度集权，地方相对无权的大格局始终没有变化。

第十三章　中国专制主义皇权的基础

专制主义的产生是一个十分复杂的问题。专家们认为："专制主义既可以从早期王权发展演变而来（古代亚洲一些文明古国、中世纪西欧国家），也可以从取代早期王权的其他政权形式如贵族共和制和民主制瓦解的基础上确立起来（如古代希腊、罗马），还可以由接受外来影响的原始部落和国家征服先进的国家和地区之后而建立起专制主义。在后一种情况下，原始部落可能跳过早期王权历史发展阶段直接达到专制主义，亦即他们的国家和专制主义同时产生（赫梯、匈奴等）；也可能是原处于早期国家阶段的王权过早衰落，其残余因素和专制主义交叉起来（波斯、马其顿等）。当然，在这种情况下产生的专制主义早熟的现象有着特殊的条件和原因，并不是专制主义自发产生的正常途径。至于专制主义产生条件和存在基础，则应当主要从社会历史发展方面，特别是从社会经济结构变化和阶级斗争加剧导致统治阶级强化国家机器和加强集权统治需要来寻找，而不应当主要从自然地理环境或从民族特性及其差异方面来作解释。同时还应当看到，专制主义的起因随地而异，其生长的基础又是多种多样的。比如：国家对经济命脉和资源的控制，区域性生产的分工和交换的需要，以及前资本主义社会中通行的超经济强制，则是专制主义得以产生和赖以生存的重要根基。强大的皇室经济和职业性常备军的存在，也是专制主义滋生的土壤。大规模的征服战争,无疑是专制主义产生和发展的催化剂。在古代历史条件下,地域辽阔、幅员广大的帝国只能实行中央集权的专制主义来加强统治,这就是为何古代大帝国无不实行专制主义的缘故。"(《古代王权与专制主义》,第5—6页)那么,中国的专制主义皇权的基础又是什么呢? 它的特点又表现为哪些? 这是值得我们深入进行探讨的。

我们先就中国封建专制主义皇权的基础来进行讨论。

(一) 政治和经济基础

封建专制主义皇权是一种上层建筑,它是在一定的经济基础上所产生,并反过来为自己的经济基础服务的。

春秋、战国时期,铁器的广泛使用、牛耕的推广、农业手工业生产技术的提高、水利灌溉的改进等等,直接导致了社会生产力的飞跃发展。与之相应的手工业、商业也得到前所未有的发展。很显然,一个使用铁制农具和掌握牛耕的农民,比起他们的先辈来,可能耕作的面积大大增加了,单位产量也有明显提高。这就必然引发荒地的大片开垦,农民在份地之外,有可能借助铁制工具,剪除榛莽,开辟蒿莱,使成为良田。譬如中原地区的宋、郑两国之间,原来有着大片"隙地",到春秋后期,经过陆续开垦,政府便在这里添设了六个邑,进行统治。(《左传》哀公十二年)荒地的开拓便使旧有的份地的外壳受到毁灭性的突破。与此相适应的,领主们的剥削方式也随之发生了变化。由属民提供无偿劳役,共耕公田的作法远不如按亩征租的新剥削方式来得有利。鲁宣公十五年(前594)创行"初税亩",即"履亩而税",就是用"按亩征税的办法,代替原来井田制的'籍法',也就是废弃了'公田'和庶人在'公田'上的集体耕作。这是一种有进步意义的土地制度的改革。"(杨宽

《战国史》,第158页)"春秋后期,中原各国都已采用按亩征税的制度。""到春秋战国间,田地租税的征收已很普遍。"公元前408年(秦简公七年),僻处西陲的秦国也实行了"初租禾"的政策,"初租禾"和"初税亩"的性质相同,就是按照地主所有田地面积征收一定数量的谷子作为地税。(同上,第159页)这种地主在身分上与旧有的封建领主不同,他们的土地是私行开垦或通过买卖得来的。这种新型的地主经济是在瓦解旧有的宗法分封领主经济中所产生,和当时政治上中央集权的专制主义王权的成形是密切相联的。这种新型的地主经济构成新的经济基础,中央集权的专制主义王权就是在这个经济基础上成形,在政治上与之适应并为它而服务的上层建筑。战国时期,各个国家中广泛出现以军功而获得爵位、享有食封特权的群体,他们就是这种新的地主阶级的政治代表。这种人,我们把它称之为食封地主。

在西周宗法封建制度下,天子、诸侯、大夫、士,构成一座权力的金字塔。在他们间,分封领邑,有土斯有民。社会把人划分成多层、严格的等级,当时称人有十等。王、公、大夫、士、皂、舆、隶、僚、仆、台。士以上是贵族;以下则是庶人和奴隶。又有所谓"国人"、"野人"的区分。农民是以井田的形式牢固地控制在分划给他以维持生计的"私田"上,成为领主的农奴。这种情况,大致是和西欧封建制度前期的情况相类似的。社会经济的发展,井田形式的奴役制度开始被突破。领主们开始认识到,履亩征赋远比强迫农民以劳役方式耕种公田的收入要大得多。因此,战国时的各国,都相继废井田,开阡陌,任民垦种,而行履亩赋税。在这种情况下,农民中贫富分化日益扩大。随着商品交换的发展,土地买卖也开始盛行。

战国时期,七国的统治者为了强化王权的基础,开始推行军功封爵制度,用之赏赐吏民、奖励军功,分别制定了不同的爵秩等级。

譬如卿就有上卿、亚卿；大夫有上大夫、中大夫、五大夫等名称。秦孝公用商鞅变法，"令民为什伍，而相牧司连坐。不告奸者腰斩，告奸者与斩敌首同赏，匿奸者与降敌同罚。民有二男以上不分异者，倍其赋。有军功者，各以率受上爵，为私斗者，各以轻重被刑大小。僇力本业，耕织致粟帛多者复其身。事末利及怠而贫者，举以为收孥。宗室非有军功论，不得为属籍。明尊卑爵秩等级，各以差次名田宅，臣妾衣服以家次，有功者显荣，无功者虽富无所芬华"（《史记》卷六八《商君列传》）。这里，明确地规定了：（一）所有百姓，按军功行爵，即使是宗室，非有军功，亦不得为属籍，享受过去宗族制度时的特权。（二）按照爵位给予田宅，所谓"以有功劳行田宅"。其多少均有明确的规定，并有相应的行舆服饰制度，以明爵秩等级的尊卑。（三）家有二男者必分析，力耕致富者复其身之差役。因懒惰而致贫及从事商业末利者可没为官奴婢。据《汉书·百官公卿表》：秦制，爵分二十级，它们是：

1. 公士　意谓其有爵命，异于士卒，故称。
2. 上造　意有成命于上者。
3. 簪袅　以组带马曰袅，意为有此种马饰者。
4. 不更　言不豫更卒之事者。
5. 大夫
6. 官大夫
7. 公大夫
8. 公乘　言得乘公家之车者。
9. 五大夫　大夫之尊者。
10. 左庶长　言为众列之长。
11. 右庶长
12. 左更　言主领更卒，部其役使。
13. 中更

14. 右更
15. 少上造　主上造之事也。
16. 大上造
17. 驷车庶长　言乘驷马之车而为众长也。
18. 大庶长
19. 关内侯　有侯号而居京畿,无国邑。
20. 彻侯　言其爵位上通于天子。

《汉书·百官公卿表》注引钱大昭云:"自公士至公乘,民之爵也,生以为禄位,死以为号谥。凡言赐民爵者即此。自五大夫至彻侯,则官之爵也。《成纪》永始二年诏曰:'吏民以义收食贫民,其百万以上,加赐爵右更,欲为吏,补三百石。'是爵至十四级,与三百石吏相埒矣。准是以推,九级之五大夫等比百石,十级之左庶长等百石,十一级之右庶长等比二百石,十二级之左更等二百石,十三级之中更等比三百石矣,故谓之官爵。"(卷十九上)官爵是和战功直接挂钩的。《韩非子·定法第四三》载:"商君之法曰:'斩一首者爵一级,欲为官者为五十石之官。斩二首者爵二级,欲为官者为百石之官。'官爵之迁与斩首之功相称也。"《商君书》的《境内第十九》一篇,就是详叙当时的爵位升迁的。虽然许多地方,我们还很难读懂,但大致的意思,还是可以揣知。如:"故爵公士也,就为上造也,故爵上造,就为簪袅,就为不更,故爵为大夫,爵吏而为县尉,则赐虏六加五千六百,爵大夫而为国治,就为大夫,故爵大夫就为公大夫,就为公乘,就为五大夫,则税邑三百家。故爵五大夫,皆有赐邑三百家,有赐税三百家。爵五大夫,有税邑六百家者受客……"可知秦之军功爵,皆有作为禄的相应的税邑,为九等之五大夫者,税邑三百家。荀子《议兵篇》也说:秦国"功赏相长也,五甲首而隶五家。"就是说斩得五个甲士的首级就可以得到五家农民作为食封的隶属。一定的爵位是与某一级的官吏相等的,《文献通考·职官二十》谓:"秦制:爵二十等,以赏功劳。其帅人皆更卒也,有功赐则在军吏之例,自公大夫以上,令、丞与亢礼。"(卷六六)又注云:"其十八等自大庶长以下,又似官也。"在商鞅定法时,斩一首得爵一级,但同时也可以要求作五十石之官,官与爵原是相通的,因此韩非尖锐地批评这种作法失当,认为取勇力而治智能之官,就是说取那些勇于战斗的人来担任那种需用智能的官职,所取非所用,是商君"于法术皆未尽善"的表现。(《定法第四三》)

根据杨宽先生的研究:秦代制度,"没有高级的爵位,就不准使用雇佣劳动。诉讼时,爵位高的才能审判爵位低的。爵位高的如果有罪被罢免,不能给其他有爵位的人充当奴仆。按照秦律规定,在一定范围内,爵位可以用来赎免自身或家人的奴隶身分,犯罪时还可以按爵位高低在一定范围内减轻刑罚。如果死去,爵位每高一级,他的坟墓上就多种一棵树。总之,从第一级到二十级,各级都有相应的政治、经济特权,如作官,取得土地、田宅、奴隶,享用食邑上的租税,赎身、减轻刑罚,以至死后植树封墓等等,并且用法律形式规定下来。"(《战国史》,第255页)不遵守这些规定就是"逾制"。在《法经》的《杂律》中,就有严禁逾制的法律条文。

刘汉军兴,从龙的有功将士皆有爵赏,有七大夫、五大夫、列大夫、上闻爵、卿从、贤成君、信成君、执帛、执圭等名目。最初是杂取列国爵等,尚无定制,如执帛即楚爵(《汉书·曹参传》注)。天下既定,始整齐划一,沿用秦制。当时以功臣而封侯者一百四十余人,各分户万余至五六百户不等,侯以下以功受爵的从龙之士,史虽无载,但数字肯定是相当可观的。五年即位大行分封时所颁诏书中说:"民前或相聚保山泽,不书名数。今天下已定,令各归其县,复故爵田宅。吏以文法教训辨告,勿笞辱。民以饥饿自卖为人奴婢者,皆免为庶人。军吏卒会赦,其亡罪而亡爵及不满大夫者,皆赐爵为大夫。故大夫以上赐爵各一级。其七大夫以上,皆令食邑。非七大夫以下皆复其身及户,勿事。"又曰:"七大夫、公乘以上,皆高爵也。诸侯子及从军归者甚多高爵,吾数诏吏先与田宅及所当求于吏者,亟与。爵或人君,上所尊礼,久立。吏前曾不为决,甚亡谓也。异日秦民爵公大夫以上,令丞与亢礼。今吾于爵非轻也,吏独安取此?且法以有功劳行田宅,今小吏未尝从军者多满,而有功者顾不得,背公立私,守尉长吏教训甚不善,其令诸吏善遇高爵称吾意,且廉问有不如吾诏者以重论之。"(《汉书》卷一下《高帝纪下》)这就清楚地为我们表明:汉初除封国之外,广大的诸侯之子及从军而归的有功劳者皆授与高爵,所有一般军吏卒也加给低等的爵位,七大夫以上则拥有食邑,以下皆复其身及户的赋役。此外,对来归的人,其在秦时拥有的爵位与田宅也加以承认。惠帝在位,吕后执政,颁发了一个大规模的赐爵诏令:"赐民爵一级。中郎、郎中满六岁,爵三级;四岁,二级。外郎满六岁二级。中郎不满一岁一级,外郎不满二岁赐钱万。宦官、尚食比郎中。谒者、执楯、执戟、武士、驺比外郎。太子御骖乘赐爵五大夫,舍人满五岁二级。"这里,首先把赐民爵与赐吏爵区分开来,其次取消了以爵级赐予田宅的规定。汉景帝和武帝时期,那些足以威胁朝廷的雄藩封国相继削除,但以功受爵而取得食邑的队伍则在不断扩大。文帝就曾用晁错的建议,令民入粟受爵,也就是以粟买爵,入粟六百者得爵上造,四千石为五大夫,万二千石为大庶长。爵至五大夫者可复役一人。武帝又定武功爵十七级。其可考者:一、造士;二、闲舆卫;三、良士;四、元戎士;五、官首;六、秉铎;七、千夫;八、乐卿;九、执戎;十、政庆庶长;十一、军卫。(《汉书·食货志下》注引《茂陵中书》)可知汉时拥有爵位的食封地主来源有四种。一、从刘邦定天下的各级军将;二、来归的秦时原有爵位的人;三、文帝时入粟受爵的人;四、武帝时以军功而受爵者。它们的队伍是相当庞大的。爵按照它的级别各有其相应的特权。大抵以第九级五大夫为界,分为两大等,五大夫以上为高爵,又称吏爵,这就是说,在原则上,得到这一级爵位的人,如果欲为吏,便可以充任相应的吏职。这从上文钱大昭所引《成帝纪》永始二年诏书就是证明。他们也按爵的级别各有食邑,其家并得到免役的特权("爵至五大夫则复家")。第八级公乘以下,称民爵,也有复其身及户方面不等的优免权。秦爵规定第七级公大夫即与令丞亢礼。可知其时公大夫已为高爵;汉高祖五年的诏文也以七大夫、公乘以上为高爵。大概到后来才改变规定,始以第九级的五大夫以上为高爵。民爵一般不能升为吏爵。民爵后来主要是在遇到特典或灾异时皇帝所赐予,故迭有加升,但升到第八级公乘时则只能转让给自己的亲属。爵可以当罪,"赎禁锢,免赃罪"。也可以转卖。在等级森严的社会里,爵标志着人们的身分等级,以及由此而享有的政治、经济特权,尽管民爵在特权方面已无关轻重,但社会地位却因此区分,在当时决不是无意义的。

有的著作家把汉的分封说成为有封爵与赐爵两种。诚然,封爵是亲其亲,赐爵则为酬勋,而且厚薄悬绝,但从本质上看,两者都是封建制度下的分封。与周代的封建不同,这时的封建大自王国,小至民爵,都是皇帝直接授予。汉初的王国跨州连郡,经过推恩析国等政策,封邑已大为缩小。但"领户制"作为汉代封建制的特征始终没有改变。(《中国封建社会史论》,第 70 页)两汉的社会,就是一个以爵为级差,区分等级,明确尊卑的封建社会。甚至皇帝的后宫诸妃嫔,也是与爵级等比,以区分高下的。食邑的奴役对象就是一般的农民,进而演变为部曲、佃客。由政府控制的小农称为庶人。从阶级的区分看,吏爵的拥有者属于领主阶级。从公乘(第八等)以下至于庶人,基本上可属于自耕农,他们是全国人口的大多数。领主食邑所控制的部曲,佃客属于农奴。当时社会上还存在相当数量的奴婢,他们只有在恩免以后才可以跻身于庶人。广大的自耕农民与以爵区分、有严格等级的食封领主及与之相应的奴役制度，就是秦汉封建社会的政治与经济基础。

惠帝时期的普赐爵位，首开轻滥的先河。造成爵位迅速轻滥的原因，大致有以下三个方面。首先是历年无止境的恩赐。当这种恩赐滥及于人，而又徒有虚名，并无田地、属民等实际利益的情况下，爵位也就逐渐失去了它本身的社会价值。正如王桀所说的："古者爵行之时，民赐爵则喜，夺爵则惧，故可以夺赐而法也。今爵废矣，民不知爵者何也，夺之，民亦不惧；赐之，民亦不喜，是设空文书而无用也。"（《艺文类聚》卷五一封爵部）其次，政府的营利货卖，也直接导致爵位的轻贱。在晁错上文帝的著名的《贵粟疏》里，他建议文帝实行"入粟县官，得以拜爵，得以除罪"，或者，"入粟于边，以受爵免罪"。他的理论是："令民入粟受爵，至五大夫以上乃复一人"，而且，"爵者，上之所擅，出于口无穷"。文帝于是下令，"令民入粟边，六百石爵上造，稍增至四千石为五大夫，万二千石为大庶长，各以多少级数为差。"（《汉书·食货志》）因此，有钱的人，特别是富厚的商人，都可以通过货买，得到高爵。而商人，根据当时政府的抑商政策，他们的社会地位原是要低于闾左的贫民的。第三，爵本具严格的等级制度，不许逾越。其中最主要的便是名田的限额。不同等级的爵位，各享有定额的名田与属民数目。由于田地买卖的盛行，社会贫富分化的加剧，爵制也便遭到彻底的破坏。"东汉是赐爵最多的朝代，但人们竟不知赐爵的用意何在？甚至连熟悉官事的一些文吏也弄不清楚'赐民爵八级何法。'"汉末曹操当政，建立新的爵制，但新增的这四等按规定"皆不食租"，即后世之所谓"虚封"（《秦汉官制史稿》下册，第446页）。魏晋以后，至于隋唐，都只是名号仅存而已。

然而封爵制度的破坏并不足以从根本上动摇社会区分为等级的经济基础，只是这种区分在新的条件下又换上新的形式。魏晋南北朝时期,社会等级又以门阀制度的兴盛,社会分成九品流行开来。

《通典》谓:"九品之制,初因后汉建安中天下兵兴,衣冠士族多离本土,欲征源流,虑难委悉。魏氏革命,州郡县俱置大小中正;各取本处人任诸府公卿及台省郎吏有德充才盛者为之,区别所管人物,定为九等。其有言行修著,则升进之,或以五升四,以六升五;倘或道义亏阙,则降下之,或自五退六,自六退七矣。是以吏部不能审定核天下人才士庶,故委中正铨第等级,凭之授受,谓免乖失及法弊也。唯能知其阀阅,非复辨其贤愚,所以刘毅云:'下品无高门,上品无寒士。'"(卷十四《选举二》)与此同时,由东汉以来兴起的世族由于受到鲜卑原始氏族制度的影响,发展成了极盛一时的门阀制度。《杨文公谈苑》:"士人以氏族相高,虽从古有之,然未尝著盛。自魏氏铨总人物,以氏族相高,亦未专任门第。""自后魏据中原,此俗遂盛行于中国。故有八氏十姓三十六族九十二姓。凡三世公者曰膏粱,有令仆者曰华腴,尚书领护而上者为甲姓,九卿方伯者为乙姓,散骑常侍太中大夫者为丙姓,吏部正员郎为丁姓,得入者谓之四姓。其后迁易纷争,莫能坚定,遂取前世仕籍,定以博陵崔、范阳卢、陇西李、荥阳郑为甲族。唐高宗时,又增太原王、清河崔、赵郡李,通谓七姓。"(《新唐书》卷一九九《柳冲传》;《宗朝事实类苑》卷五八《氏族》)"然地势相倾,互相排抵,各自著书,盈编连简,殆数十家。至于朝廷为之置官谍定。而流习所徇,扇以成俗,虽四势不能排夺。大率高下五等,还有百家,皆谓之士族;此外悉为庶族,婚宦皆不敢与百家齿。陇西李氏乃皇族,亦自列在第三,其重族望如此。一等之内,又如岗头卢,泽鹿李,土门崔,靖恭王之类,自为鼎族。"(《梦溪笔谈》卷二四)门阀和品第紧密结合,成为这一时期社会的特点。南朝至于梁、陈,北朝至于周、隋,选举之法,虽互相损益,而九品及中正至开皇中方罢。"可知这种划分是由于建安以来天下丧乱，人户流亡，"欲征源流，虑难委悉"，所以重新实行了九品中正之法。其间最大的区别是两汉的爵级授予操在中央，而魏晋的品级决定于中正，也就是地方豪族。这正反映了这一时期地方势力增强的趋势。

我们知道，皇帝是封建主阶级在政治上的最高代表，但是他们内部是充满利害不同，分配不匀的矛盾与斗争的。两汉时期，随着贫富分化与土地买卖的加速发展，导致"王制遂灭，僭差亡度，庶人之家，富者累巨万，而贫者食糠糟"的现象。失去土地的农户，"或耕豪民之田，见税十五"（《汉书》卷二四上《食货志》）。兼并的盛行，就出现了占田逾制、即占有的土地超过本人爵位所许可的田亩数目的现象。汉武帝时，董仲舒首先提出了限民名田的主张，以澹不足而塞并兼之路。王注引颜师古曰："名田，占田也。各为立限，不使富者过制，则贫弱之家可足也。"（同上）所谓"制"，就是爵等所规定的数字。成帝时，师丹复建言："今累世承平，豪富吏民訾数巨万，而贫弱愈困，宜略为限。"于是决定："自诸侯王、列侯、公主名田各有限；关内侯、吏、民名田皆毋过三十顷，奴婢毋过三十人。期尽三年；犯者没入官。"（《资治通鉴》卷三三）这一规定以贵戚近习皆不便，寝格不行。哀帝宠幸佞臣董贤，赏赐无度，丞相王嘉上疏极谏，谓"诏书罢苑，而以赐贤二千余顷，均田之制从此堕坏。"注引孟康曰："自公卿以下，至于吏、民，名曰均田，皆有顷数于品制中，令均等。今赐贤二千余顷，则坏其等制也。"（《汉书》卷八六本传）这里，首次提出了"均田"一词。平均是中国封建经济思想的最主要内容与理想。老子倡损有余补不足。孔子明确申言："丘闻有国有家者，不患寡而患不均，不患贫而患不安。"孟子关于井田制度的描述，实际上就是他本人平均主义理想对上古公社土地所有制的美化。然在汉儒的实际生活中，"均田"也就是"名田"，在他们看来，各按其份之所应得，这就是"均"；兼并逾制，也就是均田之制的隳坏。为了实现这一伟大的理想，王莽在位时，由明学男张邯、地理侯孙阳造井田，"更名天下田曰王田，奴婢曰私属，皆不得卖买。其男口不盈八而田过一井者，分余田予九族、邻里、乡党。故无田，今当受田者，如制度。敢有非井田圣制，无法惑众者，投诸四裔，以御魑魅"（《资治通鉴》卷三七）。这是中国史上第一次土地改革，然而很快以失败告终。东汉时期，兼并以更猛烈的速度发展，政府终于完全放弃限制的打算。桓帝延熹八年，"初令郡国有田者亩敛税钱"（同上卷五五）。这实际上就是对于兼并逾制的公开承认。

魏晋南北朝时期，门阀大地主利用中央王朝削弱的时机，以宗族、部曲、宾客等形式，大量影占人户作为私属。这样作的后果就是中央直接控制的人户减少，严重地威胁赋役来源。为了抑制兼并，争夺人户，东晋有占田之制，北魏是一个由刚步入文明门槛的游牧民族，入据中原后，残存的原始共产主义风习与汉人中强烈追求均地的要求相结合，并在存在大片荒地的可能条件下采行均田。隋在强化中央集权的基础上成功地实行了大索貌阅与输籍之法，并在此基础上继续采行均田。唐朝在总结前代均田的基础上更把这一制度推向完善，使农业生产空前发展，从而也保证了国用殷富。北魏、隋、唐时代的均田与汉时的所谓"均田"的区别在于，这一时期，由于长期的战乱，人口离散，田地荒芜，因此，这个时期的均田可以把大片荒地，实授给无地的农民。这是农业平均主义思想的成功的实验。

当门阀制度极盛时，一些豪族如"瀛冀诸刘，清河张、宋，并州王氏，濮阳侯族，诸如此辈，一宗近将万室，烟火连接，比屋而居"（《通典》卷三《食货三》）。为了防御战乱，豪族地主兴筑堡坞，其中聚集的人，多或四五千，少亦千家五百家之数（《鸣沙石室佚书·晋纪》）。他们"或百室合户，或千丁共籍"（《晋书》卷一二七

《慕容德载纪》)。把农民作为他们的"堡户"、"苞荫户",实即农奴性质的、部曲。均田制是中央向豪族地主争夺人户的成功办法。随着均田制的成功推行,隋、唐时期,门阀势力已趋衰落。然而,以平均主义思想为指导、采均田形式的小农经济是极不稳定的,它们很快就发生分化。到了中唐时期,又发生贫富悬绝,人户流亡,农村的几乎半数以上的农户,都是蓬转飘流的所谓客户,客户通过租佃的契约关系,成为佃农,种田纳租,农村的阶级关系随之发生了重大的变化,取代门阀地主的是所谓庶族地主的兴起。

庶族地主,在经济形态上,与两汉的食封地主、魏晋南北朝的门阀地主相比都有根本的不同。概而言之,隋、唐以前,主要实行劳役制剥削,公私控制的主要对象也在丁口。农民是以农奴的身份牢固地依附在份地上的。而在庶族地主经济形态下,农民通过租佃形式成为地主的佃农,以实物缴纳地租,在法律上,佃农本来的身份是平人,只是因租佃而成为主家的奴仆,但其地位较之法律正式规定的奴仆要高出一等。而且,在租佃关系解除后,他们又可以恢复原来的平人地位,因而在人身依附关系上相对的有所松弛。国家的控制,在注重丁籍的同时,也已把更大的注意力贯注在地亩籍上。这两种经济形态即劳役剥削与实物剥削分段的界线一般都以 780 年两税法的实行为标志。

两税法的核心是"户无主客,以现居为簿;人无中丁,以贫富为差"。主、客户制的废除(实际上到南宋才最后废除),住在哪里,就可以在哪里入籍,说明人的迁徙有了某种自由,是人身依附松弛的表现。政府把对人丁的控制,转而注意于贫富;所谓富,即土地所有。使国家的收入,主要取之于田赋,而把劳役退居其次的地位,这就是"人无中丁,以贫富为差"的实际内容。这个过程的最后完成一直迁延到明末一条鞭以及清康熙时的"盛世滋丁、永不加赋"和雍正时的"地丁合一"、"摊丁入亩"才最后完成。这个时期的庶族地主阶级,主要依靠科举竞争取得官位,通过本人为官攫取财富,形成了在广大乡村中的所谓乡绅阶层。这个阶层依靠官府,垄断乡曲,但它本身并不是权力机构,而且,原则上不能相传以世。几经分析之后,它们就沦为一般的庶民。因此它不可能构成地方的割据势力,相反,它更需要强大的中央权力来保护自己。特别是在两宋之后,旧有爵位、门阀等级已经消失,社会已简化为地主与农民两大阶级的对立。这种简单的贫富对立,甚至在农民起义的口号里也被鲜明的提了出来。阶级斗争日形尖锐化。为了维护地主阶级的统治,就必须加强镇压。元、明、清时期专制主义中央集权的极端化发展,就是同这种形势的需要密切相关的。也应该指出:土地租佃制度的出现,作为一种经济制度,较之典型的农奴制度是一个很大的进步,是农奴制解体走向农业资本主义发展的必然阶梯。然而这个历史的转化必须要有许多有利资本主义发展条件的历史性凑合,而在地球的东方,社会的发展却在这个历史的阶段停顿了。中国再没有从社会发展的优势方面保持自己的领先地位。

（二）理 论 基 础

中国专制主义皇权理论是由先秦的法家奠定,并经过汉儒的缘饰而形成的。

在孔、孟的学说中,至少我们看不出法家所奉为信条的君尊臣卑理论。《论语·八佾第三》:"定公问'君使臣,臣事君,如之何?'孔子对曰:'君使臣以礼,臣事君以忠。'"《孟子·离娄上》:"孟子告齐宣王曰:'君之视臣如手足,则臣视君如腹心;君之视臣如犬马,则臣视君如国人;君之视臣如土芥,则臣之视君如寇仇。'"《论语·宪问》:"子曰:为命,裨谌草创之,世叔讨论之,行人子羽修饰之,东里子产润色之。"四人者,皆郑大夫。"郑国之为辞命,必更此四贤之手而行,详审精密,各尽所长。"后世之三省制度,就是从此而得到启发。《礼记·王制》载:"凡官民材,必先论之,论辨然后任之。爵人于朝,与士共之。刑人于市,与众弃之。"这都证明,儒家鼓吹贤人政治,不赞行君主独裁。又如所谓谅阴制度:"子张曰:"书云:高宗谅阴,三年不言。何谓也。"子曰:"何必高宗,古之人皆然。君薨,百官总已以听于冢宰三年。"(《论语·宪问》)这是君主独裁所绝不容的。君主独裁是法家的理论,是与儒学直接对立的。如果说孔子对管仲还有所肯定的话,那么孟子对于以管仲为代表的法家耕战理论,则给予过同对杨墨一样严厉的批评。他说:"今之事君者,皆曰:‘我能为君辟土地,充府库。’今之所谓良臣,古之所谓民贼也。君不乡道,不志于仁,而求富之,是富桀也。‘我能为君约与国,战必克。’今之所谓良臣,古之所谓民贼也。君不乡道,不志于仁,而求为之强战,是辅桀也。由今之道,无变今之俗,虽与之天下,不能一朝居也。"(《孟子·告子下》)当时,儒法的对立,许多基本的方面,形同水火,这是十分清楚的。

　　法家是君尊臣卑,君主专制独裁的狂热鼓吹者。《商君书·修权第十四》中提到:"国之所以治者三:一曰法,二曰信,三曰权。""权者,君之所独制也。""权制独断于君则威。"慎到也强调君主的独尊。"立天子者,不使诸侯疑焉。立诸侯者,不使大夫疑焉。立正妻者,不使嬖妾疑焉。立嫡子者,不使庶孽疑焉。疑则动,两则争,杂则相伤,害在有与不在独也。故臣有两位者国必乱,臣两位而国不乱者,君在也,恃君而不乱矣。失君必乱。子有两位者家必乱,子两位而家不乱者,父在也,恃父而不乱矣。失父必乱。"(《慎子·德立》)这里强调的是君主的独尊。

　　韩非集先秦法家的大成,在专制方面作了全面的论述,他是从三个方面来构筑他的专制主义理论的。

第一，隆主尊君。尊君抑臣是法家的基本原则。他们认为，君和臣是一对矛盾的势力，只有抑臣，不使擅权，才能保持君主的尊严与国家的稳定。"爱臣太亲，必危其身；人臣太贵，必易主位。""是故诸侯之博大，天子之害也。群臣之太富，君主之败也。将相之管主而隆国家，此君人者所外也。万物莫如身之至贵也，位之至尊也，主威之重，主势之隆也。此四美者，不求诸外，不请于人，议之而得之矣！""昔者纣之亡，周之卑，皆从诸侯之博大也。晋之分也，齐之夺也，皆以群臣之太富也。夫燕、宋之所以弑其君者，皆以类也。"（《韩非子集解·爱臣第四》）尊君之道，在于重法。故曰："夫凡国博君尊者，未尝非法重而可以至乎令行禁止于天下者也。"（《制分第五五》）法令不行，则君轻而国危。"是以法令隳，尊私行以贰主威，行赇纹以疑法，听之则乱治，不听则谤主，故君轻乎位而法乱乎官，此之谓无常之国。"（《八经第四八〔八〕》）故此，"有道之君，不大其都；有道之君，不贵其家；有道之君，不贵其臣"。他形象似地设喻，以为君主之驾驭诸侯臣工，就像是植树的整枝、去枝。"为人君者，数披其木，毋使木枝扶疏；木枝扶疏，将塞公间，私门将实，公庭将虚，主将壅围。数披其木，无使木枝外拒；木枝外拒，将逼主处。数披其木，毋使枝大本小，枝大本小，将不胜春风，不胜春风，枝将害心。公子既众，宗室忧吟。止之之道，数披其木，毋使枝茂。木数披，党与乃离。"（《扬权第八》）吴起辅楚悼王行改革，针对"大臣太重"、"封君太重"，把改革的锋芒首先指向强大的封建领主。申不害相韩昭侯，其"术"即要求君主"因任以授官，循名而责实，操杀生之柄，课群臣之能"。都是强调君主的独尊而对大臣的严加控制。

第二，一权操柄。人君的威势来自权柄，就像虎之有爪牙；老虎没有了爪牙，不过是一条赖皮狗而已。"明主之所以导制其臣者，二柄而已矣。二柄者，刑、德也。何谓刑、德？曰：杀戮之谓刑，庆赏之谓德。""人主者,以刑、德制臣者也,今君人者释其刑、德,而使臣用之,则君反制于臣矣。"(同上《二柄第七》)又说:"君执柄以处势,故令行禁止。柄者,生杀之制也;势者,胜众之资也。"(《八经第四八〔一〕》)"故明君操权而上重,一政而国治。"(《心度第五四》)反之,臣操权则上轻,政出二途则国必乱。韩非把这种权臣称之为"重人"。"重人者,无令而擅为,亏法以利私,耗国以便家,力能得其政,此所为重人也。"(《孤愤第十一》)"国有擅主之臣,则群下不得尽其智力以陈其忠,百官之吏,不得奉法以致其功。"(《奸劫弑臣第十四》)"人主之所以身危国亡者,大臣太贵,左右太威也。所谓贵主,无法而擅行,操国柄而便私者也。所谓威者,擅权势而轻重者也。"(《人主第五二》)从这一点出发,韩非甚至公开提出反对任贤。他说:"任贤,则臣将乘于贤以劫其君。"(《二柄第七》)他举出的例子也很出人的意想之外,说:舜之代尧,汤之灭纣,"此皆以贤而危主者也"(《忠孝第五一》)。儒家理想主义的肥皂泡,在韩非那里成了赤裸裸的权势角斗。儒家所倡的是惟名与器不可假人,韩非则强调权势不可假人。如果不借权势,则会上下易位,主有名而无实,臣专法而擅行。春秋、战国时代的周天子就是这种悲惨的角色,(《备内第十七》)这是法家所坚决反对的。他把这种现象称之为"壅"。"人主有五壅。臣闭其主曰壅,臣制财利曰壅,臣擅行令曰壅,臣得行义曰壅,臣得树人曰壅。臣闭其主则主失位,臣制财利则主失德,臣擅行令则主失制,臣得行义则主失名,臣得树人则主失党。此人主之所以独擅也,非人臣所以得操也。"(《道义第五》)

　　第三,专制独断。韩非进一步发挥了《商君书》权必须由君主独揽,只有独揽才能树威的专制独裁的思想。他认为君主必须大权亲揽,如"酸甘咸淡,不以口断,而决于宰尹,则厨人轻君而重于宰尹矣。上下清浊,不以耳断,而决于乐正,则瞽工轻君而重于乐正矣。治国是非，不以术断而决于宠人，则臣下轻君而重于宠人矣。人君不亲观听而制断在下，托食于国者也。"(《八说第四七》)但是，一个人日理万机，驱策群臣，其精力毕竟是有限的。"夫为人主而身察百官则日不足，力不给。"况且"上用目则下饰观，上用耳则下饰声，上用虑则下繁辞。先王以三者为不足，故舍己能而因法数、审赏罚，先王之守要。故法省而不侵，独制四海之内。"(《有度第六》)这种法数是什么呢？最重要的是"心藏不漏"。(《三守第十六》)就是要作到天威莫测，喜怒不形。如果"浅薄而易见，漏泄而不藏，不能周密而通群臣之语者，可亡也。"(《亡徵第十五》)是故君主当掩其情，匿其端，则人臣无缘以侵其主。"故曰：去好去恶，群臣见素。群臣见素，则大君不蔽矣。"(《二柄第七》)总之是要不动声色，莫测高深。"君无见其所欲，君见其所欲，臣自将雕琢。君无见其意，君见其意，臣将自表异。"(《主道第五》)"不谨其闭，不固其门，虎乃将存；不慎其事，不掩其情，贼乃将生。"(同上)韩非倡言，只要任数、因势，也就是利用这些法术度数之理，和君主的势力，并且能够以法为武器，就可以不待耳而聪，不待目而明，虽独处深宫，却能明照四海，达到天下大治，国运久长。

韩非的学说，早在秦始皇统一六国之前，便已在秦国流行。"秦王见《孤愤》、《五蠹》之书，曰：'嗟呼！寡人得见此人与之游，死不恨矣。'"(《史记》卷六三《老子韩非列传》)道出了他对韩非学说的倾倒。秦始皇的丞相李斯，这个作为统一秦帝国的具体设计师，自命为申、韩的服膺者，动辄援引韩非的著作为依据。连昏庸的秦二世，也十分熟悉韩非的著述。(参见《史记》卷六《始皇帝本纪》、卷八七《李斯列传》)由此可见，秦始皇的专制主义理论，作为思想基础，完全是直接从韩非学说中得来的。秦始皇居咸阳宫中，"行所幸，有言其处者，罪死。始皇幸梁山宫，从山上见丞相车骑众，弗善也。中人或告丞相，丞相后损车骑。始皇怒曰：'此中人泄吾语。'案问莫服,当是时,诏捕诸时在旁者,皆杀之。自是后莫知行之所在。"(《史记》卷六《始皇帝纪》)这种深居秘处,其原因固很复杂,可能有迷信道家之说的缘故,如《本纪》所举卢生之言;还可以从注意安全来解释;但这种表现也可能来自法家,因为它完全与韩非的深藏不露原则相符合。史载秦始皇每天勤于政事,亲自处理大量的案牍。但似乎可以肯定,他很少亲见群臣。惟其如此,在他道死沙丘时,赵高才可以演出长期秘不发丧的骗局。二世即位,赵高又诱劝他说:"奈何与公卿廷决事? 事即有误,示群臣短也。天子称朕,固不闻声。"(同上)这里玩的也还是韩非深藏不露的术数。秦专制主义的理论基础,初脱胎于韩非是明白无误的。"秦之法,尽是尊君卑臣之事,所以后世不肯变。"(《朱子语类》卷一〇八)

汉仍秦制。汉的创建者们都是一批贩缯屠狗、厚重寡文的武夫。他们除了在行政方面除暴出苛、崇尚清静无为之外,不可能作出任何有远见的改造。汉文帝"本好刑名之言"(《史记》卷一二一《儒林传》),表明他仍是一名法家的信奉者。但是这时法家在人们中已明显地暴露了它的局限和缺憾。贾谊在著名的《过秦论》中尖锐地总结出秦的覆亡,原因在于"仁义不施而攻守之势异也"。所谓攻守势异,就是"兼并者高诈力,安危者贵顺权",攻之与守,势不同而要求术亦异。黄老的顺成无为,就成为当时的最佳选择。景帝时,崇尚黄老之术的政治代表是窦太后。史言她好《老子》书,专门召来辕固生讨论这部书。固轻蔑地指责说:"此是家人言耳!"窦太后听了大怒,说:"安得司空城旦(司空,主刑徒之官;城旦,一种刑罚。)书乎?"便罚他入猛兽圈去刺野猪。景帝却认为辕固生对《老子》一书的批评是"直言",所以,私授固以利刃,下圈刺豕,一刺,正中其心,豕应手而倒。太后默然,无以复罪,罢之。居顷之,景帝以固为廉直,拜为清河王太傅。(同上)可知景帝也并不是道家的真正信奉者，只是因为窦太后好黄帝老子书，他与诸窦（窦婴是儒术的遵奉者）才不得不读老子书，装装样子，表示尊敬其说。（《汉书》卷九七上《外戚传》）武帝即位初年，这位老祖母太皇太后窦氏直接干预朝政。时，御史大夫赵绾、郎中令王臧遵用儒家礼制，建议兴建明堂，举行巡狩和封禅大礼，并改更服色。这一建议受到武帝和魏其侯窦婴（窦太后侄）、武安侯田蚡（景帝王皇后同母弟）的积极支持，"隆推儒术，贬道家言"。窦太后则任用学老子言的直不疑为丞相，逐赵绾、王臧，罢免丞相婴、太尉蚡。这是历史上道、儒之间的一次大决战。建元六年，窦老太后死去，道家从此失势。翌年五月武帝下诏举贤良，明确提出了"何行而可以章先帝之洪业休德"的改制愿望，要求士大夫提出建议，"于是董仲舒、公孙弘等出焉"。

董仲舒在著名的天人三策中，除了提出神秘的天人感应学说外，他着重"推明孔氏，抑黜百家，立学校之官，州郡举茂材孝廉"。他指出："春秋大一统者，天地之常经，古今之通谊也。今师异道，人异论，百家殊方，指意不同，是以上无以持一统，法制数变，下不知所守。臣愚以为不在六艺之科，孔子之术者，皆绝其道勿使并进，邪辟之说灭息，然后统纪可一而法度可明，民知所从矣。"汉武帝采纳了这一建议。这就是所谓"罢黜百家，独尊儒术"。儒学最终取得胜利，自有其必然的原因。钱穆指出："黄、老、申、韩之说，皆起战国晚世，本以治衰乱，非所以处升平。汉兴，疮痍未变，则黄、老自然与民休息之说胜。文、景图治，济之以刑名，申、韩。至于汉武，国力既充，如人之病起，舍药剂而嗜膏粱，亦固其宣。"（《国学概论》，第88页）从此，儒学取代道家黄老之言，定为国是。

《汉书·艺文志》叙诸子十家，其源同出于王官。"其言虽殊，辟犹水火，相灭亦相生也。仁之与义，敬之与和，相反而皆相成也。《易》曰：天下同归而殊途，一致而百虑。今异家者各推所长，穷知究虑,以明其指。虽有蔽短,合其要归,亦六经之支与流裔。使其人遭明王圣主,得其所折中,皆股肱之材已。"(卷三〇)诸子同源出王官之说,显然不是事实。但它们在战国的百家争鸣中,互相吸收,互相融合,相反相成,进而趋同则是不争的事实。道之与法,名之与刑,儒之于名、法、阴阳等,都是在互相吸收中发展。《汉书·艺文志》所言:"若能修六艺之术,而观此九家之言,舍短取长,则可以通万方之略矣!"正是汉人看到这种相互融合而希图综合百家的反映。和诸家融合的结果,汉儒在许多方面与孔、孟之儒已有很大的不同。孔、孟"守死善道",以理想自负,原则性是很强的。《礼记》中有《儒行》一篇,据说是孔子自卫返鲁之初所作,列儒者行品十六节,都表明这一原则。汉儒则讲究变通,杂取法、老、阴阳百家之学,所谓为学不醇。不学无术的刘邦得了天下,儒者叔孙通趋炎附势,自告奋勇前来帮闲,要为新朝制礼,说:儒者的毛病是"难与进取,可与守成"。而他则是进取的,因为他相信:"五帝异乐,三王不同礼。礼者,因时世人情为之节文者也。故夏殷周礼,所损益可知者,谓不相复也。臣愿颇采古礼,与秦仪杂就之。"鲁有二儒生认为修行古礼,不积德百年则不行,指叔孙通为谀,拒不参加。叔孙通讥笑他们说:"若真鄙儒,不知时变。"(《汉书》卷四三本传)叔孙通所制的礼,是儒法的杂凑。《史记·礼书》:"至秦有天下,悉内六国礼仪,采择其善,虽不合圣制,其尊君抑臣,朝廷济济,依古以来。至于高祖,光有四海,叔孙通颇有所增益减损,大抵皆袭秦故。自天子称号下至佐僚及宫室官名,少所变改。"(卷二三)朱熹指出:"叔孙通为绵蕞之仪,其效至于群臣震恐,无敢喧哗失礼者。比之三代燕享群臣气象,便大不同,盖只是秦人尊君卑臣之法。"又注《必大录》云:"叔孙通制汉仪,一时上下肃然震恐,无敢喧哗,时以为善。然不过尊君卑臣,如秦人之意而已,都无三代燕飨的意思了。"(《朱子语类》卷一三五《历代二》)可见这时的汉礼,已远非古者儒家雍容之旧。趋时变革是汉儒的长处。公孙弘"习文法吏事,缘饰以儒术"。顺上希旨,没有半点迂的旧毛病。董仲舒则杂取儒、道、阴阳五行,所行活脱脱地像一个巫师。他的天人感应学说,为专制主义皇权的无上权威制造了神学的根据。董仲舒的天,是一个有意志、有目的、万能而至仁至圣的最高主宰,宇宙的构造及其运动,都是出于它的意志。人君受命于天,天命就是天之令。皇帝是受天明命以统养万民的,因此,尊君也就是尊天,尊天就必须尊君。孔子作《春秋》,大义所在,曰尊王攘夷。孔子是极少具体谈到天的,所谓"天何言哉!四时行焉,万物生焉,天何言哉!"但在董仲舒那里,"春秋之法,以人随君,以君随天"。"故屈民而伸君、屈君而申天,春秋之大义也。"(《春秋繁露·玉杯第二》)"唯天子受命于天,天下受命于天子,一国则受命于君。君命顺,则民有顺命;君命逆,则民有逆命。故曰:'一人有庆,万人赖之",此之谓也。"(《为人者天地第四一》)"君者,民之心也;民者,君之体也,心之所好,体必安之;君之所命,民必从之。"(同上)在把君主个人神化,把君权神化的神学理论基础上,董仲舒同时也就为专制主义皇权最终地奠定了基石。这种欺骗的作用,正是法家单靠刑法暴力镇压所缺少的。我们在上篇中已经提出,董仲舒曾表《春秋》之义,稽合于律,成《春秋治狱》十六篇。这是法学的著述。他的学说,也很明显许多地方是脱胎于韩非。试把《韩非子·二柄第七》与《春秋繁露·保位权第二十》两文相比读,我们几乎很难从它们中找出什么本质的不同来。董仲舒也同样鼓吹"高其位"、"藏其神"。"高其位所以为尊也。""藏其形,所以为神。"(《离合根第十八》)"故为人君者,谨本详始,敬小慎微,志如死灰,形如委衣,安养精神,寂寞无为。体形无见影,揜声无出响,虚心下士,观来察往,谋于众贤,考求众人,得其心,偏其情,察其好恶以参忠佞,考其往行,验之于今。计其畜积,受于先贤,释其仇怨,视其所争,差其族党,所依为皋。据位治人,用何为名。累日积久,何功不成。"(《立元神第十九》)又曰:"人主之大守,在于谨藏而禁内,使好恶喜怒必当义乃出。"(《王道通三第四十四》)这些和韩非的闭藏之术如出一辙。司马谈批评汉儒"任术"(《史记》卷一三〇《太史公自序》:"儒者则不然……至于大道之要,去健羡,绌聪明,释此而任术。")董仲舒的上引主张,就是任术的明例。所以钱穆在论及董仲舒时,一则曰:"董仲舒,治《公羊春秋》之大儒也,其言天人相与之际,以灾异之变言《春秋》,皆非孔子以来儒者之本义。"再则曰:"仲舒论,盖多与《淮南》相类。"三则曰:"仲舒《春秋繁露》,其言亦多出于黄、老、刑名。"(《国学概论》,第 92 页)"盖仲舒之学,实主阴阳"。(同上,第 93 页)司马谈也指出"儒者博而寡要,劳而少功,是以其事难尽从,然其序君臣夫子之礼,列夫妇长序之别,不可易也。""法家严而少恩;然其正君臣上下之分,不可改矣。"(《史记》卷一三〇《太史公自序》)一切政权的维持,靠的是两手:镇压与欺骗;法家与儒家正是分别代表这两手。法家之失,正在于过分强调赤裸裸的镇压,即所谓"严而少恩"。儒家之失却是空谈仁义道德,故迂阔而不切实用。能够把两者有机地结合起来,两手的功能就于是乎灿然大备了。

　　上述分析表明:中国封建专制主义皇权的理论是韩非的君主独裁加上董仲舒的天人合一。汉朝人把这说成是王霸杂用。我们今天的说法则是儒法并用。二千多年来中国封建王朝就是在这样一个基础上立国;历朝的皇帝也无不是在这个基础上施展他本人的才华和争取可能有的成就,尽管他们中有的人法家气味浓些,而有的人却儒家色调重些。

（三）个人的作用

历史唯物主义者认为经济基础决定上层建筑，但是从来也不否认个人在历史上的作用。封建专制主义皇权确立与发展通常是建立在皇帝个人雄才大略、功业隆重这一事实之上的，因此，个人的特质就必然有力的作用于专制主义皇权的某些特点和程度。

如果从历史来追溯，战国时期，专制主义王权在所有七雄中已不同程度地出现。秦的中央集权制专制主义王权则是积秦孝公、惠文王、武王、昭襄王、庄襄王以及始皇帝六世，长达百余年的努力所建立起来的。当秦始皇十三岁即位时，吕不韦以仲父的身分辅政，尽揽朝权。吕不韦又引嫪毐，私通太后，封为长信侯，"宫室车马衣服苑囿驰猎恣毐。事无小大皆决于毐。"国人以吕氏、嫪氏并提。"家僮数千人，诸客求宦为嫪毐舍千余人。"（《史记》卷八五《吕不韦传》）史言秦始皇为人，"蜂准，长目，挚鸟膺，豺声，少恩而虎狼心，居约易出人下，得志亦轻食人"。他不甘忍受吕不韦、嫪毐的擅权自恣，把自己当成任其摆布的傀儡。二十二岁始皇行加冕礼时，嫪毐"矫王御玺及太后玺"发兵作乱，然被他顺利地镇压，与乱的卫尉等二十人枭首车裂，灭其宗；夺爵迁蜀者四千余家。事连吕不韦，免相迁蜀，不韦惧罪自杀。从此他开始"独治其民"。他勇于接纳反对的意见，停止了"逐客"这一将导致自我削弱的错误的决定。虚心礼任尉缭、李斯。十五年间，先后尽取山东六国，统一全国，完成这个三皇五帝以来前所未有的伟大事业。他"夙兴夜寐"，"朝夕不懈"，"视听不怠"，"至以衡石量书，日夜有呈，不中呈不得休息"。他生性"刚毅戾深"，"毋任恩和义"，"乐以刑杀为威"，"贪于权势"。说明他是一个勤于政事、精力和权欲都十分过人而又刚决、残忍的人。早年，他"居约易"而能下人。"作了皇帝以后,地位高了,功劳大了,原来那种生活朴素、谦逊下人的优点也便丢在脑后了,开始"不闻过而日骄","刚戾自用",向贪、残、骄、暴方面极端发展。无尽的权力欲促使他对政事独揽独裁,"兼听万事","天下事大小皆决于上","丞相诸大臣皆受成事,倚办于上"。把天下的权柄,死死地抓在个人手中。另一方面,和权欲同步增长的物欲驱使他穷奢极侈,大兴宫殿建筑,纵情享受。在当人世间所有的追求都已觉得穷尽的时候,惟一的不足与威慑便只有上帝所规定的死期了。他仍然想力图通过他无穷的权力来求神仙、寻找不死药,以期永远霸占这个世界。他残酷地镇压一切反对者与不合作者,甚至容不得半点议论。他一手创建了覆盖全国的官僚网,制成了维护统一、防止反抗的一系列制度、措施。在思想文化领域里,他也横暴地进行焚书坑儒,力加箝制。一个全国集权于中央、中央集权于皇帝、皇帝专制独裁,无所限制的专制主义皇权统治就开始在他的时代初奠规模。

在这个基础上,把中国专制主义皇权政治定型化并大大地推向发展的是汉武帝。武帝十六岁即皇帝位,同样有一段受制祖母窦太后的经历。时,汉兴已六十余年,经过文、景两代的休养生息,"国家无事,非遇水旱之灾,民则人给家足,都鄙廪庾皆满,而府库余货财。京师之钱累巨万,贯朽而不可校。太仓之粟陈陈相因,充溢露积于外,至腐败不可食。众庶街巷有马,阡陌之间成群,而乘字牝者傧而不得聚会。守闾阎者食粱肉,为吏者长子孙,居官者以为姓号。"(《史记》卷三〇《平准书》)在这种国力殷富的形势下,年轻的武帝就积极要求改变因循、消极和无为的道家路线。他崇尚儒家,用赵绾、王臧等以文学为公卿,"欲议古立明堂城南,以朝诸侯,草巡狩封禅改历服色事,未就,会窦太后治黄老言,不好儒术,使人微得赵绾等奸利事,召案绾、臧,绾、臧自杀,诸所兴为者皆废。"(同上卷十二《孝武本纪》)六年,老太后死,青年的武帝,始得以尽展其雄才大略,完成了可以与秦始皇媲美的千古功业。汉武的功业主要表现在北逐匈奴,南并闽越、东瓯及南越,经营西南,西通西域,大大扩展与巩固了以汉族为主体的多民族统一国家。其中特别是对匈奴,洗刷了从汉初以来不得已而隐忍的国家耻辱,提高了汉民族的声誉。在加强专制主义皇权方面,通过推恩令等一系列政策的实行,根本解决了封国所带来的分裂因素。独尊儒术,形成了儒法兼采、外儒内法的有效统治机制。内朝的建立、中央常备军的加强,以及任用酷吏、打击豪强等等,都使这一政治体制更为强化和完善。如果说秦始皇是中国专制主义皇权政治的奠基者,那么,汉武帝就是这一基础上的大厦的建筑人。汉武帝同样是神仙道化的狂热追求者,而且也同始皇一样,因穷兵黩武而民怨沸腾。但是,很难得的是他能知过改悔,表现了少有的清醒和自制能力。征和四年,武帝惩“亡秦之迹”,发布了有名的《轮台诏》,“深陈既往之悔”。他还说:“朕即位以来,所为狂悖,使天下愁苦,不可追悔。自今事有伤害百姓,糜费天下者,悉罢之。”历史上专制而尚能自制的皇帝很少有,知过而公开改悔的更不多。单就品质而言,汉武帝晚年的这一表现,也许比起他前一时期轰轰烈烈的进取来更显得难能可贵一些。

第十四章　中国专制主义皇权的特点

在我的案头,有美国人魏特夫 Karl A. Wittogol 所著的厚厚一本《东方专制主义》,副标题是"对于极权力量的比较研究"(中国社会科学出版社 1989 年版)。他是在"宏观分析"的指导下,对马克思"没有系统地说明"的"亚细亚社会的见解",作出"最大限度的发挥",写成了《东方专制主义》这一巨著。"作者自称以马克思主义的亚细亚生产方式的学说为基础,其主要观点是,处于干旱、半干旱地区的东方国家都是'治水社会',这种社会需要大规模的协作,而这些协作又反过来需要纪律、从属关系和强有力的领导,由此便产生了专制君主和'东方专制主义'"(见该书译者所作《内容提要》)。魏特夫认为"治水社会"没有经过封建主义阶段,而且必然出现所谓东方专制主义。他所说的东方,是指"非治水地区"的西欧、北美和日本以外的所有地区。中国是他论述的主要对象,此外也广泛地涉及埃及、美索不达米亚、印度、波斯、中亚、土尔其斯坦、拜占庭、俄国、东南亚、爪哇、夏威夷、西班牙征服以前的亚利桑那和新墨西哥等等地区。人类、乃至生物的存在离不开水,这是不言自明的,东方、西方,莫不皆然。各个地区的水文情况都不同,也不可能用一个"东方"或"西方"来分划。任何国家对其境内水资源的管理和利用,依其水文情况的不同,都必然予以或多或少的注意,这也是必然的。但国家的产生及其国体、政体的采行,主要是依其阶级对抗、对外敌的防御这些更直接、更迫切的需要而出现的。水的管理,充其量只是某些特定地区的条件之一。而且,每个地区的社会发展,只有通过具体的研究和分析,才有可能了解它特有的规律。宏观的社会发展规律,只有从这些特有的规律中抽象和归纳得来。我就从来不迷信,一个对中国历史,连几个朝代都弄不清楚的人,会发现中国历史发展的规律和特点。我无法肯定魏特夫对他所涉及的广大"东方"真正的了解有多少?但他对中国历史的知识有多深,我是颇怀疑的。上世纪三十年代,魏特夫与冯家升合编一本《辽代社会史》,是把《辽史》中有关的资料翻译成英文,按条目分编的一本资料集。由于有冯家升的参加,转使我对魏特夫在这项任务中究竟作过多少实际的工作增添了疑问。即使他真正对《辽史》作过一些研究,但要凭这点常识来"发明"中国历史发展的规律和特点,实实在在只能是笑话,是不值得认真对待的。这一点,我们从他广征博引的数千条注释中,汉文原始资料却寥寥可数就可以得到证明。

我还是老老实实作个尝试,检讨中国专制主义皇权的特点吧!这个问题,学术界是作过一些认真的探讨的。譬如说:同西欧比较,西欧的皇权出现在封建制的后期,与封建制的解体直接相联系;而中国则早得多,维持的时间也更长。专制的程度也各有不同等等。不同也就是特点,不过,这些很大程度上只是表现、或者说是外观上的差异。我想,我们不应该满足于这一些。那么,中国专制主义皇权的特质又是些什么呢?下面,我想就大一统、高度中央集权、奴隶制的家长式专制、牢固的人身控制与对工商业的排挤以及全面的文化专制等五个方面来进行探讨。

（一）大　一　统

《春秋公羊传》开宗明义就载道："元年，春，王正月。元年者何？君之始年也。春者何？岁之始也。王者孰谓？谓文王也。曷为先言王而后言正月？王正月也。何言乎王正月，大一统也。"（卷一）其注云："统者，始也。总系之辞。天王者，始受命改制，布政施教于天下，自公侯至于庶人，自山川至于草木昆虫，莫不一一系于正月，故云政教之始。"疏云："所以书正月者，王者受命，制正月以统天下，令万物无不一一皆奉之以为始，故言大一统也。"公羊学重在阐发经文的义理，即所谓微言大义。经过董仲舒等的发挥，"大一统"一辞，就成了儒家政治理想的主旨，和中国专制主义皇权的纲领与旗帜。

孔子作《春秋》，《春秋》之义，首在正名。子路曾问孔子："卫君待子而为政，子将奚先？"孔子的回答是："必也正名乎！"子路不理解，很不以为然，说："有是哉！子之迂也。奚其正？"孔子大为不满，教训说："野哉由也！君子于其所不知，盖阙如也。名不正，则言不顺；言不顺，则事不成；事不成，则礼乐不兴；礼乐不兴，则刑罚不中；刑罚不中，则民无所措手足。"（《论语·子路》）朱注："夫子为政，而以正名为先。必将具其事之本末，告诸天王，请于方伯，命公子郢而立之。则人伦正，天理得，名正言顺而事成矣。"正名，就是要作到"君君、臣臣、父父、子子。"（同上《颜渊》）儒者认为这便是"人道之大经，政事之根本"。如果君而不君，臣而不臣，父不父，子不子，就是乱名分，天下就会大乱。所以，正名分是为政的首要任务。董仲舒也肯定："治国之端在正名。"（《春秋繁露·玉英》）正名即所以定分，分就是个人在社会中的地位以及与其相应的义务。一部《春秋》，其主旨就在于正名、明分。它开篇第一句

"春王正月",据说其精微大义便是在正名。"春王正月",即指周历的正月。古之历法,夏建寅,以寅(正月)为正;商建丑,以丑(十二月)为正;周建子,以子(十一月)为正。即所谓的三统三正。当孔子修《春秋》的时候,周天子已趋式微,政令不行,诸侯各国,各自为政,它们所实行的历法也各不一样。孔子从正名的原则出发,在他的著作中,一开始就标明周历的正月,以尊崇一统,即周统。由此可见,正名的用意也就是尊王,即尊奉周天子。孔子《春秋》大一统的思想原是为维护西周模式的周天子权威而服务的。到了董仲舒,经过他的继承和发展,大一统的思想便成了专制主义封建皇权的理论和基础。

从尊王到鼓吹与维护皇帝的独尊,从历法一统到追求与维护国家的大统一,是《春秋》大一统思想合乎逻辑的延伸与必然发展。陈立《公羊义疏》引《汉书》王阳云:"《春秋》所以大一统者,六合同风,九州共贯也。《礼·坊记》曰:天无二日,土无二王,家无二尊,以一治之也。即大一统之义也。"说的正是这一层意思。尊王,包括从皇帝的仪卫、服饰、宫殿、乘舆、称呼、乃至生活等等方面,都有独特的规定,以显示其独夫寡人的特别身份,他以外的任何人都不得享用。凡有犯者,就是僭分,构成大罪。百姓在言语行动中对皇帝稍有不恭之处,就被认为"大不敬",罪不容诛。甚至在听到皇帝命令时,稍表懈怠,也是一种犯罪。《秦律杂抄》载:"听命书……不避席立,赀二甲,废。"赀是指罚款,这里的罚款额是甲二幅,并且还要撤职罢官,即"废"。封建皇帝是一个货真价实的独夫,政治上他独裁,社会财富他独占,国家和社会权益他独享,人格上他独尊,体格面貌上据说龙征凤表,不似凡夫而独异,甚至生活上、行动上、一举一动、一言一语,他都是独特:所谓"君无戏言"、"君无过举"。总之是天无二日,人无二王。唐高宗时,有个名叫裴舒温的人给皇帝造了一个镜殿,四壁上都挂着镜子,高宗领着刘仁轨前往参观。刘仁轨一进殿，立刻惊趋下殿。问他是为什么？对曰："天无二日，土无二王。适视四壁，有数天子，不祥孰甚焉。"（《资治通鉴》卷二○二）于是，高宗忙令人剔去，这才安心。以镜为鉴，对影成双，这是生活的常识。按照刘仁轨和唐高宗的担心，皇帝是连镜子也不能使用的了。真是"独"到了何等可笑的地步。

大统一包括两方面的内容：一是疆土和政治的统一，二是思想文化的统一。关于后者，我们下面还要专题讨论，因此，这里仅就疆域上与政权上的统一作些说明。

秦始皇统一六国，"六合之内，皇帝之土。西涉流沙，南尽北户，东有东海，北过大夏。人迹所至，无不臣者"。这是"普天之下，莫非王土；率土之滨，莫非王臣"这一古老观念的重新具体描述。这个由秦奠基、再由汉初步定型的大统一，造成了我们统一的国家、统一的民族、统一的制度、统一的文化、统一的思想，这个事实本身，意义之重大，怎么估计也不会过分，这是不待我们费辞的。单就"统一"这一观念的深入人心，构成为中国政治历史上的最终目标与最高准则这一事实，就是意义重大，几乎支配和作用于二千多年的中国历史进程。人们把东尽海、西极流沙、北至大漠、南迄南海这一广袤的疆土称之为中国。这也就是天之所覆、地之所载的天朝上国地区，是皇家的基业。周边的外面，则是荒服、夷服，是蛮夷所居，不毛之地。历代的统治者都把中国的大统一当成神圣的追求。从诸葛亮的汉贼不两立，王业不偏安，把兴复汉室，还于旧都作为自己鞠躬尽瘁，死而后已的奋斗目标，到赵匡胤把结束分裂譬之如卧榻之侧，岂容他人酣睡的事例，都表明了在中国历史上，追求大统一，其意义是远超过某个统治者个人的占有欲，而是一种民族的精神。尽管如有的学者所统计的："对中国而言，分裂、分治的时间是主要的，统一的时间是非常短暂的。对中原王朝而言,统一的时间略少于分裂时间。但在元朝之前分裂时间多于统一时间,元朝以后则基本上是统一的。"(葛剑雄《统一与分裂》,第100页)这种说法不能不认为有它的根据,但也流于表面。应当承认,在自然经济占统治地位的古代,割据和分裂的经济基础是始终存在的。所以,只要一旦中央失控,割据和分裂就有可能发生。但是,反过来看,任何一个割据和分裂的时代,任何一个割据和分裂的统治者,他念念不忘,戮力以求的恰恰正是全中国的大统一。而正是这一共同的追求,促使在激烈的兼并战争中消灭割据和分裂,达到新的大统一。这就是大家所熟悉的《三国演义》上第一段话:"话说天下大势,合久必分,分久必合。"合久必分,是自然经济不可避免的作用;分久必合,就是统一的观念已深入人心,已经成了我们民族精神的一个不可分割的部分。从这个意义上讲,我总认为,在中国历史上虽不可避免的产生分裂割据,但是主流是大统一,是不应该忽视的。大统一所形成的凝聚力给我们提供了宝贵的历史遗产,这就是中华帝国二千多年长久维持,和历史上其他文明古国的终于崩溃、消失不一样的主要原因。

当然,任何事情都有它的两面性,有一利必有一弊,无论是统一或分裂都是如此。元朝、清朝的大统一是以蒙古族与满洲族的落后统治为代价的。南北朝时期中国民族队伍的扩大,也是以所谓"五胡乱华"作为代价。否认或者忽视哪一个方面都是片面的。曾经有这么一种议论:中国的历史发展就像是一只烧水的大铁锅,少数民族的加入,就像是不断向这只锅内添入新鲜的凉水。少数民族在社会发展上往往比汉族低,就像是新鲜水温要比锅里的热水温度低一样。新水的加入,锅中的水量加大了,但水温却可能会暂时低下来。这个比喻很形象,也确有它一定的道理。可见统一也不可避免的会有自己正面和负面的影响。同样,对历史上的分裂我们也必须辩证来认识。它是封建自然经济基础上的必然产物,既有其时代的合理性,同时也具有发展地区经济的积极作用。而当地区经济得到进一步的发展后,统一的要求便首先随着商品交换扩大的要求而提了出来,促成了历史上新的统一的出现。因此,在中国历史的分合中,分是地区社会经济发展的深入,合又是发展了的地区经济之间增进交换、要求互补的必然。中国历史,就是在大一统的传统观念驱动下,分分合合,沿着螺旋向上的路线在汉唐规模的基础上,经过元、清最后奠定为一个广袤大国的光辉历程。大统一为我们造成了灿烂的古代东方文明,大统一保证了中国民族在西方汹涌的殖民主义浪潮中免于被瓜分、奴役,大统一为我们留下九百六十万平方公里、富饶美丽的基业,使我们今天能以世界第三大国昂首行进在现代化建设的伟大进军的前列。这些都是我们民族的光荣和骄傲。但是,另一方面,大也带来大的问题和弊端:各地区发展不平衡,差距大,牵制了经济的发展:疆域广,资源富,也容易滋长因循保守、固步自封,不事进取的颓风。

在统一这个问题上,还有一些难解的历史之谜,很耐人寻味。譬如:为什么历史上的统一大多是由比较落后的少数民族来完成?(隋唐的统治者也具有鲜卑族血统)为什么1911年以前的全国统一大多是自北而南?这些同汉民族的文化传统到底又有什么关系?这都是在我们研究大统一中值得更深一步探讨的。

和大一统相关连的还有一个所谓正统的问题。正统,其原义应是"天统之正绪"。《汉书·郊祀志》:"宣帝即位,由武帝正统兴。"(卷二五下)正统一词,昉见于此。班固《典引》论高祖、光武二圣之龙兴,谓:"盖以膺当天之正统,受克让之归运。"可知正统归命之论,实始于西京。晋人习凿齿首先提出晋所承为汉统,而不是曹魏之说。他认为:"今若以魏有代王之德,则其道不足;有静乱之功,则孙、刘鼎立。道不足则不可谓制当年,当年不制于魏,则魏未尝为天下之主;王道不足于曹,则曹未始为一日之王矣。"

(《晋书》卷八二本传)所以他主张"皇晋宜越魏继汉,不应以魏后为三恪"。(恪古作愙,即客之异文。王之后谓之客,周封三客,即虞、夏、商之后)这个意见,实际上只是袭以秦为闰的故说,道理同样勉强,但却明白地提出了正统相承的问题。所以顾炎武认为:"正统之论,始于习凿齿。"(《日知录》卷二十《年号当从实书》)不过,真正作为一个政治与史学理论提出来讨论,则是宋朝的欧阳修。欧阳修提出:"正者,所以正天下之不正也;统者,所以合天下之不一也。由不正与不一,然后正统之论作。"这里的所谓正统,是合功业与德业并有的统一政权。他不相信五行德运之说,批评它是昧者之论,非圣人之所言,试图提出正统来代替它。他举出:历史上有三种情况可以称之为得正统。"夫居天下之正,合天下于一,斯正统矣。"尧、舜、三代、秦、汉、晋、唐都属于这种情况。"天下虽不二,而居得其正,犹曰:天下当正于吾而一,斯谓之正统可矣。"东周、魏、五代时属之。"始虽不得其正,率能合天下于一。夫一天下而居其上,则是天下之君矣,斯谓之正统可矣。"隋就是如此。其他情况下,就是正统中绝。(《欧阳文忠全集》卷五九《明正统论》)苏轼则认为,欧阳修的这种说法也有矛盾之处,无法回答"有天子之实而无其位、有天子之名而无其德"的名实不符现象。因此他大概而言,说:正统者,"犹曰有天下云尔"(《苏东坡全集·前集》卷二一《后正统论三首》)。以后,政治家和史学家在这个问题上沸沸扬扬,议论不休。元修辽、金、宋三史,就为了一个谁是正统的问题无法解决,体例难措,长期迁延。有主张以两宋为正统,视辽、金为偏闰的;有主张以金统宋的;有主张分修南、北史;而虞集主张,"三家各为书"。最后,由丞相脱脱亲自拍板,"三国各与正统,各系其年号"(《庚辛外史》)。三国都算正统实际上是没有正统。明、清间人争议更加热闹。一直到梁启超的《论正统》一文出,始尽扫阴霾,廓清腐见。他痛快淋漓、一针见血的指出:"中国史家之谬,未有过于论正统者也。言正统,以为天下不可一日无君也,于是乎有统。又以为天无二日,民无二王也,于是乎有正统。统之云者,殆谓天所立而民所宗也。正之云者,殆谓一为真,而余为伪也。千余年来,陋儒断断于此事,攘臂张目,笔斗舌战,支离蔓衍,不可穷诘。一言蔽之曰:自为奴隶根性所束缚,而复以煽后人之奴隶根性而已。"千百年来迂儒政客陈腐的咭噪,被他的千钧之笔,风扫云卷,一古脑丢进了废字纸篓。在文章的结尾,他还尖锐地指出来:"然则不论正统则亦已耳,苟论正统,吾敢翻数千年之案而昌言曰:自周秦之后,无一朝能当此名者也。第一:夷狄不可以为统。则胡元及沙陀三小族在所必摈,而后魏、北齐、北周、契丹、女真更无论矣。第二:篡夺不可以为统。则魏、晋、宋、齐、梁、陈、北齐、北周、隋、后周、宋在所必摈,而唐亦不能免矣。第三:盗贼不可以为统,则后梁与明,在所必摈,而汉亦如唯之与阿矣。然则正统当于何求之?曰:统也者,在国非在君也,在众人非在一人也。舍国而求诸君,舍众人而求诸一人,必无统之可言,更无正之可言。必不获已者,则如英、德、日本等立宪君主之国,以宪法而定君位继承之律,其即位也,以敬守宪法之语,誓于大众,而民亦公认之。若是者,亦犹不谬于得丘民为天子之义,而于正统庶乎近矣。"(《饮冰室文集》卷十二)那些至今仍死抱正统思想的迂儒政客们,应该好好的读一读这篇绝妙的奇文。

我们还必须进一步来讨论中国历史上大一统得以长期维系的原因。传统的"普天之下,莫非王土;率土之滨,莫非王臣"的观念,以及后来天予正绪的正统观念,都对大一统的维持,起着在精神上的不可忽视的重要作用。但是,更加重要的原因还必须从经济和文化这两个方面来寻找。

首先,从经济上来看,应该承认,近代以前,中国的广大地区,基本上是由自然经济占主导地位的,统一的国内商品交换市场并未成形，两宋以前的情况尤其如此。但是，另一方面，在继秦始皇统一六国之后，两汉王朝，以黄河流域为中心，创造了举世瞩目的东方文明，它的经济的发展，在当时世界上无疑是最先进的。南北朝以后，随着人口的大批南流，长江中下游也迅速发展，唐、宋时期，已趋前所未有的繁荣，而为世人所钦羡。这一点，我们从马可波罗的描述中就可以看得很清楚。历史上的东方中国文明就是一块强大的磁石，牢牢地吸引着它周边的各个民族。中国历史上最为活跃的少数民族无疑是那些蒙古草原上的游牧民。他们，无论是匈奴、鲜卑、突厥、回纥、契丹，至乃女真、满族等的活动，无不带有一种相同的、规律性的内因和终局，即在对中原地区强烈的向心倾向作用下，以汉文化为其社会发展的催化剂，加速发展，在发展中通过各种方式，包括战争的征服、掠夺，以及和平的经济文化交流，最后达到与汉民族的相互融合。（参拙作《我国古代北方民族发展与民族关系中的几个问题》，载《民族史论丛》）道理很简单：即使是纯自然经济，自给自足的游牧民，他们也需要盐、茶以及铁器等手工产品的交换。在他们的北面是荒漠的西伯利亚，这些生活必须品只能求之于南面的邻人。特别是灾荒的年代，他们只能南向寻求补给，或者是武力掠夺，或者是接受赈济，以保证生存。所以他们的发展，无例外地都是循着一个共同的基本趋向：在他们一旦兴起之后，总是自北而南，受中原先进的经济文化的吸引，向内地靠拢，表现为一种规律性的向心运动。

　　向西的丝绸古道上，历史上是星散的、由一个个沙漠绿洲连串成的少数民族城邦。他们都是以中原经济为依托，进行东西方之间的贩运而富实繁荣的。因此，在一般情况下，以帕米尔为地缘，它以东的所有各小城邦，在中原经济的吸引和中原王朝的胁服下，都愿意保持臣服，同样存在一股内在的向心力。甚至像吐蕃、南诏这样一些西南的少数民族，他们的外向发展，也是指向关中、四川，无疑也是中原经济吸引的结果。因此，从全局来看，大统一的中国，在历史上虽然并不曾成形统一的商业交换市场，但是，中原发达的封建经济，却一直成为一个有力的磁轴，牢固地吸引着周邻的少数民族。

其次，文化的因素在保证大统一上也是十分引人注目的。在秦始皇所实行的诸多保证大统一的措施中，书同文是特别重要的一项。文字是文化的主要载体，文字的统一也就从根本上保证了文化的统一。我们的先民发明了象形文字，到了战国时期，"七国殊轨，文字乖别。秦兼天下，李斯奏罢不合秦文者"。当时流行小篆。"秦烧经书，涤除旧典，官狱繁多，以趣约易，始用隶书。"相传隶书是始皇使下杜人程邈附于小篆所作。(《资治通鉴》卷五七胡注)东汉许慎著《说文解字》十五篇，类聚群分，凡五百四十部，九千三百五十三文，重一千一百六十三，说解凡十三万三千四百一十一。(胡朴安《中国文字学史》，第40页)对中国文字第一次作出了科学的搜集、分类与研究、整理，它不单是文字学上的卓越成果，而且对于汉字的规范也起了重大的作用。稍后，灵帝在熹平四年(175)命议郎蔡邕为古文、篆、隶三体书写五经，刻石，立于太学门外，"碑始立，其观视及摹写者车乘日千余两，填塞街陌"。石经之刻，既订正了经文，同时也起了规范汉字的作用。千百年来，汉字广泛地使用在全国的山隅海陬。尽管中国的方言难以数计，而文字则全国皆通，这对于全国文化、政治、经济的统一提供了最基本的保证。伟大、灿烂的东方文明就是以汉字为载体而广泛受到当时和后世钦仰和羡慕的。中国人把自己称之为中华、华夏、(华者有文采之谓；夏，大国也)天朝、上国、礼仪之邦、文明之域，以自别于落后的蛮夷民族。《剑桥中华人民共和国史》的作者，在它的第一章关于《中国统一的成就》一节里说到："要了解中国，不能仅仅靠移植西方的名词。它是一个不同的生命。它的政治只能从其内部进行演变性的了解。因此,当一个世纪以前现代报刊促进群众民族主义的兴起时,这种民族主义的基础只能是强烈的本体意识和以前文化的优越感。我们应当称它为文化民族主义,以别于我们在其他地方通常见到的政治民族主义。"(中译本,第 15 页)正是这种"文化民族主义",长期以来,充当了稳固中国大统一的基本内因。

　　综上所述,大统一这一观念的产生与其所以历久而不破的根本原因是在古代中国特定的地理环境下,包括汉族和它周边所有少数民族中所产生的对当时高度发达的东方文明的认同与内聚。汉族本身就以活动在黄河流域的华、夏两个先进的部族为中心,融合周围许多少数部族所成形的。"成周之世,中国之地最狭。以今地理考之,吴、越、楚、蜀、闽,皆为蛮。淮南为群舒,秦为戎。河北真定、中山之境乃鲜虞、肥、鼓国。河东之境有赤狄、甲氏、留吁、铎辰、潞国。洛阳为王域,而有扬拒、泉皋、蛮氏、陆浑、伊雒之戎。京东有莱、牟、介、吕,皆夷也。杞都、雍丘、今汴之属邑,亦用夷礼。邾近于鲁,亦曰夷。"(《搜采异闻录》卷一)这些被视为蛮夷的部族,到秦汉时期,都加入了汉族的大队伍。魏晋南北朝时期,发生了所谓五胡乱华。大批的匈奴人,以及鲜卑、羯、氐、羌等族都融合入汉族。辽、金、元、清数代,民族融合又有新的、巨大的发展。每一次民族的大融合都为随之而出现的大统一提供了基础。应该指出:汉族与周边诸族的融合除了在长期经济、文化交流基础上,和平地自然完成之外,往往还采取两种不同的途径进行:一是由中央王朝向外拓展,进行武力征服;二是少数民族入主中原,建成少数民族君临中国的王朝。少数民族所建立的王朝往往比传统的汉人王朝更具有开拓性,它们也更重视对周边其他少数民族的征服和绥抚。因此,少数民族王朝在中国历史上的出现,除了让这个少数民族更增加其对大统一的中国当然的主人感之外,也同时带动其他少数民族卷入到这一统一的大家庭中来。

传统的文化民族主义为我们带来了厚重、乃至于沉重的历史遗产。

从积极方面而言。它产生无可替代的凝聚力和民族自豪感。这就是中国在数千年发展中,历经危难而始终免于绝灭与瓦解的重要原因。它为自己的优越而充满自信,但是,它又以仁为本,博大而宽容。汉族在历史发展中最显著的特点是能容、善化。中国人古来不看重异民族的肤色差异,而看重政教礼乐。"进于夷狄则夷狄之,进于中国则中国之"。因此,它能像滚雪球似地从一个华、夏的小部族发展成为今天这样一个占全世界人口近四分之一的、伟大的中华民族,对世界文化的发展作出过卓越的贡献。它在人类发展史上无与伦比的成就感和理所当然的责任感始终激励着所有中华儿女的奋发和自豪,愿意为全人类的发展作出更大的贡献。但是,事物总是还有它的另一面,也就是消极方面。历史的优越感,在一个保守的农业文明里,很自然地蜕化为保守、自傲,以天朝上国自居,而以其他民族为落后与不开化的夷狄。这种夜郎自大、因循守旧的恶习愈到后来,随着地主阶级从新兴到僵死腐化的转变而愈不可救药。这就必不可免地在与近代与西方先进的工业文明的竞争碰撞中,接连遭到可耻的失败。传统的文化民族心理也就开始发生变化。占人口绝大多数的农民,仍然停留在日出而作、日入而息、凿井而饮、耕田而食的浑噩状态,麻木不仁,无知无识;一些自认为民族主人的知识人士,也仍然是抱着狂妄自大、顽固保守的陈旧思想,他们固执地认定天朝的国粹是永远优越的,夷狄凭凌不过是绥抚失方的暂时困局。只有少数的先进志士认识到旧的一套已经不能维持,亡国灭种的大祸正迫在眉睫。由于各自的经历、教养和传统因袭的不同,他们或者倾心于洋务、立宪,或者毅然走上革命的道路,以求自救。这便是我们的近现代史。辛亥革命胜利已经快百年了。我不想在这里详细来检讨我们在以民族文化为旗帜方面的一系列光辉成就,那些当然是值得肯定的,但我们决不该无视它的另一面:它表现为一度甚嚣尘上的中国应当甚至已经成为世界革命的中心的狂言,"文化大革命"中火烧英国代办处的愚昧行动,乃至今天的国学大师们豪情满怀地宣告古老的儒学将成为未来救世良方等等。所有这些,本质上都是我们文化遗产负面所产生的沉渣泛滥,是必须受到警觉和重视的。

(二) 高度中央集权

中央集权就简单的字义上的理解,是相对于地方分权而言的。中国的封建专制主义皇权是构筑在高度中央集权基础上的。在历叙皇权发展的第一、第二两个阶段里,我们已就中央集权制度的不断强化作了简单的叙述。到了宋代,中央集权已经达到了登峰造极的地步。叶适说:"国家因唐、五季之极弊,收敛藩镇,权归于上,一兵之籍,一财之源,一地之守,皆人主自为之也。"(《水心别集》卷十《始议二》)朱熹也说:"本朝鉴五代藩镇之弊,遂尽夺藩镇之权,兵也收了,财也收了,赏罚刑政一切收了,州郡遂日就困弱。"(《朱子语类》卷一二八《法制》)表明它在这一方面已经走入了公认的极端。元朝在地方首行行省制度。行省原是中央都省派出地方的机构,明、清时期的总督、巡抚之初设,也都是出于中央加强对地方控制的特别派遣。当然,在实际的政治操作中,这些中央的派出机构,几乎又无例外地转变成了地方的行政组织,如汉之刺史,唐之观察使、节度使,元之行省,明清的总督、巡抚之类。这是由于中国的国境广大,地方差异甚巨、中央对地方的控制能力时有变化等因素造成的。地方的事务愈是繁巨,中央就必须加设派出的权力机构加强控制,而这些驻外的中央派出机构既代表中央,就很容易在外自成山头,造成外重内轻的局面,因而不得不把它固定为一级地方组织,而加限制。这样,地方的行政机构就一级一级增多,由两汉的郡县两级增加到明清的督、省、府、州、县五级,县以下还有团、镇的设置。

明人陆容记历代府官之制:"府官之制,始于秦立郡守、郡尉、郡丞、郡监之官。汉因秦制,罢郡监,以丞相史分刺属郡,谓之刺史。景帝改郡守称太守,郡属有司马之官。后汉有郡主簿、五官掾。五官掾者,兼置功曹、户曹、决曹、贼曹、仓曹是也。晋、齐、梁、陈并因之。隋改刺史为总管,以长史、司马、录事、参军、东西曹掾、司功、司兵、司仓、司士、司马、司法、司户诸参军为参佐,而省治中、别驾。炀帝改总管为太守,改长史、司马为通守、赞治,寻改赞治为郡丞。唐改太守为总管,又改总管为都督,省郡丞,置别驾、长史,余悉因隋制。景云初,罢州都督为刺史。天宝元年,改刺史为守。乾元元年,升州刺史为节度使。大历五年,改节度使为观察史。宋以知州大都督之衔,其官属有通判、长史、司马、签判、判官、掌书记、推官、支使、录事、司户、司法、司士、司理、参军。政和间,置司仪、司兵、司功,与司录、司户、司士、司刑为州七曹。宣和间,改州为路,设安抚使都总管,兼本路钤辖。绍兴初,改州为府,以知州为知府,设通判三员,罢司仪、司兵、司功诸曹官。元改府为路,设达鲁花赤、总管、同知、治中、判官、推官、经历、知事、照磨、提控案牍、译史,及录事司达鲁花赤、录事判官各一员。本朝改路为府,革达鲁花赤、治中、提控案牍、译史、录事,改总管为知府,判官为通判,而同知、推官、经历、知事、照磨,则仍其旧,检校则建置云。"(《菽园杂记》卷七)清代知府的佐式官有同知、通判,属吏有经历、照磨、司狱、宣课大使、仓大使、库大使等。这些官吏的设置,除出作为知府个人的文书佐式之外,它们的任务无非就是两个方面:对上应付上司的政务需要;对下则克剥和镇压人民。作为地方基层组织的县的官员设置,除了规模要小之外,他们的主要任务,也就是上述的两条。至于地方的乡官,如汉之啬夫、明之粮长、里甲长之类,它们是作为一种役由政府差派、为政府完成征敛和镇压任务服务的,根本谈不上反映民意和代表地方的利益。

前面我们已经提到,早从东汉末,中央就规定了"三互"之法。"三互,谓婚姻之家及两州不得交互为官"(《通典》卷十三《选举一》)其后发展为一整套所谓回避制度。亲族不得同官一省,以小避大。所有外任官避原籍、寄籍及邻省接壤五百里以内。(《清会典·吏部·铨政》)本乡人不得在本乡任政,从根本上剥夺了地方自治的可能性。地方官吏由中央简任,事先对地方情况毫无了解,受任后又热中于迁转高升,不安久于其任;从宋朝开始,地方收缴的财谷,几乎必须尽数解交中央。地方财政限制,因此,所有有关地方福利、经济、文化教育等兴建,成为根本不可能。只是在例行的贪墨敛括下,地方愈来愈凋零。

高度中央集权养成一个组织庞大的官僚机构。首先便是官员的队伍人数众多,而且随着中央集权的不断增强而递增。《通典》记汉自丞相至佐吏,凡十三万二百八十五员(?)。后汉七千五百六十七员。至隋增为一万二千五百七十六员,其中内官二千五百八十一,外郡县官九千九百九十五。唐一万八千八百五员,其中内官二千六百二十一,外郡县一万六千一百八十五。《建炎以来朝野杂记》载北宋时期,内外文武一万三千余员。(甲集卷十二)这应是初年的数字,仁宗时已官二万余员,幕职州县官三千三百余员,总计三万四千余员。(《群书会元都江网》卷八《本朝官数》)元时内外诸官总二万六千六百九十员。(《元典章·吏部·官制一·资品·内外诸官员数》)明时内外官总数为二万四千六百员。(《明会要》卷四三《职官十五》)这个数字应是指有品级(官吏分九品,各有正从共十八级)者而言,而元代的官员数是包括无品级者四千二百八员在内的,所以明代的官员数实际上又大大超过了元代。应该指出：附属于这个官僚体系、为它服务而不可或少的，还有各种吏员和衙役人等，《通典》记唐文武官及诸色胥吏 36 万 8 千多。他们都是依靠政府的俸给，并通过侵吞、贪贿等非法手段，吮吸民脂民膏而跻身富人的。

其次就是机构庞大、部门繁多、职能广泛。从全国范围看，这个组织像一张严密覆盖从中央到辽远边疆的大网，通过密如蜂眼的驿站把它联结起来。从行业上看，它从政权领域直接伸展至农业手工业生产、交通、运输、商业、国外贸易。它像金字塔一样，层层重叠，而又环环相扣，使各级官衙之间，既紧密相依，又相互防范、制约。这还不够，他们又对防范的机关设置防范、制约的机制。这样，官府机构像滚雪球似地胀大，而实际却不过是更加加重其因循、臃肿和腐败而已。梁启超《论中国积弱由于防弊》一文，痛切地揭露了这一点。他说："先王之为天下也公，故务治事；后世之为天下也私，故务防弊。治事者，虽不免小弊，而利之所存，恒足以相掩；务防弊者，一弊未弭，百弊已起，如葺漏屋，愈葺愈漏，如补破衲，愈补愈破。"封建专制政权的腐朽性质，单靠修补增饰当然是无法改善和长久维持的。

官僚的任命全由皇帝，他们为皇帝分掌权力。因之，官也就是权力的象征，根据作官的大小，他便可以分享不同的特权。利用手中的特权，就可以借此谋取私利，鱼肉百姓。所谓"只许州官放火，不许百姓点灯"，说的就是官的特权。官也是财富的象征，"一年清知府，十万雪花银"。在商品经济并不发达的社会里，除了抢劫、偷盗，作官是暴富的唯一途径。作了官，不仅可以锦衣玉食，还可以封妻荫子、光宗耀祖。因此这个社会里的人唯一向往的便是作官。个人的价值也只有从官级上来体现，这是一个官本位的世界。官和绅是一体的两相，官是在职的绅，绅是退职的官。由绅到官就是通过科举这条通道。所谓"吃得苦中苦，方为人上人"。官就是"人上人"。在这样一种取值上,腐败和丑恶的官僚主义长盛不衰,也就不足为怪了。

高度中央集权虽然达到了限制分裂割据的目的,使皇帝深居内宫,便能号令全国,照章奉行,如身之使臂,臂之使指,无不如意,"内治柔和,无狡狞思乱之民;不烦尺兵寸铁,可以安枕无事",然而也招致了不可避免的恶果。概括起来,大概可以有以下六点。

1. 庞大的官僚机构,增重了人民的负担;

2. 簿书奉行,因循苟且,互相牵制,官吏无任何主动进取之可能;

3. 反映迟钝,无法及时有效地应付全国突发性的事件;

4. 地方财赋,悉数奉上,少有余留,故地方缺乏财力以事兴修;

5. 天高皇帝远,地方上的官绅匪霸得以肆意横行,残民以逞;

6. 地方政府的权完全被剥夺,地方官在职权上无任何主动的可能。

元朝人吴莱,在一篇文章中详细地列举了在高度中央集权情况下,地方守令事权局促、难所作为的窘状:"今日之事,每以三岁为守令满秩,曾未足以一新郡县之耳目而已去。又况用人不得专辟,临事不得专议;钱粮悉拘于官,而不得专用。军卒弗出于民,而不得专与闻。盖古之治郡者,自辟令丞;唐世之大藩,亦多自辟幕府僚属。是故守主一郡之事,或司钱谷,或按刑狱,各有分职,守不烦而政自治。虽令之主一邑,丞则赞治而掌农田水利,主簿掌簿书,尉督盗贼,令亦不劳,独议其政之当否而已。今自一命而上,皆出于吏部,遇一事,公堂完署,甲是乙否。吏或因以为奸,勾稽文墨,补苴罅漏,涂擦岁月,填塞辞欸,而益不能以尽民之情状。至于唐世之赋,上供、送使、留州,自有定额。兵则郡有都试,而惟守之所调遣。宋之盛时,岁有常贡,官府所在,用度赢余,过客往来,廪赐丰

厚,故士皆乐于其职而疾于赴功。兵虽不及于唐,义勇民丁,团结
什伍,衣装弓弩,坐作击刺,各保乡里,敌至即发,而郡国固自兼领
者也。今则官以钱粮为重,不留赢余,常俸至不能自给,或多赃吏。
兵则自近戍远,既为客军,尺籍伍符,各有统帅,但知坐食郡县之
租,然已不复系守令事矣。夫辟官、莅政、理财、治军,郡县之四权
也,今皆不得以专之。是故上下之体统虽若相维,而令不一;法令
虽若可守,而议不一。为守令者,既不得其职,将欲议其法外之意,
必且玩常习故,故避嫌碍例,而皆不足以有为。又况三时耕稼,一
时讲武,不复古法之便易,而兵农益分。遇岁一俭,郡县之租税悉
不及额。军无见食,东那西挟,仓廪空虚,而郡县无复赢蓄以待用。
或者水旱洊至,闾里萧然,农民菜色,而郡县且不能以赈救,而坐至
流亡。是以言莅事而事权不在于郡县,言兴利而利权不在于郡县,
言治兵而兵权不在于郡县,尚何以复论其富国裕民之道者哉! 必
也复四者之权,一归于郡县,则守令必称其职,国可富,民可裕,而
兵农各得其业矣!"(《渊颖集》卷十二《欧阳氏急就章解后序》)这
里生动地揭露了在高度中央集权下,地方长官权力分散,互相牵制
防范,以故政事因循、颟顸无能、无效的实际情状。

　　正是针对这种情况,在当时的学术思想队伍中,已成灰烬的分
封议论又被重煽了起来。在行分封与废分封这个问题上,从汉至
唐中期,一直是政治与思想学术界争议纷纭的大问题。主张实行
封建的人,如班固、曹冏、刘颂、陆机、萧瑀、颜师古等,反对的如贾
谊、晁错、桑弘羊、魏徵、李百药、柳宗元等。柳宗元对这问题的否
定,被认为是公认的结论。奇怪的是到了宋的后期,直至明末,许
多思想家,而且是具有进步思想的大家,又把这个过时了的封建问
题提了出来,而且,在某种程度上把它予以肯定。张载既主张行井
田,又推崇封建。他说:"治天下不由井田,终无由得平。""井田卒
归于封建乃定。""所以必要封建者,天下之事,分得简则治之精,

不简则不精,故圣人必以天下分之于人,则事无不治者。"(《张载集·经学理窟·周礼》)南宋危亡,文天祥《己未上皇帝书》就建议"仿方镇以建守。今天下大患,在于无兵;而无兵之患,以郡县之制弊也。祖宗矫唐末五代方镇之弊,立为郡县繁密之法,使兵财尽关于上,而守令不得以自专。昔之擅制数州,挟其力以争衡上国者,至此各拱手趋约束,掩甲而藏之。传世弥久,而天下无变,然国势由此浸弱,为盗贼遂得恣睢于其间。宣靖以来,天下非无忠臣义士、强兵猛将,然各举一州一县之力以抗寇锋,是以折北不支,而入于贼。中兴之臣,识循环救弊之法,盖有建为方镇之议者矣。失此不图,因循至今日,削弱不振,受病如前。"(《文山先生全集》卷三)金朝在被蒙古进攻,濒于灭亡时,也推行九公封建,以图挽救。这也许都只是抒急难而索旧方。然黄宗羲、顾炎武,都是站在时代潮峰、卓然有识的大思想家,也以为封建有可取。黄宗羲把复封建悬为理想(参见《明夷待访录·原法》)。不过他觉得这是遥远难及之事,因此,他主张"因时乘势",复行方镇。他列举了复方镇的五大优点。"统帅专一,独任其咎,则思虑自周,战守自固,以各为长子孙之计,一也。国家有一警急,尝竭天下之财,不足供一方之用。今一方之财自供一方,二也。边境之主兵,常不如客兵,故常以调发致乱,天启之奢酋,崇祯之幕围是也。今一方之兵自供一方,三也。治兵措饷,皆出朝廷,常以一方而动四方。既各有专地,兵食不出于外,即一方不宁,他方晏如,四也。外有强兵,中朝自然顾忌;山有虎豹,藜藿不采,五也。"(《明夷待访录·方镇》)顾炎武也强调藩镇的积极作用。他认为:"世言唐亡于藩镇,而中叶以降,其不遂并于吐番、回纥,灭于黄巢者,未必非藩镇之力。"(《日知录》卷九《藩镇》)顾炎武历引岳飞、文天祥、尹源《唐说》、罗泌《路史》、黄震《日抄》及宋史所记刘平、贾昌朝之语,极言置方镇之必须。其引王应麟之言,谓"郡县削弱则戎翟之祸烈矣!"又引王禹偁之言："《易》曰：王公设险以守其国。自五季乱离，各据城垒，豆分瓜剖，七十余年，太祖、太宗削平僭伪，天下一家。当时议者乃令江淮诸郡毁城隍、收甲兵、撤武备，书生领州。大郡给二十人，小郡十五人，以充常从，曰长吏，实同旅人。名为郡城，荡若平地。虽则尊京师而抑郡县，为强干弱枝之计，亦匪得其中道也。盖太祖削诸侯跋扈之势，太宗杜僭伪觊望之心，不得不尔。其如设法救世，久则弊生。救弊之道，在乎从宜，疾若转规，不可膠柱。今江淮诸州，大患有三：城池堕圮，一也；兵仗不完，二也；军不服习，三也。望陛下特纡宸断，许江淮诸郡酌民户众寡、城池大小，并置守捉军士，多不过五百人，阅习弓剑。然后渐葺城壁，缮完甲胄，则郡国有御侮之备，长吏免剽掠之虞矣。"顾炎武于是大兴感慨，说："呜呼！人徒见艺祖罢节度为宋百年之利，而不知夺州县之兵与财，其害至于数百年而未已也。陆士衡所谓一夫从横，而城池自夷，岂非崇祯末年之事乎！"(《日知录》卷九《藩镇》)清人吕留良，著《四书讲义》；其再传弟子曾静，著《知新录》。他们都对封建重新作出肯定。封建之不可复行，行必致大乱，朱元璋就制造过这种滑稽性的悲剧。他沿袭元朝的蒙古习俗，封建子弟，很快就导致靖难之变。这是众所周知的事实。然而，顾、黄诸公所要求的实际上不是复古，而是披着复古主义的外衣，对当时高度中央集权的批判，表达了在绅权抬头时代下，对地方分权的要求。从这个意义上看，力驳封建的王夫之也同样是主张"大反孤秦、陋宋"的高度中央集权路线，主张"分兵民而专其治，散列藩辅而制其用"的。(《黄书·宰制第三》)他们的思想，在本质上都是相通的。在这个问题上最突出的例子便是章太炎。他认为主张郡县的人，在国家安定，未有外侮时，其议论因是以自守，而像宋代外患严重，李纲始有分镇之议。这便证明封建之说未必尽非，郡县之说未必是。他们都是从批判过度中央集权的角度立论的。不过，不久后，章文改变了观点，写成了《分镇匡谬》，改正了《分镇》一文的主张。

历史的经验告诉我们，无论是古代奴隶制的民主，或是近代资产阶级的民主，都只有在较小地区范围内地方自治的温床上，才有可能发生。中央集权的高度发展，是和民主的产生与发展背道而驰的。中央集权在中国历史发展上，特别是在它的前期，无疑是起过巨大积极作用的。然而，在封建制度已趋腐朽，日趋崩溃的时代，它就转化成了旧制度顽固而有力的卫道士、新制度凶恶而可怕的斫杀手，其性质也就从进步而转变为反动。权力越集中，其作用力也就越大；而这种作用力越大，其性质也就越反动。旧制度顽强盘固，新因素艰困难萌。

民国初期，地方自治曾以联省自治的口号一度颇为时行。毛泽东的青年时代，1920 年就曾组织过驱逐湘督张敬尧，主张湘人治湘的运动，即所谓“湘人自决主义”。广东、四川等地都有所响应。湖南的运动很快就被新军阀谭延闿镇压。毛泽东从中得到教训：“从此以后，我越来越相信，只有经过群众行动取得群众政治权力，才能保障有力的改革的实现。”在军阀割据盛行的时代，地方自治或独立，不可能实现民主改革，实际上是向分裂的倒退，当然是不可能成功的。从严格的意义上，在中国，真正的大一统的中央集权，是经过国共合作的抗日战争，直到毛泽东的解放全中国，才算是大体上完成。所谓“全国一盘棋”，一切都遵照中央的指令运转。到了 1956 年毛泽东已感觉到这个制度的刻板和僵死，完全扼杀了地方的一切积极性。在他的《论十大关系》一文中，提到了中央与地方的矛盾。当然，这仍然根本不涉及民主改革的问题，而恰恰只是重现了传统的中央集权制度在新时期的痼疾。将来中国的民主制度究竟如何设计，我无法预言，但是传统的高度中央集权政制必须根本改变，是毫无疑义的。中央集权政权在历史上曾经起过进步的作用，这是不可否认的。但是随着时代的发展，这种集权政治终究将走向自己的反面。

（三）　奴隶制的家长式统治

家长制是西周宗法制度解体后中国家族形态的基本组织形式。在宗法制度下，宗主也便是君主，由嫡子继承。根据别子为祖，继别为宗，继祢者为小宗的形式繁衍氏族。《礼记·大传》疏："别子，谓诸侯之庶子也。诸侯之嫡子、嫡孙继世为君，而第二子以下悉不得祢先君，别于正嫡，故云别子。"宗法制度破坏以后，个体家庭取而代之，成为社会的基本结构。这种家庭是以父权为基本，父系血缘为纽带构筑起来的经济与社会细胞。在家庭中父亲拥有绝对的支配权力，奴隶制的残余因素十分浓重。家庭的所有一切，包括子女在内，都被视为家长的私产。儿子对父母、妻子对丈夫，必须严格顺从。所谓"君要臣死，不得不死；父要子亡，不得不亡"，"嫁鸡随鸡，嫁狗随狗"，表明父亲对儿子、丈夫对妻子的绝对支配权力。家庭细胞又以姓氏为纽带，结为族姓。族姓在魏、晋时期曾发展成为门阀。然这时门阀的首领已不是宗子，而是族姓中的豪强。门阀崩溃以后，宋、元之际，以族谱、宗祠为维系的宗族组织开始形成，特别是在南方人口流动较少发生的地区，宗族组织十分发达。族权和绅权、夫权、神权成为束缚农民的四条无形的绳索。

对国家采取家长制的形式，以国为家，家国不分，朕即国家，家即是国，这也是中国专制主义皇权统治的明显特点。

史称中国家天下是从禹传位于子启开始的。《史记》：尧知子丹朱之不肖，不足授天下，于是乃以权授舜。舜子商均亦不肖，舜乃预荐禹于天，为嗣。禹亦以益代。然"三年之丧毕，益让帝禹之子启，而避居箕山之阳。禹子启贤，天下属意焉，于是启遂即天子之位。"（卷二《夏本纪》）到了《孟子》，把这种推位让国作了生动的描述，后世美而名之曰"禅让"，并以为尧、舜、禹都是以天下为公。"天下为公者，天子之位传贤而不传子也。"（《礼记·礼运》孙希旦集解）而从启传子开始，便成了所谓家天下。在原始社会末期，部落联盟酋长指定自己的继承人，通常是两名（他们不一定是自己的儿子），再经选举，确定其一，是中国北方少数民族中通行的制度。在老联盟酋长死后，部众离散，另拥新酋长，也是常有的事。所谓禅让完全是儒家的生造，其实，当时的传说还有许多种，情节也大相径庭。如《韩非子·外储说右上第三四》："尧欲传天下于舜，鲧谏曰：'不祥哉，孰以天下而传之于匹夫乎？'尧不听，举兵而诛杀鲧于羽山之郊。共工又谏曰：'孰以天下而传之于匹夫乎？'尧不听，又举兵而流共工于幽州之都。于是天下莫敢言无传天下于舜。"韩非是把舜逼尧、禹逼舜，同于汤放桀、周武王伐纣的（《五蠹》）。可见所谓禅让，也同样是在腥风血雨中进行的。又《资治通鉴》卷三《周纪三》慎靓王五年："或曰：禹荐益而以启人为吏，及老而以启为不足任天下，传之于益。启与交党攻益，夺之。天下谓禹名传天下于益，实令启自取之。"也与世传的故事大不一样。可知儒家的所谓"禅让"，完全是蓄意的美化。只有一点可以相信，那就是从启以后，夏王朝建立，传子制度已正式确立，象征了原始共产主义的破坏，私有制开始确立。

周武王大行封建，确立了"普天之下，莫非王土"的观念。这个姬周天子以天覆地载尽为天子私有的历史性观念，支配着中国古史的全过程。秦一天下，"六合之内，皇帝之土"，"人迹所至，无不臣者"，这笔私产，由他们家永远拥有，自始皇帝至二世、三世，迄于无穷。刘邦贱时，游惰不事生产，不如弟弟的勤苦，为此常受到父亲的训斥。做了皇帝后，得意之余，他问他父亲说，现在，我和弟弟比起来，资产谁多？贵为天子，富有四海，天造地设，莫非己有,国就是他的家,皇帝既是国君,又是家长,一身而二任焉,当然是谁的资产也无法同他相比。

最早的国家的雏形,通常都是从酋领的家丞组织中派生出来的。这个先天的痼疾在后来长期存在。在家国不分的情况下,这就必然出现:第一,供职于朝廷的臣工,实际就是皇帝的家奴、家仆,是服役于皇帝一家一姓的仆役奴才。黄宗羲严厉指责"后世骄君自恣,不以天下万民为事,其所求乎草野者,不过欲得奔走服役之人,乃使草野之应于上者,亦不出夫奔走服役,一时免于寒饿,遂感在上之知遇,不复计其礼之备与不备,跻之仆妾之间而以为当然"(《明夷待访录·原臣》)。黄宗羲在君臣的关系与分工上有自己的一套理论,然残酷的现实却正是如他所痛斥的臣子变成了君主的仆妾,而又心甘情愿,以为当然。第二,在政府机构的设置上,也是家国不分。我们试取《汉书·百官公卿表》分析,宗正掌亲族,奉常掌太庙礼仪,郎中掌宫中门户,卫尉掌宫门屯卫,少府掌宫中财富,将作掌宫中造作,奉车都尉掌天子车骑,太子太傅行家教,詹事掌皇后、太子家务。当时的政府部门半数以上是专门或主要是为皇家事务服务的;其余的一些政务部门也或直接、间接,或多、或少与皇家事务相关。朝中重臣也多带内侍的加官,兼任内庭服役。国家收入的绝大多数是皇家的供费。当然,这些情况愈到后来逐渐有所淡化,但家国不分的总结局却是始终维持的。第三,按照家长制度,天下由一家所有,父子继承,子子孙孙,世代传袭。在父死乏嗣的情况下,皇位也必须挑选旁枝来祧承,以保证江山永不改姓。皇帝按照家长统治他的家一样来统治自己的国家,专制主义的皇权在某种程度上就是父系家长制的特权。他对于自己所有的臣民拥有无限的支配权力。这种权力的来源,正像父亲之于儿子一样,是因为所有臣民都是他所生养的,吃的是皇家的粟,立身是皇家的土,阳光、雨露都是君恩的施予。因此臣民必须像儿子敬顺父亲一样对待君主。这样,君主与臣民的关系又被蒙上了一层温情脉脉的亲属关系的轻纱。君主也被称为君父,臣民就是臣子,既是君臣,又是父子。国和家在道德伦理高度上,浑然融为了一体。东汉顺帝死,才两岁的太子柄嗣立,不及四月,又死。梁太后以扬、徐地区盗贼方盛,"欲须所征诸王侯到乃发丧。太尉李固曰:'帝虽幼少,犹天下之父。今日崩亡,人神感动,岂有人子反共掩匿乎?'"(《资治通鉴》卷五二)两岁的殇婴,因为作了四个月的皇帝,也便就是天下人的"慈爹",天下人都必须像孝子贤孙那样来对待他的丧事。不单君主与臣民被美化成了父子亲属关系,连官民关系也美化成家人父子。地方官被称为父母官。这样,这个国家也就成为了一个大家庭。因此,《尚书·洪范》说:"天子作民父母为天下王。圣人取类以正名,而谓君为父母,明仁爱德让王道之本也。"驯至中国封建社会的后期,在蒙古旧有奴隶制的影响下,朝廷的臣工,无大小都变成奴仆、奴才。老百姓则更下一等,在官的面前,又是一群更无人格的牛羊。

在中国古来的人伦大礼中,最被强调的是忠和孝。事君忠,事父母孝,这是臣子报答君父覆育生养之恩的应尽义务。所谓"王者居宸极之至尊,奉上天之宝命,同二仪之覆载,作兆庶之父母。为子为臣,惟忠惟孝。"(《唐律疏议·名例一》)按照国即是家、君主就是君父的逻辑,忠也就逻辑地成为孝在政治上的延伸。所以《孝经》说:"以孝事君则忠。"忠与孝在行动中发生矛盾,有不能兼顾时,则必须舍孝以全忠,移孝作忠,义无返顾地为皇帝尽忠卖命。马融著《忠经》,说忠就是"中",即"至公无私"之谓,就是要"奉君忘身,徇国忘家,正色直辞,临难死节"。不过,作为大臣,单是这样还不够,必须"沉谋潜远,正国安人,任贤以为理,端委而自化。尊其君有天地之大,日月之明,阴阳之和,四时之信,圣德洋溢,颂声作焉。"至于庶民,要求的则是"祗承君之法度,行孝悌于其家,服勤稼穑,以供王赋"。不同等级的人尽忠的表现各不一样,但舍死效命,为君忘身则是封建社会里忠的常道。忠、孝同是封建伦理的核心,不忠就是叛,不孝就是逆。叛逆之人,罪大恶极,不齿于人。

马融解"忠"为"一其心",也就是竭诚的意思。在封建社会里,忠永远只能奉献给某个皇帝个人。如果这个皇帝的所言所行,和当时国家人民的利益相符合,和社会发展的要求相符合,那么,忠于皇帝,也就间接地忠于正义的事业,这当然是好的。但是,反过来,如果不管皇帝的所行如何,都要强调一个忠字,这就必然是悖理的愚忠。甚而至于把人变成为助桀为虐的帮凶。可见简单的强调对皇帝个人尽忠,实际上只能导致原则的丧失与人格的出卖,是根本不可取的悖行。

把忠限定于只能对君主个人的奉献,也必然导致忠自身的否定。忠君是以一家一姓的永远统治为前提的。然而,事实上历史的发展却是朝代迭兴,江山易主,正像昼夜相代一样,永无停息在进行。每当革代之际,这个忠的标准就从根本上动摇了。我们就以明清两代交替的情况来说吧。明朝的臣民,上至高官,下至百姓,本无例外地都有忠于朱姓皇朝的义务。但是亡国之后,广大百姓在屠刀的逼迫下,雉发归顺,成了清朝的百姓,谁也不能说他们是不忠,似乎只有在明朝作官的人才有所谓忠不忠的问题。而一般下级的官僚,在大势所趋下,在既保命,又保境的两全其美情况下,归顺了新朝,一般也没有人来指责他为不忠。剩下来的只是那些明朝的大官僚们,似乎在这个时候忠于明朝只是这些食过旧君厚禄的人的独家义务。然而,在这个关头苟且偷生,腆颜降清而立功建业的人又可以誉之为弃暗投明,顺天命,识时务的俊杰。历史上绝大多数的反叛者在创建新朝时,莫不大行招降纳叛,以削弱对方,壮大自己。因此,对于旧朝而言,他的反叛行为首先便是不忠;

而招降纳叛也即是一种对不忠的鼓励。在这样的情况下,忠是毫无标准可言,因而也是一文不值的。

陈独秀在《东西民族根本思想之差异》一文中,列举了(一)西洋民族以战争为本位;东洋民族以安息为本位。(二)西洋民族以个人为本位;东洋民族以家庭为本位。(三)西洋民族以法治为本位,以实利为本位;东洋民族以感情为本位,以虚文为本位。(《青年》第一卷第四期)在中国,个人永远紧紧地从属自己的家庭,而这个家庭的绝对统治者就是它的家长。"夫为人子者,出必告,反必面,所游必有常,所习必有业。"(《礼记·曲礼一》)"为人子者,居不主奥,坐不中席,行不中道,立不中门,食飨不为概,祭祀不为尸。"(同上)"孝子不服闇,不登危,惧辱亲也。父母存,不许友以死。"(同上)"父命呼,唯而不诺,手执业则投之,食在口则吐之,走而不趋。亲老,出不易方,复不过时。亲疹,色容不盛。此孝子之疏节也。"(同上《玉藻十三》)抚育养老,这本来是人类生存与繁衍、区别于动物界的人道原则。然而封建统治者却从他们的统治需要出发,作出违背人性、斫杀新生的非人道主义歪曲。他们所提出的:"孝者,畜也,顺于道,不逆于伦,是之谓畜。是故孝子之事亲也,有三道焉:生则养,没则丧,丧毕则祭。"(同上《祭统》)这一般不能认为是错误的。问题在于,他们的所谓"道",是封建主义的道;所谓"伦",是封建秩序之伦,其本质就是违反人性的,因而也是不符合人道主义原则的。这从他们所极力宣扬的二十四孝图之类,就可以得到充分的证明。至于把孝作毫无根据的推衍,得出来所谓"居处不庄,非孝也;事君不忠,非孝也;莅官不敬,非孝也;朋友不信,非孝也;战阵无勇,非孝也。五者不遂,灾及于亲,敢不敬乎。"(同上《祭义第二四》)这就不仅是荒诞不经的牵扯,而且,其基本用心便在于使人相信,人的任何活动,都是应该从封建的孝道出发,对父母负责的。这不单使个人在家庭中完全处于服从与没有独立人格的地位,推而及于其全部的为人、处事、立业乃至生活,都变成在家长制奴役支配下作虚伪的、千篇一律的道学表演,看不出来任何个人的生气和活力。个人的存在和价值都是注定为自己的家族所规定、所决定的。每一个人都有其永远无法改变的出身。他社会地位的高低贵贱,都是由父亲的地位以及宗法礼俗的规定与生俱来,所谓"龙生龙,凤生凤,老鼠的儿子学打洞"。儿子的天职是"克勋箕裘","继志述事",即忠实地继承父亲的事业。光宗耀祖是人生最大的追求;再就是把父亲的血统流传下去,所以说,不孝有三,无后为大。断子绝孙而至于若敖鬼馁,则是最大的不幸和哀伤。总之,个人与家族永远是荣枯一体。这种关系也是由当时的封建大法所明确规定的。族诛就是最有力的证明。一个人犯罪,不单直接牵连到自己的父母、妻子、儿女,甚至累及五族、九族,这种事例,在中国封建社会里是经常发生的。中国人民无疑有许多值得骄傲的优秀精神和高尚传统,但也无可讳言地带有隐忍苟活、卑躬屈膝、驯服愚忠的奴隶性格。这一方面是来自长期的家长奴隶制传统(这个传统在历史上由于长期自然经济的牢固统治而很少削弱,反而因几次落后民族的入主中原更得到增加),另一方面,奴才性格的养成,也是统治者极端残暴的屠杀政策所造就成的。当明朝的永乐皇帝把诛九族、诛十族推行到一切拒绝驯服的臣民面前时,传统的民族骨气从此便摧残殆尽。这是中国民族最大的悲哀。

　　鲁迅曾经一针见血地指出:在中国的历史上,老百姓只有过作稳了奴隶的时代,和想作奴隶而不可得的时代。《白虎通》提出所谓三纲六纪。"三纲者,何谓也?谓君臣、父子、夫妇也。六纪者,谓诸父、兄弟、族人、诸舅、师长、朋友也。""纲者,张也;纪者,理也。大者为纲,小者为纪。所以张理上下,整齐人道也。""君为臣纲,父为子纲,夫为妻纲。"君便是臣之天,父是子之天,夫是妻

之天。臣的天道是尽忠报主;子的天道便是光宗耀祖;妻的天道
便是顺事丈夫,当好传宗接代、承继香火的机器。因此,臣属是皇
帝的奴隶,儿子是宗族的奴隶,妻子则是丈夫和父亲的奴隶,他们
个人的价值是根本不存在的。君、臣;尊、卑、长、幼;父、子;夫、
妻;主、仆的身分、地位,都是由一整套法律和道德规范以及许多
不成文法所严格确定的。妇女处在社会的最低层。所谓礼教杀
人,当然是所有的人都是它的牺牲品,但妇女所受的迫害无疑是
最深的。"五四"以来,在西方民主、人权的感召下,先进的斗士公
开宣扬个性解放,向吃人的礼教发动了勇敢的冲击。但是,从深
度与广度上都只是振聋发聩的大胆宣战,在文化不普及,科学和
民主精神还没有深入人心的情况下,奴隶制的家长式统治传统远
未能肃清。

(四) 牢固的人身控制与对工商业的排挤

很古以来,历代的统治者都懂得这么一个简单的道理,只有把
农民牢固地附着于土地上,严格控制,才有可能进行劳役和赋税的
征集搜括。《汉书·食货志》说:"理民之道,地著为本。"师古曰:
"地著,谓安土地。"晁错著名的《论贵粟疏》中说:"贫生于不足,不
足生于不农,不农则不地著,不地著则离乡轻家,民如鸟兽,虽有高
城深池,严法重刑,犹不能禁也。"《通典·食货·田制》序也指出:
"夫地载而不弃也,一著而不迁也,安固而不动,则莫不生殖。"基
于这样一种认识,统治者很早就制定了一套民户的帐籍制度。
《周礼·秋官》有"司民中士六人,府三人,史六人,胥三人,徒三十
人。"注:"司民主民数。"疏:"掌登万民之数。凡断狱弊讼,必须知
民年几老幼,是以司民虽非刑狱,连类在此也。"(卷三四) 这种制
度是否实行过,我们无法断定,然在《管子》、《商君书》等法家著作

中,我们就已经看到当时严密的乡里组织与籍帐制度:

> 管子对曰:"昔者圣王之治其民也,参其国而伍其鄙。定民之居,成民之事,以为民纪。谨用其六秉,如是而民情可得,而百姓可御。"桓公曰:"六秉者何也?"管子曰:"杀生贵贱贫富,此六秉也。"桓公曰:"参国奈何?"管子对曰:"制国以为二十一乡,商工之乡六,士农之乡十五。公帅十一乡,高子帅五乡,国子帅五乡。参国故为三军,公立三官之臣:市立三乡,工立三族,泽立三虞,山立三衡(自三乡以下,每皆置其官)。制五家为轨,轨有长;十轨为里,里有司;四里为连,连有长;十连为乡,乡有良人;三乡一帅。"桓公曰:"五鄙奈何?"管子对曰:"制五家为轨,轨有长,六轨为邑,邑有司;十邑为率,率有长;十率为乡,乡有良人;三乡为属,属有帅;五属一大夫。武政听属,文政听乡,各保而听,毋有淫佚者。"桓公曰:"定民之居,成民之事奈何?"管子对曰:"士农工商四民者,国之石民也,不可使杂处,杂处则言哤,其事乱。是故圣王之处士必于闲燕,处农必就田野,处工必就官府,处商必就市井。"(《管子·小匡第二十》)

> 分国以为五乡,乡为之师;分乡以为五州,州为之长;分州以为十里,里为之尉;分里以为十游,游为之宗。十家为什,五家为伍,什伍皆有长焉,筑障塞匿,一道路,博出入,审闾闬,慎管键。筦藏于里尉。置闾有司,以时开闭,闾有司观出入者,以复于里尉。凡出入不时,衣服不中,圈属群徒,不顺于常者,闾有司见之,复无时。若在长家子弟臣妾属役宾客,则里尉以谯于游宗,游宗以谯于什伍,什伍以谯于长家,谯敬而勿复。一再则宥,三则不赦。凡孝悌忠信,贤良俊材,若在长家子弟臣妾属役宾客,则什伍以复于游宗,游宗以复于里尉,里尉以

复于州长,州长以计于乡师,乡师以著于士师(《管子·立政第四》)。

四境之内,丈夫女子,皆有名于上者著,死者削,其有爵者乞,无爵者以为庶子。级乞一人,其无役事也。其庶子役其大夫,月六日。其役事也,随而养之(《商君书·境内第十九》)。

举民众口数,生者著,死者削。(《商君书·去彊第四》)

彊国知十三数:竟内仓口之数,壮男、壮女之数,老弱之数……(同上)。

上引二书的说法,与当时实际执行的情况是否有差,我们固然无法肯定,但是秦孝公时,已实行“以户籍相伍”,即“令民为什伍,而相牧司连坐。不告奸者腰斩,告奸者与斩敌首同赏”。从内容上看,当时的六国政府,大概都是不同程度上采行内容大体相同的乡里户籍制度的。

秦始皇十五年,“初令男子书年”。三十一年,使“黔首自实田”。前者即编成户口籍,后者即编造田亩籍,二者就构成政府控制人口和土地,征取赋税、劳役,以维持统治的基本依据。这种作法一直为历代的统治者所奉行。汉制:“五家为伍,伍长主之;二五为什,什长主之;十什为里,里魁主之;十里为亭,亭长主之;十亭为乡,有乡佐、三老、有秩、啬夫、游徼各一人:乡佐、有秩主赋税;三老主教化;啬夫主争讼;游徼主奸非。”(《资治通鉴》卷二五胡注引沈约曰)户口册籍每年登造一次,在年终上计时汇报中央。在名籍上,居民的姓名、年纪、籍贯、爵级、肤色、身长、家口、财产等都一一载明。在居延汉简中,就有记载:河南郡荥阳桃邮里公乘庄旰,年廿八,长七尺二寸,黑色。敦煌出土的西凉建初十二年(416)敦煌县西宕乡高昌里的户籍残卷,其中有一位叫裴保的军人一家的户口记着:裴保年六十六,妻袁年六十三,息男(长子)金年卅六,金男弟隆年卅四,金妻张年卅六,隆妻苏年廿二,金息男养年二。居民什伍连坐,死徙勿出乡,以保证治安,并为国家提供租税、徭役和兵役。《汉书·百官公卿表》明白指出:以上皆循秦制。中国封建社会中政府对人民进行控制的基层组织机制,同样来自法家,这也是毫无疑义的。光武帝在位,以天下垦田多不以实自占,又户口、年纪互有增减,乃下诏州郡核检。(《资治通鉴》卷四十三建武十五年)一般来说,当时的政府对人民的控制,重在人户,对田籍则比较放松。

元魏、隋、唐都用均田制度来控制民户与土田,并沿行秦汉以来的乡里组织。如元魏的三长制:五家为邻,有邻长;五邻为里,有里长;五里为党,有党长。唐制:每百户设里正。里正查核户口,收授分田,征收赋税,督责农作,维持治安。里内的民户,"四家为邻,五家为保",相互禁约。均田制破坏后,农村实行乡、里制,人户主要区分为主户与客户两大类。主户按资财、人丁分为五等。以一等户充里正、二等户充户长,里正、户长负责征收赋税,耆长负责词讼治安。王安石变法,大力推行保甲法。元朝则创行村社,以主首、里正负责催收赋税,社长则负责治安。明初在户口和田亩方面的控制,通过黄册、鱼鳞册的编制而大大得到加强。人户以一百一十户为里,里长由丁粮多的十户轮充。十户为一甲,甲首亦轮充。在里甲内互为担保连坐,出外需持文凭、路引,禁止流徙、逃亡。这种制度,一直沿袭到清代,大体上没有多大变化。由此可见,在贯穿中国封建社会的二千多年间,由法家所创行什伍其民的乡村里甲统治制度,一直沿用不改。把农民牢牢固定在土地上,任供剥削,这一制度沿行之久,设法之严,世界其他国家是无法可同它相比。

户籍所控制的是人们的肉体。同时,统治者也丝毫不放松对人们的精神、思想、文化各方面的严格控制。

清顺治年间，曾明令在太学和全国府学、县学的明伦堂里，置一块卧着的石碑，碑上赫然镌着几条禁令：生员不得言事；不得立盟结社；不得刊刻文字等等。当然，这绝不是清统治者的发明。从秦始皇建立专制主义独裁统治的第一天起，言论自由就遭到彻底的剥夺，在上文里，我们曾累累提及，在下面专文讨论思想文化统治时，我们还要详加讨论，因此，这里我们暂予搁置，而着重对朋党等来加以讨论。

所谓"朋党"，历来就是封建皇帝的大忌。东汉时候的党锢之祸、唐朝时候的牛（僧孺）、李（德裕）党争，明朝时候的东林、复社，都是有名的案例。其实它们不是什么有组织的团体，而仅只是朋友之间，过从较密，政见相投，共同发表过某些不满时局的意见；或者是出于义气，敢于为在政治上获罪的朋友抱不平而已。东汉的党锢，只是"桓灵之间，主荒政缪，国命委于奄寺，士子羞与为伍，故匹夫抗愤，处士横议，激扬声名，互相题拂，品核公卿，裁量国政"。（《后汉书·党锢传序》）这是因为"东汉风气本以名行相尚，迨朝政日非，则清议益峻，号为正人者指斥权奸，力持正论。由是其名益高，海内希风附向，惟恐不及；而为所贬訾者怨恨刺骨，日思所以倾之，此党祸之所以愈烈也"。（《廿二史札记》卷五《党禁之起》）牛李党争的李德裕，代表的是已趋没落的门阀世族利益，"深嫉进士浮薄"（《新唐书·选举志》），要求废除进士科举，取用官员以经术为标准。（《唐语林·识鉴篇》李珏条）而牛僧孺等所代表的则是通过进士科举上升的庶族地主。他们通过科举，互相攀引；在政治上党同伐异，各自勾结宦官，进行倾轧，实际上只是两个在科举上利害不同的松散政治集团。明朝的东林、复社也是在政治上失意的士大夫抨击时政、朝野呼应的政治集团。此外，北宋的元祐党争，南宋的庆元党禁也是以朋党为由，大行政治迫害的例子。欧阳修写了著名的《朋党论》一文，勇敢地承认君子可以同道为朋，"故为人君者，但当退小人之伪朋，用君子之真朋，则天下治矣"！（《欧阳修全集》卷十七）至于"党"，孔老夫子就说过："君子不党。"又说："君子周而不比，小人比而不周。"所以如裴度所说："方以类聚，物以群分，君子、小人志趣同者，势不相合。君子为徒，谓之同德；小人为徒，谓之朋党，外虽相似，内实悬殊。"（《资治通鉴》卷二四〇）"党比"从来就是一个贬辞。在封建皇帝看来，任何人朋党相结都是形同叛逆的罪状，他们深深懂得，单个的反对者是不足畏的，组织起来才是可怕的力量，因此他们绝不给人民任何结社的自由。这就迫使人民采宗教迷信的外衣，进行组织，甚至采取秘密的方式，逃避官府的镇压。历史上的黄巾道、白莲教、摩尼教、三合会、太平军等都是依靠这种方式组织发动起来的。

雕版技术发明以后，对出版的取缔也提上了统治者的日程。宋徽宗、蔡京以"继志述事"为旗子，以"崇宁"为年号（宁指熙宁，宋神宗的年号），"专意王氏（王安石）之学"，"专用王氏之说进退多士"，对程学（程颐、程颢）横加打击，把他们的著作列为禁书，对"程颐追毁出身以来文字，除名，其入山所著书，令本路监司切常觉察"。其"邪说诐行，非先王圣人之书并元祐学术政事，不许教授学生，犯者屏出"。（参见李心传《道命录》、《朱文公文集·伊川先生年谱》、《续资治通鉴长编拾补》卷二一、二二）庆元党祸，韩侂胄又把程、朱理学家所著"六经、语、孟、中庸、大学之书，为世大禁"。（《道命录》）宋、元时期刻书，都由书院主持。顾炎武指出："宋、元刻书，皆在书院，山长主之，通儒订之，学者则互相易而传布之。故书院之刻，有三善写：山长无事而勤于校雠，一也；不惜费而工精，二也；版不贮官而易印行，三也。"（《日知录》卷十八《艺文·监本二十一史》）两宋的书院，操在民间，而元之书院，由政府设官，"秩视下州之正"。从这个意义上看，元朝政府对书院以及由书院主持的出版事业明显地加强了控制。清初在县学中镌碑，禁生员不得刊刻文字，以及言事、结社，矛头当然不只是对生员而言，它以法律明文的方式，对社会上所有个人的警告。清朝文字狱之苛暴是尽人皆知的。1663 年（康熙二年）的庄廷鑨撰《明史》一案，已死的庄被剖棺戮尸，其兄以及为该书作序、参校、刻版、卖书和买书者二百二十一人皆受株连。1778 年（乾隆四十三年）徐述夔的诗句"明朝期振翮，一举去清都"也被人牵扯为意指复明灭清，告发到官，已死的徐也被剖棺戮死，其子孙与刻校的人都坐死。都是吓人听闻的例子。

对个性的摧残和否定集中地表现在对个人情欲的压抑与批判上。从儒家的心性观点看，所谓人欲横流，便是造成天下大乱的原因。孟子主张性善，就是说，仁、义、礼、智、信这些"美德"是人天性所固有的，但如果操持不力，为物欲所诱，人就会干出坏事来。荀子相反，主张人性恶，所以必须用礼法来强制改造，以达于理想的道德境界。从这一点上讲，他们两家是殊途同归，同时也同样对情欲持否定的态度。后来的思想家们，不论是主张性三品论、性善情恶论，乃至理学家们所主张的"天命之性"是善，"气禀之性"为恶，故提出来"存天理、灭人欲"的口号等，实质上都是在调和荀、孟，而在否定人的情欲方面，则都是一致的。此外，老、庄也主张无欲、无为；对于佛家，欲也是人生的大敌。因此，在中国，人欲就历来被认为是恶，是一种罪过，作为人欲表现形式的个性是不容许存在的。儒家所标榜的修身方式即所谓"克己复礼"，就是要用压抑和消灭个性的方式来改造人。儒家标榜仁、恕之道。恕，就是要推已及人；己所不欲，勿施于人。然实际上却是用自己来要求人；用己之所欲来强施于人，消灭人性的千差万别。

贱商、抑商是巩固皇权的另一项重要措施，是由封建政权的本质所决定的。前引《管子·小匡第二十》管仲告桓公言：士农工商四民,不可使杂处。故商人在籍户时另有市籍。历代皇朝的经济政策始终贯彻一条重农抑商的路线。"农业是整个古代世界的决定性的生产部门。"(马克思)先秦的法家提倡耕战,"耕"也就是重农。在重农的同时,他们也力主抑商。《商君书·壹言第八》:"治国能抟民力而壹民务者强,能事本而禁末者富。""末"指的就是工商末业,是与把农业视为"本"相对而言的。韩非把工商视同五蠹之一种。他指斥"商工之民,修治苦窳之器,聚弗靡之财,蓄积待时,而侔农夫之利",同为邦国之大蠹,故"明王治国之政,使其商工游食之民少,而名卑以寡,趣本务而趋(当作外)末作"(《五蠹第四九》)。秦汉的统治者把重农抑商奉为国策,是直接承袭法家思想而来的。秦始皇曾发通亡人、赘婿、贾人"略取陆梁地,为桂林、象郡、南海,以适遣戍"(《史记》卷六《秦始皇本纪》)。《汉书·食货志上》注引应劭曰:"秦时以谪发之名谪戍,先发吏有过及赘婿、贾人,后以尝有市籍者发,又后以大父母、父母尝有市籍者。"即所谓"七科谪"(卷二四上;又卷四九《晁错传》)。再后就取其闾左。可知贾人的地位,更低于闾左的贫民。汉兴,"高祖乃令贾人不得衣丝乘车,重税租以困辱之。孝惠高后时,为天下初定,复弛商贾之律,然市井子孙亦不得宦为吏"(同上卷二四)。武帝时,发七科谪伐匈奴。又规定"贾人有市籍及家属皆无得名田"。沈钦韩认为"禁其自有之田,盖利其田没入之也。"也就是说,对商人的田进行无偿没收。汉武帝又实行盐铁专卖,并推行平准均输,以及算缗、告缗等措施,打击商人的发展。重农抑商的政策始终贯彻在中国封建社会的全过程。王莽改制、实行五均、六管。王安石变法,推行均输、市易,都是企图贯彻政府对商业的垄断和控制,打击商业的发展。隋文帝开皇十六年,"初制工商不得仕进"。宋代的商品经济有了巨大的发展,坊市制度开始打破,然宋代的商人仍不得报名科举考试。明洪武廿四年,令农家许着绸纱绢布,"商贾之家,止许着绢布。如农民之家但有一人为商贾,亦不许着绸纱"
(《留青日札》卷二二)。表明了政府对商人继续奉行歧视与压抑
政策。明朝后期,这种状况才实际上多少有所变化。

　　自给自足的小农经济也是排斥社会分工的。因此,对于工技
也采取了同样的歧视和排斥态度。《周礼·王制》:"作淫声异服,
奇技奇器以疑众,杀。"(卷十三)《月令》:"季春之月,百工咸理,
监工日号,毋悖于时,毋或作为淫巧以荡上心。"他们把发展手工
业的要求,仅仅限制在满足统治者奢华生活享受的范围之内。对
技术严格封锁,防止流播。因而不少精湛的技艺,有的永远失传湮
灭;有的则总是在重新发明的痛苦摸索中蹒跚行进。宫营手工作
坊的劳动者是吏、卒、刑徒和官奴婢。随着时代的发展,私营手工
作坊也有所发展,劳动者主要是僮仆。佣工作为一种补充劳力存
在,但他们在身分上是与部曲、佃客相同的。手工匠人世承其业,
称之为匠户。两宋时期,商品经济一度有所发展,手工业中商品生
产与佣雇劳工的现象也出现新的繁荣。但是随着金、元的倒退,手
工工人的地位又趋恶化。一直到明朝的后期,匠户制度才趋于崩
溃,雇佣关系也出现新的变化。政府正式承认,凡是"受值微少,
工作止计月日者,仍以凡人论"(《神宗实录》卷一九一)。这一变
化尽管是微小的,但是从这里毕竟看到了一丝自由的雇佣劳动的
晨光。

　　对工匠贱视的恶果就是造成中国古代无所谓科学,工匠们的
技艺靠师徒间口耳相传。他们的某种技术虽颇精湛的,但都是靠
个人的经验,极少有从科学的高度来研究和著述。单靠口耳相传
是很容易中断的。加上在传授上流行陋规,如传子不传女等,也极
易导致失传。后来者又只得从头摸索,有的竟因此永远消失。

　　总之,1840 年以前的中国,基本的经济形态仍是自给自足的
自然经济占统治地位。小农经济是这个国家的基础,官僚是这个

国家的支柱。手工业和商业虽然有了某些发展,但是在观念上它们是被歧视和压抑的。封建等级制的彻底动摇,个人权力的发现与确立,都必须以商品生产、商品交换的充分发展为前提。不幸的是在我们这样一个一直沿行重农轻商的国度里,这个基本的前提始终无法实现。广大的农村,始终是在自给自足的自然经济统治之下,农民们祖祖辈辈从事面朝黄土背朝天的原始农业劳动,而把收获的大部分作为地租交纳给地主,自己的所得甚至不能保证一家的温饱。内陆的农民,除了食盐必须以实物换取外,其余生活所需,都是自给自足的。在西方的殖民主义冒险家眼中,中国社会就是这样一个如他们所描绘的神秘而落后的金字塔。

> 在建筑物顶端的是神在这世界里的化身———天子。紧接着是加固金字塔顶端和棱边的大军机处、总督、巡抚和整个文官等级体系;只有他们能用特有的语言来阅读和书写。他们的任务是把皇上的旨意和帝国的价值传达给群众。然后是农民,他们是整体生存所必需的广大群众,是真正的生产者;其他阶级的存在都是为了让他们能生产。再下面是手工业者,对他们的要求是为农民的耕作提供必需的工具。最下面是商人,他们不是生产者,而纯粹是寄生虫。他们靠贸易为生;他们不创造财富;他们只是靠损害他人来攫取金钱。他们虽然富了,但并不能因此而得到尊重。(《停滞的帝国———两个世界的撞击》第 616 页)

(五) 文化的全面专制

对思想文化进行全面的、严密的专制,是中国专制主义皇权又一个明显的特征。皇帝既是权力的象征,又是精神的教主。君师合一,通过有效的提倡和奖励,实现在全面的"一教化、齐风俗",以牢笼人民的思想和灵魂。

春秋、战国时期,诸侯并起,给思想自由、百家争鸣提供了可能存在的政治空间,各家之间,相互批驳、排击。传说孔子摄鲁相时,就杀掉了鲁大夫少正卯,罪名是"心逆而险,行僻而坚,言伪而辩,记丑而博,顺非而泽"。从这一大堆罪状看,少正卯顶多也只是个思想犯。孟子本人没有掌握过政治权力,但对自己的学术对手,所谓杨朱、墨翟之徒,排击不遗余力。他宣称:"杨墨之道不息,孔子之道不著,是邪说诬民,充塞仁义也。仁义充塞,则率兽食人,人将相食。吾为此惧,闲先圣之道,距杨墨,放淫辞,邪说者不得作。作于其心,害于其事;作于其事,害于其政。圣人复起,不易吾言矣!"(《孟子·滕文公下》)他把大禹治水、周公兼夷狄、驱野兽、孔子作《春秋》视为"正人心,息邪说,距诐行,放淫辞"的神圣事业,他——孟子本人就是这个神圣事业义不容辞的继承人,所以说"能言距杨墨者,圣人之徒也"。看来,孟子如果一朝权在手,对他的论敌们,也将是"戎狄是征,荆舒是惩",毫不客气地加强镇压的。荀子也认为"今圣王没,天下乱,奸言起,君子无势以临之,无刑以禁之,故辩说也。"墨子也要"壹同天下之义"。言外之意都很清楚,只是自己暂时手中无权而已。据记载,西周时代,或者更早便就是官师合一的。因此,无论是法家的以吏为师,还是孔、孟诸家在这方面的态度,都是有来由的。战国时的法家人物,多数是掌过权的。在他们看来,除了他们所提倡的法乃是"天下之至道,圣君之实用"外,其他各家都是行无实效、乱政亡国的游谈。韩非记商鞅相秦孝公,"以连什伍,设告坐之过,燔诗书而明法令,塞私门之请,而遂公家之劳,禁游宦之民,而显耕战之士"(《韩非子·和氏第十三》)。可知商鞅是最先采用燔诗书来消灭百家,统一思想的"大发明家"。韩非指责儒墨,"非愚则诬"。"世之愚学,皆不知治乱之情,谍谀多诵先古之书,以乱当世之治,智虑不足以避阱井之陷,又妄非有术之士。听其言者危,用其计者乱,此亦愚之至大,而患之至甚者也"(《奸劫弑臣第十四》)。这种人,"乱国之俗,其学者则称先王之道,以籍仁义,盛容服而饰辩说,以疑当世之法,而贰人主之心。其言古者,为设诈称借于外力,以成于私而遗社稷之利"(《五蠹第四九》),都是国之蠹虫。韩非明确提出:"明主举实事,去无用,不道仁义,故不听学者之言。"(《显学第五十》)"明主之国,无书简之文,以法为教,无先王之语,以吏为师。"(《五蠹第四九》)由此可见,焚书、禁儒(当然也包括对儒以外的杨墨等)、以吏为师,都是先秦法家固有的主张。在某种程度上,秦始皇以前的秦国,已经实行了。中国学术思想,缺乏自由与宽容,是由来已久的。

秦始皇统一全国后,在行封建还是行郡县的大争论中,李斯同时也指出了取缔诸家学说,统一思想的重要性和迫切性。他说:"异时诸侯并争,厚招游学。今天下已定,法令出一,百姓当家则力农工,士则学习法令辟禁。今诸生不师今而学古,以非当世,惑乱黔首。丞相斯昧死言:古者天下散乱,莫之能一,是以诸侯并作,诸皆道古以害今,饰虚言以乱实。人善其所私学,以非上之所建立。今皇帝并有天下,别黑白而定一尊。私学而相与非法教,人闻令下,则各以其学议之,入则心非,出则巷议。夸主以为名,异取以为高,率群下以造谤。如此弗禁,则主势降乎上,党与成乎下。禁之便。臣请史官非秦记皆烧之,非博士官所职,天下敢有藏《诗》、《书》、百家语者,悉诣守、尉杂烧之。有敢偶语《诗》、《书》者弃市,以古非今者族。吏见知不举者与同罪。令下三十日不烧,黥为城旦。所不去者,医药卜筮种树之书。若欲有学法令,以吏为师。"秦始皇批准了这一意见。不久,充博士的儒生不满于他的专制,私自弃职逃亡。在咸阳的诸生,对他求神仙、觅不死药的妄行颇多议论。秦始皇听到后遣御史按问,认为罪在诽谤,于是将犯者四百六十人活埋处死;并对诸生诵法孔子的,大加谪罚。这就是恶名昭著的焚书坑儒。在学术问题上自以为是,唯我独尊,把别人则视为毒草,彻底否定,相轻相攻,不破不已,这本是某些文人的通病,是不奇怪的。而在中国,学术的胜败都靠政治来解决,而且,解决的办法赤裸裸地依靠血(坑)与火(焚),这算是法家的一大发明。

一方面是以焚坑进行镇压,禁绝一切不同的思想,另一方面,则提倡以吏为师,让全国人民只有一个思想,那就是秦统治者的思想,也就是由秦统治者所制订的法。这是典型的愚民政策。法家正是推行愚民政策的急先锋。商鞅称"民不可与虑始而可与乐成"(《史记》卷六八《商君列传》)。《商君书·垦令第二》亦云:"民不贵学则愚,愚则无外交,无外交则国勉农而不偷。"韩非形容民为"愚赣窳堕",是一群浑浑噩噩的婴孩。他把读书、习文的人都斥为无用、乱政的精神贵族。他指出:"儒以文乱法。""工文学者非所用,用之则乱法。"这些人"修文学、习言谈,则无耕之劳而有富之实,无战之危而有贵之尊,则人孰不为也?是以百人事智而一人用力:事智者众则法败,用力者寡则国贫,此世之所以乱也。故明主之国,无书简之文,以法为教;无先王之语,以吏为师。无私剑之捍,以斩首为勇。是境内之民,其言谈者必轨于法,动作者归之于功,为勇者尽之于军。是故无事则国富,有事则兵强,此之谓王资。"(《韩非子集解·五蠹第四九》)韩非也是一个读书无用论者。他编造一个故事,说:"王寿负书而行,见徐冯于周涂。冯曰:'事者,为也,为生于时,知者无常事。书者,言也,言生于知,知者不藏书。今子何独负之而行?'于是王寿因焚其书而儛之。故知者不以言谈教,而慧者不以藏书筐。此世之所过也,而王寿复之,是学不学也。故曰:学不学,复归众人之所过也。"(同上《喻老第二一》)他鼓动人们自己起来烧书。烧书也就是为愚民。但是,烧书并没有使秦免于速亡。唐章偈诗:"竹帛烟消帝业虚,关河空锁祖龙居。坑灰未冷山东乱,刘项原来不读书。"起来造反的恰恰是陈胜、吴广、刘邦、项羽这些不读书、不愿读书的人。愚民的目的也不是那么可以轻易达到的。无名氏诗:"焚书只是要人愚,人未愚时国已墟。惟有一人愚不得,又从黄石读兵书。"(《菽园杂记》卷一)实际上不被愚的何止张良一人,陈胜一呼,不是天下云起响应吗? 这里,用得着一句名言:"石在,火种是不会灭的。"

比起秦始皇的焚、坑来,汉武帝的文化专制主义政策:罢黜百家、独尊儒术,无论是所选择的武器和应用的方法都高明得多。首先是选择经过了董仲舒加工改造过的儒家代替已名声破产的法家学说;其次就是以功名利禄为钓饵,积极提倡儒学,以达到自然淘汰其他各家,而形成儒术独尊的局面。秦的以吏为师,恰如在看管所里犯人必须向监管人员学习规则科条一样,根本谈不上文化。汉武规定人们把研究转到天理、儒道以及丰富的儒家经典的注释,通过它来规范道德、欺骗人们、麻醉思想。建元初,诏举天下贤良方正,其理申、商、韩非、苏秦、张仪之言,乱国政,皆罢之。两千年封建统治者的文化专制政策才算牢固地确立了起来。从此,儒学在中国学术思想领域的绝对统治地位开始确立。儒家的经典《诗》、《书》、《易》、《礼》、《春秋》五经皆置博士于学宫。所谓"博士",乃"儒林之官,四海渊源。宜皆明于古今,温故知新,通达国体,故谓之博士"(《资治通鉴》卷七胡注引)。太学设甲、乙之科。东汉时,学宫的博士有十四家:《易》有施氏、孟氏、梁丘氏、京房;《书》有欧阳伯和、夏侯胜、夏侯建;《诗》有申公、辕固生、韩婴;《春秋》有严彭祖、颜安乐;《礼》有戴胜、戴德。这种诸家蜂出的现象,主要是因为秦火之后,典籍沦亡,到汉惠帝时,始除挟书之禁,于是经籍先后复出。然版本缺佚,有的且依靠老儒记诵得之。这样,每种经都依所传之人不同而分成若干家。汉人传经，"最重师法，师之所传，弟之所受，一字毋敢出入；背师说即不用，师法之严如此"（《经学历史》第77页）。两汉皇帝对于儒经的版本异同，也十分重视。西汉宣帝甘露三年，"诏诸儒讲五经同异，太子太傅萧望之等平奏其议。上亲称制临焉"（《汉书》卷八《宣帝纪》）。这次讨论会在石渠阁举行。东汉章帝建初四年，"下太常将大夫、博士、议郎、郎官及诸生诸儒会白虎观，讲议五经异同"（《后汉书》卷三《章帝纪》）。"考详同异，连月乃罢。肃宗亲临称制，如石渠故事。顾命史臣，著为《通义》"（同上卷一〇九《儒林传》）。《通义》即由班固所整理的《白虎通义》。汉统治者也通过超拔儒生以为提倡。自从公孙弘以通《春秋》而"白衣为天子三公，封为平津侯，天下之学士靡然乡风矣"。元帝好儒，"能通一经者皆复"。韦贤、匡衡、贡禹、薛广德等，均以儒术而致位宰辅。"元、成以后，刑名渐废，上无异教，下无异学。皇帝诏书，群臣奏议，莫不援引经义，以为据依。国有大疑，辄引《春秋》为断。一时循吏多能推明经义，移易风化，号为以经术饰吏事。"（《经学历史》，第103页）儒学在全国的统治地位完全确立。但是也是从这时候起，儒学开始"务碎义逃难，便辞巧说，破坏形体，说五字之文至于二三万言。后进弥以驰逐。故幼童而守一艺，白首而后能言。安其所习，毁所不见，终以自蔽"（《汉书》卷三〇《艺文志·文艺略》）。这种训诂章注之风的发展，到东汉时期，益蔓衍支离，繁琐无实用。"秦近君能说《尧典》篇目两字之谊，至十余万言；但说'曰若稽古'，三万言。"（《汉书·艺文志》颜注引桓谭《新论》）他师事小夏侯（建），小夏侯本是碎义逃难之学，夏侯胜评其为"章句小儒，破碎大道"。而秦近君又"增师法至百万言"（《汉书》卷八八《儒林传》）。在这种表面繁荣的下面，儒学实已陷于僵死和停顿。

魏晋南北朝时期，根底于老、庄的玄学一度盛行。佛教在东汉

传入后,也势力大盛。然"北方戎马,不能屏视月之儒;①南国浮
屠,不能改经天之义"(孔广森《师郑堂骈俪文·戴氏遗书序》)。
虽经过南北朝的长期战争破坏,佛、道异端并兴,但都不足以动摇
儒学已形成的统治地位。唐太宗时期,以儒学多门,章句繁杂,乃
诏国子祭酒孔颖达等撰定《五经》义疏,名曰《五经正义》。高宗
时,诏颁行天下,作为明经取士的标准本。所定五经疏:《易》主王
肃;《书》主孔安国;《左传》主杜预。当时的经,指《诗》、《书》、
《礼》、《乐》、《易》、《春秋》六种,而《乐》实无书,故仅为五种。经
之外,又有释经的传。《春秋》有《公羊》、《谷梁》、《左氏》三传。
《礼》则有《礼记》、《周礼》、《仪礼》三种。以上合《论语》为十经。
后又陆续添入《孝经》、《尔雅》、《孟子》,合成为十三经,成为钦定
的儒家基本经典。

两宋时期,中国思想学术界出现了一个新的繁荣时期,儒学得
到了新的发展。当时,中国封建社会已步入后期,作为统治思想的
儒学,需要改变汉学的陈腐面貌,在吸收佛、道哲学营养的基础上,
进行丰富和改造,以适应时代的需要。以二程、朱熹为代表的大家
们治经,摒弃了旧时沿行的注疏之学,转而崇尚义理的发挥,并且
从思辩的角度,丰富了儒家思想的哲学内容,建成了新时期的儒
学——理学。与汉学相对而言,也称宋学。如前所述,科举考试也
从王安石变法时把进士之科以诗赋为主变为试经义。为保证在考
试中有程式可循,宋神宗曾令王安石撰《三经新义》(《毛诗义》、
《尚书义》、《周官新义》)。变法失败后,科举考试又回复到以诗赋
为主的老路。元仁宗时复行科举,规定以经义取士,除《四书》限

---

　①　《世说新语》卷二《文学》:"支道林闻之,曰'……北人看书,如显处视月;南人
学问,如牖中窥日。'"刘孝标注:"学广则难周,难周则识闇,故如显处视月。学寡则易
覈,易覈则智明,故如牖中窥日也。"

用朱氏（熹）章句集注外，《诗》以朱（熹）注为主；《尚书》以蔡（沈）氏注为主；《易》以程（颐）、朱（熹）注为主，兼用古注疏；《春秋》许用《三传》及胡（安国）氏传；《礼记》则用古注疏。元文宗曾计划搞出一个范本来，但未及实行。直到明成祖永乐十二年，敕胡广等修成《五经大全》，翌年又成《四书大全》。它们都是杂取宋元时期程、朱及其生徒们的注本拼凑而成，作为科举考试的程式。从此，程朱理学在中国思想学术界的统治地位完全建立。《明史·选举志》："科目者，沿唐、宋之旧，而稍变其试士之法，专取四子书及《易》、《书》、《诗》、《春秋》、《礼记》五经命题试士。盖太祖与刘基所定。其文略仿宋经义，然代古人语气为之，体用排偶，谓之八股，通谓之制义。"（卷七十）明宪宗时，对这种八股文的字数、体式都作了具体的规定。所谓八股者，即文章的八个部分：破题、承题、起讲、提比、虚比、中比、后比、大结。考生答卷，必须按照这种体式用排偶的句子敷衍成文。当时又称为时文或四书文。有了这个定式，就给阅卷的大官在判卷时省出了很多的麻烦，但文章的内容也就空洞一无所有。明、清六百多年中，国家培养并选用为各级官僚的就是这样一批思想贫乏、学问空疏、脱离实际、全无用处的冬烘酸儒、虚伪乡愿。统治者进行文化思想专制的目的完全达到了。然而，我们民族也为此付出了极端沉重的代价，从世界上一个文明极盛的古国，日渐沦为一个陈腐、愚昧的落伍者。它在思想、文化上给后世的恶劣影响，到今天仍是一个沉重的十字架，背在我们的肩上，成为中国现代化的极大负担，亟待我们奋力廓除。

兴学校也是统治者所采行的推广儒学，进行文化专制主义的重要手段。《文献通考·学校考》："礼书曰：四代之学，虞则上庠、下庠，夏则东序、西序，商则左学、右学，周则东胶、虞庠。而周则又有辟雍、成均、瞽宗之名。则上庠、东序、右学、东胶，太学也，故国老于之养焉。下庠、西序、左学、虞庠，小学也，故庶老于之养焉。

记曰：天子设四学，盖周之制也。周之辟雍，即成均也。东胶即东序也。瞽宗，即右学也。"（卷四十）"然则有民斯可教，有教斯可学，自开辟则既然矣。"（同上引江陵项氏《松滋县学记》）虞夏之世，尚矣！难致其详。成周已有学校之制，天子曰辟雍，诸侯曰泮宫。据说民间"自二十五家以上则有学"（同上项氏《枝江县新学记》）。春秋、战国时期，私学十分发达。孔子就是一个大教育家，弟子三千人。孔子把教育放在十分重要的地位。《论语》载孔子适卫，有感于卫国的民庶稠众，不禁兴叹说："庶矣哉！"御车的弟子冉有就接着问："既庶矣，又何加焉？"曰："富之。"曰："既富矣，又何加焉？"曰："教之。"（《子路》）老百姓富了，就必须办好教育。朱子注："富而不教，则近于禽兽。故必立学校，明礼义以教之。"中国古代文明的发达，同教育的发达是密切相关的。

董仲舒说汉武帝罢黜百家，独尊儒术。他建议："是故南面而治天下，莫不以教化为大务，立大学以教于国，设庠序以化于邑。渐民以仁，摩民以谊，节民以礼，故其刑罚甚轻而禁不犯者，教化成而习俗美也。"（《汉书》卷五六本传）汉武帝接受了董仲舒的建议，元朔五年，置博士弟子员。盖"前此博士虽各以经授徒，而无考察试用之法。至是始为置弟子员，即武帝所谓兴太学也"（《文献通考》卷四十《学校一》）。其后，历昭、宣、元、成诸帝，五经博士的弟子员累增达三千人。当时，全国凡欲受学深造的人皆赴京师。地方的学校也很发达。平帝立学官，郡国曰学，县道侯国曰校，乡曰庠，聚曰序。聚就是小于乡的地区。东汉时期，"四海之内，学校如林，庠序盈门。献酬交错，俎豆莘莘。下舞上歌，蹈德咏仁"（《文选》卷一《东都赋》）。当时的一些经学大师都是弟子盈门。西汉末年，这些大师弟子千人，已称盛况。"而《后汉书》所载：张兴著录且万人，牟长著录前后万人，蔡玄著录万六千人，楼望诸生著录九千余人，宋登教授数千人，魏应、丁恭弟子著录数千人，姜肱就学者三千余人,曹曾门徒三千人,杨伦、杜抚、张玄皆千余人。"（《经学历史》,第 131 页）太学的学生通过射策考试,岁取若干人,以补郎、太子舍人等官职。如西汉成帝末,岁课甲科四十人,乙科二十人。王莽在位,奏令郡国、县邑、乡聚皆置学官。东汉时,又有丙科之设,所取人数也有增多,质帝时,太学生益增至三万余名。故苏轼称:"学莫盛于东汉,士数万人,嘘枯吹生,自三公九卿皆折节下之,三府辟召,常出其口。"（《苏东坡全集·后集》卷十五《南安军学记》）皇帝也常幸太学,甚至称制临决,以正诸经异同,表明了最高统治者对教育的特别重视。

到了唐代,学校的规模进一步扩大,太宗增学舍千二百间,增学生至二千二百六十员。在国子监下分设国子学、太学、四门学三种,分别收纳不同品官的子孙入学;此外又有律学、书学、算学。以实用的学科设学,这是一个积极的现象。宋代国学以三舍进行管理。又增设武学、画学、医学。仁宗庆历三年,用范仲淹建议,诏全国州县皆立学。但随着新政的失败,范仲淹去职,学未遍而诏旋寝。"迨（徽宗）崇宁,以蔡京之请,州县无远小咸得立学。学官之备,乃昉乎此。"（《鹤山先生大全文集》卷四四《普州贡院记》）宋代学校制度中最引人注目的特点是书院的创建。北宋时,开始出现像白鹿、岳麓、应天、嵩阳等著名的书院,它们都是一些著名的学者讲授之所。南宋孝宗以后,书院几乎在全境普遍设立。它们基本上是民办的,只是有的蒙朝廷赐额,赐田,以为旌表。学校和书院的发达,正是我们前文所述的两宋时期绅权抬头的一个重要象征。

到了元朝,一方面是学校和书院进一步在全国普及。"自京师至于偏州下邑,海陬徼塞,四方万里之外,莫不有学。"（《黄金华先生文集》卷十《邵氏义塾记》）地方人士,在先儒过化之地、名贤经行之所,也普遍创设书院。义学、义塾、族塾等名目的小学,遍及穷乡僻壤，一乡一社。但是，另一方面朝廷对学校、书院的控制也明显加强起来。首先是学官的设置。至元二年九月立诸路提举学校官元朝在各处行省所署之地，皆置儒学提举司，"统诸路、府、州、县学校祭祀教养钱粮之事，及考校呈进著述文字"。地方路、府、州、县分设有儒学教授、学正、山长、学录、教谕等所谓学官。《续文献通考》引陶安谓："汉晋以下，学盛于京师而郡县无定设。唐宋以来，学布于郡县而教官无常铨。县倚廓者皆弗克特建，附隶郡庠而已。今(元)邑又置学，学必置官，禄虽轻而道则尊，势虽孤而事则专。"(卷六十《学校考》)这正是元朝政府加强对教育控制的一大特色。原来是民间私设的书院，由于山长必由朝廷选派，因而在实际上也完成了官府对它的控制。其次，学校的教学内容、程序、学制，一概以朱(熹)学为依据。元初，许衡任国子祭酒。他是朱学的狂热信徒，他完全依照朱熹的主张办学。生员"先之小学，以端其本；次之群经，以达诸用。勤之以洒扫应对，以折其外；严之以出入游息，以养其中"(《滋溪文稿》卷七《耶律有尚神道碑》)。凡读书，必先《孝经》、《小学》、《论语》、《孟子》、《大学》、《中庸》，次及《诗》、《书》、《礼记》、《周礼》、《春秋》、《易》。"其立教以义理为本，而省察必真切。以恭敬为先，而践履必端悫。凡文词之小技，缀缉雕刻，足以破裂圣人之大道者，皆屏黜之。是以诸生知趋正学，崇正道，以经术为尊，以躬行为务，悉为成德达材之士。"(同上)这一制度通过学官在全国各级学校中普遍推广。其结果不单全国的学校、书院朱学化，朱子的《四书集注》(《论语集注》、《孟子集注》、《大学章句》、《中庸章句》)作为标准课本，也普及于全国。"近年，上而公卿大夫，下而一邑一乡之士，例皆讲读。"(《秋涧先生大全文集》卷四三《四书家训题辞》)"今也四海匪独士子，凡筐箧之吏，求售于时，其诵而习，亦先《四书》。"(《牧庵集》卷十八《杨公懿神道碑》)"虽戴惠文身，为刀笔筐箧之行，与非华人，亦手披口诵是书,求厕士列者,往往多然。"(同上卷十五《姚枢神道碑》)形成"海内家蓄朱子之书,人习圣贤之学"(《滋溪文稿》卷三十《题晦庵先生行状后》)。"穷徼绝域,中州万里之内外,悉家有其书。"(《清容居士集》卷十八《庆元路鄞县学记》)加上元中期科举复行,其制度也基本仿朱熹的《贡举私议》,故"贡举法行,非程朱学不试于有司,于是天下学术,凛然一趋于正"(《圭斋文集》卷五《赵忠简公祠堂记》)。从此,程朱理学开始了对全国思想文化的统治,形成一具牢固的精神枷锁,禁锢我们民族的灵魂,一直到1919 年的五四运动,才有了第一次的突破。

　　儒学之所以被汉武帝以来的历朝封建统治者所看重,根本的原因当然是它最适合于统治的需要。不过,儒学本身也是发展的,笼统地讲一个儒学,也并不确切。如果准确地来分析,汉武帝所尊的儒学,是经过董仲舒改造和发展了的儒学。其核心是"天人合一",是天命论。元、明、清三朝推崇的儒学是程朱理学。其核心是一个比起天命论来更带有哲学意味、更富有欺骗性的天理论,教导人们要自觉地存天理,灭人欲。这正是在贫富分化加深、阶级对立更明显的社会形势下,为了缓和矛盾、稳定统治所需要的。当然,就孔孟儒学的内容来看,作为一种政治学和伦理学,它的博大精深的学理性、理想主义的欺骗性,也是为凶残的专制统治者提供和善的假面目所必需的。孔孟儒学的中心是仁,但是那时的仁是确立在"份"的基础上的。由仁而衍生三纲五常,三纲即君为臣纲、父为子纲、夫为妻纲;五常即仁、义、礼、智、信。又有所谓四维八德。四维即礼、义、廉、耻;八德即忠、孝、仁、爱、信、义、和、平。这些总构成为儒家道德伦理规范。历代统治者利用儒学,主要就是利用它所提倡的这一套道德伦理规范,使人民变为一批驯顺的羔羊,以达到不威而顺,不刑而治。所以从儒术的角度来看,教化是国家的急务;风俗是天下的大事。教化的作用就是一道德,齐风俗,也就是建立一种把儒道融合在血液中,贯彻在行动里的精神文明,并普及为全社会的风气。因此,在通过科举学校大肆推广儒学的同时,封建统治者也在社会制度、生活习惯各方面,采取多种措施,进行贯彻,使儒学深入人心,塑造成一种以儒术为基准的民族精神。因此,在中国民族生活的一切方面,包括生、老、病、死和衣、食、住、行,无不渗透儒家的气息。

在累朝所制定、庄严其事的礼典中,不仅包括朝廷的各种仪式,而且,对于庶民的衣冠、服饰乃至婚聘、殡丧,都作了详细的规定。这些规定等级分明。譬如唐玄宗时所编成的《开元礼纂类》中,既明确规定了三品以上官僚的葬丧仪礼,又把四品以下至庶人的丧仪作为附录载入,使人各有遵从。又如,元朝的户令中规定了民间婚姻从议婚到完婚的全部仪式,还详细列上三等户各自应具的聘礼(《通制条格》卷三)。为了提倡德行,历代王朝均根据需要表彰卓行高谊,用加爵、予官、旌第、谥号进行嘉奖。如两汉时举孝廉。孝谓善事父母,廉谓清洁有廉隅者,二者之中,又以前者为重。宋、元时期,又大行追褒先贤,从远不相干的比干、箕子、周处、曹娥,乃至历代名贤学士如魏徵、狄仁杰、杜甫、柳宗元等,为人们树立榜样。朝廷又特别利用神权、族权、绅权和夫权,从多方面来提倡并加强儒家伦理道德。神权借助于迷信。如对孝的提倡,甚至借助于因果报应如廿四孝图之类。族权借助于宗法,以鼓励孝子贤孙。绅权的利用可以用"乡饮酒礼仪式"作例子。乡饮酒礼是一种很古老的仪节。《礼记·经解第二六》:"乡饮酒之礼,所以明长幼之序也。"《汉书·礼乐志》:"乡饮之礼废,则长幼之序乱而争斗之狱番。"(卷二二)这种礼仪,"自周迄明,损益代殊,而其礼不废"。唐乡饮酒之礼,刺史为主人,由致仕的大官僚有声望者为宾、介及众宾,与之行礼。县则令为主人,乡绅之有德望者为宾、介。明太祖洪武十六年,诏颁《乡饮酒礼图式》于天下。每岁正月十五日,十月初一日于儒学举行。"其仪以府州县长吏为主,以乡之致仕官有德行者一人为宾,择年高有德者为僎宾,其次为介,又其次为三宾,又其次为众宾,教职为司正。赞礼、赞引、读律,皆使能者。"会上,司正举觯致词:"恭惟朝廷,率由旧章。敦崇礼教,举行乡饮,非为饮食。凡我长幼,各相劝勉,为臣竭忠,为子尽孝,长幼有序,兄友弟恭。内睦宗族,外和乡里,无或废坠,以忝所生。"接着在会上诵读律令。"有过之人,俱赴正席立听。"听毕,又回到外坐。他们是以同类者成席,不许杂入于善良之中。(《明史》卷五六《礼十·乡饮酒礼》)可知这种集会的内容一是讲究长幼秩序,申明礼教;二是向有过犯的乡民训词读律,惩恶劝善。朱元璋对庶人相见之礼,也有明确的规定。"洪武五年令:凡乡党序齿,民间士农工商人等平居相见及岁时宴会谒拜之礼,幼者先施。坐次之列,长者居上。十二年令,内外官致仕居乡,惟于宗族及外祖、妻家序尊卑,如家人礼;若筵宴,则设别席,不许坐于无官者之下。与同致仕官会,则序爵;爵同,序齿。其与异姓无官者相见,不须答礼;庶民则以官礼见。凌侮者论如律。二十六年定,凡民间子孙弟侄甥婿见尊长,生徒见其师,奴婢见家长,久别行四拜礼,近别行揖礼。其余亲戚长幼悉依等第,久别行两拜礼,近别行揖礼。平交同。"(《明史》卷五六《礼十·庶人相见礼》)"如佃户见佃主,不论齿序,并行以少事长之礼。若亲属,不拘主佃,止行亲属礼。"(《唐明律合编》卷九《乡饮酒礼》)各州县乡里,设有申明亭,"里民有不孝不弟,犯盗犯奸,一应为恶之人,姓名事迹,俱书于板榜,以示惩戒,而发其羞恶之心。能改过自新则去之"(同上卷二六《拆毁申明亭》)。这同样也是很古老的办法,都是借绅权以张儒教。夫权是针对妇女设立的。中国妇女地位的急剧恶化,是从程朱理学的盛行开始的。所谓三从四德;所谓饿死事小,失节事大。礼教杀人,首先被作践的就是妇女。元修《宋史》,专门增加了《列女传》

一类,对所谓节妇特加表彰。在民间,大树贞节牌坊,把妇女推向了封建重压的最底层。

尊孔与崇儒,是封建统治者文化专制政策的一刀双刃。孔子作为一个伟大的思想家、教育家,自有他应有的历史地位。我们尊敬他,就像其他伟大的历史人物一样,这是一个尊重历史、尊重民族文化的人所应有的态度,它同封建统治者利用尊孔来加强统治是迥然不同的。《礼记·文王世子》:"凡始立学者,必释奠于先圣先师。"(卷二十)郑注:"先圣周公若孔子。"汉平帝元始初,追谥孔子为褒成宣尼公。东汉中,周公、孔子并为圣师,祀于学校。晋、宋、梁、陈及隋大业中,皆以孔子为先圣。唐高祖武德中,太学分立周公、孔子庙,四时致祭,国学释奠,以周公为先圣,孔子配享。太宗贞观中,停祭周公,以孔子为先圣,颜回配享。高宗永徽中,复以周公为先圣,孔子为先师,颜回、左丘明从祀。显庆时,以周公之业,实同王者,宜以别礼,配享武王,而又以孔子为先圣。玄宗始封孔子为文宣王,学庙中的坐位由原来的东向改为南向,并以颜子、闵子骞、冉伯牛、冉仲弓、宰予、子贡、冉有、子路、子游、子夏十哲从祀,封侯。其余七十子皆封伯。"古者有学而无庙,故孔子之庙,终世不出阙里。至唐而州县学皆得庙祭孔子为先圣。其后学之兴废不常,而庙以通祀著于令,莫之有改。"(《黄金华先生文集》卷九《新城县学大成殿记》)宋真宗封孔子为元圣文宣王,旋改至圣文宣王,庙祀以颜、曾配享,并列于左;庙学释奠,不用乐,每年秋冬两季举行。金代的宣圣庙或谓左颜右孟,与孔子并居南面;或作颜、孟东西对立。南宋则以曾子、子思、颜子、孟子并列居左。元武宗加封孔子为大成至圣文宣王。诏云:"盖闻先孔子而圣者,非孔子无以明;后孔子而圣者,非孔子无以法。所谓祖述尧舜,宪章文武,仪范百王,师表万世者也。"(《元文类》卷十一《加封孔子制》)"大成"一词,语出《孟子》:"伯夷,圣之清者也;伊尹,圣之任者也;柳下惠,圣之和者也;孔子、圣之时者也。孔子之谓集大成。集大成者,金声而玉振之也。"(《万章章句下》)元仁宗时诏:"春秋释奠先圣,以颜子、曾子、子思、孟子配享",东坐西向。文宗时,又加封颜子为兖国复圣公,曾子为郕国宗圣公,子思为沂国述圣公,孟子为邹国亚圣公。朱元璋曾读《孟子》,见到书中"贼仁者谓之贼,贼义者谓之残。残贼之人谓之一夫。闻诛一夫纣矣,未闻弑君也"等抨击暴君的语句,勃然大怒,说:"使此老在今日,宁得活也!"(《前纪》)洪武五年,罢孟子配享。竟把他从孔庙中撤祀,赶了出来。不过,亚圣孟子的名声究竟太大,一年以后,又念其"辟邪说,辩异端,发明孔子之道"有大功,恢复从祀。但对《孟子》一书,毫不客气地令人删去其中有违碍的文字八十余处,成《孟子节文》一书刊行,以供士子学习。所谓"违碍"部分,就是《孟子》中所有带有民主主义,批判暴君政治的章节。皇权高出于经,经说到底只是为皇权所利用,从这里我们可以看得很清楚。明世宗嘉靖时,去孔子像,神位题"至圣先师孔子",不用王号及大成、文宣的称呼;四配称复圣颜子、宗圣曾子、述圣子思子、亚圣孟子,其余弟子及历代大儒都各受封谥,从祀孔庙。清雍正间,定以八月二十七日(农历)为孔子诞辰,禁屠宰。雍正对尊孔的作用说得很清楚:"至圣先师孔子以仁义道德启迪万世之人心,而三纲以正,五伦以明,后之继天御宇兼君师之任者有所则效,以敷政立教,企及乎唐虞三代之隆,大矣哉!圣人之道,其为福于群黎也甚溥,而为益于帝王也甚宏,宜乎尊崇之典与天地共悠久也"(《清世宗圣训》卷四《圣学》)。正是由于它大有益于皇帝,所以历代的帝王都要玩弄尊孔的骗局。

理学家把从周公、孔子、孟子到韩愈、二程、朱熹之间说成有一个道统相承的授受统系,与皇统并存。韩愈最先揭橥所谓道统的问题,说:这个区别于佛、老之道,即儒学之道,是从尧开始,"尧以是传之舜,舜以是传之禹,禹以是传之汤,汤以是传之文、武、周公。文、武、周公以是传之孔子,孔子传之孟轲,轲死,不得其传焉"(《韩昌黎全集》卷十一《原道》)。韩愈以辟佛为己任,自命为孟子道统的继承者,对于所谓异端,他提出:"不塞不流,不止不行。人其人,火其书,庐其居,明先王之道以道之。"就是说对于佛徒,要没收佛寺,烧掉佛经,把佛徒从不成人的地步改造成服膺儒理、儒道的人。以道统自命也就是宣布自己在学术领域的独尊,对于别人的学说则一律以异端邪说目之,只要有可能就在政治上施行打击。北宋徽宗崇宁年间,党祸大行,以绍述名义,打着变法牌子的蔡京之徒,利用政治权势,明令禁止"邪说诐行,非先王圣人之书并元祐学术政事。不许教授生徒,犯者屏出"(《道命录》卷二)。有趣的是,这里的"邪说诐行",指的正是以道统自命的二程理学。这时的程颐著作被列为禁书,他的弟子们也为了远祸而纷纷避去。朱熹也自命为二程道统的继承者。但南宋宁宗时期,韩侂胄在朝,又把朱学(理学)打成"伪学"、"逆党","仕者非伪学,不读周敦颐、程颐等书才得考试"(《宋史》卷四〇一《刘宰传》)。政治上的权位争夺总是把文化当成自己的牺牲品,以致对手于死命。元、明时期,理学已钦定为国是,反过来,它又成了谁都不准许反对的神圣天条。明朝的朱季友,著书攻濂、洛、关、闽之说,成祖笞之,并命毁版。清朝的李贽,也因为有违名教,被迫害致死。以理学杀人的例子,在元、明时期是数不胜数的。

文字狱也是中国专制主义皇权在文化专制上的特别手段。秦始皇时,偶语《诗》、《书》者弃市。这条罪状既可以算作思想犯,也可视同文字狱。最早以文字得罪的如司马迁的《史记》,班固就指责"史迁著书成一家之言,至以身陷刑。故微文讥刺,贬损当世,非义士也"。东汉的王允,指《史记》为"谤书"。(《资治通鉴》卷六十)大文豪苏轼,也以文字得罪系狱。他的诗作中有描写两棵老桧树,说:"根到九泉无曲处,世间惟有蛰龙知。"审查官就指它为污辱皇帝,因为龙是皇帝的象征,只能在天上,说它蛰藏地底,难道不是有意侮辱皇帝? 逻辑就是这么简单。朱元璋制造文字狱是尽人皆知的。杭州府学教授徐一夔进贺表,有"光天之下,天生圣人,为世作则"。朱元璋见了,大发雷霆,说:"生者僧也骂我当过和尚。光是剃发,说我是秃子。则音近贼,骂我作过贼。"(《翦胜野闻》)这样的例子还很多。驯至清朝,文网益密。著名的如庄廷鑨的《明史》案,戴名世的南山案以及吕留良、曾静案等等,这都是因文字而罗致大罪,用屠刀以对付思想,以血腥来玷污学术的凶暴记录。清朝还以修史、修书的名义,大行禁毁图书之实。乾隆三十九年,开四库馆,编辑《四库全书》,明诏凡书中有触犯忌讳者,毁之。"私家著述,一经疆臣辇送至京,廷臣检阅,指出一二近似谤讪之语,于是生者陷大辟,死者戮尸,虽妻子亦从而坐死。"(《清稗类钞》第八册第 3738 页《四库全书》)四十一年江西巡抚海成"献应禁毁书八千余通,传旨褒美,督它省催烧益急。自尔献媚者蜂起。初下诏时,切齿于明季野史(谕曰:"明季末造,野史甚多,其间毁誉任意,传闻异词,必有诋触本朝之语。正当及此一番查办,尽行销毁,杜遏邪言,以正人心而厚风俗")。其后四库馆议谓宋人言辽、金、元,明人言元,其议论偏缪尤甚者,一切拟毁。"(《訄书》第五八章《哀焚书》)据章炳麟估计,"乾隆焚书无虑二千种,畸重记事,而奏议、文献次之"。至于被认为有违碍而妄行删改的则不知其数。因此,所谓修书,实为毁书。比起秦始皇的焚书来,乾隆所犯的罪恶是有过之无不及的,其手段和气魄也高出多了。在文化高压下,"于是诸儒结舌,乃不敢治近史,性理之学又不可振,然后学人之心思气力,乃一进于穷经考礼之途,而乾嘉以下所谓汉学者以兴。"(钱穆《国学概论》,第 267 页)

俚词俗曲是来自下层人民的作品,大多充满人民性;市井小说则是封建社会后期市民生活的反映,和城市商业生活相联系。它们都是在封建的重压下艰难发展起来的,多数带有直接或间接反封建压迫的性质,因此,备受封建统治者的仇视,认为是伤风败俗,违反伦理,惑乱人心的大敌。南宋政府规定:"诸以杂言为词曲及蕃乐紊乱正声者亦禁之。"(《庆元条法事类》卷八十《杂犯》)元律中亦有"诸妄撰词曲诬人以犯上恶言者,处死"。"诸乱制词曲为讥议者,流"。"诸民间子弟,不务生业,辄于城市坊镇,演唱词话,教习杂戏,聚众淫谑,并禁治之。"(《元史·刑法志三·四》)明成祖永乐九年,"刑科署都给事中曹润等奏:乞敕下法司,今后人民倡优装扮杂剧,除依律,神仙道扮义夫节妇孝子顺孙,劝人为善,及欢乐太平者不禁外,但有亵渎帝王圣贤之词曲驾头杂剧,非律所该载者,敢有收藏传诵印卖,一时拿送法司究治。奉圣旨:但这等词曲,出榜后,限他五日都要干净将赴官烧毁了。敢有收藏的,全家杀了"(《客座赘语》卷十《国初榜文》)。清朝前期,禁治所谓淫词小说极严。康熙五十三年,谕礼部:"朕惟治天下以人心风俗为本。欲正人心,厚风俗,必崇尚经学,而严绝非圣之书。此不易之礼也。近见坊间多卖小说淫词,荒唐俚鄙,殊非正理。不但诱惑愚民,即缙绅子弟,未免游目而蛊心焉,所关于风俗者非细,应即通行严禁。其书作何销毁?市卖者作何问罪?著九卿、詹事、科、道会议具奏。寻议:凡坊肆市卖一应小说淫词,在内交与八旗都统、都察院、顺天府,在外交与督抚,转行所属文武官弁,严查禁绝,将板与书,一并尽行销毁。如仍行造作刻印者,系官革职,军民杖一百,流三千里;市卖者杖一百,徒三年。该管官不行查出者,初次罚俸六个月,二次罚俸一年,三次降一级调用。从之。"(《圣祖实录》卷二五八)乾隆元年,"复准:淫词秽说,叠驾盈箱,列肆租赁。限文到三日销毁。官故纵者,照禁止邪教不能察辑例,降二级调用"。嘉庆七年,禁坊肆不经小说,此后不许再行编造。道光十四年,特谕申禁坊肆淫书小说。（参考《癸巳类稿》卷九《演义小说》；《骨董琐记》卷六《小说禁例》及《元明清三代禁毁小说戏曲史料》）当然，也不应该完全否认，在当时的小说、戏曲、民谣之中，确也有一些并不健康的东西。但总体讲，它们是来自生活、反映生活，而带有人民性的音乐文学创作。特别是那些或明或暗直指封建伦理，或意在讥刺时事的作品，统治者当然对它更是深恶痛绝。优秀的古典小说《水浒》、《红楼梦》，也被他们指为诲淫诲盗，予以禁止。这种举动，无疑是极端反动和有害的。

与思想意识，道德伦理方面的严格控制相比，历代皇帝对宗教信仰的态度却显得宽松与自由。除了对那些容易被人民反抗所利用的宗教异端如摩尼、白莲等所谓"邪教"外，一般都可以自由传布，而形成多种宗教自由并存。

秦统一六国，所有各地区的宗教都为统一帝国所容纳，诸如名山、大川、古冢、日、月、星辰、上帝、周天子、陈宝神等等，秦始皇一律继续奉祠；齐、燕所流行的神仙、封泰山、禅梁父、求海外仙山等迷信，他也深信不疑。"诸此祠皆太祝常主，以岁时奉祠之。至如他名山川诸鬼及八神之属，上过则祠，去则已。郡县远方神祠者，民各自奉祠，不领于天子之祝官。祝官有秘祝，即有菑祥，辄祝祠移过于下。"（《史记》卷二八《封禅书》）这种宗教政策也为汉所继承。上述材料表明：秦汉的统治者所奉行的是一种万物有灵的拜物教，历代皇朝也都奉行不改。皇家的祭祀，除大祀、中祀、小祀三等，祭祀的对象从天帝到日月星辰、山川河海、风师雨伯、井灶门户等等外，还有诸多所谓杂祀，如《汉志》所记的杜将军、宝鸡等小鬼之神。东汉明帝时，佛教传入中国，南北朝时，土生土长的道教创立。它们逐渐漫衍成为遍及中国的两大宗教。在皇帝中，有佞佛的，他们中最著名的如梁武帝萧衍，他亲制《涅槃》、《大品》、《净名》、《三慧》诸经义记数百卷。"听览余闲，即于重云殿及同泰寺讲说,名僧硕学,四部听众常万余人。"(《南史》卷七《梁本纪中》)南北朝的君主中,无一不是迷信佛教的。元朝的皇帝也迷信喇嘛教。"累朝皇帝,先受佛戒九次,方正大宝。"(《辍耕录》卷二《受佛戒》)唐朝和宋朝的皇帝大多尊信道教。唐玄宗尊老子为大圣教玄元皇帝,诏诸州立玄元皇帝庙,并设立玄学馆,使诸州学生习学《道德经》和《庄子》、《列子》等书。宋太宗集天下道经七千卷,修治删正;真宗详订为《宝文统录》三千九百五十七卷,是为《道藏》。徽宗自称教主道君皇帝。明世宗嘉靖也是道教的狂热信徒。历史上佛、道与儒家互相倾陷、打击的事累有发生。佛徒在历史上有所谓三武一宗之祸。第一次是在后魏太武帝时。这位皇帝崇信道教,自号太平真君,并以此为年号。其七年,用宰相崔浩议,欲尽诛天下沙门,毁诸经像,乃下诏:"有司宣告征镇诸军、刺史,诸有浮屠形象及胡经,皆击破焚烧,沙门无少长悉坑之。"(《资治通鉴》卷一二四)然太子晃素好佛法,力谏,不听,乃缓宣诏书,预泄消息,佛徒们多亡匿获免,唯塔庙在魏境者无复孑遗。第二次是北周武帝建德三年,"禁佛、道二教,经、像悉毁,罢沙门、道士,并令还俗。并禁诸淫祀,非祀典所载者尽除之"(同上卷一七一)。第三次是唐武宗会昌五年,"上恶僧尼耗蠹天下,欲去之,道士赵归真等复劝之,乃先毁山野招提、兰若,敕上都、东都两街各留二寺,每寺留僧三十人。天下节度观察使治所及同、华、商、汝州各留一寺,分为三等:上等留僧二十人,中等留十人,下等五人。余僧及尼并大秦(景教)穆护、祆(拜火教)僧皆敕归俗。寺非应留者,立期令所在毁撤,仍遣御史分道督之。财货田产并没官,寺材以葺公廨驿舍,铜像、铜磬以铸钱"(同上卷二四八)。第四次是周世宗显德二年,"敕天下寺院,非敕额者悉废之。禁私度僧尼,凡欲出家者,必俟祖父母、父母、伯叔之命。惟两京、大名府、京兆府、青州听设戒坛。禁僧俗舍身、断手足、炼指、挂灯、带钳之类幻惑流俗者。令两京及诸州每岁造僧帐,有死亡、归俗,皆随时开落"(同上卷二九二)。其年,天下寺院存者二千六百九十四,废者三万三百三十六,见僧四万二千四百四十四,尼一万八千七百五十六(同上)。后两次灭佛的原因很清楚,完全是出于国用。因为寺庙占有大量的田地、人口,享受免税、免役的特权,使政府的收入减少,所以不能不加以抑制。当然,也有的皇帝排佛是出于宗教偏见的。如宋徽宗"改佛为大觉金仙,佛寺为神霄宫,僧加冠簪为德士"(《野获编·补遗》卷四《废佛氏》)。这完全是因为徽宗佞道,而对佛教歧视。明世宗毁金银佛像一百六十九座,金银函贮佛头牙等一万三千余斤,燔之通衢(同上)。这也是道教徒对佛教的排击。不过这都只是个别皇帝的举措,旋行旋废,从总体上,曾不足以动摇佛教在中国社会上的长期兴盛地位。

　　道教也有过倒霉的时候。北周武帝的打击目标,并及佛、道。蒙古国的宪宗蒙哥时期,曾先后在和林和开平举行过有名的国际宗教辩论大会,由皇帝派人亲自主持。佛教徒联合回教、耶稣教等一神教对多神教的全真道进行围攻,结果全真道大败,原来被他们豪占的寺院被勒令归还,十七名道徒还被判削发为僧,《老子化胡经》等道经被判为伪经焚毁(《元代史》,第747页)。不过,这也只是暂时的打击,元成宗时,全真道的势力又恢复如旧。因此,从总体来看,在中国历史上,基本上是儒、佛、道三家和平共处,共同支配民间信仰的局面。早期儒家曾把佛教当成外来的胡神夷俗,进行攻击,但是随着佛教的中国化,禅宗的出现,士大夫中排佛的声浪就渐趋平息,他们中许多人且留心内典,并从中吸取营养。理学的形成,就和佛教的理论影响直接相关。佛、道之间,它们也相互吸收。因此,在儒、佛、道三家长期相互辩难、矛盾与吸收、融合的基础上,一方面,三家各自有了自己的发展;另一方面,又出现了调和三教,提倡所谓"三教同源"、"三教归一"、"三教同功",即将佛、道向儒学靠拢而更趋世俗化；而儒学则大量从佛、道吸取思辩营养，以达到三家合力互补，共同充当封建皇帝在思想文化和道德伦理、风俗生活方面的宣教士和卫道士。

始倡三教一致的是隋代的大学者王通。唐德宗在贞元十二年四月生辰时，按惯例俱命沙门、道士讲论于麟德殿，同时又命儒士参加，"始三家若矛盾，然卒而同归于善"。"类江海同归"。大诗人白居易晚年，主张以儒教饰身，以佛教治心，以道教养寿。他是调和三教的最早的实行者。宋真宗谕宰相王旦，说："三教之设，其旨一也。大抵皆劝人为善，唯识达之士能一贯之。滞情偏执，于道益远。"南宋孝宗召见明州雪窦禅师，说："三教圣人本同这个道理"，"但圣人所立门户不同，孔子以中庸设教耳。"他亲撰《原道辩》，提出要"以佛修心，以老治身，以儒治世"，各极其用。在皇帝们的提倡下，宋、金、元时期，三教归一的学说广为流行，以苏轼为代表的苏学，其主旨便是三教归一。后来的张商英、李纲、张伯端、李纯甫、耶律楚材、胡长孺、陶宗仪等等，都是三教归一的信奉者。清朝的雍正皇帝也极力宣传三教归一。他说："三教之觉民于海内也，理同出于一原，道并行而不悖。"三教归一的基本点在于三教同"功"，即不管你奉孔子或是佛祖、老子，乃至于穆罕默德、耶稣基督，只要是能为我所用，于我的统治有功，我就都尊礼而奉信它。这一点，我们可以举元朝皇帝的态度作例子。成吉思汗是一个原始萨满教的信奉者，但是，他对佛教、全真教、回教，都无例外地优礼宽容。他的孙子宪宗蒙哥有一次宣布他的宗教观点说："今先生（指道教徒）言道门最高，秀才言儒门第一，迭屑（犹太教徒）奉弥失阿，言得先天，答失蛮（回教徒）叫空谢天赐予，皆难与佛齐。"他又举手而喻之曰："譬如五指，皆从掌出。佛门如掌，余皆如指。"（《至元辩伪录》）这个材料出自佛徒之手，说蒙哥偏崇佛教，这是自吹，是伪造。其实蒙哥是一个萨满教徒，只是他对所有佛、道、回教与犹太、耶稣等教也都同样优礼。同时的西方基督教士威廉·鲁不鲁乞对蒙哥这段话的记载则是："我们蒙古人只相信一个天帝，在他保佑下我们生活，在他保佑下我们死亡。对于他我们怀着一颗正直的心。……正如天帝赐给手以不同手指一样，同样的，他也赐给人们以不同的方式。天帝赐给你们《圣经》……他赐给我们占卜者。"（《出使蒙古记》，第214—215页）元世祖忽必烈也有一段大意相同的话："全世界所奉之预言人有四：基督教徒谓其天主是耶稣基督，回教徒谓是摩诃末，犹太教徒谓是摩西，偶像教徒谓其第一神是释迦牟尼。我对兹四人皆致敬礼，由是其中在天居高位而最真实者受我崇奉，求其默祐。"（《马可·波罗行纪》中册，第305页）在元朝皇帝看来，所有宗教都是掌分五指的关系，只要它能为己所用，能为自己告天祝寿以得到灵祐，就都予以同样尊崇。中国历代的皇帝基本上都是抱同样一种态度的。他们中的某个人可能更多偏信某一家宗教，或者并不信任何宗教，但他们无例外地奉行以儒典为根据的皇家礼制，把天作为最高的神祇，把祭天作为皇帝独特的权利与义务。在天国中各司其职的风师雨伯、雷公电母、日月星辰、门户井灶等神祇也同样虔加敬奉。但这又都不妨碍他或是佛陀的信徒，或是道家的缘客，或者同时是对佛祖、玉帝同样皈依膜拜的信徒。对于外来的宗教，基本的态度也是一律优容。在西欧，教会曾经是皇权的敌人；而在中国，宗教则是皇权的工具。只要有利，各种工具可各致其用，再多几个也并无妨碍，都可以一律优容，自由传布。只有那些在民间秘密流传，并带有反抗色彩的"邪教"，如摩尼、白莲等等，则严加禁绝。中国人始终是多神论者，不单佛祖、老君，高踞在天上，命定人事；就是大小鬼神也都是随时能祸福于人，正像是在天高皇帝远的情况下，任何贪官污吏、土豪劣绅乃至流氓恶棍，都可随便作践老百姓一样。因此，人们对于所有神怪，包括树精石怪，冤鬼孤魂，最好最妥的应付态度,都只有敬而奉之,至少是不去惹怒它们,而招致祸祟。鬼神虽无征,祸福却实有。所以连孔子这样的大思想家,对鬼神也只好采取宁可信其有,不可执其无的保险态度。至于蚩蚩愚氓,为了祈福避祸,惟一可行的办法就是逢神三叩首,见鬼一炉香。甚至明认为是恶魔邪厉,也只能是曲加敬礼。因为命固由天定,早就注写在阎罗王的生死簿上,但是鬼神肆祟,又可以灾祸横生。在这样一种信仰下,中国百姓的宗教信仰虽然表面上是自由的,实际上却是任何宗教,任何迷信都得信,实无选择的自由。把所有宗教和迷信都动员起来,胁服人民、毒化人民、麻痹人民、愚弄人民,正是历史上中国皇帝宗教政策的最大成功。

上面,我们试举了中国专制主义皇权的五点特质。所谓大一统,就是在名分上,天予正统,一脉相承,在规模上观念上,六合一统,也就是普天之下,莫非王土。表明它是上无所命的全天下的主人。天朝上国,居天地之中,周围只是蛮夷戎狄,他们臣伏中朝,莫敢不来享,莫敢不来朝。中央集权是一种统治的手段与方式,同时也是一种精神,它是中心,这个中心由皇帝一柄独操,万方仰命。它利用政治、经济和思想文化三方面的手段,构筑严密的庞大官僚体系对子民严密统治。这个政权的经济基础就是保守、封闭、自给自足的农耕社会。这个社会的正常职务就是用一切力量把农民固定在土地上,一代一代重复简单的农业生产。为了达到这一点,它又排挤工商业发展,利用族权和宗教神权以及道德、文化思想等一切手段来进行牢固、周密的维护。因此,它具有特殊的完整和顽固,长期地延续下来。然而,这一切都是在一个孤立、封闭的环境里所产生的夜郎旧梦,也只有在前资本主义时代中外隔绝的形势下,这个梦才得长久维持。但在西方列强的炮舰轰击下,要想好梦长圆,已是再不可能了。

第十五章　一个封闭的循环圈

就在 1911 年清朝被推翻前不久,胡思敬所著的《国闻备乘》一书里,有这么一段论述,标题为《君主专制之诬》。其文云:

> 近世倡革命者,恒借君主专制一言为口实,其实诬也。总管太监李莲英有养子四人,曰福恒、福德、福立、福海。各捐郎中,分列户、兵、刑、工四部候补,亟请于孝钦谋实授。一日,刑部尚书葛宝华入见,孝钦以福海托之。宝华曰:"与以小鸟布则可,补缺当遵部例,臣不敢专。"孝钦默然,不敢言破例也。鲁伯阳进四万金于珍妃,珍妃言于德宗,遂简放上海道。江督刘坤一知其事,伯阳莅任不一月,即劾罢之。是用人之权,君主不能专也。文宗北狩,行在提款过多,宝鋆坚不奉诏。穆宗大婚,内务府告匮,假之部库,部臣力争,谓府、部界限甚清,不可牵混从事。孝钦初兴园工,游百川、屠仁守先后入谏,几罢者数矣。李鸿章等虽善迎合,不能不借海军报效之名,掩饰国人耳目。是财用之权,君主亦不能专也。同、光以后政衰时犹如此,承平可知矣。① (卷一)

胡思敬根本否认有专制的存在。举出的这些具体事例,从严格的意义上讲,它不是皇帝不能作,只是不愿作,或者说是经人提醒后,

---

① 胡自序署"辛亥十月"。

再不愿作罢了。上世纪四十年代初,吴晗、费孝通先生等也就中国专制皇权有没有约束的问题进行过争论。费先生说皇权有两道约束:一是无为政治,使皇权有权而无能;一是绅权的缓冲,使民意能够上达。吴晗则认为"皇权的防线是不存在的,虽然在理论上、在制度上,曾经有过一套以巩固皇权为目的的约束办法,但是,却没有绝对的约束力量。"(《论皇权·皇权与绅权》,第 40—47 页)吴晗的说法无疑是对的,不过,问题仍值得进一步来说明与探讨。

约束是一种限制力。在中国封建社会里,曾经似乎对皇权构成某种约束力量的,来自两个方面,一个是法,一个是道德。

法的本身就意味着某种约束。然而,在专制主义皇权政治下,法是口含天宪的皇帝自己定下来的。"前主所是著为律,后主所是疏为令。"(《史记》卷一二二《杜周传》)这就决定了所谓法只不过是皇权自身的派生物。阿奎那说得对,"就法律的约束力而言,一个君主的地位是超过法律的。这是因为谁也不能为其自身所拘束。并且法律的拘束力只能起源于君主的权力。所以,据说君主的地位就超过法律,因为如果他违犯法律,谁也无法对他宣告有罪的判决。所以《圣经》的注释在注解《诗篇》第五十篇(第六节)'我只有对你犯罪'等等的原文时说明:'没有人能够审判一个君王的行动。'"(《阿奎那政治著作选》,第 122 页)当然,法确实往往是以祖制的神圣面目出现的。它似乎对作为儿孙的嗣皇帝可能显示为某种约束力。上引胡思敬文所列举的一些例子都属于这一类。问题在于,第一:祖制本身仍然是由列祖列宗自己制定的,其本质是旨在加强与完善皇权统治,而不是企图削弱或反对他自身。嗣皇帝遵从它,也同样是为了达到这一目的。因此,它实际上是一种自我约束,最多也只属于自我调整的范畴。这正如皇帝应当纳谏一样,这虽是古圣的明训,但谏官的设置与愿纳与否只是出于皇帝的自觉与自愿,从根本上讲,谁也无法强迫皇帝必须按照谏官的意见去作。第二,自古三皇不相因,五帝不相复,法久弊生,有弊必改,这是常情,也是常识。历史上大到变法,小到改良,所谓祖制,事实上都是在不断适应新的形势需要,不断改变的。宋神宗变法,王安石就堂堂正正提出过祖宗之法不足畏的议论。退一步讲,即使不遵祖法确是一顶大帽子,充其量也不过只是个道德的问题。

我们进一步来看所谓道德约束的问题。在儒家的学说里,政治是伦理的附庸,政治的好坏是由德化的推行实现的,而德化的保证在于君主本人有德与否,人君的有德与否又是通过他个人的自觉修养得来的。孔子说:"为政以德。譬如北辰,居其所而众星拱之。"(《论语·为政》)又说:"君子之德,风;小人之德,草。草上之风必偃。"(《颜渊》)皇帝的职责就是以德化民。故曰:"政者,正也。"据说要使德化行,人心正,首先就必须由皇帝本人开始。所以说:"苟正其身矣,于从政乎何有。不能正其身,如正人何?"(《子路》)"子帅以正,孰敢不正?"(《颜渊》)孟子也说过:"人有恒言,皆曰天下国家,天下之本在国,国之本在家,家之本在身。"(《离娄上》)"爱人不亲反其仁,治人不治反其智,礼人不答反其敬,行有不得者,皆反求诸己,其身正而天下归之。"(同上)"君仁莫不仁,君义莫不义,君正莫不正,一正君而国定矣。"(同上)荀子也有同样的说法。《君道篇》:"请问为国。曰闻修身,未尝闻为国也。君者,仪也。仪正而景正。君者槃也,槃圆而水圆。君者盂也,盂方而水方。君射则臣决。楚庄王好细腰,故朝有饿人。故曰,闻修身,未尝闻为国也。"对于修身,儒家又有其一大串的理论。"古之欲明明德于天下者,先治其国;欲治其国者,先齐其家;欲齐其家者,先修其身;欲修其身者,先正其心;欲正其心者,先诚其意;欲诚其意者,先致其知。致知在格物。物格而后知至,知至而后意诚,意诚而后心正,心正而后身修,身修而后家齐,家齐而后国治,国治而后天下平。自天子以至于庶人,壹是皆以修身为本。

其本乱而末治者,否矣! 其所厚者薄,而其所薄者厚,未之有也。"
(《大学》)董仲舒说汉武帝:"南面而治天下,莫不以教化为大
务。"而教化的根本则在于人君本人。"为人君者,正心以正朝廷,
正朝廷以正百官,正百官以正万民,正万民以正四方。四方正,远
近莫敢不壹于正而亡有邪气奸其间者。"(《汉书》卷五六本传)唐
太宗也说:"若要天下安,必须先正其身,未有身正而影曲,上治而
下乱者。"(《贞观政要·君道一》)达到正心诚意的办法就是克己
制欲。这种克制手段完全靠自我自觉的修省来完成的。因此,所
谓的道德约束,只是一种内省的、自觉的自我约束。归结到一句
话,就是"克己复礼"。然而,一个人的欲望是无穷尽的,而自我克
制的力量却因人而异。单靠自我修养、单靠自我道德约束是不可
能防止腐败的,特别是那些不受限制的权力的拥有者。孟德斯鸠
说过:不受制约的权力必然腐败。这是千真万确的真理。还可以
补充几句:绝对的权力就是绝对的腐败,极端的权力就是极端的腐
败,不受制约的权力就是不受制约的腐败。古来的帝王,没有一个
不是腐败的,不过程度有所不同,表现的方面各不一样,在当时的
影响有大有小而已。我们前面已经讲过,在历史上的统治者那里,
所谓道德不过是政治的华饰,政治无道德。在政治斗争中拘于道
德,就只能是像宋襄公那样,在战场上标榜仁义而必败无疑的蠢
猪。在不能讲道德的政治舞台上来谈什么道德约束只能是自取灭
亡。试想,当玄武门之变中的李世民、靖难之变中的朱棣如果讲起
道德来,他们还有活命的机会吗? 只有屠刀胜过了道德,才有我们
今天看到的"文武大圣大广孝皇帝"的太宗李世民和"启天弘道高
明肇运圣武神功纯仁至孝"的成祖文皇帝朱棣。礼义之邦的中国
人,包括把道德奉为命根子的道学先生们,对于用屠刀强奸道德的
孝皇帝、文皇帝,哪一个敢不匍匐称臣,山呼万岁呢?

　　综上所述,皇帝自己所定的法不可能自己约束自己,他们所标

榜的道德充其量也只是自我约束,而且实际上只是欺骗。真正可以在封建社会中对皇权构成抗衡与制约的只能是与封建主对立的受压迫、受剥削的民众。《荀子·王制》说:"《传》曰:君者,舟也;庶人者,水也。水则载舟,水则覆舟,此之谓也。"(卷五)这一段名言一直为一些有见识的封建政治家所传诵。张衡《东都赋》:夫水所以载舟,亦所以覆舟。《孔子家语》亦载此语。魏徵曾一再以此进谏唐太宗。唐太宗教训太子,也"见其乘舟,又谓之曰:'汝知舟乎?'对曰:'不知。'曰:'舟所以比人君,水所以比黎庶,水能载舟,亦能覆舟。尔方为人主,可不畏惧'"(《贞观政要·教戒太子诸王第十一》)。在封建社会里,农民和地主两大阶级就是一对既互相联系又互相制约的对抗性的矛盾。"载"是矛盾联系的特殊形式,"覆"则是对互相制约的一种认识。地主阶级对农民的剥削量,就是由阶级对抗中的力量对比所制约的。从地主的贪欲来说,当然是无限的,剥削得越多,越是他们所企求的。但是因此而会激起农民的反抗,这又正是他们所最害怕的,这就不能不使他们克制某种过分的贪欲,把剥削量限制在农民所可能承受的范围之内。凡是不能认识这一点,或是不能处理好这一点的,其结果必然是把农民逼到无法生存、铤而走险的地步,于是大规模的农民起义终于爆发。旧的皇朝被推翻了。但是封建性的农民不可能创造一种新制度来代替它,新的封建皇朝又在旧的基础上几乎原封不动地建立起来。然而有一点总多少有些不同:这就是新皇朝总必须把旧皇朝那些超过限度的剥削制度废除,使剥削量重新控制在农民可以生存、社会生产可以正常维持的范围之内。这就是所谓"让步政策"。让步政策这一提法的始作俑者是陈伯达,但当毛泽东批判让步政策时,他就摇身一变,栽赃于翦伯赞,把翦伯赞置于死地。让步政策的提法究竟好不好,作为学术问题本可以争论。不过,事实上,在封建社会地主与农民的阶级对抗中,根据力量对比的变化，双方都是有进攻、有退败、有妥协、有让步的。列宁说：国家是阶级斗争不可调和的产物。这在某种意义上无疑是很对的。但是国家的出现又恰恰是两大敌对阶级为了避免无尽而导致全社会同趋毁灭的斗争所达成的、特殊意义上相互调和的产物。这里，被剥削者在取得某种生存权利的条件下，容忍了给他们带来的奴役；而剥削者则在限制剥削量的条件下，确立了自己的统治权。恩格斯就说过："国家是表示：这个社会陷入了不可解决的自我矛盾，分裂为不可调和的对立面而又无力摆脱这些对立面。而为了使这些对立面，这些经济利益互相冲突的阶级，不致在无谓的斗争中把自己和社会消灭，就需要有一种表面上驾于社会之上的力量，这种力量应当缓和冲突，把冲突保持在'秩序'的范围以内，这种从社会中产生而又自居于社会之上并且日益同社会脱离的力量，就是国家。"（《家庭，私有制和国家的起源》见《马恩选集》第四卷，第166页）从这个意义上来看封建时代的农民战争，起义胜利后的农民，在获取较好的生存条件下，重新容忍了封建奴役，这也有让步。而新王朝的统治者，在巩固政权的要求下，适当控制剥削量，从策略上讲，这样的让步也是必须的。但是，这种让步是敌对阶级迫使为之的。因此，只有农民的反抗斗争才真正构成对皇帝的制约，尽管这种制约是极为有限，而且若隐若显的。

在这里，我们还必须就封建社会的绅权说几句话。皇权是封建地主阶级政权的总代表，绅权是皇权的附庸。但是两者之间，在权力分配上并不是没有矛盾的。绅权更多的是代表地方的利益，要求地方分权，要求局部的权益。他们的政治代表是各级官僚，他们往往在共同的利益上结成集团、甚至朋党。东汉的党锢，唐朝的牛李党争，宋朝的元祐党祸、开禧党祸，明朝的东林、复社等等，都是一部分政见相同、利益相同的官僚士大夫不满朝政或互争权位所引起的。他们的活动对当时的朝政都造成很大的影响。皇帝对于朝臣的朋党活动最怀疑惧,因而严加禁绝。《明律》就明确规定:"在朝官员交结朋党,紊乱朝政者,斩。"绅权与皇权对立的最高形式就是地方割据,或者是挟权篡位,推翻旧皇朝,建立新皇权。不过,这仅只是以暴易暴而造成的改朝换代而已。当然,中国封建社会内绅权的发展也决不是没有意义和积极作用的。前文中我们已经指出,在宋代,绅权的抬头与发展曾经促成了中国封建地主阶级民主发展的高峰。它给中国文化带来了新的繁荣,同时也在思想史上给我们留下了宝贵的遗产。但是,就对皇权的制约而言,绅权从根本上讲是不起决定作用的。

　　如上所述,在漫长的中国封建社会过程中,专制主义皇权就是一切,它事实上是无限的。如果说存在制约,那就是农民的反抗与农民的起义。正是有了这种制约,才使社会得到某些有限的发展。但是封建的经济关系和封建的政治制度,基本上依然继续下来。正如黑格尔所描述的:"中国的历史从本质上看是没有历史的;它只是君主覆灭的一再重复而已。任何进步都不可能从中产生。"两千多年的专制主义皇权历史,就是皇朝从建立到覆灭,从覆灭到重建,从重建再蹈覆灭的历史。它仿佛永远陷于一个没有出路的封闭循环圈,鬼打墙似地基本上在原地徘徊、踯躅。